Daniel Hess
Glücksschule

vianova
Verlag Via Nova

Daniel Hess

GLÜCKSSCHULE

Sechs Ansätze für einen grundlegenden Wandel in Schule und Gesellschaft

Mit einem Vorwort von Gerald Hüther

vianova
Verlag Via Nova

1. Auflage 2019
Verlag Via Nova, Alte Landstr. 12, 36100 Petersberg
Telefon: (06 61) 6 29 73
Fax: (06 61) 96 79 560
E-Mail: info@verlag-vianova.de
Internet: www.verlag-vianova.de
Umschlaggestaltung, Layout: Linn Hess-Kraft
Satz: Sebastian Carl, Amerang
Druck und Verarbeitung: Appel und Klinger, 96277 Schneckenlohe

ISBN 978-3-86616-475-8

Dieses Buch ist allen Kindern gewidmet
und speziell meinen eigenen wunderbaren Kindern,
die meine wichtigsten Lehrer sind,
sowie all den Menschen (Lehrpersonen, Eltern und anderen),
die sich darum bemühen, mehr Liebe und Glück
in das Leben von Kindern zu bringen.

Inhaltsverzeichnis

Vorwort zu Daniel Hess „Glücksschule"

Wozu brauchen wir eine Glücksschule? Tiere brauchen diese nicht. Sie folgen ihren angeborenen Trieben und Instinkten, das reicht meist für ihr Glück. Wir Menschen aber müssen selbst erst herausfinden, wie das Leben geht und was uns im Leben glücklich macht. Unsere Bedürfnisse und Sehnsüchte sind es, die uns auf unserer Suche danach leiten. Um sie zu stillen, entwickeln wir eigene Vorstellungen und setzen sie um – in der Hoffnung, dass unser Leben dann etwas weniger anstrengend, mühselig und beschwerlich wird. Aber was ist es, was uns glücklich macht? Reichtum, Macht und Einfluss? Erfolg und Anerkennung? Die Befreiung von Not und Elend, von Unterdrückung und Bevormundung? Oder doch vielleicht das Stillen unserer beiden Grundbedürfnisse nach Verbundenheit und Geborgenheit einerseits und nach Autonomie und Freiheit andererseits?

Suchende können sich auch verirren, müssen sich wohl sogar gelegentlich verirren, um zu lernen, wie und wo es besser weitergeht. Der Entfaltung und dem Einsatz unserer immensen kognitiven Fähigkeiten verdanken wir den Zustand der Welt, in den wir sie mit der immer effizienteren Umsetzung unserer Vorstellungen in atemberaubendem Tempo versetzt haben. So rasch wie in den letzten Jahrzehnten hat sich die Welt noch nie verändert. Allen ist klar, dass sich dieser mit der Globalisierung und Digitalisierung einhergehende Veränderungsprozess noch weiter beschleunigen wird. Deshalb sind sich auch alle einig, wie wichtig eine möglichst gute Bildung für die in diese Welt hineinwachsenden Kinder und Jugendlichen ist.

Aber schon bei der Suche nach einer Antwort auf die Frage, wie diese optimale Bildung aussehen soll, scheiden sich die Geister. Immer länger wird die Liste an Vorschlägen und Forderungen, die alle entweder darauf abzielen, wie künftig besser unterrichtet und gelernt werden sollte oder was in den Bildungseinrichtungen alles unterrichtet und gelernt werden sollte. Wir können natürlich auch in Zukunft trefflich weiter darüber debattieren, worauf es bei dem, was wir Bildung nennen, wirklich ankommt, und was dabei ankommt.

Sollten wir deshalb nicht lieber bei denjenigen Rat suchen, denen weniger ihr Ansehen und ihre Karriere am Herzen liegt, sondern – so sehr es nur geht – die Zukunft der in unsere Welt hineinwachsenden Kinder und Jugendlichen? Das können auch Pädagogen, Politiker oder Hochschullehrer sein, aber das sind immer und zuallererst diejenigen, die diesen Kindern ihr Leben geschenkt, die sie begleitet und, so gut sie das vermochten, großgezogen haben.

Und was antworten die meisten Eltern, wenn sie gefragt werden, was sie sich für ihre Kinder wünschen? „Glücklich sollen sie sein, jetzt schon, aber auch noch später, als Erwachsene." Und wenn man die Eltern dann weiter befragt, was ihrer Meinung nach jedes Kind, überall auf der Welt wirklich braucht, um sein Leben so gestalten zu können, dass es glücklich wird, kommen die Antworten hervorgesprudelt wie das Wasser aus einer Quelle: eine Tätigkeit, die Freude macht, verlässliche Freunde, die zu ihm halten, und natürlich auch Geborgenheit, Vertrauen, Zuversicht, viel Phantasie und gute Ideen, auch Herausforderungen und immer wieder ganz viel Freude am eigenen Entdecken und am gemeinsamen Gestalten.

Nicht ganz so schnell wird deutlich, was diejenigen Eltern meinen, die auf diese Frage antworten: „Mein Kind soll später im Leben erfolgreich sein, Karriere machen, Anerkennung finden und genug Geld verdienen. Es soll ihm besser gehen als uns." Auch das ist ein verständlicher Wunsch. Und es werden ja heutzutage in den Medien sehr gern und oft genug Personen vorgestellt, die besonders erfolgreich in Spitzenpositionen aufgestiegen sind, die viel Geld und wertvolle Besitztümer erworben haben, berühmt geworden sind und von anderen bewundert werden. „Aber", so sollte man diese Eltern weiter fragen, „sind die auch wirklich glücklich?" Solange der Erfolg anhält vielleicht, aber sonderbarer Weise wird die Mehrzahl dieser so überaus erfolgreichen Überflieger irgendwann vom wirklichen Leben eingeholt. Und dort finden sie sich dann gar nicht so gut zurecht, werden depressiv, alkohol- und drogensüchtig, leben in kaputten Familien und sind alles andere als glücklich. Ist es wirklich das, was diese Eltern ihren Kindern wünschen?

Möglicherweise kommt es gar nicht darauf an, erfolgreich zu sein. Möglicherweise ist es, um wirklich glücklich zu sein, viel wichtiger, dass einem möglichst vieles im Leben gelingt. Möglicherweise geht es gar nicht um den Erfolg, sondern um das Gelingen. Wie schön, dass wir in unserer Sprache diesen kleinen, aber entscheidenden Unterschied zum Ausdruck bringen und uns deshalb auch bewusstmachen können. Wenn wir sagen, etwas sei gelungen, dann meinen wir damit, dass nicht wir es so gemacht haben, wie es geworden ist, sondern dass wir es nur ermöglicht haben, dass es so werden konnte. Einfache Aufgaben wie ein Forschungsprojekt oder ein Fahrradrennen kann man erfolgreich abschließen. Aber alles, was im tagtäglichen Zusammenleben stattfindet und deshalb sehr komplex ist und sich in vielfältigen Wechselwirkungen entfaltet, kann nur gelingen, eine Partnerschaft beispielsweise oder eine Hochzeitsfeier oder das Zusammenleben in einer Wohngemeinschaft. All das, ja alles, was das Leben an schwierigen Herausforderungen für uns bereithält und was wir irgendwie meistern müssen, kann nur gelingen, aber nicht erfolgreich zu Ende geführt werden.

Auch ihr eigenes Leben, ein glückliches Leben, kann unseren Kindern nur gelingen. Wir können es nicht für sie machen, auch wenn wir uns noch so sehr darum bemühen. Aber wir können ihnen ermöglichen, sich all das anzueignen, was sie brauchen, damit sie ihr Leben so gestalten können, dass es gelingt. Dann werden sie auch glücklich sein. Und das, was sie dazu brauchen und was wir ihnen dafür mit auf den Weg geben können, ist Bildung, Bildung für ein gelingendes Leben.

Alles andere ist Ausbildung. Und die dient dazu, später im Leben bestimmte Aufgaben übernehmen und bestimmte Leistungen erbringen zu können. Das dabei erworbene Wissen oder Können brauchen die in unsere Lebenswelt hineinwachsenden Kinder und Jugendlichen auch. Wer sich hinreichend viel spezifisches Wissen und Können angeeignet hat, kann das dann möglicherweise auch sehr gut umsetzen und besonders erfolgreich werden. Aber das, was Heranwachsende in den von uns geschaffenen „Bildungseinrichtungen" lernen können, reicht dazu nicht aus. Eine Ausbildung, also der Erwerb von Wissen und Können, auch von Kompetenzen, ist zu wenig, um sein Leben so gestalten zu können, dass es auch wirklich gelingt. Allein damit kann aus einem Heranwachsenden kein glücklicher Mensch werden, bestenfalls ein gut ausgebildeter und vorübergehend erfolgreicher.

Deshalb bin ich so froh, dass Daniel Hess in seinem Buch mit dem wunderbaren Titel „Glücksschule" so sorgfältig herausarbeitet hat, worauf es für ein gelingendes, sinnerfülltes und damit glückliches Leben ankommt. Kennengelernt habe ich Daniel anlässlich eines Kongresses in Zürich. Und damals habe ich auch verstanden, dass es ihm nicht nur darum geht, die öffentlichen Schulen in Glücksschulen zu verwandeln. Ihm geht es vor allem um das Glück der in unsere Welt hineinwachsenden Kinder. Dringender denn je brauchen diese Kinder Erwachsene, die ihnen nicht in irgendwelchen Einrichtungen, sondern draußen im tagtäglichen Zusammenleben helfen, sich selbst als lustvolle Gestalter ihres Lebens und ihres Zusammenlebens mit anderen erfahren zu können. Und sie brauchen – wie die Fische das Wasser – möglichst viele und vielfältige Gelegenheiten, um dort draußen, im tagtäglichen Leben, auszuprobieren und dabei zu lernen, wie das Zusammenleben mit anderen, auch das mit anderen Lebewesen auf diesem wunderbaren Planeten gelingen kann.

Göttingen, im Herbst 2019
Gerald Hüther

Vorwort zur überarbeiteten Neuauflage

Wir leben in einer Zeit des Wandels. Je mehr wir uns wieder erlauben, uns selbst und anderen Menschen voller Mitgefühl zu begegnen, desto klarer wird uns, wohin der Weg führt. Nicht nur bezüglich Klimawandel, Naturschutz, Energiegewinnung und Gesundheit brauchen wir neue nachhaltige Ansätze. Auch unserer Art, Beziehungen zu führen, zu kommunizieren und zu lernen, fehlt es oft noch an Nachhaltigkeit und Tiefe. Aber wirklich hilfreiche und beglückende Veränderungen sind in der Außenwelt nur dann möglich, wenn wir selbst in uns einen inneren Wandlungsprozess erfahren. Wenn sich unsere Beziehung zu den Gefühlen, Bedürfnissen und Gedanken verändert, dann können wir viel offener, flexibler und weitsichtiger auf die Anforderungen des äußeren Lebens reagieren. Wenn wir erkennen, was wir wirklich sind, jenseits unseres erlernten Egos, dann öffnet sich uns ein Zugang zu einer neuen Realität der Verbundenheit, Nachhaltigkeit und Klarheit. Dieses Buch setzt genau an diesem Punkt an. Es ist getragen von der Vision einer Gemeinschaft, in der wir Menschen uns gegenseitig darin unterstützen, unser wahres Potential zu entfalten. Einer Vision, in der sich Erwachsene und Kinder, Partner, Freunde, Teammitglieder, Vorgesetzte und auch alle anderen Menschen ermutigen, den Weg des Herzens zu gehen, alles Trennende in unseren Beziehungen zu durchschauen und aufzuwachen zu unserer wahren Größe. Damit die Kinder schon sehr früh eine solch nachhaltige und bereichernde Lern- und Beziehungskultur lernen können, geschieht, basierend auf dem inneren Wandel der Erwachsenen, jetzt auch ein grundlegender Wandel an öffentlichen Schulen, in Firmen, Teams und anderen Gemeinschaften. In den fünf Jahren seit der ersten Auflage dieses Buches ist sehr viel passiert. Ausgelöst durch das Buch ist zunächst vor allem in der Schweiz eine Glücksschulbewegung entstanden, mit diversen Regionalgruppen, Projektgruppen, Vereinsmitgliedern und Menschen, die in irgendeiner Form von der Glücksschule inspiriert sind.

Viele dieser Menschen wirken als Lehrpersonen, Heilpädagogen, Psychologen, Schulleiter oder sonst in irgendeiner Form an der öffentlichen Schule. Sie alle sind berührt vom grundlegenden inneren Wandel, zurück zur ursprünglichen Lebensfreude, Verbundenheit, Offenheit und zur Entfaltung ihres wahren Potentials und ihrer Berufung. Weil diese Menschen sich jeden Tag noch mehr erlauben, wieder wirklich zu leben, statt zu funktionieren und Erwartungen zu erfüllen, passieren auch grundlegende Veränderungen bezüglich ihres Umgangs mit Lernenden. So bewegt sich ihr Engagement an der Schule immer mehr in Richtung Glücksschule. Auch viele Mütter und Väter sind von der Glücksschule berührt und verändern, basierend auf dem inneren Wandel, nach und nach grundlegende Bereiche ihres Zusammenlebens in der Familie.

Die Glücksschule steht ein für eine herzliche, freudvolle Lebens- und Lernweise. Sie inspiriert, unterstützt und stärkt alle Menschen, die bereit sind für wirklich bereichernde Beziehungen, für die Entfaltung ihrer wahren inneren Kraft und für eine Schule und Welt, die auf Vertrauen, Verbundenheit, Mitgefühl und innerer Klarheit aufbaut.

An dieser Stelle möchte ich allen Müttern und Vätern meine Wertschätzung ausdrücken. Es berührt mich sehr, wie viel Energie, Kraft und Liebe ihr euren Kindern schenkt!

Aber auch allen Lehrern, die den Mut haben neue Wege zu gehen, gilt meine Wertschätzung. Eure Arbeit ist sehr anspruchsvoll und ihr seid mit so viel Engagement und Liebe dabei. Dazu kommt noch der Spagat zwischen den Ansprüchen der Lernziele, den Vorstellungen und Erwartungen der Eltern und den Bedürfnissen der Kinder. Wahrlich keine einfache Aufgabe! Danke!

Möge dieses Buch einen Beitrag leisten für eine kinderfreundlichere Welt mit weniger oder gar ganz ohne Druck, Leistungs- und Erfolgsansprüchen, damit Kinder, Eltern und Lehrer aufatmen können und noch mehr Glück und Freude in ihr Leben fließen kann!

Um den Lesefluss nicht zu stören, werden im Buch hauptsächlich die Begriffe „Lehrer" und „Schüler" und allgemein häufiger männliche Formen verwendet, aber die weiblichen Formen sind dabei immer auch mit gemeint.

Einstieg

Was steht in deinem Leben im Zentrum?
Deine Arbeit?
Der Erfolg?
Das Geld?
Deine Freundschaften?
Bestätigung von außen?
Das Glücklichsein?
Deine Ängste?
Andere Menschen oder vielleicht auch Tiere?
Du selber mit deinen Problemen und Sorgen?
Der Versuch, die Erwartungen anderer zur erfüllen?
Du selber mit dem, was dich zutiefst erfüllt und begeistert?
Ablenkungen oder Süchte?
Etwas anderes? Wenn ja, was?

Was motiviert dich hauptsächlich zu deinen Handlungen im Leben?
Wenn du alle deine Handlungen und Entscheide genauer beleuchtest: Wie oft tust du oder enscheidest du etwas, um gewissen Ängste auszuweichen?
Wie oft stehen hinter deinen Handlungen und Entscheidungen wirkliche Freude und Begeisterung?
Gibt es etwas in deinem Leben, wovor du zurückweichst und dich klein machst?
Wie sehr kannst du dich ganz und gar dem Fluss des Lebens hingeben und anvertrauen?

Wie oft versuchst du das Verhalten von anderen Menschen zu kontrollieren, um selber gewissen Emotionen und Gefühlen ausweichen zu können?
Wie glücklich bist du wirklich im Leben?
Lebst du voll und ganz oder wartest du vielleicht noch auf etwas?
Wenn ja, auf was?

Was würdest du selber tun, wenn du wüsstest, dass du nur noch ein Jahr, einen Monat oder gar nur noch eine Woche zu leben hättest?
Was wäre dann für dich am wichtigsten?
Wie viel Raum gibst du diesen Dingen aktuell in deinem Leben?

Mit welchen anderen Menschen fühlst du dich wirklich verbunden?

Wer oder was bist du wirklich und woher weißt du das?

Welche Gefühle und Emotionen tauchen in dir auf, wenn du an deine eigene Schulzeit denkst?
Was war wirklich schön an deiner Schulzeit und was war für dich am schwierigsten?
Denkst du, die meisten Kinder gehen heute voller Freude und innerer Motivation in die Schule?

Diesen und vielen weiteren Fragen widmet sich dieses Buch, das mit dir eine Reise zurück zum ursprünglichen Glücklichsein machen möchte.

Darüberhinaus will das Buch auch die zentrale Bedeutung von Bildung und Wissen für unser gesamtes Leben und unser Glück erforschen.

Es schafft außerdem Visionen für eine Bildung und Kultur des Glücks sowie für eine neue Art des Zusammenlebens auf allen Ebenen unserer Gesellschaft.

Ich freue mich sehr auf diese Reise mit dir!

Einleitung

Kommt ein Baby mit oder ohne Vertrauen auf die Welt?
Ist Vertrauen nicht die Basis allen Lebens?
Und Spontaneität?
Müssen wir diese lernen oder können wir sie nicht eher nur verlernen?
Und wie sieht es aus mit Offenheit, Echtheit, Geduld, Entspanntheit und Hingabe? Wer schon je wirklich zu ganz kleinen Kindern Kontakt hatte, weiß, dass diese und viele weiteren wunderbaren Qualitäten ursprünglich einfach da sind.
Vor aller Erziehung.
Vor aller Bildung.
Vor allem Wissen.
Vor allem Lernen.
Vor dem, was wir als Sozialisation bezeichnen.
Kleine Kinder drücken ihre Gefühle und Bedürfnisse ganz unmittelbar und ungeschminkt aus. Sie leben mit komplett offenem Herzen und begegnen dem Leben mit einer staunenden Neugier und Begeisterung. Sie kennen ursprünglich keine Begrenzungen, keine Trennungen und keine Selbstwertprobleme.

Ein Kind sieht die Welt noch mit liebevollen und offenen Augen.
Ein Kind ist noch nicht gefangen in diesem Netz aus Bewertungen, Urteilen und Vorstellungen über sich selber und das Leben.
Kinder fließen einfach mit im Fluss des Lebens.

Kleine Kinder sind echt – ohne zu wissen, was Echtsein bedeutet.
Kleine Kinder sind spontan – ohne zu wissen, was Spontaneität ist.
Kleine Kinder sind begeisterungsfähig – ohne etwas über Begeisterung zu wissen.
Kleine Kinder sind ganz sie selbst und sich selber treu – ohne zu wissen, wer oder was sie sind.
Und sie sind glücklich – ohne gelernt zu haben, was Glück ist!

Offensichtlich ist es so, dass Kinder nicht obwohl, sondern weil sie nichts über diese Dinge und über sich selber wissen, all diese ursprünglichen Qualitäten noch voll verkörpern können!

Diese Qualitäten zeigen sich vor aller Erziehung und Bildung, durch die unsere Überzeugungen, Vorstellungen, Urteile, Bewertungen, Erwartungen, Hoffnungen und vor allem all „unsere" oft irrationalen Ängste entstehen. Kennt ein Kind vor der Erziehung und vor den ersten Schulerfahrungen so etwas wie Selbstwertprobleme, Minderwertigkeitskomplexe, Versagensängste, Perfektionismusansprüche, Existenzängste usw.?

Lernt ein Kind nicht erst im Laufe der Erziehung, der Bildung und der Sozialisation, dass es scheinbar gute und schlechte, schuldige und unschuldige, schöne und hässliche, wichtigere und unwichtigere, erfolgreiche und erfolglose Menschen gibt?

Kinder leben, bevor wir ihnen Wissen vermitteln und sie erziehen, noch in einer Welt, in der absolut alles möglich ist, in der nichts voneinander getrennt existiert und das ganze Dasein als ein Spiel wahrgenommen wird. Wir Erwachsenen bringen den (unwissenden) Kindern dann aber bei, wie die Welt wirklich ist, wer sie sind, was möglich, unmöglich sowie richtig oder falsch ist. Wir glauben zu wissen, dass die Realität unverrückbar und fest einfach da ist und wir unseren Kindern beibringen müssen, mit dieser Realität umzugehen. Aber wissen wir das alles wirklich so genau? Ist es nicht vielmehr bei genauerem Hinschauen so, dass unsere eigenen Realitätserfahrungen auch nur das Ergebnis eines

Lernprozesses sind? Ist es nicht vielleicht so, dass wir eine komplett andere Realität erfahren würden, wenn wir ganz andere Lernerfahrungen gemacht hätten?

Wie stabil ist die Welt, in der wir leben, wirklich? Ist es nicht so, dass die Quantenphysik schon im letzten Jahrhundert unzählige Belege dafür gefunden hat, dass es keine vom Beobachter unabhängige Realität gibt? Wenn wir uns für diese Möglichkeit öffnen, dann zeigt sich uns noch eine ganz andere Verantwortung gegenüber uns selbst und unseren Kindern. Eine Verantwortung, die beispielsweise zu folgenden Fragen führt:

- *Welche Realität willst du den Kindern wirklich weitergeben oder vielmehr vorleben?*
- *In welcher Realität willst du selbst leben?*
- *Was wäre, wenn nur deine begrenzte Sicht der Dinge (all das scheinbar so sichere Wissen) der einzige Grund wäre für die Begrenzungen in deiner Welt?*
- *Was wäre, wenn die Kinder mit ihrer Sichtweise, dass die Welt ein Feld der unendlichen Möglichkeiten und ein Spielplatz ist, mindestens genauso recht hätten?*
- *Was wäre, wenn alle, wirklich alle Grenzen, Konflikte und Probleme nur im Kopf und in unseren Ängsten vor unangenehmen Emotionen liegen würden?*

Wir alle, egal ob als Eltern, Lehrer, Schulleiter, Sozialarbeiter, Psychologen, Heilpädagogen, Paten oder Großeltern, wollen im Grunde nur das Beste für die uns anvertrauten Kinder und wir wenden dafür sehr viel Kraft und Energie auf.

Wir erziehen, bilden und sozialisieren Kinder, weil wir überzeugt sind, dass das so richtig und gut ist für die kindliche Entwicklung, und wir meinen es damit sehr gut mit den Kindern. Wir glauben, dass all unser Bemühen ihnen hilft, wirklich glücklich zu werden im Leben.

Die Frage ist aber, ob uns das wirklich gelingt, ob unsere Bildung, Erziehung und Sozialisation aus den Kindern auch wirklich glückliche Erwachsene zu machen vermag.

Ist die Realität, zu der wir die Kinder mit so viel Anstrengung und Einsatz erziehen, wirklich besser als ihre Realität des Nichtwissens und der unendlichen Möglichkeiten? Sind Kinder vor allem Wissen nicht offensichtlich glücklicher, unbeschwerter und liebevoller als danach?

Vielleicht ist es jetzt endlich an der Zeit, dass wir ernsthaft und vorbehaltlos beginnen, trotz all unserem Wissen der ursprünglichen Weisheit unserer Kinder wirklich respektvoll zu begegnen. Dass wir beginnen, in uns selber die Offenheit, Echtheit, Lebensfreude und Klarheit wiederzuentdecken, welche Kinder verkörpern. Diese Begegnung und die damit verbundene Wiederverzauberung können uns zurück zur ursprünglichen Grenzenlosigkeit in uns führen, die wir alle vor und hinter allem Wissen immer in uns tragen! Niemand kann abschätzen, welche Gnade das für unser Zusammenleben und für unseren Umgang mit allem Leben darstellen könnte!

1. ANSATZ:

Unser Ursprung in der Einheitsrealität

Glück

*„Es gibt zwei Arten, sein Leben zu leben:
entweder so, als wäre nichts ein Wunder,
oder so, als wäre alles eines.
Ich glaube an Letzteres."*

Albert Einstein

Alle Menschen, ja, alle Lebewesen wollen glücklich sein.

Mögen wir alle noch so unterschiedliche Strategien für das Glück haben, das eigentliche Ziel unseres Daseins ist doch stets das Glücklichsein.

Wir glauben, Glück beispielsweise in mehr Erfolg, Geld, Gesundheit, in der Geburt eines Kindes oder in einer neuen Ausbildung zu finden.

Die Werbung verspricht uns Tag für Tag neue, glücksverheißende Produkte. Wir besuchen Kurse, suchen nach einem neuen Job, einem neuen Partner oder einer neuen Partnerin, lesen Bücher, besuchen Therapien und vieles mehr. Immer auch in der Hoffnung, danach glücklich oder zumindest glücklicher zu sein.

Wir arbeiten alle sehr hart für unser Glück, aber dennoch wirken viele Menschen oft unglücklich, sind gestresst, leiden an Ängsten, Einsamkeit oder Depressionen. Auch sind sehr viele mit ihrem Job unzufrieden, fühlen sich nicht wohl in ihrer Partnerschaft oder haben ungelöste, leidvolle Konflikte mit anderen Menschen. Viele Menschen haben zudem eine schwierige Beziehung zu sich selber, leiden unter Minderwertigkeitskomplexen, Versagensängsten, Selbstwertproblemen oder machen sich selber Vorwürfe. Außerdem können Unzählige ihr inneres Potenzial nicht entfalten und fühlen sich blockiert oder gefangen.

Wir haben zwar einen sehr großen materiellen Wohlstand, unglaubliche Berge an Wissen und sind ständig erreichbar, aber glücklicher sind wir Menschen deshalb nicht geworden.

Ich denke, dass die meisten Menschen bestätigen würden, dass es im Leben letztlich nur darum geht, glücklich zu sein. Dass uns alles, was wir erreichen, besitzen und wissen, gar nichts nützt, wenn wir nicht glücklich dabei sind. Aus ganzheitlicher und systemischer Sicht müssten wir vielleicht sogar sagen, dass alles Erreichte nur dann wirklich erstrebenswert ist, wenn es zum Glück von allen Menschen oder auch allen Lebewesen beiträgt.

Ich wünsche mir sehr, dass dieses Buch einen Beitrag dazu leisten kann, dass Kinder, Lehrer, Eltern und alle anderen Menschen glücklich und erfüllt in ihrem Leben und in ihren Tätigkeiten sein können. Es gibt diesen tiefen Wunsch, dass sich unser Zusammenleben liebevoller, offener, großzügiger, echter, verbundener und spontaner gestalten kann, und die Überzeugung, dass das passiert, wenn die Menschen sich glücklicher und verbundener fühlen.

In meinem Leben gab es auch sehr dunkle, schwere und leidvolle Phasen. Der Zugriff auf meine wirklichen Bedürfnisse, auf meine Begeisterung, meine Leichtigkeit und Lebensfreude fiel mir schwer und die Suche nach dem Glück wurde zu meiner zentralen Lebensaufgabe. Dabei tauchten in mir oft auch Erinnerungen an meine Kindheit auf. Dort hatte es dieses unbeschwerte Glück, die Verbundenheit mit allem und allen, die Leichtigkeit und die grenzenlose Begeisterung noch gegeben, zwar kaum je in der Zeit während der Schule, aber davor, danach oder in den Schulferien. In mir entstand der tiefe Wunsch, wieder dorthin zurückzufinden, zu meinen Ursprüngen. Zurück zu meiner frühkindlichen Offenheit, Neugierde, Kreativität, Spontaneität, Leichtigkeit, Freude am Lernen und am Leben.

Bei diesem Prozess waren und sind die Kinder meine wichtigsten Lehrer.

Ich habe in meiner Arbeit mit Kindern und auch bei meinen eigenen Kindern beobachtet, dass sie einen viel leichteren und natürlicheren Zugang zum Glücklichsein haben als die meisten Erwachsenen. Beim Thema Glück sind die Kinder Experten und ich wünsche mir, dass wir Erwachsenen uns von den Kindern wieder anstecken lassen vom ursprünglichen Zugang zum Glück, von der Begeisterung und von der Leichtigkeit des Seins. Wenn unser Herz beginnt, sich wieder zu öffnen, wenn wir beginnen, die Verbundenheit hinter der ständigen Gedankenflut im Kopf erneut zu entdecken, dann erwacht auch der Zugang zum ursprünglichen Glück wieder in uns.

Es gibt einen wesentlichen Unterschied zwischen dem Erleben der Welt bei einem Kind und bei einem Erwachsenen. Man könnte fast sagen, dass beide oft in sehr unterschiedlichen Realitäten leben. Genauso gibt es einen wesentlichen Unterschied zwischen dem Erleben der Welt durch einen Weisen und einen normalen Erwachsenen. Die Realitäten, welche Weise und Kinder erleben, offenbaren aber interessanterweise erstaunliche Parallelen. Der chinesische Weise Laotse hat das so ausgedrückt: „*Die Weisen hören und sehen wie kleine Kinder.*"

Aber auch die moderne Wissenschaft, allen voran die Quantenphysik, beginnt immer mehr zu erkennen, dass die Einheitswelt der Kinder und Weisen vielleicht viel wirklicher ist, als wir das bisher gemeint haben. Der berühmte Physiker David Bohm beispielsweise schrieb: „*So stimmen die Relativitätstheorie und die Quantentheorie doch beide in der Notwendigkeit überein, die Welt als ein ungeteiltes Ganzes anzuschauen, worin alle Teile des Universums einschließlich dem Beobachter und seinen Instrumenten zu einer einzigen Totalität verschmelzen und sich darin vereinigen.*"

Die Mehrzahl der Erwachsenen erlebt dagegen noch immer eine Welt der Trennung, der Angst und der Macht, die wir über Schule und Erziehung nach und nach auch als scheinbar einzig wahre und wirkliche Realität an unsere Kinder weitergeben.

Aber kleine Kinder sind vor der Erziehung und Schulbildung in ihrer Einheitsrealität deutlich glücklicher als die Erwachsenen, weil das Erfahren der Verbundenheit mit allem Leben gleichzeitig auch die Quelle für wahres Glück und inneren Frieden ist.

Unsere öffentliche Schule wird also dann zu einer wahren Glücksschule werden, wenn sie den Kindern ermöglicht, ihre Realität der Einheit nicht verlassen zu müssen, und wenn sie auch den Raum dafür schafft, dass die Erwachsenen alles Trennende in sich selber erforschen und auflösen können, statt es an die Kinder weiterzugeben.

Indem wir unsere Kinder und ihre ursprüngliche Realität wirklich respektieren, können sich die Strukturen, der Geist und die Haltungen an den Schulen so weit verändern, dass alle Kinder und Lehrpersonen voller Freude und Leichtigkeit dorthin gehen wollen; damit sich die Schule, basierend auf der Kraft und Lebendigkeit der Kinder, zu einem Zentrum des Wandels, zu einer Kultur des Glücks, des Miteinanders und der Einheit entwickeln kann.

In mir gibt es diese Gewissheit, dass die Zeit jetzt reif ist, um endlich das Glück der Einheit in allen Lebensbereichen ins Zentrum zu stellen. Dass wir uns alle wirklich erlauben, glücklich zu sein, und dass auch für unsere Kinder dieser Wunsch, den schon immer alle Eltern und Lehrer tief in ihren Herzen getragen haben, sich wirklich erfüllen möge. Dass nebst den Schulen auch Firmen, Familien, Beziehungen und Institutionen zu Orten des Glücks, der Verbundenheit und der Leichtigkeit werden können. Dass wir erkennen, dass nur wir selber die Schöpfer unseres Lebens, unserer Sachzwänge, Strukturen und Machtsysteme sind, und die volle Verantwortung für eine wirkliche Veränderung voll und ganz übernehmen.

Um diese Reise zum ursprünglichen Glück von Grund auf anzugehen, werden wir uns jetzt zunächst intensiver der ursprünglichen Einheitsrealität der Kinder und damit der Quelle ihres Glücklichseins zuwenden.

Einheitsrealität – ursprüngliches Glück

*„Ihr wollt die Ursprünge?
Das Kind hat sie."*

Tschuang-tse

Kleine Kinder leben, wie bereits dargestellt, gemeinsam mit den Weisen dieser Welt in einer Realität, die sich von unserer Erwachsenenrealität in ganz wesentlichen Punkten unterscheidet.

Dabei sind Kinder in ihrer Einheitsrealität deutlich glücklicher, unbeschwerter und beweglicher als die meisten Erwachsenen in ihrer anerzogenen und angelernten Realität der Trennung. Die Realität, in der Kinder leben, ist vor allem deshalb beglückend, weil sie sich noch nicht als abgetrennt von allem anderen erleben und weil ihre Herzen noch ganz weit offen sind für all die Wunder und Schönheiten dieser Welt.

*„Die Sonne bescheint nur das Auge des Mannes,
aber in das Auge und das Herz des Kindes scheint sie hinein."*

Ralph Waldo Emerson

Um diese Einheitsrealität beschreiben zu können, müssen wir uns ganz in das Erleben von Kindern einfühlen. Wir werden deshalb in der Folge einige wesentliche Merkmale der Einheitsrealität gemeinsam betrachten, denn darin liegt der Schlüssel zum ursprünglichen, bedingungslosen Glück!

Zentrale Merkmale der Einheitsrealität sind:

- Verbundenheit/Einheit
- Spiel/Flow-Erfahrungen
- Jetzt (totale Präsenz)

- Vertrauen
- Selbstbestimmtes Leben
- Innere Einheit/Ganzheit
- Kommunikation
- Neugierde

Im Folgenden wird jedes dieser Merkmale noch genauer untersucht.

Verbundenheit/Einheit

„Das Gefühl der Einheit ist das Gefühl,
das ihr Liebe nennt."

Neale Donald Walsch

Ursprünglich erlebt sich ein Baby als eins mit allem. Üblicherweise ist dabei die Mutter die Hauptbezugsperson und das Baby erfährt diese Einheit deshalb ganz speziell mit ihr (oder den Eltern). Natürlich gibt es auch auf der emotionalen Ebene keine Trennung und so erlebt das Baby sowohl vor als auch nach der Geburt alle Emotionen der Mutter vollständig mit. Die Erfahrung von Gefühlen wie beispielsweise Angst, Trauer oder Schuld sind in dieser Zeit noch nicht das Ergebnis eines Lernprozesses, sondern die Folge des einheitlichen Mitschwingens mit der Mutter und der gesamten Umwelt. Babys brauchen für ihre ideale Entwicklung und für ihr Überleben unbedingt liebevolle und erreichbare Bindungspersonen. Sie brauchen körperliche Nähe, Geborgenheit und das feinfühlige Reagieren auf ihre Bedürfnisse, weil das die Bindung zu den Bezugspersonen stärkt. Die psychologische Forschung konnte auch zeigen, dass kleine Kinder sehr intensive Gefühle noch nicht ohne den liebevollen Rückhalt einer erwachsenen Bezugsperson regulieren können. Wenn Kinder alleine gelassen, in ihrem Bedürfnisausdruck nicht wahrgenommen oder abgelehnt werden, dann kann dies für das Kind zu Traumata führen und seine Fähigkeit, auch mit intensiveren Reizen umgehen zu können, schon früh einschränken. Wenn ein Kind aber eine sichere Bindung, zu mindestens einer Bezugsperson erlebt, dann kann es in seiner ursprünglichen Offenheit und Verbundenheit des Herzens bleiben und neugierig die Welt erkunden.

„Diese wahre Geschichte spielte sich erst vor wenigen Jahren in einer Familie aus Illionois ab. Die achtjährige Tochter wurde krank und die Diagnose ergab eine lebensgefährliche Bluterkrankung. Es wurde nach einem Blutspender gesucht, dessen Blut sich mit dem ihren vertrug. Mittlerweile wurde sie immer schwächer, aber kein Spender wurde gefunden. Schließlich stellte sich heraus, dass ihr sechsjähriger Bruder dieselbe seltene Blutgruppe hatte wie sie. Mutter, Pfarrer und Arzt setzten sich mit dem Jungen zusammen und fragten ihn, ob er bereit sei, sein Blut zu spenden, um das Leben seiner Schwester zu retten.

Zu ihrer großen Überraschung war er nicht sofort dazu bereit. Er wollte Zeit haben, um darüber nachzudenken. Einige Tage später kam er zu seiner Mutter und sagte: „Ja, ich werde es tun."

Schon am darauffolgenden Tag brachte der Arzt beide Kinder in seine Klinik und legte sie auf zwei nebeneinander stehende Betten. Er wollte, dass sie sahen, wie eines dem anderen half. Zuerst nahm er einen Viertelliter Blut aus dem Arm des Jungen ab. Das trug er ans Bett der Schwester und injizierte die Nadel, so dass der Bruder sehen konnte, was geschah. Wenige Minuten später kam die Farbe in ihre Wangen zurück.

Da winkte der Junge den Arzt zu sich. Er wollte etwas fragen und sprach sehr leise.

„Werde ich jetzt gleich zu sterben beginnen?", fragte er.

Als er gebeten wurde, sein Blut zu spenden, um das Leben der Schwester zu retten, hatte sein sechsjähriges Gemüt den Vorgang offensichtlich wörtlich aufgefasst. Er dachte, er müsse sein Leben für das seiner Schwester geben. Deshalb hatte er ein paar Tage zum Überlegen gebraucht. Und dann gab er einfach, so wie es im Herzen eines jeden Menschen angelegt ist, wenn wir wahrhaftig verbunden sind."

Jack Kornfield & Christina Feldmann

Auch Menschen aus ursprünglichen Kulturen wussten und wissen meist noch um die Verbundenheit allen Seins und haben nicht zuletzt deshalb auch einen sehr respektvollen Umgang mit der Natur.

Der systemische Ansatz

„Ein System ist eine Ganzheit.
Jedes Teil ist mit jedem so verbunden,
dass jede Änderung eine Änderung des Ganzen bewirkt ..."

Virginia Satir

Ein wissenschaftliches Konzept, um die ursprüngliche Verbundenheit zu beschreiben und plausibel zu machen, ist der systemische Ansatz, der heute gerade in der Psychologie sehr weit verbreitet und gut erforscht ist. Ein System ist ein Netz, das aus diversen Elementen besteht, die wechselseitig aufeinander wirken und die alle miteinander verbunden sind. Im systemischen Ansatz wird davon ausgegangen, dass jede Form des Lebens als System organisiert und eingebunden ist in diverse andere Systeme. Dabei stehen alle Elemente der Systeme in ständigem Austausch miteinander. Im systemischen Ansatz wird beispielsweise bei Problemen, die ein Kind hat, stets das gesamte betreffende System, also die Familie oder Schulklasse, ebenfalls in die Analyse des Themas mit einbezogen. Das Kind wird dann nur als Problemträger gesehen, das Problem selber aber liegt in der Dynamik des gesamten Systems.

Auch in der Ökologie geht man davon aus, dass alles in Systemen organisiert ist. So spricht man beispielsweise von dem Ökosystem, in welchem jede Veränderung, zum Beispiel der erhöhte CO_2-Ausstoß, einen Einfluss auf das gesamte ökologische System hat, wie es sich aktuell im Klimawandel zeigt. Biologisch gesehen ist jede Zelle, jedes Molekül und jedes Organ ein System, das im ständigen Austausch mit seiner Umgebung steht. Der gesamte Mensch ist ebenfalls ein System, das mit allem, was ihn umgibt, ständig auf verschiedenen Ebenen Informationen austauscht. Dies wird beispielsweise deutlich, wenn in einem kleinen Büro oder Betrieb jemand krankheitshalber länger ausfällt. Das bedeutet vielleicht für die anderen Angestellten dieses Betriebs, dass sie in dieser Zeit auch die Arbeit der abwesenden Person abdecken müssen. Das wiederum kann dazu führen, dass sie am Abend vielleicht länger arbeiten müssen. Das kann bedeuten, dass ihre Familien die längere Abwesenheit dieser Personen zu kompensieren haben. Diese Situation kann sich auf unterschiedlichste Arten auf die Stimmung der Kinder, Partner usw. auswirken, was dann wiederum einen Effekt auf deren Arbeit oder die Schule hat. So zieht ein Ereignis seine Kreise und es wird offensichtlich, dass es keine äußere Grenze gibt. Alles ist mit allem verbunden, das zeigt dieses Beispiel sehr anschaulich und ich bin mir sicher, dass jeder Mensch selber unzählige solcher Beispiele kennt. Auch dann, wenn beispielsweise eine Person kündigt und eine andere neu in ein Team kommt oder wenn ein Mitglied einer Familie stirbt oder eines geboren wird, können solche Ereignisse das ganze System in Bewegung bringen und uns spürbar machen, dass wir alle Teil eines großen Systems oder Netzwerks sind, welches uns auf diversen Ebenen miteinander verbindet.

Selbstreflexion:

Kennst du ein Kind, das zu Hause oder in der Schule auffällige Symptome zeigt, eine Krankheit hat oder irgendeine therapeutische Diagnose?

Wenn ja, welche Probleme des Gesamtsystems könnte dieses Kind dadurch spiegeln?

Babys haben psychische und körperliche Bedürfnisse. Dabei ist die Erfahrung der Verbundenheit wohl die zentralste und wichtigste. Für ein Kind bricht im wahrsten Sinne des Wortes eine Welt zusammen, wenn es die Verbundenheit und damit die Bindung zu seinen Bezugspersonen verliert. Seine gesamte kindliche Realität baut auf dieser Einheit und Verbundenheit auf.

Daneben gibt es noch andere Grundbedürfnisse wie beispielsweise das nach Geborgenheit, Zärtlichkeit, feinfühliger Kommunikation, Schutz, Ganzheit, Spiel und Wärme sowie die Bedürfnisse nach Trinken und Nahrung. In Bezug auf diese Bedürfnisse sind Babys vollkommen von ihren Bezugspersonen abhängig. Sie können sich all das nicht selber geben, sondern sind darauf angewiesen, dass ihre Bezugspersonen liebevoll auf sie eingehen. Dabei zeigen Studien, dass für Babys im Zweifelsfalle die psychischen Bedürfnisse sogar wichtiger sind als die körperlichen.

Wenn diese Grundbedürfnisse des Babys durch eine liebevolle und feinfühlige Verbindung mit der Bezugsperson erfüllt sind, dann beginnt das Baby mit dem Erkunden des Körpers und der Welt. Dieses Erkunden und Erforschen geschieht vor allem über das Spiel.

Selbstreflexion:

Fühlst du dich jetzt in diesem Moment verbunden mit dir selber?

Wenn du in deinem Leben Zeit mit Kindern verbringst, wie ist aktuell oder allgemein die Verbindung zu diesen Kindern? (Bei jedem Kind einzeln erforschen.)

Wie steht es um die Verbindung zu deinem Partner/deiner Partnerin oder zu deinen Freunden? Welche dieser Beziehungen fühlen sich wirklich verbunden an?

Was trägst du allenfalls dazu bei, dass sich einige dieser Beziehungen nicht wirklich verbunden anfühlen? Wo gibst du dem Trennenden eine Realität?

Spiel und Flow

„Die Wurzel des Lebens ist Spielen."

Alan Watts

Das Spiel bildet die Basis für die ersten erstaunlichen Lernerfahrungen eines Kindes schon im Bauch der Mutter. Nach der Geburt lernt das Kind mit viel Geduld und unermüdlichem Einsatz nach und nach, sich umzudrehen, zu kriechen und auch zu laufen. Es lernt, seine Hände immer gezielter und differenzierter einzusetzen, und es erwirbt die Fähigkeit, nonverbal und verbal zu kommunizieren. All diese und noch unglaublich viele andere Fähigkeiten lernen Kinder vollkommen selbstbestimmt, von innen heraus motiviert und ohne jede Belehrung oder Bewertung von außen. Das spielerische Erkunden der Welt, basierend auf der Verbundenheit mit den Bezugspersonen, bildet die Basis für die gesamte kindliche Entwicklung. Das Lernen im freien, selbstbestimmten Spiel ist die ursprünglichste Lernform und das Spiel die ursprünglichste Lebensform des Menschen.

Kinder leben in einer Spiel- und Wunderwelt. Darin ist alles möglich und jedes Thema wird mit spielerischer Leichtigkeit angegangen. Aus der Verhaltensforschung mit Tieren weiß man, dass es einen direkten Zusammenhang zwischen Intelligenz und Spiel gibt. Je intelligenter ein Tier ist, desto ausgeprägter ist sein Spieltrieb entwickelt. Weil wir in unserer westlichen Kultur so sehr gelernt haben, dass im Leben Erfolg und Lernen nur über Anstrengung und Kampf möglich sind, unterschätzen wir die Bedeutung des Spiels meist massiv. In unserer üblichen Wertung nehmen wir eine ganz klare Trennung zwischen Arbeiten oder Lernen und Spielen vor, wobei das Spiel in seiner Bedeutung gegenüber den anderen beiden Begriffen meist weit zurückliegt. Aber für das Kind gibt es keine Trennung zwischen Lernen, Spielen und Arbeiten. Im kindlichen Erleben ist es ein und dasselbe. Der amerikanische Autor Joseph Chilton Pearce geht sogar davon aus, dass das Spiel die einzig wirklich optimale Lernsituation für Kinder darstellt. Beim Spielen erlebt sich das Kind als nicht getrennt von seinem Handeln und seiner Umwelt. Es steht dabei mitten im Fluss des Lebens und ist ein ungetrennter Teil dieses Flusses. Wenn ein Kind so in ein Spiel eintaucht, dann nennt man diesen Zustand „Flow".

Flow

„Wir alle beginnen das Leben als Spielende."

Lynda Sexson

Kinder, die ganz in ihrem Spiel aufgehen, sind glücklich. Das ist das ursprüngliche Glück. Sie tauchen ganz ein in diesen Moment und erleben sich, wie schon erwähnt, als eins mit der Tätigkeit. Flow ist ein Zustand der absoluten Konzentration und der ungeteilten Aufmerksamkeit, ein komplettes Aufgehen im aktuellen Tätigsein.

Flow-Zustände sind für die gesamte Entwicklung und das Wohlbefinden eines Kindes von absolut zentraler Bedeutung. Durch die ungeteilte Aufmerksamkeit und die totale Präsenz lernen Kinder im Flow nicht nur sehr schnell, sondern auch mühelos. Der Zustand des Flows bietet die optimale, ganzheitliche Lernsituation. Alle grundlegenden Entwicklungsbereiche wie Sensomotorik, Grob- und Feinmotorik, Wahrnehmung, Sprache, Kognition und Sozial- sowie Konfliktverhalten werden im Spiel „ganz nebenbei" erlernt und entwickelt. Flow-Erfahrungen bieten Lernsituationen, in denen Gedanken, Gefühle und Handlungen ganz auf eine bestimmte Aktivität gerichtet sind. Auch ist der Flow-Zustand die beste Voraussetzung für das Abrufen von Gedächtnisinhalten. Aber Flow-Erfahrungen sind nicht nur für die frühe Entwicklung von Kindern von elementarer Bedeutung, sondern für das gesamte Leben, in jeder Lebenssituation, bei allen Arten von Tätigkeiten und Handlungen, für das Erbringen von Höchstleistungen in der Arbeit, für Wissenschaftler, Sportler, Künstler, Handwerker und alle anderen.

Im Flow geht es aber keineswegs um ein passives Konsumieren, sondern vielmehr um ein sehr intensives Tätigsein mit dem Einsatz aller inneren Kräfte und der gesamten Aufmerksamkeit. Sogar Tätigkeiten, die mit schwerer körperlicher Anstrengung (wie beispielsweise im Sport) oder mit einer hochdisziplinierten geistigen Aktivität einhergehen, können im Flow in völliger Entspannung, freudvoll und ganz mühelos erlebt werden. Im Flow ist aber ein Mensch nicht nur im höchsten Maße leistungs- und lernfähig, sondern eben auch noch glücklich, weil er sich als eins mit seiner Tätigkeit und allem Sein erlebt.

Voraussetzungen für Flow bei Kindern

„Spielende Kinder sind lebendig gewordene Freuden."

Friedrich Hebbel

Wenn die Grundbedürfnisse eines Kindes erfüllt sind, dann spielt es. Das heißt, dann erkundet es aktiv die Welt. Ein Kind braucht also, um in den optimalen Lernzustand des Flows zu kommen, im Prinzip nur den „sicheren Hafen" einer liebevollen und feinfühligen Bezugsperson. Es braucht ein positives emotionales Umfeld, durch das seine Grundbedürfnisse nach Verbundenheit, Respekt, Wärme, Schutz, Zugehörigkeit und Geborgenheit erfüllt werden.

Nur wenn sich Kinder wirklich wohl, geborgen und sicher fühlen, können sie sich so weit auf ein Spiel einlassen, dass sie in den Flow kommen. Nur dann können sie sich einer Sache mit ihrer gesamten entspannten Aufmerksamkeit zuwenden. Deshalb macht es auch Sinn, dass Institutionen wie Kitas, Kindergärten, aber auch Schulen den Kindern eine Eingewöhnungszeit geben, damit sie zu den Erziehern und Lehrpersonen eine sichere Bindung aufbauen können, bevor sie ohne ihre Eltern dort bleiben.

Wenn das gegeben ist, dann wird ein Kind von sich aus beginnen, die Umwelt zu erkunden – also lernen zu wollen. Diese Umwelt sollte kindgerecht und anregend sein sowie möglichst viel Raum für eigenes Erforschen und Entdecken bieten. Wenn ein Kind in seinem Herzen bedingungslose Verbundenheit (Einheitsrealität) spürt, dann will es die äußere Welt spielend entdecken und erforschen. Antrieb ist dabei die angeborene Neugierde. Jedes Kind will also lernen!

Spiel und Flow bei Erwachsenen

„Menschen sind dann am glücklichsten,
wenn sie das tun, was sie am besten können."

Mihaly Csikszentmihalyi

Auch wir Erwachsenen können den Flow-Zustand erleben, wenngleich dies bei den meisten Erwachsenen viel seltener und weniger mühelos geschieht als bei Kindern. Aber dennoch kennen viele Hochleistungssportler, Wissenschaftler, Musiker und andere Menschen, deren Leben von Höchstleistungen geprägt ist, diesen Flow-Zustand (oft auch „Zone" genannt). Die Flow-Zustände von Spitzensportlern, Profimusikern und auch Wissenschaftlern sind sehr gut erforscht und weisen unter anderem folgende Merkmale auf:

Erhöhte Leistungsfähigkeit, hohe Konzentration, gesteigerte Lernfähigkeit und eine ideale Mischung aus Gelassenheit, entspannter Wachheit, innerer Klarheit, Engagement und Dynamik. Im Flow arbeiten alle, auch weit auseinanderliegende Hirnregionen ideal zusammen (hohe Kohärenz). Das Gehirn schwingt im Gleichtakt und weist dabei eine verstärkte Durchlässigkeit für kreative Ideen auf.

Die hohe Kohärenz des Gehirns bewirkt einen positiven emotionalen Zustand (Glücks- und Hochgefühle), denn es werden durch die Kohärenz körpereigene Endorphine ausgeschüttet. Ein Mensch, der im Flow ist, erlebt seine Tätigkeit als freudvoll und erfüllend, er ist im Einklang mit sich und der Umwelt.

Es gibt eine große Offenheit für spontan auftauchende Problemlösungen.

Wenn Menschen intrinsisch motiviert sind, dann handeln sie nicht aus Angst vor Strafe oder weil sie sich eine Belohnung erhoffen, sondern in erster Linie aus Interesse, Begeisterung und freiwilligem Engagement. Das heißt intrinsisch motivierte Menschen sind in jedem Unternehmen, jedem Team und jedem Projekt die Aktivposten, welche auch andere Menschen begeistern und bewegen können.

Dr. Gerhard Huhn drückt das wie folgt aus: *„Wenn Mitarbeiter aus einer inneren Begeisterung heraus arbeiten, um Flow-Erfahrungen zu machen, stellen diese Mitarbeiter gegenüber lethargischen oder gar apathischen Personen einen unschätzbaren Vorteil für ein Unternehmen dar. Abgesehen von der weitaus höheren Leistungsbereitschaft und der gewinnenden Ausstrahlung auf potenzielle Kunden und Mitarbeiter sorgt das unmittelbare Interesse des einzelnen Mitarbeiters an der Verbesserung seiner Effektivität für genau die kontinuierlichen Verbesserungsprozesse, um die mit anderen Mitteln oft vergeblich gerungen wird.“*

Im Flow werden Höchstleistungen mit einem Gefühl der Leichtigkeit und Freude erbracht, mit anschließender tiefer Erfüllung, die sich aus dem sinnerfüllten und beglückenden Tun heraus ergibt. Dabei geht es aber nicht nur darum, dass das Erreichen des Ziels einer Handlung Spaß macht, sondern das Handeln selbst ist bereits erfüllend und beglückend.

Flow-Erfahrungen sind energetisierend und harmonisierend. Im Flow sind Kopf, Herz und Körper miteinander verbunden. Für uns spielen weder die Zeit noch wir selbst eine Rolle und das Handeln geht mühelos vonstatten. Durch die Vertiefung in eine Tätigkeit treten allgemein erlernte gedankliche Konzepte in den Hintergrund, was bewirkt, dass wir uns wieder als eins erleben. Es kann auch eine Ausweitung des Selbst über die erlernten Körpergrenzen hinaus geschehen. Das bedeutet, dass ein Mensch im Flow sich nicht mehr als getrennt von der Tätigkeit und der Umwelt erlebt, sondern vielmehr gänzlich in der eigenen Aktivität aufgeht (Verschmelzen von Selbst und Tätigkeit). Unsere Energie fließt wieder zurück vom Kopf ins Herz und in den Körper und wir erfahren das Leben als sinnerfüllt und beglückend. Flow-Erfahrungen sind also auch wesentliche Energie- und Glückstankstellen im Alltag.

Während wir in der grenzenlosen Fülle der Einheit des Flows „baden", sind wir angedockt an die Weisheit der Intuition und an die Kreativität des sich stetig verändernden Lebensflusses.

Menschen im Flow sind zudem sehr wach und aufmerksam, das heißt, durch dieses hohe Maß an Konzentration können sie die verschiedenen Faktoren eines Prozesses wachsam überblicken und bei sich abzeichnenden oder auftauchenden Schwierigkeiten und Problemen sofort kreativ reagieren.

Unsere aktuelle Gesellschaft lebt in einer stetigen Beschleunigung, wachsender Komplexität in allen Lebensbereichen, turbulenten Märkten und immer mehr Prozessen, die kaum mehr geplant werden können, und dies nicht nur in den Chefetagen. Alles ist in stetem Fluss und in dauernder, rasanter Veränderung. Das „Fließbewusstsein" des Flows ist die perfekte Antwort darauf. Wenn alle gesellschaftlichen Prozesse im Fluss sind, dann muss auch das Bewusstsein lernen, im Fluss zu sein.

Die gesamte Lebensenergie und Aufmerksamkeit ist im jetzigen Moment. Es gibt also nichts, was später hoffentlich erreicht werden sollte oder was früher einmal passiert ist und noch immer unser jetziges Glück scheinbar behindert. Diese Präsenz im jetzigen Moment ist die Basis für Gesundheit und Heilung des Körpers. Wenn die Energie im Körper frei fließen kann, dann ist der Körper auch gesünder. Studien haben außerdem gezeigt, dass glückliche Menschen ein besseres Immunsystem haben als unglückliche.

Selbstreflexion:

Bei welchen Tätigkeiten kommst du in den Flow?
Wie oft ist das der Fall?
Wie fühlt es sich für dich an, wenn du im Flow bist?

Wichtige Voraussetzungen für Flow-Erfahrungen

Das Phänomen des Flows erfolgt ausschließlich bei Tätigkeiten mit intrinsischer (von innen heraus kommender) Motivation, das heißt bei Tätigkeiten, die jemand auch wirklich verrichten möchte.

Wichtig ist aber auch, wie die Schwierigkeit einer Tätigkeit beziehungsweise die eigenen Fähigkeiten, diese zu bewältigen, eingeschätzt werden. Wird eine Tätigkeit als zu leicht eingeschätzt, dann tritt Langeweile auf. Wird eine Tätigkeit als zu schwer angesehen, dann ist man überfordert oder ängstlich. Kinder suchen sich deshalb, wenn sie mit einem Spiel unter- oder überfordert sind, ganz von selber eine neue Spielmöglichkeit. Auch für uns Erwachsene braucht es, um in den Flow zu kommen, die Fähigkeit, sich selber zu motivieren, sich selber Ziele zu setzen und sich immer wieder selbst gewählten neuen Herausforderungen zu stellen, sonst wird unser Leben zwar bequem, aber auch langweilig werden.

Es braucht eine Umgebung, in der man möglichst ungestört in der geliebten Tätigkeit versinken kann, damit es möglich ist, die Konzentration wirklich hochzuhalten. Multitasking und ständige Unterbrechungen sind also für den Flow gar nicht ideal.

Auch bei uns Erwachsenen ist es so, dass wir nur in einer Umgebung in den Flow kommen können, in der wir uns wohl und sicher fühlen. Wenn wir einen Teil unserer Aufmerksamkeit für den Selbstschutz benötigen, ist Flow nicht mehr möglich.

Wesentlich ist daher für Glück, Höchstleistungen und optimale Lernbedingungen ein möglichst entspanntes und angstfreies Klima.

Selbstreflexion:

Erstelle eine Liste, auf der du alle deine alltäglichen Tätigkeiten in zwei Spalten einordnest. In die erste Spalte schreibst du die Tätigkeiten, zu wel-

chen du wirklich intrinsisch motiviert bist, in die zweite Spalte diejenigen, welche du nur erledigst, weil du es musst.

Überlege dir Antworten auf die folgenden Fragen: In welcher Umgebung (wo und wann) ist es für dich am einfachsten, in den Flow zu kommen? Weshalb ist das wohl so?

Die Forschungen zum Flow sind auch deshalb so spannend, weil sie uns zeigen, welche ursprüngliche Kraft und Weisheit in uns Menschen aktiv wird, wenn wir uns wirklich verbunden fühlen. Außerdem zeigen sie, welchen Verlust es auf allen Ebenen unserer Gesellschaft und für jeden einzelnen Menschen bedeutet, wenn das Spiel und der Flow der Kinder nicht den zentralen Platz in ihrem Alltag haben darf. Es ist jetzt aber für uns alle an der Zeit, wieder ganz in den Fluss des Lebens und in das Einheitsbewusstsein zurückzukehren! Wir alle haben das Recht, glücklich zu sein – jetzt!

Jetzt

„Zeit ist überhaupt nicht kostbar, denn sie ist eine Illusion. Was dir so kostbar erscheint, ist nicht die Zeit, sondern der einzige Punkt, der außerhalb der Zeit liegt: das Jetzt. Das allerdings ist kostbar. Je mehr du dich auf die Zeit konzentrierst, auf Vergangenheit und Zukunft, desto mehr verpasst du das Jetzt, das Kostbarste, was es gibt."

Eckhart Tolle

Ein weiterer wesentlicher Aspekt der Einheitsrealität ist die Fähigkeit, ganz im gegenwärtigen Moment präsent zu sein. Präsenz im Jetzt ist unser ursprünglicher Zustand. Babys und kleine Kinder sind stets voll präsent. Diese Präsenz kann sich als ungeteilte Aufmerksamkeit im Flow äußern, aber auch grundsätzlich darin, jeden Moment des Lebens mit vollständiger Wachheit und Gegenwärtigkeit zu erfahren.

Das gedankliche Abschweifen in die Zukunft oder Vergangenheit sowie in mentale Prozesse wie Kommentieren, Planen, Bewerten oder Vergleichen – all das ist erlernt. Weil das Abschweifen aus dem jetzigen Moment erlernt ist und weil ursprüngliches Glück nur im jetzigen Moment erfahren werden kann, liegt der Schluss nahe, dass auch das Unglücklichsein erlernt ist. Welchen Beitrag die Schule zu diesem Lernprozess leistet, werden wir im Verlaufe des Buches noch genauer betrachten.

Jede Form von Unglücklichsein hat ihre Wurzel in unseren Gedanken. Wenn wir in Gedanken im Gestern oder Morgen sind, dann haben wir diesen Kontakt zum gegenwärtigen Moment und auch zum unmittelbaren sinnlichen Erleben unseres Körpers verloren. Unser Verstand ist darauf programmiert, sich vor der Zukunft zu fürchten oder auf die Zukunft zu hoffen, so führt er uns weg von unserer tiefsten inneren Wahrheit und unserem inneren Potential, welche wir stets nur jetzt erfahren können. Wenn der Verstand aber wieder ein Werkzeug ist, das wir benutzen, statt umgekehrt, dann steht dem Glücklichsein nichts mehr im Wege, denn Präsenz im jetzigen Moment ist automatisch da, wenn wir uns nicht in den Geschichten der Gedanken verlieren.

Vertrauen

„Die Meister beobachten die Welt,
vertrauen aber ihrer inneren Sehkraft.
Sie lassen die Dinge kommen und gehen.
Ihr Herz ist offen wie der Himmel."

Laotse

Wie wir in der Einleitung schon gesehen haben, ist Vertrauen ein weiteres Merkmal der ursprünglichen Einheitsrealität von kleinen Kindern. Wer je ein Baby in seinen Armen gehalten hat, konnte vielleicht dieses tiefe Vertrauen des Babys in das Leben spüren. Für mich ist das immer wieder eine sehr tiefe und berührende Erfahrung, dieses kindliche Vertrauen in das Leben zu erfahren. Manchmal habe ich dabei auch gespürt, dass mein Kind mehr Vertrauen in das Leben hatte als ich selber …

Vertrauen heißt, sich ganz dem Fluss des Lebens zu überlassen, was auch immer er mit sich bringt. Stephen Levine, der jahrzehntelang sehr mitfühlend Sterbende in den Tod begleitet hat, beschreibt in einem seiner Bücher, dass kranke Kinder sich auch viel müheloser und offener auf den Tod einlassen können als die meisten Erwachsenen. Das Urvertrauen von kleinen Kindern ist wirklich grenzenlos und kann nur durch Erfahrungen von Nichtliebe erschüttert werden. Wir Erwachsenen haben gelernt, dass wir nicht dem Leben selbst vertrauen sollten, sondern vielmehr den erlernten Konzepten, Theorien, Kontrollimpulsen und Ängsten. Worauf sich unser Vertrauen richtet, ist eine sehr zentrale Frage, die sehr viel dazu beiträgt, ob wir das Gefühl haben, ein sinnerfülltes und verbundenes Leben führen zu können. Je mehr wir gelernt haben, gewisse Gefühle und Emotionen zu unterdrücken, desto wichtiger wird Kontrolle und desto schwerer fällt uns der Zugang zum Vertrauen ins Leben.

Selbstreflexion:

Worauf richtet sich dein Vertrauen?

Was würde passieren, wenn du dir jetzt einfach erlaubst, dem Leben vollkommen zu vertrauen und nichts mehr zu bewerten, was da ist?

Selbstbestimmtes Leben

Dieser Aspekt der Einheitsrealität von Kindern stellt einerseits ebenfalls eine Voraussetzung für den Flow dar, andererseits ist er auch allgemein wesentlich im Hinblick auf das ursprüngliche Glücklichsein. Wir Menschen sind Forscher und Entdecker und wir wollen wie alle Lebewesen frei sein. Kinder sind, vor aller Erziehung und Bildung, sich selber und ihren Bedürfnissen jederzeit treu. Sie drücken diese ganz unmittelbar aus, solange sie sich in einem Umfeld der bedingungslosen Liebe befinden. Weil Kinder ursprünglich nur Dinge tun, für die es einen inneren Impuls (intrinsische Motivation) gibt, folgen sie voll und ganz ihrem offenen Herzen und ihrer angeborenen Neugierde. Ihr Streben geht dahin, die eigenen Talente zu entfalten, den eigenen Interessen und Begabungen zu folgen. Mit großer Begeisterung geben sie sich ihren Projekten hin und übernehmen ganz natürlicherweise die volle Verantwortung für ihr eigenes Leben. Kinder brauchen keine Erwachsenen, die ihnen sagen, was sie zu tun und zu lernen haben, sie brauchen nur Erwachsene, die sie auf ihrem eigenen Weg liebevoll begleiten und unterstützen.

Nun ist es aber so, dass wir Erwachsenen gelernt haben, in Opfer- und Täterschemata zu denken. Aber die Verantwortung für das eigene Leben als Erwachsener liegt immer nur ganz bei mir selber. Niemand außer mir ist für mein Glück oder mein Unglück verantwortlich. Wenn andere Macht über mich haben, dann ist das nur möglich, weil ich mir selber nicht treu bleibe oder versuche, gewissen Emotionen auszuweichen. Das heißt, weil ich selber die Verantwortung nicht voll übernehme und an andere Menschen abgebe. Letztlich haben aber nie andere Menschen Macht über uns, sondern immer nur die Gefühle und Emotionen in uns, die wir fürchten. Ursprünglich gibt es keine Opfer und Täter. Diese Rollen tauchen erst auf, wenn ein Kind einen Teil seines Erlebens verraten muss, um weiterhin geliebt zu werden. Hier beginnt der Opfer-Täter-Kreislauf. Und hier endet er auch wieder, indem wir trotz all unserer

Ängste, Schuld- und Schamgefühle stets konsequent unserem Herzen und der Liebe treu bleiben.

„Tue nichts aus Angst, Schuld, Scham, Pflicht oder um mehr geliebt zu werden, und erwarte auch nicht von anderen, dass sie etwas aus Angst, Schuld, Scham oder Pflicht für dich tun. Unser Leben ist viel zu kurz und zu wertvoll für den Preis, den ihr dafür bezahlen werdet. Tue alles nur mit der Freude eines kleinen Kindes, das eine hungrige Ente füttert."

Marshall B. Rosenberg

Innere Einheit und Ganzheit

„In meiner Praxis und in meinem Leben stelle ich fest, dass Menschen, die sich selbst als Ganzheit erleben und das Gefühl besitzen, selbst etwas wert zu sein, fähig sind, mit allen Herausforderungen des Lebens in schöpferischer und angemessener Weise fertig zu werden."

Virginia Satir

Innere Ganzheit bedeutet, dass jedes Gefühl, Bedürfnis und jeder Aspekt unseres Daseins da sein darf und nichts die Verbundenheit mit allem Sein abbrechen lässt. Bei einem Menschen mit innerer Ganzheit gibt es Raum für alle Gefühle, auch wenn gewisse schmerzhafter sind als andere. Innere Einheit und Ganzheit zeigen sich somit auch in bedingungsloser Selbstliebe, auch wenn schwierige und unangenehme Gefühle oder Emotionen erfahren werden.

Der offene und spontane Umgang mit Gefühlen ist ein weiterer wichtiger Grund, wieso es Kindern so leicht und uns Erwachsenen so schwer fällt, wirklich glücklich zu sein.

Aber auch geliebte Kinder erleben natürlich genauso wie Menschen, die in der Einheitsrealität leben, nicht immer nur angenehme Gefühle.

Denn zu der körperlichen Erfahrung, die wir als Menschen machen, gehören immer auch schmerzhafte Gefühle. Aber Kinder, die in einer Umgebung aufwachsen, in der auch unangenehme und schmerzhafte Gefühle ausgedrückt werden dürfen, ruhen doch innerlich stets in der ursprünglichen Einheit und Verbundenheit, solange die Verbundenheit auch dann nicht in Gefahr gerät. Je mehr bedingungslose Liebe da ist, desto größer wird der Raum für den Schmerz und desto kleiner seine Bedeutung und kürzer seine Dauer.

Dazu ein Beispiel: Wenn wir Erwachsenen etwas Unangenehmes oder Schmerzvolles erleben, dann erzählen wir oft noch Tage oder Wochen danach von diesem Leiden. Wir erzählen, wer unserer Meinung nach dafür die Schuld trägt, wieso es passiert ist, mit einer genauen Beschreibung, wie schlimm und leidvoll es war. Wir reagieren auf Unangenehmes im Leben mit Geschichten (Gedankenschlaufen, Sorgen, Grübeleien) und mit innerem Widerstand. Das alles ist gelernt und „wärmt" das ursprüngliche Leiden immer wieder von Neuem auf.

Kinder dagegen reagieren auf unangenehme oder schmerzhafte Lebenssituationen ganz anders. Sie drücken nämlich natürlicherweise in der schmerzhaften Situation ihre Gefühle unmittelbar selbst aus. Sie weinen, toben und trauern oder drücken ihre Wut, ihre Enttäuschung und ihren Schmerz in ihrer ganzen Intensität aus. Danach – und das wechselt oft in Sekundenbruchteilen – ist das Kind wieder froh und erleichtert und wendet seine Aufmerksamkeit etwas anderem zu. Kinder erzählen kaum je alte Leidensgeschichten, dazu leben sie viel zu sehr im jetzigen Moment. Je mehr gewisse Gefühle nicht da sein dürfen und unterdrückt oder projiziert werden, desto mehr verlieren wir den Zugang zu unserer inneren Kraft, Lebendigkeit und eben Ganzheit.

Ein weiterer wesentlicher Aspekt der Verbundenheit mit allem Sein ist Mitgefühl. Wenn das Herz zu seiner Ganzheit zurückfindet und sich innerlich wieder mit allen Gefühlen und Bedürfnissen liebevoll verbindet, dann öffnet es sich auch immer mehr für das Leid des scheinbar anderen. Dieses Mitgefühl ist wie ein inneres Mitschwingen mit dem Erleben des Gegenübers, ohne sich dabei darin zu verlieren. Verlieren können wir uns in den Gefühlen und Emotionen eines anderen Menschen nur dann, wenn wir beginnen, sein Erleben zu bewerten und innerlich Widerstand gegen die unangenehmen Gefühle zu leisten, welche die Begegnung in uns auslöst. Menschen, die sich vor gewissen Gefühlen des Gegenübers fürchten, können nicht wirklich mitfühlen, sondern nur mitleiden. Mitgefühl ist das, was ganz von selber (wieder) auftaucht, wenn wir immer mehr beginnen, alle unseren unterdrückten Emotionen und Bedürfnisse liebevoll anzunehmen. Wenn wir uns bei schmerzhaften oder beängstigenden Gefühlen selbst mit Mitgefühl begegnen können, dann taucht ganz mühelos auch Mitgefühl gegenüber allen anderen Menschen und Lebewesen auf.

Kommunikation

Kinder drücken nicht nur ihre Gefühle unmittelbar und direkt aus, sondern auch ihre Bedürfnisse. Auch wenn ein Säugling noch nicht sprechen kann, so kommuniziert er doch vom ersten Moment seines Lebens an. Forschungen über das Bindungsverhalten von Babys haben gezeigt, dass die Verbindung zwischen Mutter und Kind sich umso besser entwickeln kann, je feinfühliger die Mutter auf die Signale des Kindes eingeht. Verbundenheit und Einheit sind immer auch durch einen Fluss der Kommunikation gekennzeichnet. Über ständige Kommunikation ist alles miteinander verbunden. Wie später noch ausgeführt wird, trifft das auch auf alle Zellen unseres Körpers zu.

Kleinen Kindern würde es nie einfallen, die eigenen Bedürfnisse über einen Vorwurf oder über Kritik am Gegenüber zu äußern. Diese doch eher eigenartige und meist erfolglose Kommunikation ist aber bei uns Erwachsenen recht oft zu beobachten. Aber auch wir Erwachsenen können, indem wir immer wieder in einen bewussten Kontakt zu unseren Gefühlen und Bedürfnissen treten, ganz unmittelbar und offen ausdrücken, was uns wirklich bewegt. Ein Modell, das versucht, uns darin zu unterstützen, wirklich das auszudrücken, was uns innerlich bewegt, ist die gewaltfreie Kommunikation. Wenn wir offen und transparent über das sprechen, was wir fühlen, brauchen und wünschen (ohne Machtanwendung), dann fällt es uns viel leichter, das Verbindende mit anderen Menschen zu erleben und somit auch Beziehungen als Einheitsbeziehungen zu führen. Das Trennende zwischen zwei Menschen wird in der Kommunikation vor allem über Kritik und Druck aktiviert. Wenn wir diese trennenden Kommunikationsmuster hinter uns lassen, tritt automatisch wieder die ursprüngliche Verbundenheit dahinter hervor.

Zur ursprünglichen Einheitserfahrung von Kindern gehören nebst den oben beschriebenen Merkmalen noch viele weitere wundervolle Eigenschaften. So haben Kinder beispielsweise einen sehr guten Zugang zum Humor, sie sind unbeschwert und leicht, total offen sowie spontan. Sie haben ursprüngliche Freude am Lernen und erleben aufgrund ihrer Einheit mit allem und allen das Leben als sinnerfüllt und wertvoll.

Kinder sind außerdem innerlich und äußerlich sehr beweglich, klar, unkompliziert und ehrlich. Und sie wünschen sich nichts mehr als Erwachsene, die sich auf ihre Wunder- und Spielwelt einlassen.

Selbstreflexion:

Sprichst du im Umgang mit anderen Menschen wirklich alle deine Bedürfnisse, Gefühle und Wünsche aus oder machst du eher Vorwürfe, Bewertungen oder Zuschreibungen?

Neugierde

Kinder sind von Natur aus sehr wissensdurstig. Vierjährige Kinder stellen pro Tag durchschnittlich 400 Fragen! Sie wollen die Welt erforschen und entdecken. Sie wollen unbedingt ganz viel wissen. Außerdem sind sie außerordentlich geduldig und beharrlich, wenn es darum geht, neue Fähigkeiten zu erwerben. Der Wunsch, zu lernen, ist auf jeden Fall tief in ihrem ursprünglichen Wesen verankert. Unsere Aufgabe ist es eigentlich nur, diese ursprüngliche Neugierde aufrechtzuerhalten. Wenn die Schule es schafft, diese ursprüngliche kindliche Freude am Lernen bei jedem einzelnen Kind über die gesamte Schulzeit hinaus zu erhalten oder noch weiter zu erwecken, dann ist das eine wundervolle Grundlage für das gesamte Leben.

Erwachsene und die Einheitsrealität

„Die Welt kann nicht geteilt werden, doch wenn wir sie als teilbar betrachten, so werden wir mit all diesen Problemen zu tun haben. Dies ist der Kern der Sache. Wir versuchen, Dinge zu teilen, die eins und vereint sind."

David Bohm

Kinder erleben also ursprünglich eine Realität der Einheit, eine Welt, in der alles miteinander verbunden ist. Und basierend auf dieser Verbundenheit haben sie einen ursprünglichen und leichten Zugang zu einem Glück, das nicht von Besitz, Wissen, Macht oder äußerer Bestätigung abhängig ist.

Es ist offensichtlich, dass unsere erwachsene Erfahrung der Realität sich in vielen Punkten stark von dem unterscheidet, wie Kinder ursprünglich sich selber und die Welt erfahren.

Wir Erwachsenen haben gelernt, eine Welt der Trennung, eine Trennungsrealität zu erleben. Weil jede Form von Trennung gelernt ist, kann sich diese Realität aber auch jederzeit verändern, denn alles, was auf dem aufbaut, was wir gelernt haben, könnte auch ganz anders sein, wenn wir andere Lernerfahrungen gemacht hätten oder wenn wir jetzt andere Lernerfahrungen machen könnten. Denn alles Gelernte kann auch vergessen, gelöscht, umgelernt oder als Illusion durchschaut werden. Alles, was auf dem Gelernten aufbaut, ist also bloß virtuell und weder stabil noch sicher. Ursprünglich und „hinter" all unseren erlernten Konzepten der Trennung ist jederzeit weiterhin alles eins.

Das haben weise Menschen aus allen Kulturen schon vor Jahrhunderten erkannt. Die Wissenschaft, allen voran die Quantenphysik, ist erst in den letzten Jahrzehnten auf diese Erkenntnis gestoßen. Stellvertretend dafür hier ein Zitat von Hans-Peter Dürr, Professor für Physik: *„Ich habe fünf Jahrzehnte lang die Materie erforscht, um festzustellen, dass es sie gar nicht gibt. Die Welt sind nicht jene winzigsten Teilchen, die ich gefunden habe, sondern die Beziehungen dieser Teilchen untereinander. Alles ist mit allem in einer nicht vollständig fassbaren Komplexität miteinander verbunden."*

Obwohl viele Erwachsene den Zugang zur Einheitsrealität der Kinder weitgehend verloren haben, leuchtet sie doch auch in unserem Alltag immer mal wieder durch den Nebel der erlernten Trennungsrealität. Anspruchsvoll ist dabei für die meisten Erwachsenen, dass die Einheitsrealität kaum mit dem trennenden Verstand erfasst werden kann, sondern vielmehr ganz von selbst erst dann erfahren wird, wenn der gelernte Schleier der Trennung sich wieder lüftet. Wir können nur Dinge lernen, die (scheinbar) außerhalb von uns als getrennte gedankliche Konzepte existieren. Einheit kann also nicht gelernt, sondern höchstens bewusstgemacht werden, indem alles erlernte Trennende erkannt und durchschaut wird. Obwohl Einheit immer da ist, auch wenn wir uns noch so einsam und abgetrennt fühlen mögen, sind wir uns dessen doch oft nicht bewusst. Weil Einheit nie gewusst werden kann, ist in der Einheitsrealität nicht Wissen der wesentliche Begriff, sondern Bewusstsein.

Das erlernte Unglücklichsein

Kinder lachen etwa 300- bis 400-mal am Tag einfach so drauflos. Erwachsene tun es im Schnitt 15-mal pro Tag.

Würden Menschen jemals gewalttätig, egoistisch, hart, ernst, ängstlich oder depressiv werden, wenn sie sich innerlich mit allem und allen verbunden fühlen würden?

Könnte es sein, dass unsere Realität deshalb so leidvoll ist, weil wir uns so weit von unserer ursprünglichen Verbundenheit entfernt haben?

Was, wenn alle Menschen ursprünglich den Zugang zum Glück in sich selber tragen und wir im Laufe von Erziehung und Schule immer mehr lernen, unglücklich zu sein?

Was, wenn man überdauerndes Glück gar nicht erlernen, sondern nur verlernen kann?

Sind wir Erwachsenen glücklicher als die uns anvertrauten Kinder? Ist es nicht eher so, dass Kinder durch ihre innere Leichtigkeit, Verbundenheit und ihren spielerischen Umgang mit dem Leben einen deutlich einfacheren Zugang zum Glück haben als wir Erwachsenen? Sind diesbezüglich nicht eigentlich die Kinder echte Experten?

Vielleicht ist ihr Zugang zum Glück so leicht, unspektakulär und spontan, dass es uns schwerfällt, diesen in uns selber wiederzufinden. Denn wir haben uns so sehr daran gewöhnt, dass man für sein Glück hart arbeiten, sich anstrengen und kämpfen muss. So streben wir nach beruflichem und privatem Erfolg und müssen im Verlaufe dieses Prozesses oft ernüchtert feststellen, dass auch Erfolg noch längst kein Garant für Glück darstellt.

Unsere kleinen Experten zum Thema Glück leben uns Tag für Tag vor, wie leicht, mühelos und spielerisch das Leben vor aller Bildung und Erziehung noch ist.

Während die Kinder in ihrer Einheitsrealität das gesamte Leben noch als Spiel ansehen, ist es für uns Erwachsenen meist sehr ernst. Während Kinder noch in einer Wunderwelt leben, in der alles möglich ist, haben wir Erwachsenen durch Bildung und Erziehung gelernt, ganz sicher zu wissen, was möglich und was unmöglich ist. Die Wunderwelt ist verblasst und hat einer Welt des Wissens Platz gemacht. Der Ernst des Lebens hält uns Erwachsenen fest in seinem Griff. Wir haben so viele Verpflichtungen, müssen und sollen so viel tun, verändern und arbeiten. Der Flow ist dem Ernst des Lebens und einer Realität der Trennung weitgehend zum Opfer gefallen.

Aber wie ist es dazu gekommen? Wieso ist unsere Realität oft so anstrengend, leidvoll, schwer und ernst?

Als Nächstes wird der Ablauf der menschlichen Wahrnehmung unter die Lupe genommen, bevor ganz konkret die verschiedenen Aspekten der erlernten Trennungsrealität der Erwachsenen erforscht werden. Die Wahrnehmung ist nämlich die Grundlage unseres Realitätserlebens. Wie wir sehen werden, ist aber auch die Wahrnehmung selbst das Ergebnis eines Lernprozesses.

2. ANSATZ:

Bewusstsein über die Entstehung unserer Realität

Wahrnehmung

„Sie erschaffen Ihre eigene Realität."

Prof. Dr. Fred A. Wolf

Wenn ein Mensch eine Brille mit blauen Gläsern trägt, dann erscheint ihm die ganze Welt als blau. Und wenn fast alle Menschen eine solche blaue Brille tragen würden, dann würden sie sich darauf einigen, dass die Welt einfach blau ist – das gälte dann als die Realität, als normal und als richtige Sichtweise. Vielleicht würden dann einige Menschen, von denen die meisten auch die blaue Brille tragen würden, ihre Realität erforschen, die sie als blau erfahren, und immer mehr Gesetze und Zusammenhänge über die Welt herausfinden – das wären dann die Wissenschaftler. Ihre Forschungen aber und alle ihre Erkenntnisse wären immer vom Blick durch die blaue Brille geprägt.

Wenn jetzt aber diese Brille selber aus Wissen bestünde, dann könnte das „Blausehen" beziehungsweise die Brille erlernt werden. Dann würden die Erziehung, die Schulen und die Medien den Kindern beibringen, wie aus ihrer Sicht die Realität ist, bis die Kinder die so gelernte blaue Brille genauso als normal und einzig richtig ansehen würden wie ihre Eltern, Lehrer und Vorbilder. Später würden diese Kinder als Erwachsene diese mentale blaue Brille wieder selbstverständlich und voller positiver Absicht und genauso unbewusst als einzig wahre Realität an ihre Kinder weitergeben…

In unserer Kultur ist die Brille zwar nicht blau wie im obigen Beispiel (zumindest meistens nicht), sondern sie besteht aus zentralen Elementen, die unsere Sicht der Wirklichkeit prägen und die einen nie hinterfragten Grundrahmen für alles Wahrnehmen bieten. Die Wissenschaft hat beim Erforschen unseres Wahrnehmungsprozesses wirklich so eine Art Brille entdecken können, die vor allem aus bewussten oder unbewussten Überzeugungen besteht und die bestimmt, wie wir die Dinge sehen, was wir für möglich halten, wer wir zu sein glauben, wie wir Ereignisse interpretieren, ja, allgemein, welche Realität wir erleben. Diese Brille wird in unserer Kultur, wie wir schon gesehen haben, über Erziehung, Sozialisierung, Bildung und Medien weitergegeben. Weil wir uns sehr mit unserer Sicht der Dinge identifizieren und unsere Identität auf diesem Wissen aufbaut, ist es für uns schon fast existenziell wichtig, unsere Kinder und deren Identität durch dieses Wissen genauso einzugrenzen und zu definieren, wie wir es sind. Die Kinder müssten ihr „brillenloses", ursprüngliches, noch nicht durch Wissen getrübtes Sehen mit einem gelernten Sehen überschreiben, um die Welt möglichst mit den gleichen Augen wahrzunehmen wie das Kollektiv. So lernen Kinder im Verlauf ihrer Schulzeit und durch Erziehung, den Kontakt zu ihrer ursprünglichen Einheitsrealität mit einer erlernten Trennungsrealität zu ersetzen.

Obwohl oder vielmehr weil wir Erwachsenen die Realität größtenteils durch diese erlernte Brille sehen, glauben wir zu wissen, was richtig und falsch, was wichtig und unwichtig ist. Wir vertrauen oft blind auf unsere Bewertungssysteme und unsere Wahrnehmung der Realität – aber all das ist selbst auch gelernt und hat somit immer nur eine sehr relative und sicher nie eine absolute Wahrheit. Wir aber glauben oft, dass unsere Art, die Welt, uns selber und andere wahrzunehmen, absolut wahr ist – wir können oft nicht erkennen, dass „meine" Realität auch nur eine Folge von Lernprozessen ist – hätten wir andere Dinge gelernt, würde sich eine andere Realität zeigen.

So könnte man das Gehirn eines Babys als eine Art Festplatte sehen, die noch weitgehend leer ist. Auf diese Festplatte werden fortlaufend diverse Programme von den Eltern, Bezugspersonen, Lehrern und von den Medien kopiert. Diese Programme bestehen auf der mentalen Ebene vor allem aus Überzeugungen und auf der körperlichen Ebene aus unterdrückten Emotionen und Blockaden. Die meisten dieser Programme werden implizit, das heißt unbewusst kopiert und auf der Festplatte installiert. Wir programmieren also unsere Kinder weitgehend unbewusst mit den gleichen inneren Begrenzungen, in denen wir gefangen sind. Und aufgrund dieser Programme erschaffen wir uns die in weiten Teilen gleiche leidvolle Realität wie die Generation vor uns und geben diese selbstverständlich und voller positiver Absichten an unsere Kinder weiter. In einem späteren Kapitel wird noch detaillierter auf diese leidvollen Realitäten eingegangen, zunächst aber soll der Wahrnehmungsprozess selbst noch genauer erforscht werden.

Wie entsteht unsere Realität?

„Nichts im Universum existiert als tatsächliches ‚Ding' unabhängig von unserer Wahrnehmung. Wir erschaffen unsere Welt in jeder Minute eines jeden Tages."

Lynne McTaggart

Wir Menschen unternehmen riesige Bemühungen, um glücklich zu sein. Wir versuchen unsere Realität mit aller Kraft so hinzubekommen, wie wir sie gerne hätten, im Großen und Ganzen aber nur mit sehr mäßigem Erfolg.

In der Folge soll gezeigt werden, dass wir den Hebel am völlig falschen Ort ansetzen. Denn es ist nicht in erster Linie die äußere Welt, die unser Innenleben beeinflusst, sondern unsere „innere" Welt; unsere Emotionen, Widerstände, Vorstellungen, Erwartungen und Überzeugungen bilden die Grundlage dafür, was wir erleben und wie wir die Dinge wahrnehmen. Die Grundlagen für eine Glücksschule und Glücksrealität liegen also in unserem Inneren und dem bewussten Kontakt damit.

Ein Bereich der Wissenschaft, der sich mit den Fragen unserer Realitätsgestaltung auseinandersetzt und wirklich unsere ganze Sicht auf die Wirklichkeit komplett verändern kann, ist die Wahrnehmungspsychologie. Weil in der Wahrnehmung der Schlüssel für alles liegt, was wir erleben, soll der Prozess der Wahrnehmung hier vereinfacht dargestellt werden.

Wahrnehmungsprozess

„Wir müssen uns wohl von dem naiven Realismus, nach dem die Welt an sich existiert, ohne unser Zutun und unabhängig von unserer Beobachtung, irgendwann verabschieden."

Prof. Dr. Anton Zeilinger

Überall auf unserem Körper verteilt besitzen wir unzählige Sinneszellen. Wenn diese durch einen Reiz stimuliert werden, dann gibt es in den betroffenen Sinneszellen einen Impuls. Dieser Impuls wird über die Nervenbahnen weitergeleitet zum Gehirn. Und im Gehirn selbst entsteht in der Folge die eigentliche Wahrnehmung. Es ist das Gehirn, das aus den eintreffenden Reizen automatisch „meine" Realität konstruiert. Das heißt also nicht: Ich nehme wahr, sondern das Gehirn tut dies ganz ohne ein Ich, das dafür etwas tun muss. Bei der Wahrnehmung geschehen im Gehirn verschiedene Prozesse, alle in Sekundenbruchteilen, teilweise parallel und vollkommen automatisiert. Diese Prozesse im Gehirn könnte man in drei Schritte unterteilen:

1. Filtern
2. Interpretieren/Bewerten/Personifizieren/Konstruieren
3. Speichern

Schritt 1: Filtern

Über die Nervenbahnen gelangen die Impulse aus den Sinneszellen ins Gehirn. Als erster Schritt des Wahrnehmungsprozesses im Gehirn werden vom Thalamus sehr viele der eintreffenden Reizimpulse weggefiltert (der absolut überwiegende Teil aller Reize). Dieser Wahrnehmungsfilter setzt sich zusammen aus Überzeugungen und aus dem aktuellen emotionalen Zustand (Stimmung). Wenn wir am Morgen schon schlecht aufstehen und dann mit mieser Laune das Haus verlassen, dann tragen wir zusätzlich zu unserer Brille der Überzeugungen noch eine Art „graue" Brille, die fast alles Schöne wegfiltert. Sind wir hingegen frisch verliebt, dann sehen wir alles durch eine „rosarote" Brille und die ganze Welt scheint uns leicht und freudvoll. Das ist der Einfluss der aktuellen Stimmung auf die Filterung der Wahrnehmung.

Unsere bestehenden Überzeugungen sind der zweite Aspekt, der auf unseren Wahrnehmungsfilter einwirkt. Wir sehen nur das, was wir glauben. Das heißt Informationen, die unsere gegenwärtige Sicht der Dinge angreifen, werden oft überhört oder übersehen. Frauen, die gerne schwanger werden möchten, sehen überall Schwangere. Menschen, die glauben, dass Ausländer krimineller sind als Einheimische, begegnen ständig Informationen, die ihre Sicht bestätigen – alles andere wird weggefiltert. Weil Babys einen solchen erlernten Wahrnehmungsfilter noch nicht haben, sind sie von unserer lauten hektischen und allgemein aus sehr vielen intensiven Reizen bestehenden Welt oft völlig überfordert. Deshalb ist eine der wichtigen Aufgaben von Eltern in der ersten Zeit mit ihren Kindern, diese vor Reizüberflutung zu schützen. Und für uns Erwachsenen stellt sich die Frage, ob es wirklich nötig ist, eine Welt zu erschaffen, die erst mit einem sehr starken Wahrnehmungsfilter einigermaßen auszuhalten ist.

Schritt 2: Interpretieren/Bewerten/ Personifizieren/Konstruieren

„Wir haben nicht Angst vor der Erfahrung selbst,
wir fürchten nur das, was wir ihr an Bedeutung zuordnen."

Stephen Wolinsky

Interpretieren und Bewerten

Aus den Sinnesdaten, die das Gehirn nicht weggefiltert hat, baut es in der Folge eine Wahrnehmung zusammen. Die verbliebenen Reize werden mit Hilfe von Vorwissen bewertet und interpretiert – und all das vollkommen automatisch, unbewusst und in Sekundenbruchteilen.

Das heißt, welche Bedeutung das Gehirn einem Ereignis beimisst, hängt mit früheren Erfahrungen und dem gesammelten Vorwissen (den Überzeugungen) zusammen. Jedes Ereignis und jede Erfahrung sind im Grunde genommen vollkommen neutral. Erst unser Gehirn schreibt ihnen eine Wertung zu. Wichtig und unwichtig ist für uns also das, was das Gehirn als wichtig oder unwichtig bewertet und interpretiert. Unsere Welt und unsere Identität erscheinen uns deshalb so solid und stabil, weil die ankommenden Reize immer wieder gleich gefiltert, interpretiert und bewertet werden.

Wie eine Situation interpretiert wird, ist von größter Bedeutung für die Gefühle, die in der Folge ausgelöst werden. Je nachdem, ob etwas als großes Problem, als Herausforderung oder gar als Chance gesehen wird, sind Gefühle zwischen Angst, Panik, Wut, bis hin zu Freude und Begeisterung möglich.

Wir alle kennen die Erfahrung, dass die genau gleiche Situation von zwei verschiedenen Menschen aufgrund ihrer Wahrnehmungsbrillen komplett unterschiedlich interpretiert wird. Wenn du dir beispielsweise vorstellst, dass du morgen alleine für drei Monate nach Indien reist, wie würde dann diese Situation bei dir interpretiert werden? Welche Gefühle würde diese Vorstellung aufgrund der Interpretation auslösen?

Könntest du dir vorstellten, dass das bei anderen Menschen ganz anders aussehen würde? Ebenso kann ein Mensch die gleiche Situation an einem Tag, an dem er sich schon grundsätzlich wohlfühlt, ganz anders interpretieren, als an einem auch sonst schon schwierigen Tag.

Konstruieren und Personifizieren der Wahrnehmung

„Der Beobachter ist mit der beobachteten Realität untrennbar verbunden."

Werner Heisenberg, Professor und Nobelpreisträger für Physik

Der wichtigste Baustein für das Konstruieren der Wahrnehmung ist ebenfalls das Vorwissen und auch da wieder die aktuellen Gefühle und Emotionen.

Das Gehirn bildet Kategorien – der Entwicklungspsychologe Jean Piaget spricht dabei von Schemata – und beginnt so, die ursprüngliche Welt der Einheit in getrennte Teile einzuordnen. Mit diesem automatischen Prozess erschaffen die Gedanken eine Realität der Trennung und der Dualität. Es erfolgt eine Trennung in Ich-Du, richtig-falsch, schön-hässlich, Mensch-Natur usw.

Das ist mit der Aussage gemeint, dass alle Grenzen und Begrenzungen im Gehirn sind. Durch die vollständige Identifikation mit diesem gedanklichen Realitätskonstrukt verlieren wir scheinbar den Zugriff auf die ursprüngliche Verbundenheit mit allem Sein. Aber auch wenn das Gehirn unser Dasein als eine Realität voller Trennungen abbildet, bleibt die ursprüngliche Verbundenheit jederzeit unberührt davon. Durch die Identifikation mit der konstruierten Wahrnehmung der Gedanken wird diese ursprüngliche Erfahrung der Einheit aber durch eine Welt der Trennung und der Gegensätze überdeckt.

Die Welt, wie wir sie erleben, ist also nicht dort draußen, sondern entsteht in jeder Sekunde als Konstrukt in unserem Kopf. Das Gehirn ist aber ein so geniales Werkzeug, dass wir die Dinge, obwohl sie als Wahrnehmung erst in unserem Gehirn entstehen, nicht als in unserem Kopf befindlich wahrnehmen, sondern räumlich „da draußen“, um uns herum. Ein weiterer genialer und automatisierter Prozess ist es, dass das Gehirn jegliche Wahrnehmung aus einer personifizierten Position heraus darstellt. Es werden nicht einfach Dinge und Ereignisse wahrgenommen, sondern ICH nehme sie wahr und ICH lebe und handle in dieser Realität dort draußen! All das konstruiert unser Gehirn. Ob es „da draußen“ überhaupt etwas gibt, und wenn ja, was, davon haben wir keine Ahnung. Wenn wir uns beispielsweise überlegen, dass Fledermäuse „die Welt“ nicht über die Augen, sondern über das Echo von ausgesandten Geräuschen „sehen“, dann kann man davon ausgehen, dass ihre Welt etwas anders aussieht als unsere. Aber wer kann behaupten, dass unsere Sichtweise richtig ist? Wenn sich die Wahrnehmung hauptsächlich aus den bestehenden Überzeugungen zusammensetzt, dann würden wir die Realität komplett anders erleben, wenn wir andere Lernerfahrungen gemacht hätten. Gibt es also so etwas wie eine richtige oder sichere Wahrnehmung?

Selbstreflexion:

Zu welchen Themen hast du die feste Überzeugung, zu wissen, was richtig oder falsch ist?

Wann bewertest du dich selber oder andere Menschen und urteilst über sie? Bist du dir absolut sicher, dass dabei (nur) deine Wahrnehmung stimmt?

Wie viele Konflikte gibt es in deinem Leben, bei welchen du dein Gegenüber von der Richtigkeit deiner Wahrnehmung überzeugen und dabei den anderen ins Unrecht setzen willst?

Träume als Beispiele für eine konstruierte Wirklichkeit

Eindrucksvoll zeigen unsere Träume, wie groß die schöpferischen Fähigkeiten des Gehirns sind, auch im Hinblick auf die Identität. In Träumen können wir uns selbst als eine andere Person erleben, als körperlos oder ausgestattet mit geträumten körperlichen Merkmalen, die gänzlich verschieden sind von denen im sogenannten Wachbewusstsein. Das Gefühl eines „Ich“ kann das Gehirn solchen geträumten Figuren ohne Weiteres überstülpen oder entziehen. Und dieses Ich, das wir im Traum sind, kann im Traum auch scheinbar frei entscheiden, was es tun oder nicht tun soll.

Ein Traum existiert nicht unabhängig vom träumenden Bewusstsein. Der Traum der letzten Nacht, an den du dich vielleicht erinnerst, spielte sich in „deiner“ Wahrnehmung ab. Das, was wir nach dem Aufwachen als einen Traum bezeichnen, ist in der Zeit des Träumens selbst allerdings sehr real. Wenn die totale Identifikation im Traum geschieht, dann ist das für uns die absolute, zweifelsfreie Realität. Allfällige Bedrohungen in Albträumen beispielsweise lösen wirkliche Todesängste und Panik aus. Das heißt, solange wir im Traum sind, können wir ihn nicht als einen Traum erkennen, sondern erleben die Handlung als total persönlich und real. Unser Gehirn ist also mühelos fähig, sinnliche Erfahrungen zu erschaffen, die für uns komplett real und personifiziert sind. Und auch wenn unsere Träume oft ähnlich und gewisse Traumpassagen fast allen Menschen bekannt sind, so lebt doch jedes träumende Bewusstsein in seinen eigenen Träumen. Die Träume, die in einem träumenden Bewusstsein auftauchen, sind abhängig von dessen bisherigen Erfahrungen und Lernprozessen im Leben. Träume sind ein Spiegel des träumenden Bewusstseins und seinen Ängsten, Sorgen, Wünschen sowie Erfahrungen.

Genauso sind die sinnlichen personifizierten Erfahrungen im sogenannten Wachzustand nur ein Konstrukt des Gehirns. Und auch hier kann erst dann erkannt werden, dass diese Erfahrungen im Wachzustand nur ein Gehirnkonstrukt sind, wenn ein Aufwachen aus diesem Zustand geschieht. Dieses Aufwachen wird gemeinhin als Erleuchtung, Nirwana oder Erwachen bezeichnet. Diese Art des Erwachens aus dem Wachzustand der Trennungsrealität und des Egos ist aber nicht für ein Ich möglich, sondern bei diesem Aufwachen löst sich die Vorstellung von einem getrennten Ich, das handelt und Erfahrungen macht, auf und wird wie die gesamte Wahrnehmung als reines Konstrukt der Gedanken entlarvt.

Wahrnehmung und Realität existieren nicht unabhängig vom wahrnehmenden Bewusstsein. Welche Realität ein Mensch erfährt, ist stets ein Spiegel der bisherigen Erfahrungen und Lernprozesse im Leben.

Bei einem Traum fällt es uns nicht ein, darauf zu pochen, dass unsere Wahrnehmung, die wir im Traum hatten, völlig stimmt und die einzig richtige ist. Wir streiten nicht mit anderen Menschen darüber, wer den richtigen Traum geträumt hat und welche Träume ganz falsch sind. Bei der Realität, die unser Gehirn im Wachzustand konstruiert, ist das aber sehr weit verbreitet. Wir glauben, dass die konstruierte Realität unseres Gehirns richtig ist (eigentlich die einzig richtige Art, die Dinge wahrzunehmen). Es ist vielleicht mehr noch so, dass wir das glauben müssen, weil wir viel zu große Angst vor der Tatsache des Nichtwissens und dem damit verbundenen Kontrollverlust haben.

Es sind vorwiegend andere Menschen, die uns beigebracht haben, wie wir die Welt wahrzunehmen haben und dass es scheinbar ein getrenntes Jemand gibt, das die Welt wahrnimmt. Aber auch diese anderen Menschen, beispielsweise unsere Eltern, Lehrer, die Medien usw., haben ihrerseits ihre Sicht der Dinge nur von wiederum anderen übernommen. – Woher also kommt unser Wissen über uns und die Welt und wieso glauben wir alle, dass ausgerechnet unsere Sicht der Dinge die (einzig) richtige ist?

Selbstreflexion:

Erinnere dich an einen Traum, den du in letzter Zeit hattest. Kannst du daran erkennen, wie kreativ dein Gehirn Realitäten entstehen lässt?

Schritt 3: Speichern der konstruierten Erfahrung

In einem weiteren im Gehirn automatisch ablaufenden Prozess werden die konstruierten Bilder und Erfahrungen ihrerseits gleichzeitig automatisch bewertet, abgespeichert und ins Vorwissen eingeordnet. Es entstehen Überzeugungen über die Welt, die Menschen und uns selbst oder bestehende Überzeugungen werden bestätigt sowie verstärkt. Diese Überzeugungen bilden ihrerseits die Grundlage für die Realität, die in der Folge konstruiert und erfahren wird. Vereinzelt entstehen auch neue Verknüpfungen. Aber neue Verknüpfungen beziehungsweise das Lernen geschehen nur, wenn auch eine Offenheit für Neues da ist.

Virtuelle Realität

„Die Krise unserer Gesellschaft
ist eine Krise unserer Wahrnehmung."

Ken Wilber

Wir erleben also eine Welt, die vom Gehirn automatisch erzeugt wird. Es kann dabei von einer Art virtueller Realität gesprochen werden.

Die Prozesse des Filterns, Interpretierens und Konstruierens basieren allesamt auf erlerntem Vorwissen. Das zeigt deutlich, dass wir alle wirklich gelernt haben, Realität so zu erleben, wie wir sie erfahren, sozusagen durch eine erlernte Brille der Wahrnehmung. Realität ist demnach nicht etwas Stabiles, in das wir hineingeboren werden, sondern vielmehr einzig eine unmittelbare Folge dessen, was wir gelernt haben, zu glauben und zu erfahren!

Zuerst war da nur reines Erleben. Erst durch die Interpretation, die Bewertung und das Personifizieren wurde daraus eine Wahrnehmung.

Wenn wir also eine Realität erleben, in der es für uns sehr viel Müssen und sehr viele Sachzwänge gibt, dann hat das damit zu tun, dass wir gelernt haben, zu glauben, die Realität sei einfach so.

Wir glauben, dass wir in diese Realität hineingeboren wurden. Es ist aber vielmehr so, dass die Realität und unser Ich in das Gehirn hineingeboren wurden! Vor diesem Hintergrund sind die Glücksschule und die Glücksgesellschaft keineswegs eine Utopie oder Illusion. Wenn wir uns erlauben, bestehende einschränkende Überzeugungen aufzugeben, alle auftauchenden Gefühle ganz anzunehmen und unseren Kindern komplett neue Lernerfahrungen zu ermöglichen, dann sind das bereits die Glücksschule und die Glücksgesellschaft in Aktion – denn dadurch entstehen neue Wahrnehmungsbrillen und somit eine andere Welt!

Um die Prozesse der Realitätsgestaltung noch vertiefter zu erforschen, wenden wir uns jetzt einem weiteren spannenden Phänomen zu, das unsere Art, zu leben, massiv mitprägt. Sobald wir nämlich gelernt haben, unser unbegrenztes, undefiniertes Sein aufzugeben und uns mit der begrenzten Ich-Realität des Wissens zu identifizieren, beginnt das Gesetz der Resonanz in Kraft zu treten, welches einen großen Einfluss auf „unsere" Realität als getrenntes Ich ausübt.

Resonanzgesetz

„Unsere Wahrnehmung ist also letztlich nichts anderes als ein Filter, der aus einem gigantischen Spektrum an Möglichkeiten eine bestimmte Realität herausfiltert."

Jörg Starkmuth

Angenommen, ein Kind hat schon mehrfach die Erfahrung gemacht, dass es in einem bestimmten Schulfach, beispielsweise Mathematik, bei einer Prüfung schlechte Noten bekommen hat. Daraus folgt beim Kind, häufig auch noch aufgrund weiterer bewertender Aussagen von den Eltern oder der Lehrperson, der Schluss, dass es in Mathe schlecht ist, dass es Mathe halt einfach nicht begreift oder gar, dass es allgemein einfach dumm ist.

Nehmen wir weiter an, dass dieses Kind genau in diesem Moment wieder vor einem Mathetest steht. Mit welcher Haltung wird dieses Kind an den Test herangehen, verglichen mit einem Kind, das in den letzten Tests mit sehr guten Noten abgeschnitten hat und von sich glaubt, sehr gut in Mathe zu sein? Wahrscheinlich würde man allein schon an der Körperhaltung erkennen, dass es sich auch bei diesem Test keine positive Note zutraut. Einen großen Teil der Energie fließt in die Angst und in das Vermeiden dieser Angst, in den Selbstschutz (siehe Kapitel „Selbstwert"). Diverse Studien zu diesem Thema, das in der Psychologie „selbsterfüllende Prophezeiungen" genannt wird, zeigen, dass die Chance für eine schlechte Note durch eine negative Überzeugung wirklich deutlich erhöht ist.

Dies zeigt sich in allen Bereichen unseres Lebens.

Wer von sich selber glaubt, dass er oder sie wertlos ist, dieser Mensch wird immer wieder Erfahrungen machen, welche diese Überzeugung bestätigen. Natürlich geht diese Person auch schon ganz anders auf andere

Menschen zu und filtert Begegnungen oder Erlebnisse komplett anders als jemand, der diese Überzeugung nicht gelernt hat zu glauben.

Weitere Glaubenssätze, die eine sehr starke Tendenz haben, sich in der äußeren Realität abzubilden, beginnen mit: „Es ist unmöglich, dass …" oder: „Ich kann nicht …", „Ich bin zu …" usw. All unsere Überzeugungen sind gelernt und basieren auf Erfahrungen und Interpretationen dieser Erfahrungen, wie am Beispiel mit dem Matheschüler gezeigt wurde. Wenn sich in einem Menschen eine einschränkende Überzeugung bildet, dann liegt dahinter meist eine sehr schmerzhafte, verletzende, leidvolle oder gar traumatische Erfahrung, die noch nicht wirklich heilen konnten. Man könnte diese innere Verletzung als die emotionale Ladung einer Überzeugung deuten. Je stärker die Einschränkung einer Überzeugung ist, desto größer ist auch die emotionale Ladung, die dahinter liegt. Eine einschränkende Überzeugung und die zugehörige emotionale Ladung des Themas beeinflussen den Wahrnehmungsfilter so stark, dass sie es schaffen, sich in der sogenannten äußeren Realität immer wieder zu bestätigen.

Selbstreflexion:

Gibt es bei dir einschränkende Überzeugungen, die mit einem der folgenden Sätze beginnen? Wenn ja, welche? Hinter all diesen Überzeugungen liegt ein Schmerz, eine Angst oder andere unterdrückte Emotionen. Erforsche auch diese Emotionen und nimm sie liebevoll an.
Ich kann nicht …
Es ist unmöglich …
Ich bin zu …
Immer wenn …, dann …
Jeder sollte …
Man darf nicht …
Ich muss/sollte …
Schon immer …

Es scheint, als wirkten Überzeugungen und Emotionen wie eine Art Magnet in unserem Leben, sodass wir immer wieder genau die Erfahrungen anziehen, die unsere Überzeugungen bestätigen und diejenigen Emotionen wieder hervorrufen, die wir eigentlich mit aller Kraft vermeiden wollten. Oft spricht man dabei vom Resonanzgesetz, bei dem die äußere Welt als Spiegel der inneren Welt gesehen wird. Dies bedeutet, dass alles, was uns in der Welt außen passiert, nur ein Abbild innerer Überzeugungen und unterdrückter Emotionen ist. Auf dieser Ebene könnte man das Ich-Konzept als eine Art magnetische Wolke ansehen (ein morphogenetisches Feld), welche die Erfahrungen und Ereignisse, die diesem Ich im Außen passieren, anzieht. Dieser Prozess der selbsterfüllenden Prophezeiungen kann man schematisch als einen Kreislauf darstellen:

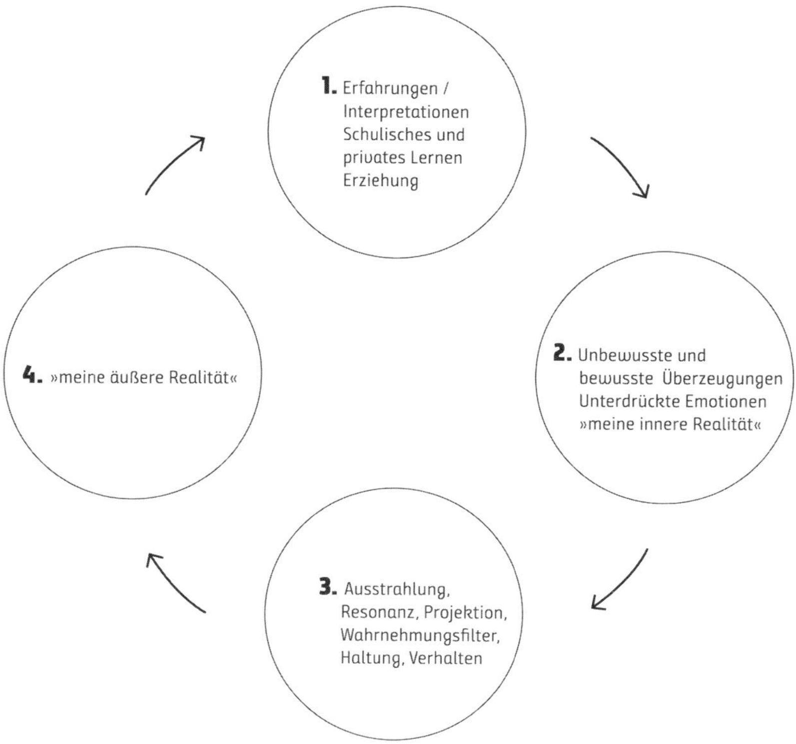

- Der Kreislauf beginnt mit Erfahrungen, die wir mit dem erlernten Wissen aus Schule und Erziehung zu interpretieren und zu bewerten lernen.
- Aufgrund der Interpretation und der Bewertung von Erfahrungen entstehen Konzepte oder Überzeugungen rund um das Ich. Und es wird gelernt, welche Gefühle und Emotionen beim Ich keinen Platz haben (schlecht oder falsch sind) und Ablehnung hervorrufen. Dies ist die „innere" Realität.
- Diese innere Realität wirkt in einem dritten Schritt als Wahrnehmungsfilter und prägt unsere Ausstrahlung oder die Haltung, mit der wir ein Thema angehen, was eine magnetische Resonanz erzeugt. Auch das Verhalten ist ein Abbild unserer Überzeugungen. Wer beispielsweise von sich glaubt, nicht vor einer größeren Gruppe von Menschen sprechen zu können, der wird sich so verhalten, dass er solchen Situationen eher ausweicht.
- Der vierte Schritt ist der äußere Spiegel der inneren Realität. Die äußere Realität zeigt sich darin, was wir erleben, wie Menschen mit uns umgehen, was uns nicht gelingt oder gelingt usw. Diese Erfahrungen der äußeren Realität bilden sodann wieder die Grundlage für den ersten Schritt und hiermit schließt sich der Kreis.

Selbstreflexion:

Gibt es in deinem Leben immer wieder ähnlich ablaufende leidvolle Muster oder Situationen, sei es in Beziehungen, bei der Arbeit oder auch in allen anderen Lebensbereichen?

Wenn ja, kannst du den Kreislauf, der hinter diesen Mustern oder Situationen liegt, erkennen? Was läuft genau ab und welche Gefühle oder Emotionen werden dadurch hervorgerufen, die du eigentlich lieber vermeiden möchtest?

Wie kann sich der Kreislauf verändern?

Der Kreislauf kann sich beispielsweise dann verändern, wenn ein Fenster für neue Erfahrungen (also bei Schritt 1) aufgeht. Auch bei Menschen, die sehr in solchen Kreisläufen gefangen sind, gibt es immer eine gewisse Offenheit für Wunder. Aber viele Personen bleiben oft doch über Jahre oder gar ein gesamtes Leben lang in solchen Kreisläufen gefangen, weil sie sich ans bekannte Leiden klammern, um sich nicht der Unsicherheit der Freiheit öffnen zu müssen. Das bekannte Leiden ist oft ein wichtiger Teil der menschlichen Identität, wie später in diesem Buch noch genauer beleuchtet wird, und wenn sich bestehende Überzeugungen bestätigen, dann hinterlässt das auch immer ein Gefühl von Bestätigung. Und Bestätigung gibt uns Sicherheit – möge diese Sicherheit noch so leidvoll sein.

Das heißt, die Möglichkeit für Wunder ist nur durch das Zurückweichen vor oder Wegfiltern von neuen, unbegrenzten Erfahrungen oder durch die Identifikation mit leidvollen Aspekten unseres Daseins begrenzt.

Der Kreislauf kann sich auch bei Schritt 2 auflösen oder verändern, indem alle Emotionen wirklich angenommen und gefühlt werden. Dadurch können alte Verletzungen in uns heilen, anstatt immer wieder die gleichen Resonanzen zu erzeugen. Dieser Schritt im Kreislauf ist der aus meiner Erfahrung in der Arbeit mit Menschen eindeutig effizienteste. Auf einen befreiten Umgang mit Emotionen und Gefühlen wird auch später im Buch noch näher eingegangen. Wenn allerdings an diesem Punkt nur die Überzeugungen bewusstgemacht werden, ohne deren emotionale Ladung zu fühlen, dann geht die Veränderung meist nicht tief genug, um den Wahrnehmungsfilter und die Resonanz wirklich zu verändern.

Beim Schritt 3 kann versucht werden, durch eine Verhaltensänderung aus dem Kreislauf auszubrechen, wie das beispielsweise die Verhaltenstherapie probiert. Allerdings bezweifle ich, dass Veränderungsprozesse auf dieser Ebene wirklich tiefgreifend befreiend wirken, weil sich die zugrundeliegende Resonanz dadurch meist nicht verändert.

Am häufigsten versuchen wir, solche Kreisläufe im Außen (beim vierten Schritt) zu verändern, indem wir mit aller Kraft Situationen, andere Menschen, Kinder oder das Leben allgemein zu kontrollieren und zu dem von uns gewünschten Verhalten zu bewegen versuchen. Diese Strategie verändert natürlich unsere Resonanz in keiner Weise (genauso wie sich unser Erscheinungsbild nicht verändert, wenn wir versuchen, den Spiegel zu manipulieren). Obwohl die meisten Veränderungsversuche im Außen geschehen, ist ihr Erfolg sehr bescheiden und meist nur kurzfristig und letztlich für alle Beteiligten leidvoll, trennend und mit viel Ohnmacht verbunden. Hier zeigt sich, dass Macht- und Dominanzstrategien nur Symptombekämpfungen sind, die aus der Unfähigkeit, die eigene Resonanz anzuschauen und unangenehme Emotionen wirklich zu fühlen, eingesetzt werden. Erziehung und Schule setzen sehr oft an diesem Punkt an, was, wie wir noch genauer betrachten werden, zu unzähligen Nebenwirkungen in Form solcher Kreisläufe mit leidvollen Resonanzen führt. Schule und Erziehung müssten sich also nicht nur fragen, was inhaltlich durch sie vermittelt wird, sondern vor allem auch, welche Kreisläufe und Resonanzen in den Kindern installiert werden durch die Art und Weise, wie Erziehung und Lernen ablaufen!

Welche Erfahrungen Kinder in der Schule machen, ist also absolut essenziell für ihr späteres Realitätserleben. Fühlen sie sich so, wie sie sind, ganz angenommen und geliebt? Erleben sie Lernen als lustvoll und freudvoll? Machen Kinder in der Schule Erfahrungen von Selbstwirksamkeit, Ermutigung, liebevoller Begleitung, echtem Interesse an ihrer Lebenswirklichkeit, wertfreier Unterstützung und gleichberechtigter Kommunikation? Oder sind es nicht vielmehr Erfahrungen des Vergleichens, der Bewertung, der Zuschreibungen, der Fremdbestimmung, der Entmutigung, der Gefühls- und Bewegungsunterdrückung, der Kritik, der Angst, der Manipulation, des Drucks und der Ohnmacht? Welche Überzeugungen und welchen Umgang mit Gefühlen und Emotionen vermitteln wir den Kindern dadurch (Schritt 2)? Und zuletzt die wichtigste Frage: Welche Realitätserfahrung geben wir dadurch an unsere Kinder weiter? Welchen Möglichkeitsrahmen, wie viel Offenheit, Begeisterung und Freude gibt es in dieser Realität noch, die die Kinder in der Schule lernen? Eine neue Schule, die gänzlich auf einschränkende und trennende Lernerfahrungen verzichtet und die Strukturen hat, die den Kindern dienen, statt umgekehrt, bietet natürlich vollkommen andere Erfahrungen als eine Schule, die auf dem Prinzip der Macht aufbaut. Das heißt, es müssten sich gar keine inneren Begrenzungen bilden, was somit auch in der äußeren Realität bei Punkt 4 unbegrenzte Realitäten entstehen lassen könnte.

Die effizienteste „Methode“, um selber mit schwierigen Kreisläufen umzugehen, sind nicht neues Wissen und durchdachte Strategien, sondern ganz einfach Bewusstheit. Je bewusster wir uns dessen sind, was wirklich abläuft, je mehr wir die Verantwortung für unsere Realität wirklich übernehmen, mit allen Gefühlen und Emotionen, die wir dadurch erleben, je mehr wir die Opferrolle aufgeben, desto mehr entspannen sich solche Kreisläufe und vibrieren immer mehr aus.

Der Kreislauf des Resonanzgesetzes zeigt übrigens auch sehr gut, dass es keine Trennung zwischen innen und außen gibt, weil das Außen stets nur ein Spiegel des Inneren ist, genauso wie das in der Einheitsrealität erfahren wird. Solche Kreisläufe gelten natürlich nicht nur für einzelne Menschen, sondern auch für Teams, Gruppen und ganze Organisationen.

Quantenphysik und Realität

„Die materiellen Dinge um uns sind nichts anderes als mögliche Bewegungen des Bewusstseins."

Amit Goswami

„Auf der Quantenebene ist Materie mehr wie ein Gedanke, ein konzentriertes Stück Information."

„Atome sind keine Dinge, sondern nur Tendenzen."

Werner Heisenberg, Professor und Nobelpreisträger für Physik

Quantenphysik befasst sich mit sehr, sehr kleinen Teilchen, den Quanten. Eine wesentliche Erkenntnis aus der Quantenphysik besagt, dass Quanten je nachdem, ob sie beobachtet werden oder nicht, entweder als Welle (Energie, Information) oder eben als Teilchen erscheinen. Diese damals auch für Quantenphysiker erstaunliche Entdeckung durch das Doppelspaltexperiment führte zu der spannenden Erkenntnis, dass sich Realität immer erst durch das Bewusstsein des Betrachters bildet. Also ist auch aus Sicht der Quantenphysik die Realität untrennbar mit dem Beobachter verbunden. Anders ausgedrückt, wir lassen durch unsere Präsenz eine ganz spezifische Realität aus einem Feld von unendlichen Möglichkeiten entstehen – genauso wie dies in den vorherigen Kapiteln auch die Wahrnehmungspsychologie zeigte.

Auf der Quantenebene ist Materie nur eine Form von verdichteter Information und alle Formen sind über ein gigantisches Energie- oder Informationsfeld, auch Nullpunktfeld genannt, untrennbar miteinander verbunden.

Wenn sich unser Bewusstsein verändert, wird sich auch unsere Realität verändern, weil das Außen nur ein Spiegel des Inneren ist.

Bist du bereit, auf die scheinbare Sicherheit deines trennenden Wissens zu verzichten und dich wirklich auf eine Glücksrealität der Einheit einzulassen?

Bewusstsein erschafft Welten!

Wir erdenken uns also immer wieder die gleiche Realität, hauptsächlich auch, weil wir in unseren Problemhypnosen gefangen sind. Wir erschaffen uns selber eine Realität der Trennung, voller Probleme und Einsamkeit, und wir lassen auch eine Realität entstehen, in der wir versuchen, diese selbst erschaffenen Probleme wieder zu lösen. So gesehen ist unsere Trennungsrealität ein sehr gut funktionierendes Beschäftigungsprogramm, voller Emotionen, Herausforderungen und Begrenzungen.

Mit Hilfe von positivem Denken und Wünschen versuchen wir, diese Realität so zu verändern, dass darin möglichst keine unangenehmen Emotionen mehr gefühlt werden müssen. Das funktioniert aber meist nur sehr oberflächlich, weil sich die emotionale Ladung der Resonanz dadurch nicht verändert.

Unsere aktuelle kollektive Realität ist weitgehend ein Abbild des allgemeinen Trennungsbewusstseins. Dieses bildet sich aus der Vorstellung von einem getrennten Ich mit persönlichen Problemen, Krankheiten und Einschränkungen.

Alle äußeren Grenzen sind nur ein Spiegelbild unserer inneren Begrenzungen.

Hinter unserer kollektiven Überzeugung und deren äußerer Entsprechung „unserer Realität" ist alles nur eine riesige Energiesuppe. Alles ist EINS und miteinander verbunden. Es gibt absolut keine Trennung. Auf der Quantenebene ist diese grenzenlose Verbundenheit immer da und kann auch wissenschaftlich nachgewiesen werden.

Jede Form von „Materie“, egal ob ein Tisch, ein harter Stein oder auch unser Körper, besteht letztlich aus vibrierenden Energiewellen, die sich an den Stellen, an denen sie sich überschneiden, zu Materieteilchen verdichten. Alles ist Energie – die sich zu sichtbaren Formen verdichtet und irgendwann wieder auflöst.

Materie ist Energie, beispielsweise spürbar und sichtbar bei Holz. Die Energie, die darin steckt, wird wieder frei, wenn es angezündet wird und sich die Form aufzulösen beginnt. Unser Körper ist Energie – ein vibrierendes Energiefeld, in einem ständigen Umbau- und Erneuerungsprozess begriffen.

Aber auch Gedanken und Gefühle sind Energie. Gleichschwingende Energiewellen addieren sich und werden so verstärkt. Der Biologe Rupert Sheldrake geht davon aus, dass sich beispielsweise Gedanken zu Feldern formieren, den sogenannten morphischen Feldern. Diese Felder werden umso stärker, je mehr Leute beispielsweise an einen gleichen Gedanken glauben oder eine gleiche Überzeugung haben. Weil so viele Menschen ähnliche morphische Felder unterstützen, entstehen kollektive Realitäten.

Je stärker ein morphisches Feld, desto größer ist die Chance, dass daraus eine Form (Realität) wird. Diese Theorie besagt, dass es hinter jeder äußeren Form eine Art Bauplan gibt, das morphische Feld. Auch dieser Ansatz weist darauf hin, dass unsere Realität ein Konstrukt ist, das sich jederzeit verändern kann, wenn wir uns für neue Sichtweisen öffnen.

Zusammenfassend hier noch einmal die verschiedenen Zugänge dazu, wie unser Gehirn unsere Realität selbst erschafft:

Erlernte Überzeugungen und aktuelle Gefühle wirken wie eine Art Brille, durch welche die eintreffenden Reize gefiltert, interpretiert, bewertet und zu einer Realitätserfahrung konstruiert werden.

Jede Überzeugung ist, wie alles in der Welt, eine Form von Energie. Durch die Identifikation mit unseren Überzeugungen strahlen wir eine „magnetische“ Kraft aus, mit der wir das Geglaubte anziehen (Resonanzgesetz).

Weil jeder Gedanke und damit auch jede Überzeugung eine Form von Energie darstellt, formieren sich gleiche oder kollektive Überzeugungen zu sehr kraftvollen Energiewolken (morphogenetischen Feldern). Diese morphogenetischen Felder bewirken ihrerseits das Kollabieren der Welle in die geglaubte Realität.

Mit unserer Sicht der Welt stärken wir die entsprechenden morphischen Felder und leisten so einen Beitrag zur Erschaffung unserer aktuellen kollektiven Realität.

3. ANSATZ:
Wie wir die Trennungsrealität lernen

Trennungsrealität

„Die Kinder waren so in ihr Spiel vertieft, dass sie nicht einmal bemerkten, was für ein herrlicher Frühlingstag es war. Sie hatten es auch gar nicht nötig, es zu bemerken, sie waren der Frühling. Ihr Lachen und ihr Spiel waren Teil des Baumes, der Blätter und der Blumen. Das war keine Einbildung; es war spürbar. Es war, als würden die Blätter und Blumen an ihrem Gelächter teilhaben, an ihren Rufen und an dem vorbeischwebenden Luftballon. Jeder Grashalm, der gelbe Löwenzahn und die Kinder waren Teil der ganzen Erde. Die Trennlinie zwischen Mensch und Natur löste sich auf, aber der Mann in seinem Wagen auf der Überholspur und die Frau, die vom Markt zurückkam, waren sich dessen nicht bewusst. Wahrscheinlich würdigten sie den Himmel, die sich leicht bewegenden Blätter, die weißen Lilien mit keinem Blick. Sie trugen schwer an den Problemen in ihren Herzen und ihre Herzen hatten keinen Blick für die Kinder oder den strahlenden Frühlingstag. Das Traurige daran ist, dass sie diese Kinder zeugen und dass diese Kinder bald zu dem Mann im Auto auf der Überholspur werden und zu der Frau, die vom Markt nach Hause zurückkommt – und dass die Welt wieder dunkel wird. Darin liegt die wirkliche Sorge ohne Ende. Die Liebe auf dem Blatt wird vom kommenden Herbst weggeblasen."

Krishnamurti

Nachdem wir uns bisher hauptsächlich mit der ursprünglichen Einheitsrealität auseinandergesetzt haben, wollen wir uns jetzt dem zuwenden, was die meisten von uns Erwachsenen als tatsächliche Wirklichkeit betrachten. Die Realität, in der wir Erwachsenen leben, ist eine Realität der Trennung, der Anstrengung, der Angst, der Suche, der Macht, des Kampfes, des Leidens und des Wissens. Es geht hier nicht darum, zu beurteilen, ob diese Realität, in der wir mehrheitlich leben, richtig oder falsch, gut oder schlecht ist. Es geht vielmehr darum, zu fragen, ob diese Realität der Trennung, wie wir sie erschaffen und an unsere Kinder weitergeben, uns Glück, Erfüllung, Frieden und Liebe bringt. Wenn sie das nicht tut, ist es jetzt vernünftigerweise an der Zeit, uns für neue Realitäten zu öffnen. Dieses Buch geht davon aus, dass unsere Erwachsenenrealität im Vergleich zur ursprünglichen Einheitsrealität der Kinder ganz entscheidende Nachteile in Bezug auf das Glücklichsein der Menschen hat, deshalb will es gezielt Visionen für neue Realitäten erschaffen. Im ersten Schritt geht es aber zunächst darum, die verschiedenen Aspekte unserer Trennungsrealität genauer zu erforschen, um diese zu durchschauen und damit überwinden zu können.

Wie die Trennung gelernt wird

„Beobachter und Beobachtetes sind vielmehr miteinander verschmelzende und sich gegenseitig durchdringende Aspekte einer einzigen ganzen Realität, die unteilbar und unzerlegbar ist."

David Bohm

Wie schon erwähnt, bringt jedes Kind essenzielle Grundbedürfnisse mit auf die Welt. Auf der einen Seite sind das die körperlich-biologischen Bedürfnisse nach Nahrung, Kleidung, Trinken, Schlaf, Bewegungs- und Schutzraum. Daneben hat jedes Kind noch essenzielle psychische Bedürfnisse nach bedingungsloser Liebe, Verbundenheit, Kommunikation, Offenheit, Wärme, Geborgenheit, Zugehörigkeit und Zärtlichkeit. Alle diese psychischen Grundbedürfnisse sind ein direkter Ausdruck unserer ursprünglichen Verbundenheit mit allem Sein. Für kleine Kinder ist das Gefühl von Abgetrennt- und Abgelehntsein existenziell noch bedrohlicher als fehlende Nahrung. Wie schon gesagt wurde, sind Kinder im Zweifelsfall bereit, lieber auf Nahrung zu verzichten als auf Geborgenheit und Liebe.

Wenn diese essenziellen Grundbedürfnisse befriedigt und erfüllt sind, dann spielt das Kind mit der Welt, folgt seinem Herzen und lebt in Einheit mit allem Sein. Wenn aber Grundbedürfnisse des Kindes so weit nicht erfüllt werden, dass es für das Überleben des Kindes bedrohlich wird, dann schlägt das System Alarm und der Verstand wird aktiv. Er versucht, über seine Strategien der Verdrängung (Abspaltung) und über das Installieren eines Schutzprogramms einen solchen Verbindungsverlust zu ersetzen und weitere Verletzungen zu vermeiden.

Innere Trennung

„Da wir dazu gebracht wurden, Schmerz zu verneinen, leben wir gespalten. Diese Spaltung wirkt sich auch auf unser Bewusstsein aus und das macht es uns schwierig, unsere Ängste zu erkennen. Angst zu haben gilt bei uns als primitiv, als irrational und als Ausdruck von Schwäche."

Arno Gruen

Mit dem Unterdrücken, Verdrängen oder Abspalten von Gefühlen, Bedürfnissen und Verhaltensweisen beginnt die innere Trennung. Unser Verhalten wird ab jetzt mehr und mehr von unseren Ängsten statt von unseren Herzimpulsen gesteuert, gleichzeitig beginnt auch die Suche nach dem Wiedererlangen der Ganzheit im Außen.

So lernen wir, als Entsprechung zu der inneren Trennung, einen Trennungsfilter über die ursprüngliche Verbundenheit und Einheit allen Seins zu legen und das, was dann erlebt wird, als wahre und einzige Realität anzusehen. Wir lernen weiter, das Leben und die Welt als eine Ansammlung von voneinander unabhängigen Einzelteilen und uns selber als abgetrennt vom Rest der Welt und von anderen Menschen und Lebewesen wahrzunehmen. Ebenso gehört zu dieser gelernten Wahrnehmung der Realität, dass wir uns mit dem Gedankenstrom identifizieren, der alles in voneinander getrennte Elemente einteilt, benennt sowie bewertet und der gewisse dieser Elemente anstrebt, während er andere ablehnt und loszuwerden versucht. Der erlernte Wahrnehmungsfilter wirkt, wie schon dargelegt, wie eine Brille, welche einem Menschen die ursprünglich in den wundervollsten Farben strahlende Welt beispielsweise nur noch schwarz-weiß erfahren lässt. So ähnlich könnte man die Veränderung von der Einheitsrealität zur Trennungsrealität beschreiben. Statt der unbegrenzten Offenheit wird die Welt jetzt unterteilt in richtig und falsch, gut und schlecht, schön und hässlich sowie wichtig und unwichtig.

Wir haben sehr viele kollektive Überzeugungen, die sich über die Schule, die Wissenschaft und die Medien auf eine riesige Anzahl von Menschen ausbreiten und so die Grundlagen dafür schaffen, dass wir Menschen doch in weiten Teilen ähnliche Realitäten erleben.

Eine wesentliche Übereinstimmung haben unsere Realitäten beispielsweise in Bezug darauf, dass wir uns (fast) alle als abgetrennte Einzelwesen erleben. Wir alle kennen Gefühle von Einsamkeit, Trennungsschmerz und auch diverse Formen von Ängsten. Ohne Trennung gibt es keine Angst, denn wovor sollten wir uns fürchten, wenn alles eins ist und gar nichts getrennt von uns existiert?

Aber wenn sich die Trennungsrealität installiert, dann taucht sofort Angst im System auf und es gibt einen starken Impuls, den Lauf der Dinge mit den Gedanken zu kontrollieren, und die Identifikation mit dem Gedankenstrom nimmt zu. Hier liegt die Wurzel für unser Streben nach Macht und Kontrolle und für die „Verkopfung" unserer Gesellschaft.

Vereinfacht dargestellt, besteht das Dasein des Menschen ab dem Zeitpunkt der erlernten inneren Trennung aus vier Aspekten, die im Folgenden genauer beschrieben werden. Die ersten drei Aspekte beziehen sich auf die erlernte, scheinbar abgetrennte Identität (Ego), der vierte Aspekt ist die ursprüngliche Einheit hinter allem Gelernten.

Abgespaltener Teil: Der erste Aspekt ist derjenige, der verdrängt, abgespalten oder unterdrückt wurde. Dieser Teil besteht hauptsächlich aus sehr schmerzhaften Emotionen und Bedürfnissen (unterdrückte Gefühle werde ich in der Folge „Emotionen" nennen). Unterdrückte Emotionen sind beispielsweise Angst, Trauer, Scham, Schuld, Wut, Ohnmacht, Verzweiflung, Hilflosigkeit oder Schmerz. Entsprechend den Gefühlen, welche die Bezugspersonen verdrängt haben und ablehnen, sind es je nach Kind andere Gefühle, die unterdrückt und abgespalten werden.

Schutzprogramm: Der zweite Aspekt ist das Schutzprogramm des Verstandes, das versucht, das Kind vor weiteren Verletzungen und vor den verdrängten Emotionen zu beschützen. Das heißt, der Verstand bemüht sich, eine Realität zu erschaffen, in der die verdrängten Emotionen nicht mehr vorkommen und auch möglichst keine weitere Verletzungsgefahr besteht. Mit dem Schutzprogramm entstehen aber auch neue Ersatzbedürfnisse nach Kontrolle und Sicherheit sowie eine ganz zentrale Strategie, um diese Ersatzbedürfnisse zu erfüllen, nämlich die Anwendung von Macht.

Dieser Aspekt fürchtet sich vor echter, grenzenloser Liebe und Einheit, weil dadurch der Kontakt zu den verdrängten Emotionen auch wiederhergestellt würde. Das Schutzprogramm ist das wichtigste Element unseres Egos und damit auch der Trennungsrealität.

Verbundener Teil: Der dritte Aspekt ist derjenige, der noch verbunden ist mit der Einheit allen Seins und mit den ursprünglichen Einheitsbedürfnissen nach Verbundenheit, Wärme, Ganzheit, Geborgenheit, Zärtlichkeit und Liebe. Dieser Aspekt beginnt ab dem Zeitpunkt der inneren Trennung oder Zersplitterung, der Suche zurück zur Verbundenheit, Ganzheit und Liebe. Weil wir aber ein verzerrtes Bild von Liebe gelernt haben und diese oft mit Bestätigung, Anerkennung oder Belohnung von außen verwechseln, macht uns das Suchen nicht frei und glücklich, sondern es ist leidvoll und macht uns abhängig.

Die ursprüngliche Einheit: Weil ja die gesamte Trennungsrealität nur gelernt ist, existiert dahinter die Einheit, welche schon vor allen Lernprozessen da war, natürlich weiterhin fort. Das heißt, in unserem ursprünglichen, wahren Sein gibt und gab es nie eine Verletzung oder Trennung. Weil nichts getrennt von der Einheit existiert, ist alles, auch die Trennungsrealität, ein Ausdruck des einen Bewusstseins hinter allen Formen. Auf dieser Ebene gibt es keine Grenzen. Alles ist eins. Auch das Ego mit seinem Schutzprogramm ist nur ein Ausdruck dieser Einheit.

Selbstreflexion:

Denke an eine oder mehrere schwierige Situationen in deinem Leben.

Welche Emotionen und Gefühle hatten diese Situationen in dir ausgelöst?

Wie gehst du mit diesen Emotionen und Gefühlen um? Versuchst du ihnen zu entkommen, indem du nach Lösungen oder den Schuldigen suchst, indem du sie verdrängst oder überspielst?

Bist du jetzt bereit, auch den unangenehmsten Gefühlen in dir liebevoll zu begegnen? Sobald du auf schwierige Gefühle mit Liebe reagierst, entsteht ein innerer Raum um dieses Gefühl herum, in dem es – und damit dein verletztes inneres Kind – heilen kann.

Vier Aspekte der inneren Trennung

1. Abgespaltener Teil

„Wenn Schmerz, Kummer, Hilflosigkeit verleugnet werden, […] dann wird die innere Welt ausgeschaltet und vom Getriebe des alltäglichen Lebens abgekapselt. Und so versinkt die innere Welt immer mehr im Unbewussten. Aber sie bleibt der, wenn auch unerkannte Motor unseres Handelns, Fühlens und Denkens."

Arno Gruen

Dieser Teil bildet die emotionale Ladung, von der im Kapitel über Resonanz die Rede war. Das heißt, die abgespaltenen und unterdrückten Emotionen erzeugen Resonanzen. Auch wenn das Schutzprogramm sich noch so bemüht, den entsprechenden Erfahrungen auszuweichen, das Resonanzgesetz wirkt doch wiederholt so, dass wir in Situationen geraten, welche in uns die unterdrückten Emotionen erneut hervorrufen. Der abgespaltene Teil ist auch die Grundlage für unsere Projektionen. Das heißt, die Aspekte, die in uns abgespalten sind, erkennen wir oft in anderen. So sieht beispielsweise ein Mensch, der in sich das Gefühl der Angst verdrängt hat, oft ängstliche Menschen, die er dann verachtet. Ein Mensch mit verdrängter Wut sieht wütende Menschen. Oder, wie der Psychoanalytiker Arno Gruen das darstellt, sehen wir in den Fremden all das, was in uns fremd (also abgespalten) ist. Die Verachtung und Gewalt gegenüber Ausländern sind eine Folge dieser Projektionen unseres abgespaltenen Teils auf andere Menschen. Das stete Suchen und Finden von Schuldigen spiegelt die eigenen unterdrückten Schuldgefühle. Für die Projektion dieser unterdrückten und verdrängten Aspekte in uns ist das Schutzprogramm verantwortlich, welches dadurch versucht, diese Anteile bei sich selber zu verdecken.

2. Schutzprogramm

„Viel Kälte ist unter den Menschen, weil wir nicht wagen, uns so herzlich zu geben, wie wir sind."

Albert Schweitzer

Wenn die innere Trennung von gewissen Emotionen und ungeliebten Anteilen passiert, dann versucht, wie schon erwähnt, ein Teil in uns weitere ähnliche Verletzungen zu vermeiden. Diesen Teil könnte man als Schutzprogramm bezeichnen. Dieser Teil in uns hat schon als Kind versucht, möglichst alle Bedingungen zu erfüllen, um die so dringend benötigte Liebe der Bezugspersonen wiederzubekommen oder zu erhalten. Das Schutzprogramm entsteht beim Kind beispielsweise als Folge davon, dass es durch sein Verhalten in uns Erwachsenen verdrängte oder abgespaltene Gefühle hervorruft oder selbst die in uns unterdrückten Gefühle ausdrückt. Danach wird unser Schutzprogramm aktiv und versucht mit Macht und Kontrolle das Kind zu stoppen oder zu bestrafen. Unsere verdrängten und als „schwach" abgewerteten Emotionen oder Bedürfnisse werden beim Kind mit genauso viel Verachtung bestraft, wie das in der eigenen Kindheit vonseiten der Eltern der Fall war. In solchen Situationen geben wir oft die Verbindung zum Kind genauso auf, wie wir die Verbindung zu diesen Emotionen in uns abgebrochen haben. Durch diesen Ablauf lernt das Kind seinerseits diese Anteile in sich auch abzuspalten und ebenfalls ein Schutzprogramm zu installieren. Auf diesem Weg geben wir unsere nicht geheilten Verletzungen weiter an die nächste Generation. Wir haben vor allem bei gewissen unangenehmen Gefühlen, die in uns auftauchen, gelernt, uns selber abzulehnen. Oftmals haben wir uns innerlich sogar grundsätzlich von unseren wahren Gefühlen, Bedürfnissen oder zumindest von ungeliebten Teilen in uns abgespalten, weil unsere Eltern auf diese nicht adäquat eingehen konnten.

Wenn ein Kind durch das Schutzprogramm seiner Bezugspersonen Ablehnung erfährt, dann beginnt es selber auch, auf die Welt mit einem

Schutzprogramm und den damit verbundenen Machtstrategien zu reagieren. Ab dem Moment, in dem die Liebe an Bedingungen geknüpft wird, ist ein Kind nicht mehr sicher, ob es in Ordnung ist, das zu tun, was mit Lust und Freude verbunden ist, oder ob es damit Gefahr läuft, die Verbundenheit zu verlieren.

Alles, was mehr Sicherheit und Kontrolle verspricht, wird vom Schutzprogramm angestrebt. Gewohnheiten, Pflichterfüllungsprogramme, Orientierung an Vorgaben von außen, starre Strukturen, Gehorsam, Regeln und Weisungen sind nebst allen anderen Machtstrategien wesentliche Techniken für die Erfüllung dieser Schutzbedürfnisse. Bei Weisungen, Vorgaben und Regeln gilt das sowohl für diejenigen, welche die Weisungen erteilen, als auch für diejenigen, die sie pflichtbewusst ausführen.

Ein wesentlicher Aspekt des Schutzprogramms ist außerdem das Übernehmen von Rollen. So kann es sein, dass das Kind lernt, sich über die Identifikation mit der Helferrolle oder über die Rolle des Unscheinbaren, des Komikers oder auch über die Opferrolle vor weiteren Verletzungen zu schützen.

Überhaupt ist die Identifikation mit allem, was hoffentlich dem Ego mehr Sicherheit, Stärke, Schutz und Kontrolle gibt, eine wesentliche Strategie des Schutzprogramms. Die verdrängten und unterdrückten inneren Aspekte nach außen zu projizieren, ist, wie wir schon gesehen haben, eine weitere mögliche Strategie des Schutzprogramms.

Das Schutzprogramm ist sozusagen die innere Polizei und Armee des Systems. Die ganzen Rüstungswettkämpfe der Armeen spiegeln denn auch diesen inneren Teil im Außen. Je größer der abgelehnte, verletzte oder verdrängte Aspekt, umso mehr Bedeutung bekommt das Schutzprogramm und desto stärker lebt ein Mensch im Kopf und strebt nach Sicherheit und Kontrolle mit Hilfe von Machtstrategien. Im Gehirn ist der Bereich des Reptilienhirns für die Steuerung des Schutzprogramms zuständig. Dieses kennt nur drei Verhaltensmöglichkeiten auf bedrohliche Situationen: entweder flüchten, kämpfen oder sich totstellen. Je nachdem, wie stark das Gegenüber zu sein scheint, wird eine andere Strategie gewählt. Das Kämpfen geschieht über die Anwendung von Machtstrategien, das Flüchten kann sich in einem wirklichen Davonrennen zeigen oder auch im Gehorsam und der Anpassung. Wenn die Macht des andern zu groß ist, dann ist es weniger bedrohlich, sich ihr zu unterwerfen, als dagegen anzukämpfen. Der Todstellreflex kommt dann zum Ausdruck, wenn weder Flucht noch Kampf möglich sind, er äußert sich beispielsweise als Erstarrung, Schweigen, Blockade und totaler Rückzug.

Menschen, die stark von ihren Schutzprogrammen gesteuert werden, haben kaum Sinn für Humor, sie sind aufgrund ihrer unbewussten Ängste innerlich und auch körperlich angespannt oder gar erstarrt. Das Schutzprogramm funktioniert nach dem Prinzip: Vertrauen ist gut, Kontrolle ist besser. Dieser Teil in uns kann absolut nicht vertrauen. Vertrauen erscheint aus der Sicht des Schutzprogramms stets einfach nur naiv und irrational. Die Furcht davor, etwas falsch zu machen und deshalb unangenehme Emotionen fühlen zu müssen, ist manchmal so groß, dass das Schutzprogramm uns sehr passiv, abwartend oder auch verschlossen sein lässt. Alle unsere Beziehungen, auch partnerschaftliche, werden durch die Identifikation mit den Schutzprogrammen massiv belastet und oft gar zerstört.

Menschen, bei denen das Schutzprogramm sehr aktiv ist, sind stets latent aggressiv und schießen beim kleinsten scheinbaren Angriff schnell und heftig los. Wenn das Schutzprogramm sich einschaltet, dann treten Gefühle wie Wut, Ärger, Groll, Hass, aber auch Schuld und Scham auf. Diese Gefühle werden oft als Sekundärgefühle bezeichnet, weil dahinter immer noch andere Gefühle beziehungsweise Emotionen liegen. Bei Konflikten, die vom Schutzprogramm geführt werden, gibt es denn auch viel Wut und immer wieder Schuldzuweisungen oder Schuldgefühle. Manchmal entlädt das Schutzprogramm seine latente Aggression auch einfach auf irgendwelche hilflosen Opfer, wie beispielsweise Kinder. Angestaute Aggressionen können sich als aktive oder auch als passive Aggressionen (beispielsweise in Form der Opferrolle) zeigen. Sehr viele Lieblosigkeiten und Machtspiele im Umgang mit Partnern, Freunden oder vor allem auch mit Kindern passieren aufgrund der ungefühlten und verdrängten großen inneren Wut, die sich dann in scheinbar automatisch ablaufenden und oft sehr verletzenden Programmen entlädt. Viele Menschen realisieren erst nach dem Abklingen des Schutzprogramms, was soeben geschehen ist, und bedauern danach häufig ihren Umgang mit den Kindern, Partnern sowie Freunden und fühlen sich schuldig. Ideal ist es sicher, nach einer solchen Situation das Gespräch mit dem Gegenüber zu suchen, ihm oder ihr mitzuteilen, dass es einem leid tut, und danach dieses Programm, die Wut sowie die Emotionen hinter der Wut genau zu erforschen.

Selbstreflexion Wut:

Kennst du solche Situationen, in denen das Schutzprogramm sich bei dir „verselbstständigt" und du dich in Konflikten nicht so achtsam und gewaltfrei verhältst, wie du das möchtest?

Wie ist allgemein dein Zugang zum Gefühl „Wut"? Ist diese vielleicht komplett verdrängt?

Bekommt dein Gegenüber vielleicht noch eine Wut ab, die sich schon länger in dir gestaut hatte und eigentlich gar nichts mit der aktuellen Situation zu tun hat?

In welchen Situationen bist du dir selber noch nicht wirklich treu? Wann gehst du aus Pflichtgefühl oder Angst über das hinweg, was du wirklich möchtest?

Gibt es Situationen, in denen du dich ungerecht behandelt, übergangen oder verraten fühltest? – Wenn ja, hast du die Wut, die das ausgelöst hat, wirklich gefühlt?

Gib deiner Wut jetzt richtig Raum, schreie sie heraus, schlage auf Kissen und erlaube dir, richtig wütend zu sein – ohne die Wut an einem anderen Menschen auszulassen.

Öffne dich auch den Emotionen, die hinter der Wut liegen, wie beispielsweise Schmerz, Trauer, Verzweiflung oder Einsamkeit. Fühle auch diese voll und ganz.

Die Trennungsrealität ist vor allem wegen des Schutzprogramms, das ständige Kontroll-, Abwehr- und Kampfpläne entwirft, eine sehr laute Angelegenheit im Kopf. Die Gedanken sind unaufhörlich damit beschäftigt, uns vor irgendwelchen unkontrollierbaren Situationen zu beschützen, Bedrohungen auszuweichen und neue Identifikationsmöglichkeiten zu suchen, deshalb denkt es so viel in unseren Köpfen …

„Am Anfang gehören alle Gedanken der Liebe.
Später gehört dann alle Liebe den Gedanken."

Albert Einstein

Genauso wie das einzelne Staaten bei einem (möglichen) Konflikt mit anderen Staaten tun, bemüht sich auch das Schutzprogramm, möglichst aufzurüsten, mit allem, was ihm Sicherheit, Macht und Kontrolle geben soll. Weil das Schutzprogramm der zentrale Aspekt der Egoidentität ist, identifiziert sich der Mensch mit allen Dingen, die Sicherheit, Macht oder Kontrolle versprechen. Diese gehören dann zu mir und werden notfalls verteidigt bis aufs Blut. Das können nebst Geld, Besitz allgemein, Status und Erfolg auch möglichst viel Wissen, gute Beziehungen und auch Versicherungen sein. Machtstreben ist beim Menschen eine Folge des scheinbaren Verlusts der Einheitsrealität. Menschen, die in der Einheit allen Seins ruhen, brauchen keine Macht anzuwenden. Menschen, deren Urvertrauen in die Welt und das Leben noch intakt ist, weil sie bedingungslose Liebe und Verbundenheit erfahren, haben nicht das Bedürfnis, Kontrolle und Macht auf andere Menschen auszuüben.

Machtstreben ist der erlernte Drang, die Erfüllung der Ersatzbedürfnisse des Schutzprogramms mit Gewalt zu erzwingen.

Die Theorie Darwins ist nur eines der unzähligen Beispiele für wissenschaftliche Theorien, welche die Realität mit den Augen des Schutzprogramms betrachten. Die Vorstellung von einem ständigen Konkurrenzkampf zwischen den einzelnen Lebewesen entspricht bei den Menschen mit einem stets aktivierten Schutzprogramm oft den Tatsachen. Aber dies ist nur eine von vielen möglichen Realitäten, die wir erschaffen können, und aus meiner Sicht keineswegs die erstrebenswerteste.

Dieser Teil, der für das Schutzprogramm zuständig ist, hat zudem große Angst vor dem Tod und allgemein vor unkontrollierbaren Situationen. Im Prinzip fürchtet er sich vor dem wirklichen Leben, das ein steter Fluss der Veränderung ist, und bewirkt, dass wir uns immer mehr in Gewohnheiten, Routine und stets gleichen, langweiligen Gedanken- und Verhaltensmustern bewegen. Immer streng nach dem Motto: Hauptsache sicher und kontrollierbar!

Das Schutzprogramm produziert und braucht Feinde, Konflikte, Dramen oder gar Kriege im Außen, um seine eigene Existenz zu erhalten und zu rechtfertigen. Das Schutzprogramm mag es nicht, wenn der verbundene Teil zu lange oder zu sehr aktiv ist, denn es fürchtet, so die Kontrolle zu verlieren. Das Schutzprogramm beginnt sehr rasch, ein Eigenleben zu führen, und zwar hauptsächlich durch die Flut der Gedanken, die sich immer wieder Feinde oder potenziell bedrohliche Situationen erdenken. Wie wir gesehen haben, beeinflussen aktuelle Stimmungen und Emotionen die Wahrnehmungsbrille stark, das heißt, unsere Wahrnehmung ist oft völlig verzerrt, wenn das Schutzprogramm aktiv ist. Die gleiche Situation wird bei aktiviertem Schutzprogramm komplett anders interpretiert und konstruiert als dann, wenn wir entspannt sind.

Bei Menschen mit einem starken und häufig aktivierten Schutzprogramm übernimmt der Kopf das Steuer im Leben und baut auf seinem Wissen, seinen Identifikationen und Überzeugungen sowie seinen Kontroll- und Machtstrategien eine möglichst stabile und sichere (abgetrennte) Existenz auf. Zu viel Verbundenheit ist, wie schon erwähnt, für das Schutzprogramm bedrohlich, weil sich dadurch die abgetrennte Existenz, die es ja beschützen soll, in der Einheit auflösen könnte. Aus den einzelnen Schutzprogrammen der Menschen bilden sich kollektive Schutzprogramme, die sich dann gegen gemeinsame Feinde richten können. Weil Schutzprogramme nicht nur den abgespaltenen Teil schützen, sondern auch versuchen, die Identifikationen des Egos aufrechtzuerhalten, ergibt sich daraus oft eine Art Teufelskreis, in dem sich die Trennungsrealität über den automatischen Strom der Gedanken selber immer wieder von neuem bildet. Weil das Schutzprogramm gewisse Erfahrungen (Emotionen) unbedingt vermeiden möchte, beginnen wir, mit der Entstehung des Schutzprogramms auch inneren Widerstand gegen das zu leisten, was wir jetzt nicht fühlen möchten. Aus diesem Widerstand entsteht all unser Leiden. Eckhart Tolle drückt das so aus: *„Innerer Widerstand schneidet dich von anderen Menschen, von dir selbst, von der Welt um dich herum ab. Er verstärkt das Gefühl der Getrenntheit, von dem das Überleben des Ego abhängt.“*

Das Schutzprogramm wird erst dann ruhiger und weniger dominant unsere Beziehungen beherrschen, wenn wir wirklich wieder bereit sind die Verantwortung für alle ungefühlten Emotionen, ungeheilten Verletzungen und damit auch für unsere Resonanzen voll und ganz zu übernehmen. Dies wiederum bedeutet, innerlich allen Emotionen und Verletzungen Raum zu geben, sie zu akzeptieren und sie in uns liebevoll da sein zu lassen. Dann kann der Gedankenstrom des Schutzprogramms mit seinen Kontrollimpulsen und Widerständen einfach beobachtet werden, statt sich damit zu identifizieren. Die Bereitschaft, zu fühlen, statt zu denken, zu kämpfen, zu flüchten und zu schweigen, entmachtet das Schutzprogramm in uns. Die ursprüngliche Verbundenheit zu all unseren inneren Anteilen kann dadurch wieder erfahren werden und alle unsere Beziehungen können heilen.

Nichts Wirkliches kann je bedroht werden!

Nur die Konstrukte des Gehirns, die Vorstellungen können angegriffen werden. Aber das, was wir wirklich sind, hat mit diesen Konstrukten nichts zu tun.

3. Verbundener Teil

„Das höchste Gefühl ist die Erfahrung der Einheit mit Allem-was-ist. Dies ist die große Rückkehr zur Wahrheit, welche die Seele ersehnt. Dies ist das Gefühl vollkommener Liebe."

Neale Donald Walsch

Sobald die innere Trennung geschehen ist und ein Mensch im scheinbaren Außen gelernt hat, eine Trennungsrealität zu erleben, beginnt auch die Suche nach Glück oder Liebe (Verbundenheit und Einheit) für den Teil, der noch mit der Einheit verbunden ist.

Diese Suche nach Glück ist nichts anderes als die Suche nach der Einheit mit allen Aspekten unseres Seins. Der Weg zur Einheit allen Seins führt über die bedingungslose Liebe, denn nur diese Liebe kann Getrenntes heilen. Allerdings ist unser Bild von Liebe durch die Bildung und Erziehung, die wir erfahren haben, oft sehr verzerrt. Wir haben gelernt, echte, bedingungslose Liebe durch Bestätigung, Lob oder Belohnung zu ersetzen, also durch bedingte „Liebe". Deshalb versucht dieser Teil oft krampfhaft die Bedingungen zu erfüllen, um endlich wirklich geliebt zu werden. Die ursprüngliche Freude am Tun wird so ersetzt durch einen Kampf um Liebe in Form von Bestätigung und Anerkennung. Aber wie sehr wir uns auch bemühen und ganz egal, wie viel Lob, Bestätigung und Belohnung wir von außen erhalten mögen, die innere Einheit wird dadurch sicher nicht wiederhergestellt. Denn wahre Liebe kennt gar keine Bedingungen. Wahre Liebe kehrt dann ein, wenn wir die Sucht nach Bestätigung, Lob oder Belohnung und die dahinter liegenden Ängste in uns wirklich erforschen und uns selber die Liebe für all diejenigen Aspekte und Emotionen geben, für die wir gelernt haben, uns abzulehnen. Das heißt, dieser Teil sucht zwar das Richtige (nämlich Verbundenheit und Liebe), aber am falschen Ort und durch Strategien, die abhängig, aber nicht frei machen.

Selbstreflexion

Was unternimmst du alles, um Bestätigung, Anerkennung und Liebe von anderen Menschen zu bekommen?

Welche Ängste liegen bei dir hinter diesen Bemühungen?

Der zentrale innere Konflikt

Viele Menschen in der Trennungsrealität haben innere Konflikte zwischen dem Teil, der für das Schutzprogramm zuständig ist, und demjenigen Teil, der noch in Verbindung zur Einheit steht. Diese beiden Teile zeigen sich in der Aussage vieler Menschen, dass der Kopf (vertritt den Teil, der nach Macht und Kontrolle strebt) und das Herz (steht im Kontakt mit dem Bedürfnis nach Einheit) nicht das Gleiche wollen. Oder wie Goethe es im Faust ausgedrückt hat: „Zwei Seelen wohnen, ach!, in meiner Brust."

Die Strategien, mit welchen versucht wird, die Bedürfnisse und Ersatzbedürfnisse zu erfüllen, können sehr unterschiedlich und vielfältig sein. Im Folgenden sind diese beiden Teile in uns und ihre wesentlichen Eigenschaften in Form einer Tabelle dargestellt.

Je mehr ein Mensch noch Zugang hat zu den ursprünglichen Bedürfnissen, umso stärker vertraut er auf die Kraft der Liebe und den Fluss des Lebens.

In dem Maß, in dem ein Mensch jedoch den Zugang zu den ursprünglichen Bedürfnissen verloren hat, werden die Ersatzbedürfnisse (der Trennungsrealität) in seinem Erleben zentraler und wichtiger. Dieser Mensch fürchtet sich, wie schon erwähnt, vor der Liebe und der Verbundenheit, weil sie eine unkontrollierbare Kraft darstellen und den Schutzpanzer bedrohen. Ein solcher Mensch strebt hauptsächlich nach Kontrolle, Sicherheit und Macht. Deshalb sehnen sich zwar viele nach einer wirklich innigen Beziehung, haben gleichzeitig aber auch große Angst davor, weil dabei ein Kontrollverlust droht. Dies gilt auch in Bezug auf Beziehungen zu Kindern. Auch will der Teil, der auf Macht und Kontrolle aufbaut, lieber im alten und bekannten Leiden bleiben, als sich auf ein neues, mögliches Glück einzulassen. Aus diesem Grund klammern sich viele Menschen an leidvolle Beziehungen oder auch an körperliche Krankheiten. In uns allen gibt es mehr oder weniger ausgeprägt diese beiden Aspekte.

Eine detailliertere Darstellung der Auswirkungen des Schutzprogramms auf unsere Beziehungen folgt im Kapitel über Beziehungen.

Wie wir schon gesehen haben, stehen die Ersatzbedürfnisse meist im Widerspruch zu den ursprünglichen Bedürfnissen. So sind wir oft unsicher, was wir wirklich wollen im Leben oder in einer konkreten Situation. Es kann auch geschehen, dass es für ein Projekt oder ein Thema einen Herzensimpuls gibt, dem wir folgen möchten, aber das Schutzprogramm sabotiert die Umsetzung dieses Impulses. So entsteht das Gefühl, dass wir uns selber im Weg stehen, nur mit angezogener Handbremse leben, oder vielleicht entsteht auch eine Art Resignation und Gleichgültigkeit aufgrund der massiven inneren Widersprüche oder der Ambivalenzen, die viele Menschen in sich erleben. Sehr viele Oberstufenschüler zeigen genau diese Symptome und auch Erwachsene haben oft den Zugang zu dem, was sie wirklich brauchen, was sie zutiefst begeistert oder interessiert, verloren.

Wege zurück zu den ursprünglichen Bedürfnissen werden in einem späteren Kapitel aufgezeigt.

Die Stille hinter dem Denken

„Es gibt keine Materie, sondern nur ein Gewebe von Energien, dem durch intelligenten Geist Form gegeben wurde."

Max Planck

Wie schon erwähnt, ist die gesamte Trennungsrealität erlernt. Alles Gelernte ist in gedanklichen Kategorien abgespeichert, deshalb ist die Trennungsrealität mitsamt der Egoidentität nur ein Gedankenkonstrukt. Ohne Denken lässt sich unsere Trennungsrealität nicht aufrechterhalten. Sind wir deshalb so süchtig nach Denken, weil uns der Verstand mit seinem Schutzprogramm vor dem Fühlen schützen soll, vor unseren Ängsten und unangenehmen Emotionen? Viele Menschen lernten in der Kindheit, sich für ihre unangenehmen Gefühle zu schämen. Sie haben diese deshalb verdrängt und glauben noch heute, in ihnen gäbe es einen dunklen, schlechten oder gar bösen (sündigen) Teil, den sie sicher nie jemandem zeigen dürften, weil sie sonst auf keinen Fall mehr liebenswert wären. Mit dem steten Strom der Gedanken versucht das Schutzsystem uns von diesem scheinbar nicht liebenswerten Teil in uns abzutrennen und schafft im Außen, als Spiegel des Inneren, deshalb auch eine Realität der Trennung. Dabei verdient und braucht genau dieser Teil (das verletzte innere Kind) unsere bedingungslose Liebe am dringendsten.

Wenn die Trennungsbrille installiert ist, bedeutet das, dass gleichzeitig der Zugang zu unserem wahren Wesen der bedingungslosen Liebe verdeckt ist. In der Trennungsrealität tauchen automatisch Gefühle von Einsamkeit, Schmerz, Leiden, Verzweiflung, Ohnmacht oder auch Schuld auf. Und die Menschen tendieren in einer solchen Realitätserfahrung zu Egoismus, Depressionen, Selbstvorwürfen, Dominanzverhalten, Gewalt, Streit, Vorwürfen und zu Schuldzuweisungen. Hinter jeder Form von Gewalt, Krieg, Hass und Kampf liegt die Erfahrung einer getrennten Realität. Auch das stete Streben nach Macht, starren Strukturen und Kontrolle an Schulen sowie allgemein im Umgang mit

Kindern und in der Welt der Erwachsenen ergibt sich aus der Realität der Trennung. Weil unser wahres Wesen in Wirklichkeit Verbundenheit ist, beginnt all unser Leiden in dem Moment, in dem wir beginnen, uns mit einem scheinbar getrennten Ich zu identifizieren.

Es sind die Momente der Verbundenheit und Liebe, in denen wir uns vollkommen beseelt und glücklich fühlen. Beispielsweise wenn wir eine Tätigkeit verrichten, die uns so viel Freude bereitet, dass wir alles um uns herum vergessen und ganz in dieses Tun, den Flow eintauchen.

Auch im Zustand des Verliebtseins fällt für einen Moment oder für einige Zeit die Trennungsbrille weg und wir fühlen uns vollkommen verbunden, mit unserem Gegenüber, mit uns selber und mit der ganzen Welt. Wir könnten die ganze Welt umarmen vor Glück. In diesen Momenten bekommen wir eine Ahnung, was es heißen würde, wenn wir keine Realität der Trennung gelernt hätten und weiterhin ganz in dieser grenzenlosen Verbundenheit leben würden.

Auch in der Sexualität zeigt sich unser starkes Streben nach Verbundenheit. Sexualität schafft auf der körperlichen Ebene eine Verbundenheit, die uns für einige Momente unser scheinbar abgetrenntes Ich vergessen lässt. Wir lösen uns auf im Liebesakt und werden so wieder eins mit dem scheinbar anderen, aber nur dann, wenn wir uns auch im Herzen mit unserem Gegenüber verbunden fühlen. Ansonsten kann Sex sehr mechanisch und emotionslos ablaufen und vielleicht die Gefühle von Trennung und Einsamkeit bei beiden Partnern noch vertiefen. Wenn in der Sexualität Angst auftaucht, wenn das Schutzprogramm aktiv wird, dann schaltet sich der Kopf ein und strebt danach, die Situation zu kontrollieren. In diesem Fall kann es zu dem kommen, was wir als sexuelle Funktionsstörungen bezeichnen. Wobei das Problem nicht in der Sexualität an sich zu suchen ist, sondern eben in den Ängsten und ungefühlten Emotionen hinter dem Schutzprogramm.

Selbstreflexion:

Wenn du dich innerlich abgetrennt fühlst von dir selber, der Natur und den anderen Menschen, welche Gefühle sind dann in dir? Worüber erzählen dann deine Gedanken? Sind dann eher viele oder wenige Gedanken da?

Wenn du dich innerlich verbunden fühlst mit dir selber, der Natur und den anderen Menschen, welche Gefühle sind dann in dir? Worüber erzählen dann deine Gedanken? Sind dann eher viele oder wenige Gedanken da?

Schule und Trennungsrealität

„Ich fürchte, unsere Kultur engt uns von Anfang an ein und treibt uns weg von dem, was wir sein könnten."

Arno Gruen

Am Anfang war das offene, weite und pulsierende Herz. Wenn dieses Herz auf andere offene Herzen trifft, dann wird automatisch die ursprüngliche Verbundenheit, genannt Liebe, erfahrbar. Wenn das offene Herz auf verschlossene, verpanzerte und ängstliche Herzen trifft, dann geschieht eine Erfahrung von Nichtliebe und das System beginnt, die innere Trennung zu installieren.

In dem Maß, in dem ihr System auf Machtstrategien wie Bewertungen, Belohnungen, Bestrafungen, Zuschreibungen, Vergleichen und Konkurrenzdenken aufbaut, trägt die Schule einen wesentlichen Teil dazu bei, die Trennungsrealität in unseren Kindern genauso zu installieren wie in uns selbst. Durch diese Prozesse und durch die hierarchische Struktur, auf der die meisten Schulen allgemein aufbauen, entwickeln die Kinder ein getrenntes Selbstbild, indem eine Identifikation mit ganz vielen Eigenschaften, (Un-)Fähigkeiten, Bewertungen, Urteilen und Zuschreibungen geschieht. Des Weiteren vermittelt die Schule heute noch immer vorwiegend identifiziertes Wissen (siehe Kapitel „Sicheres Wissen“) und trägt so noch weiter zur Erfahrung einer getrennten Realität bei.

Wie wir schon im Kapitel über die Einheitsrealität gesehen haben, geschieht optimales Lernen im Flow, basierend auf der vollständigen fokussierten, aber entspannten Aufmerksamkeit. Wenn das Schutzprogramm in einem Menschen aktiv ist, dann ist stets auch seine Lernfähigkeit massiv eingeschränkt, denn das Schutzprogramm benötigt einen wesentlichen Teil der Aufmerksamkeit für das Verteidigen und den Selbstschutz. Daher ist der wohl wichtigste Grundsatz für optimales Lernen, dass das Umfeld angstfrei sein soll, wenn wir wirklich ideale Lernprozesse ermöglichen wollen. Vielleicht ist es ja sogar so, dass es nicht unterschiedlich intelligente Kinder gibt, sondern nur solche mit mehr oder weniger ausgeprägten Schutzprogrammen und mehr oder weniger einschränkenden Selbstbildern. So gesehen müsste es oberstes Ziel jeder öffentlichen Schule sein, für eine möglichst positive und entspannte Atmosphäre zu sorgen. Dies kann aber eine Schule, die selbst auf der Kontrolle des Schutzprogramms aufbaut, nicht ermöglichen. Für eine entspannte und wirklich ideale Lernumgebung braucht es Vertrauen, Verbundenheit und ganz viel Raum für Flow-Erfahrungen. Dafür müssen aber die Erwachsenen zuallererst ihre eigenen Schutzprogramme mit den dazugehörenden Ängsten erforschen und lernen, sich für die Einheit und das Vertrauen dahinter wieder zu öffnen.

Denn auch hier gilt, dass sich uns bei anderen Lernerfahrungen, beispielsweise durch offene und liebevolle Strukturen an den Schulen, eine ganz andere Realität zeigen kann.

Sind wir trotz unserer verdrängten Ängste und der erlernten Bedürfnisse nach Kontrolle und Macht bereit für eine Realität der Einheit, der Verbundenheit und der Liebe? Sind wir bereit für die Glücksschule? Sind wir mutig genug, nicht mehr auf die Stimme unserer Schutzprogramme zu hören und uns sowie unseren Kindern dieses Geschenk zu machen? Sind wir bereit, unsere Ängste zu erforschen, statt sie wieder an unsere Kinder weiterzugeben?

Dualität

Die Trennungsrealität ist, wie wir schon gesehen haben, eine Realität, die vom Verstand automatisch konstruiert wird. Der Verstand macht aus dem einen Sein die Vielheit. Durch das Kategorisieren und Bewerten erschafft er die Trennungsrealität, eine getrennte und gegensätzliche Welt. Er ordnet seine Begriffe, Konzepte und Konstrukte in gegensätzliche Kategorien ein. Weil der Verstand nur in Gegenbegriffen denken kann, ist die von den Gedanken erschaffene Trennungsrealität auch eine Realität der Dualität (Zweiheit). So beschreibt er sein Realitätskonstrukt mit gegensätzlichen Begriffen, wie beispielsweise hell und dunkel, gut und schlecht, richtig und falsch oder auch schön und hässlich, glücklich und unglücklich.

Das heißt, nicht die Welt selber ist dual, sondern das automatische Wahrnehmungskonstrukt des Verstandes lässt uns die Welt dual erscheinen. Auch die Trennung zwischen Subjekt (Ich) und Objekt (der, die oder das andere) ist Teil dieses gedanklichen Realitätskonstrukts.

In der dualen Trennungsrealität gibt es kein überdauerndes Glück, weil eben alles zwei Seiten hat. So hat auf der dualen Ebene sogar die positivste Situation immer auch eine negative Seite, aber auch jede negative Situation hat immer eine positive Seite. Das Ich strebt nach überdauerndem Glück auf der dualen Ebene, nach dem absoluten Happy End und nach dem totalen, unbegrenzten Füllezustand. Aber wie wir schon gesehen haben, ist das Ich selber ein Mangelwesen und auf der Ebene der Dualität vergeht irgendwann alles, was entsteht, auch wieder. Überdauerndes Glück erscheint automatisch, wenn die ursprüngliche Verbundenheit hinter allem Denken wiedererkannt wird. Das heißt nicht, dass dann nur noch angenehme Gefühle auftauchen. Aber ohne die Identifikation mit der bewertenden Zuschreibung der Gedanken taucht kein Widerstand mehr auf gegen schmerzhafte Gefühle und Erfahrungen, was bewirkt, dass auch diese Gefühle einfach da sein dürfen. Unser Leiden ist nicht die Folge von unangenehmen Gefühlen, sondern eine direkte Auswirkung des erlernten Widerstands gegen unangenehme Gefühle. Innerer Widerstand gegen das, was da ist, erzeugt unser Leiden. Das Schutzprogramm funktioniert so, dass es gegen alles Unangenehme Widerstand leistet. Ironischerweise beginnt unser Leiden also in dem Moment, in dem wir Unangenehmes im Leben weghaben wollen. Je mehr wir nach Kontrolle streben, desto mehr wird unser Leben zu einem Kampf.

Meine scheinbar persönliche Realität

„Zu fühlen und zu denken,
dass wir wirklich von dem Ganzen getrennt sind,
das ist die Illusion."

Amit Goswami, Professor für Physik

Durch die Brille der erlernten Trennungsrealität werden alle Geschehnisse aus der Perspektive des Ich erlebt. Ich erlebe das. Ich habe dieses Gefühl. Ich denke das. Ich handle. Ich plane. Ich existiere getrennt von den anderen und von der Natur.

So wird in der Trennungsrealität Leben erfahren.

Aber wie sollte das Ich denken können, wenn es selber auch nur ein Gedanke ist?

Selbstreflexion:

Stelle die folgenden Fragen deiner inneren Weisheit, deinem Herzen, und lasse die Energie dieser Fragen für einen Moment wirken:

Wie würden wir ohne die erlernte Trennungsbrille Realität erfahren?

Wie würde es sich anfühlen, wenn wir den Gedankenstrom vollkommen unpersönlich als Beobachter erleben würden, ohne Identifikation?

Welche Realität erlaubt dir „dein" Wahrnehmungsfilter zu erleben?

Wie viele Wunder kommen darin vor, wie viel Angst wird darin erlebt und wie viel Freude und Humor gibt es in der Realität, die deinem System möglich ist, zu erleben?

Wie viel Zugriff auf die ursprüngliche Verbundenheit kann mit „deinem" Wahrnehmungsfilter erfahren werden?

Wie viel Verbundenheit mit dir selber, mit den anderen Menschen, mit der Natur ist jetzt gerade real für dich?

Wichtigste Aspekte der Trennungsrealität

„Im Grunde gibt es Materie gar nicht. Jedenfalls nicht im geläufigen Sinne. Es gibt nur ein Beziehungsgefüge, ständigen Wandel, Lebendigkeit. Wir tun uns schwer, uns dies vorzustellen. Primär existiert nur Zusammenhang, das Verbindende ohne materielle Grundlage. Wir könnten es auch Geist nennen. Etwas, was wir nur spontan erleben und nicht greifen können. Materie und Energie treten erst sekundär in Erscheinung – gewissermaßen als geronnener, erstarrter Geist. Nach Albert Einstein ist Materie nur eine verdünnte Form der Energie. Ihr Untergrund jedoch ist nicht eine noch verfeinerte Energie, sondern etwas ganz Andersartiges, eben Lebendigkeit. Wir können sie etwa mit der Software in einem Computer vergleichen."

Hans-Peter Dürr, ehem. Direktor des Max-Planck-Instituts München

Hier sollen noch einmal die wichtigsten Aspekte unserer Trennungsrealität zusammengefasst und mit weiteren wesentlichen Punkten ergänzt werden:

- Verhaltensweisen, Gefühle und Bedürfnisse, die einen Liebesentzug bewirken, werden unterdrückt oder abgespalten. Es gibt also eine innere Zersplitterung oder Trennung, die sich dann auch in der Erfahrung der äußeren Realität als Trennungsrealität spiegelt.

- Die Erfahrung von Nichtliebe bewirkt eine große Angst, Verzweiflung und Ohnmacht – all diese Gefühle werden ebenfalls verdrängt, die „Vertreibung“ aus dem Paradies geschieht, der Ernst des Lebens überdeckt die ursprüngliche Glücksrealität.
- Es wird ein Programm installiert, welches das System vor weiteren solchen Erfahrungen beschützen soll: das Schutzprogramm Ego. Die Egoidentität ist nichts weiter als ein Schutz-, Überlebens- und Widerstandsprogramm.
- Gleichzeitig treten Ersatzbedürfnisse nach Kontrolle und Sicherheit an die Stelle der ursprünglichen Einheitsbedürfnisse.
- Das Leben verlagert sich von der Einheit des Herzens zum trennenden und analytischen Kopf und damit auf das Erleben von Dualität. Deshalb sind wir in unserer westlichen Kultur so kopflastig.
- Weil wir den Zugang zur Fülle der Einheit, zum ursprünglichen Glücklichsein beziehungsweise zur ursprünglichen Verbundenheit verloren haben oder vielmehr nicht mehr bewusst wahrnehmen können, sind wir innerlich in einem fast ständigen Mangelzustand. Daraus resultiert das stete Suchen nach Glück und Liebe auf der einen Seite und nach Macht und Kontrolle auf der anderen Seite, das unsere Kultur so sehr kennzeichnet. Wobei Liebe oft mit Bestätigung und Belohnung verwechselt wird. Natürlich spiegelt sich dieser innere Mangelzustand auch in irgendeiner Form in der äußeren Realität. Trennungsrealität ist immer auch eine Realität des Mangels.
- Je mehr wir uns als abgetrennt vom Ganzen erleben, desto häufiger dreht sich unser Leben darum, möglicht gut zu funktionieren, die Erwartungen anderer und unsere Pflichten zu erfüllen. Gewohnheiten bestimmen das Leben, um das Ersatzbedürfnis nach Sicherheit zu befriedigen. Viele Menschen spüren in diesem Stadium, dass sie nicht wirklich oder nur mit „angezogener Handbremse“ leben.

Zurück zur inneren Ganzheit

„In der tiefer liegenden Wirklichkeit jenseits von Zeit und Raum sind wir vielleicht alle Glieder eines einzigen Körpers."

Sir James Jeans, Physiker

In der ursprünglichen Verbundenheit gibt es keine anderen zu bekämpfen, zu fürchten, zu übertrumpfen oder auch zu belehren. Verbundenheit ist das, was alles Sein, das ganze Universum zusammenhält. Alles ist stets miteinander verbunden. Verbundenheit ist viel mehr als nur ein Gefühl, ein Bedürfnis oder ein Zustand – obwohl es das alles auch sein kann.

Die ursprüngliche Verbundenheit besteht hinter der gelernten virtuellen Realität der Gedanken weiter fort, jenseits von Zeit, Raum und allem Gelernten. Genauso, wie weiße Dinge noch immer weiß bleiben, auch wenn wir mit einer blauen Brille alles als blau wahrnehmen.

Wir alle kommen aus dieser grenzenlosen Verbundenheit und Einheit.

Je mehr alle Gefühle willkommen sind und wir auch dann komplett mit dem jetzigen Moment in Verbindung bleiben (das heißt, wenn wir die Gefühle voll und ganz fühlen, statt auf die gleichzeitig gesendete Geschichte im Kopf einzusteigen), desto mehr heilt die Trennung in uns und desto mehr erfahren wir im Außen andere Menschen, die Natur und alles Sein wieder als eins mit uns. Jedes schwierige Thema im Leben kann stets nur mit Liebe, nie aber mit Macht geheilt werden, weil sonst nur wieder das trennende Schutzprogramm aktiviert, bestätigt und gestärkt wird. Durch bedingungslose Selbstliebe taucht die Einheitsrealität dann wieder aus dem Nebel der erlernten Trennung auf. Jedes herausfordernde Gefühl ist somit auch eine riesige Chance, zu heilen, und die Liebe auch dann, wenn dieses Gefühl da ist, einkehren zu lassen. Innere Ganzheit heißt, jedes Gefühl ganz offen willkommen zu heißen. Innere Ganzheit spiegelt sich in einer Realität der Einheit im Außen wider. Je mehr wir mit der unmittelbaren Erfahrung des jetzigen Moments verbunden bleiben, auch wenn unangenehme Gefühle „empfangen“ werden, desto leichter fällt es uns dann auch, unseren Kindern mit bedingungsloser Offenheit und Liebe zu begegnen. Oft steht uns dabei aber das automatisch ablaufende Schutzprogramm im Wege und macht es uns schwer, wirklich in einer Herzverbindung mit unseren Kindern und anderen Menschen zu bleiben.

Im folgenden Kapitel werden wir deshalb die wesentliche Strategie des Schutzprogramms, das Prinzip Macht, genauer erforschen. Machtanwendung ist die wohl häufigste Strategie des Schutzprogramms, um möglichst viel Kontrolle über andere Menschen ausüben zu können. Ebenso werden wir uns der Frage stellen, welche Rolle das Prinzip Macht an der öffentlichen Schule einnimmt.

Das Prinzip Macht und die Schule

*„Wenn die Macht der Liebe die Liebe zur Macht übersteigt,
erst dann wird die Welt endlich wissen, was Frieden heißt."*

Jimi Hendrix

Wie kann man ein Kind dazu bringen, täglich in eine Schule zu gehen, wo es fast den ganzen Tag ruhig auf einem Stuhl sitzen und dabei die meiste Zeit einem Erwachsenen zuhören muss, der über Themen spricht, die das Kind in diesem Moment vielleicht überhaupt nicht interessieren?

Wie viele Kinder würden sich, wenn sie wirklich frei und völlig ohne Beeinflussung sowie ohne Druck von außen entscheiden könnten, dafür entscheiden, den Tag so zu verbringen? Wenn man ihnen also nicht sagen würde, dass sie dann nichts lernen oder später keinen richtigen Beruf ergreifen könnten?

Wie viele Kinder wären es in der ersten Klasse? Wohl noch sehr viele.

Wie viele in der dritten Klasse? Sicher schon sehr viel weniger.

Wie viele wären es in der Oberstufe? Ich gehe davon aus, dass spätestens dann kaum noch ein Kind den Tag freiwillig in einer solchen Schule verbringen würde.

Weil weder abstraktes, vom aktuellen Lebenskontext losgelöstes und von außen bestimmtes Lernen noch das ständige Sitzen, Ruhigsein und Bewertetwerden den Bedürfnissen von Kindern entspricht. Noch immer aber sind sehr viele öffentliche Schulen so organisiert.

Wie schaffen es diese Schulen, dass sich dennoch so viele Schüler jeden Tag in den Schulraum setzen, trotz oft massiver innerer Widerstände, Ängste und einer großen unterdrückten Wut?

Die Antwort ist natürlich, dass diese Kinder in keiner Weise frei wählen können, denn es gibt für sie diesbezüglich keine Mitbestimmung.

Sie werden nötigenfalls mit Druck und Macht dazu gebracht.

Die meisten Kinder halten nur aus Angst vor den Konsequenzen, die man ihnen auflistet, jeden Tag ein solches Programm aus.

Ursprünglich hat jedes Lebewesen ein natürliches Streben nach Freiheit und Autonomie. Natürlich haben das auch Kinder. So folgen Kinder ursprünglich, solange sie die freie Wahl haben, einfach dem Ruf ihres Herzens und tun den ganzen Tag Dinge, für die es einen inneren Impuls gibt.

Bedürfnisse und Macht

Alle Menschen haben Bedürfnisse und daraus resultierende Wünsche. Die Unterscheidung zwischen Grundbedürfnissen und Ersatzbedürfnissen wurde bereits dargelegt. Aber es gibt natürlich auch sehr viele weitere Bedürfnisse, die im Alltag auftauchen. Dabei gibt es Bedürfnisse, deren Erfüllung eher nicht von anderen Menschen abhängig ist, wie beispielsweise das Bedürfnis nach Entspannung, Rückzug, Spiritualität, Nahrung, Naturkontakt, Kleidung oder Bewegung. Und es gibt Bedürfnisse, deren Erfüllung für die meisten Menschen von anderen Personen abhängig ist, wie beispielsweise das Bedürfnis nach Bestätigung, Kommunikation, Verbundenheit, Zugehörigkeit, Respekt, Geborgenheit oder Wertschätzung. Wobei diese Bedürfnisse je nach Mensch mehr oder weniger von anderen abhängig gemacht werden. Es gibt auch Menschen, die sich selber Bestätigung, Respekt, Geborgenheit oder Wertschätzung geben können. Und gewisse Menschen erfüllen sich auch Bedürfnisse wie Entspannung, Rückzug oder Spiritualität gerne im Zusammensein mit anderen Personen. In Bezug auf die Erforschung des Machtprinzips interessieren uns hier vor allem diejenigen Bedürfnisse, von denen ein Mensch glaubt, dass er diesbezüglich von anderen Menschen abhängig ist. Wie schon erwähnt, sind Babys und Kleinkinder in ihren existenziellen Grundbedürfnissen nach Verbundenheit und Einheit komplett von den erwachsenen Bezugspersonen abhängig. Sie drücken ihre Bedürfnisse meist über das Weinen aus. Wobei das Weinen, je nach aktuellem Bedürfnis, für die erfahrenen Eltern oft sehr unterschiedlich klingt.

Bei uns erwachsenen Menschen ist diese Abhängigkeit natürlich längst nicht mehr so existenziell wie bei Babys. Aber weil viele Menschen aufgrund früherer Verletzungen sehr bedürftige Anteile in sich tragen und beispielsweise die Bedürfnisse nach Bestätigung, Zugehörigkeit oder auch Anerkennung oft von anderen Menschen abhängig machen, scheint uns die Erfüllung dieser Bedürfnisse durch andere Menschen manchmal durchaus auch existenziell.

Strategien zur Erfüllung von Bedürfnissen

Es gibt natürlich unzählige Strategien, wie mit einem Bedürfnis umgegangen werden kann. Es kann beispielsweise ausgesprochen werden, mit einem damit verbundenen Wunsch an das Gegenüber. Oft sind Bedürfnisse, wie schon gezeigt wurde, aber auch unterdrückt oder verdrängt, sodass der betreffende Mensch zwar weiß, dass ihm etwas fehlt, aber nicht genau spürt, was er braucht. Oder es gibt innere Konflikte, bei denen die eigentlichen, ursprünglichen Bedürfnisse im Widerspruch stehen zu den Ersatzbedürfnissen des Schutzprogramms. Jedenfalls ist es für viele erwachsene Menschen gar nicht einfach, ihre Bedürfnisse klar und dennoch gewaltfrei auszusprechen. Dies auch, weil unsere (oft unbewusste) Angst vor Ablehnung zu groß ist und weil wir als Kinder kaum je Vorbilder hatten, die ihre Bedürfnisse klar und gewaltfrei formulieren konnten. Eigentlich wäre es für unser Gegenüber häufig eine Freude, unsere Bedürfnisse zu erfüllen, aber meist wissen sie (und oft sogar wir selber) überhaupt nicht, was wir eigentlich brauchen, weil wir nämlich nicht darüber sprechen. Viel geläufiger und verbreiteter als das achtsame Aussprechen von Bedürfnissen und Wünschen ist dagegen eine andere Strategie, und zwar diejenige, die Erfüllung der eigenen Bedürfnisse durch den Einsatz von Macht zu erzwingen. Viele von uns haben die Erfahrung gemacht, dass es eine Schwäche ist, Bedürftigkeit zu zeigen, und dass es besser ist, so zu tun, als würde man darüberstehen. Wir alle waren als Babys unglaublich bedürftige und verletzliche Wesen, und weil wir dafür oft nicht einfach nur bedingungslose Liebe erfahren haben, sondern auch Ablehnung, Ignoranz oder gar Bestrafung, haben wir gelernt, dass es sehr wehtun kann, verletzlich und bedürftig zu sein. Die eigenen Bedürfnisse und Wünsche mit Macht durchzusetzen, ist ein wesentlicher Teil unseres erlernten Schutzprogramms. Aber Machtstrategien wirken in allen Beziehungen zerstörerisch und trennend. Ganz speziell in der Beziehung zu unseren Kindern hat Machtanwendung oft fatale Folgen, denn Kinder können sich den Machtstrategien von Erwachsenen kaum entziehen und lernen so selber, sich innerlich von ihrer Verletzlichkeit und Bedürftigkeit abzuspalten. So lernen sie schon sehr früh, dass Gehorsam wichtig ist, dass sie folgsam sein müssen, um geliebt zu werden. Kinder lernen schon sehr früh, sich den Machtstrategien anderer zu unterwerfen. Außerdem führen Machtstrategien stets zu Abhängigkeiten. Statt also unsere Kinder in die Selbstständigkeit zu begleiten, machen wir sie mit unseren Machtstrategien ängstlich, vorsichtig, zurückhaltend und abhängig. Auch viele Erwachsene reagieren aufgrund der erlernten Ängste aus der eigenen Kindheit auf Machtstrategien noch immer gehorsam und ohne offenen Widerstand.

Angst als Antrieb für unsere Handlungen

„WARUM jemand tut, was wir von ihm verlangen,
ist genauso wichtig wie die Tatsache, DASS er es tut."

Marshall B. Rosenberg

Machtstrategien haben zum Ziel, das Verhalten anderer Menschen von außen zu steuern, um den eigenen unangenehmen Emotionen (Ängsten) möglichst ausweichen zu können. Gleichzeitig löst Machtanwendung gerade bei Kindern oft große Angst aus, weil ja die Erfüllung ihrer existenziellen Grundbedürfnisse daran geknüpft ist. So lernen sie schon früh, dass ihr Wohlbefinden, ja sogar ihr Überleben davon abhängt, ob sie sich dieser Angst gehorsam unterwerfen oder ob sie es wagen, dagegen aufzubegehren. Sie lernen, sich so zu verhalten, dass sie möglichst wenige Erfahrungen von Angst machen müssen. Das heißt, das Vermeiden von Angst steuert immer mehr ihr Verhalten, statt wie ursprünglich die reine Freude am Tun. Sobald die Erfüllung unserer existentiellen Bedürfnisse dann bedroht ist, wenn wir uns selber weiterhin treu bleiben, dann geht auch das ursprüngliche Vertrauen ins Leben mehr und mehr verloren und wird durch das Ersatzbedürfnis nach Kontrolle ersetzt. Das Leben reduziert sich zu einem Kampf, in dem es möglichst darum geht, allen Ängsten auszuweichen und Kontrolle zu erlangen.

Ich nehme an, alle Eltern und Erziehenden möchten nicht, dass ihr Kind sie schlägt oder zu ihnen Schimpfwörter sagt. Und wir sind grundsätzlich alle froh, wenn unser Kind kein solches Verhalten uns gegenüber zeigt. Aber es gibt dennoch einen großen und wesentlichen Unterschied in Bezug auf die Motivation dahinter, also weshalb das Kind uns nicht schlägt oder keine Schimpfwörter zu uns sagt. So kann es sein, dass unser Kind das deshalb nicht tut, weil es uns als Menschen respektiert und liebt. Aber es kann auch sein, dass es dieses Verhalten nur deshalb nicht zeigt, weil es Angst vor einer möglichen Strafe hat. Das ist normalerweise nicht das, was wir uns wirklich wünschen. Wenn die Handlungsmotivation beim Kind nur in der Angst vor Strafe begründet ist, dann kann unsere Beziehung zum Kind ohne wirkliche Verbindung und Respekt sowie total belastet sein, aber nach außen scheint es dann so, als wäre alles in Ordnung. Gleichzeitig ist die Wut und Frustration, die beim Kind hinter dem Schlagen und den Schimpfwörtern liegen, natürlich auch nicht weg, nur weil das Kind aus Angst vor Strafe dieses Verhalten nicht mehr zeigt. Im Gegenteil stauen sich diese Gefühle und Emotionen immer mehr an und suchen ständig nach einer anderen Möglichkeit, sich zu entladen. Oft kommen die Emotionen dann in Situationen heraus, die gerade nicht von Erwachsenen überwacht werden, sodass keine unmittelbare Strafe folgen kann – wie beispielsweise auf Pausenplätzen oder auf dem Heimweg.

Weil viele Menschen als Kinder gelernt haben, ihr Handeln auf dem Ausweichen von Ängsten zu begründen, tun sie dies oft auch noch im Erwachsenenalter. Anstatt wirklich dem Ruf des Herzens zu folgen, leben sie ein Leben, das mehr oder weniger vollständig von irrationalen Ängsten und damit vom Prinzip Macht dominiert wird. Wenn es im Leben aber nur darum geht, etwas Unangenehmes zu vermeiden, dann ist das gesamte Leben im Prinzip negativ begründet. Vielleicht ist das der Grund, wieso so viele Menschen immer wieder das Gefühl haben, ihr Leben sei sinnlos.

Die zentralen Fragen sind also: Woraus entsteht unsere Handlungsmotivation und diejenige unserer Kinder? Was steuert unser Verhalten? Ist es die Freude am Tun oder sind es Ängste? Steht dahinter der Versuch, etwas zu vermeiden, etwas Unangenehmem auszuweichen? Sollen die Kinder deshalb lernen und zur Schule gehen, weil sie Angst vor den Konsequenzen haben, wenn sie es nicht tun, oder wollen wir nicht lieber, dass sie etwas Bestimmtes lernen und in die Schule gehen, weil sie das wirklich wollen und es ihnen Spaß macht?

Solange Ängste handlungsleitend sind, streben Menschen nach Kontrolle, Sicherheit und Macht, weil Angst stets das Schutzprogramm des Egos aktiviert. Außerdem klammern sich Menschen, deren Handlungsmotivation auf dem Vermeiden von Ängsten beruht, an Gewohnheiten, Bekanntes und Trennendes und somit auch an ihr Leiden. Natürlich gibt es auch rationale Ängste, die auf wirklichen Gefahren für das physische Überleben eines Menschen basieren. Diese Ängste machen auf jeden Fall durchaus Sinn und haben das Ziel, uns vor Gefahren zu beschützen. Aber die meisten Ängste sind keineswegs rational, sondern vielmehr insofern irrational, als dass dabei zwar unser Ego (das konstruierte Selbstbild) bedroht ist, aber nicht etwas, das wirklich existiert oder dessen Verlust eine wahre Gefahr darstellen könnte.

Indem wir Kinder über Macht und Liebesentzug (also durch das Auslösen von Angst) erziehen, lernen sie, der Angst zu folgen, ihr zu gehorchen und gleichzeitig ihre wirklichen Herzensimpulse zu überhören.

Weil das Folgen der Angst eine Art Überlebensstrategie darstellt, folgen auch die meisten Erwachsenen noch immer der Angst statt der Freude des Herzens. Wir haben gelernt, uns der Angst zu beugen, anstatt ihr von Angesicht zu Angesicht zu begegnen. Wir sind nur in dem Maß wirklich frei, wie unser Handeln nicht mehr auf bewussten oder unbewussten Ängsten basiert.

Machtstrategien

„Wenn Sie Liebe kennen, werden Sie niemandem folgen.
Liebe gehorcht nicht."

Krishnamurti

Welche Strategien nutzen wir Menschen in der Trennungsrealität, um Macht über andere Menschen auszuüben und um die Ersatzbedürfnisse nach Macht, Sicherheit und Kontrolle zu befriedigen? Diese (sicher nicht vollständige) Auflistung soll dazu dienen, das Prinzip Macht in uns und anderen Menschen besser durchschauen und somit überwinden zu können. Dabei wird deutlich, dass derjenige, der Macht über andere Menschen ausübt, immer davon ausgeht, das Recht zu haben, über das Leben, das Lernen, das Verhalten, ja sogar über den Körper des anderen Menschen bestimmen zu können. Dabei gilt es, zwischen offenen und versteckten Formen von Machtanwendung zu unterscheiden. Während in der Opferrolle mit all ihren oft sehr subtilen, aber dadurch nicht weniger wirksamen Machstrategien die Macht eher versteckt ausgeübt wird, sind beispielsweise Drohungen oder körperliche Gewalt sehr offene Formen von Machtanwendung. Aber egal, ob Macht offen oder versteckt ausgeübt wird, jede Form von Machtanwendung ist eine Form von Gewalt (mit einigen ganz seltenen Ausnahmen, wenn es um die Sicherheit von Kindern geht – siehe weiter unten). Wenn wir wirklich Frieden, Verbundenheit und Glück unter den Menschen möchten, dann muss vor allem das Prinzip Macht durchschaut und überwunden werden. Denn über Machtanwendung geben wir stets nur unsere Ängste und damit die gesamte Trennungsrealität an die nächste Generation weiter, welche die Grundlage für alle unsere Leiden und Kämpfe bieten.

Wichtigste Machtstrategien

Belohnung

Wenn ein Mensch etwas getan hat, das uns gefällt und von dem wir möchten, dass er es wieder, öfter oder immer tut, dann wendet ein Mensch, der nach Macht strebt, die Strategie des Belohnens an. Das heißt, er gibt dem anderen Menschen für sein (erwünschtes) Verhalten beispielsweise Geld, Lob, Schokolade, Zuwendung oder Bestätigung. Eine Belohnung kann sich auch darin zeigen, dass etwas Unangenehmes wegfällt (zum Beispiel, wenn ein Kind nach einem erwünschten Verhalten keinen Hausarrest mehr hat). Machtanwendung über Belohnung und Bestrafung ist Dressur. Wollen wir unsere Kinder wirklich dressieren und das Ganze dann auch noch Erziehung nennen?

Lob ist eine Belohnung mit netten zuschreibenden Worten. Belohnung hat heute die Bestrafung weitgehend ersetzt, ist aber genauso gewalttätig, wenn nicht sogar noch schlimmer, weil es so scheint, als würde damit für das Kind etwas Gutes getan werden. Kinder, bei denen bedingungslose Liebe durch Belohnungen und Lob ersetzt wird, konstruieren im Gehirn ein komplett verzerrtes Bild von Liebe. Wahre Liebe ist nicht an Bedingungen geknüpft. Bedingte Liebe dagegen ist stets Manipulation. Es gibt einen klaren Unterschied zwischen Lob und Wertschätzung. Während Lob meist objektiv formuliert wird und letztlich ein Ziel verfolgt, nämlich das Verhalten eines anderen Menschen zu beeinflussen oder zu kontrollieren, ist Wertschätzung ein subjektiver Ausdruck meines inneren Erlebens, ohne Ziel oder Absicht.

Druck erzeugen

Eine weitere Möglichkeit, um Macht auf andere Menschen auszuüben, besteht darin, Druck zu erzeugen. Dies kann über die Androhung von Konsequenzen oder von einer Strafe erfolgen. Oftmals wird Druck über „Wenn-dann-Sätze" erzeugt. Beispielsweise: „Wenn du jetzt nicht sofort dein Zimmer aufräumst, gibt es diese Woche kein Taschengeld."

Viele Schulen erzeugen heute noch immer massiven Druck auf die Kinder, beispielsweise durch die Ankündigung von Prüfungen oder mit dem Hinweis darauf, wie die Schüler wann selektioniert werden. Schülern, die sich dem Machtsystem einer solchen Schule nicht unterwerfen, droht außerdem oft die Abklärung bei einer Therapiestelle.

Auch Erpressung und Bestechung gehören dieser Machtstrategie an. Aber obwohl diese in unseren Breitengraden offiziell nicht erlaubt sind, werden sie dennoch im Alltag vor allem bei Paarbeziehungen noch immer oft angewendet, um den anderen zum erwünschten Verhalten zu zwingen. Diese Strategien können in Menschen unglaublich viel Leid auslösen und allenfalls ihr ganzes Leben überschatten.

Opferrolle – Leidensdruck erzeugen

Hinter der Opferrolle liegt immer auch ein ursprüngliches Opfersein, also ein Schmerz oder eine Verzweiflung aus der Kindheit. Die Opferrolle selbst wird den Kindern sehr oft von den Eltern auch als Machtstrategie in Paarkonflikten vorgelebt und so durch Nachahmungslernen gelernt. Die Opferrolle stellt, wie eigentlich jede Machtanwendung, eine Überlebensstrategie dar, die wir oft schon in der Kindheit erlernt haben. Dabei geht es darum, durch das Erzeugen von Leidensdruck und das Abgeben der eigenen Verantwortung Macht über andere Menschen auszuüben. Die Opferrolle dient dabei meist dazu, im anderen aktiv Schuld – oder Schamgefühle hervorzurufen. Die Verantwortung für das eigene Leiden und Fühlen wird voll und ganz dem anderen Menschen übergeben, im Sinne von: „Siehst du jetzt, wie schlecht es mir wegen dir geht!".

Auch diese Form von Machtanwendung ist gewalttätig und eine Form von passiver Aggression. Sie wird oft auch in der Erziehung von Müttern oder Vätern gegenüber ihren Kindern angewandt, was im Kind große Schuldgefühle, Ohnmacht und Selbstablehnung auslöst. Das Kind lernt, sich so mit der Täterrolle zu identifizieren, und wird auch später tendenziell wieder zum Täter werden (das, was wir als tyrannische Kinder bezeichnen). Die Opferrolle tritt dann auf, wenn das Schutzprogramm seine Ziele mit offensiveren Machtstrategien nicht erreichen kann, weil das Gegenüber zu mächtig erscheint. Viele Menschen haben zudem gelernt, dass sie als Kinder in der Opferrolle doch noch etwas Zuwendung und Liebe erkämpfen konnten.

Zentrale Machtstrategien der Opferrolle sind:

- sich beklagen, jammern oder nörgeln
- sich zurückziehen, schmollen, beleidigt (antriebslos, niedergeschlagen) sein
- „lautes" vorwurfsvolles Schweigen
- gebückte Körperhaltung, leidender Blick, anklagende, klagende oder sehr leise Stimme
- Selbstabwertung, Selbsterniedrigung oder gar selbstzerstörerisches Verhalten
- Fremderhöhung („Du hast es ja gut"/„Du bist ja stark/frei")
- betteln (z. B. um Liebe, Zeit oder Aufmerksamkeit) oder am Gegenüber klammern
- Vorwürfe oder vorwurfsvoller Unterton
- Liebesentzug, Ignorieren des Gegenübers
- dem anderen zeigen (oder gar beweisen), wie schlecht es mir (wegen ihm) geht

Die Opferrolle ist eine sehr häufig angewendete Machtstrategie, die aber oft überhaupt nicht als das erkannt wird, was sie ist. Menschen in der Opferrolle erwarten grundsätzlich Verständnis und Mitleid für ihre schlimme Situation. Weil sie die Verantwortung für ihr eigenes Wohlergehen ganz den äußeren Umständen oder anderen Menschen übergeben haben, erleben sie sich wirklich als hilflose Opfer, die glauben, absolut keinen Handlungsspielraum zu haben. Weil die Gewalt in der Opferrolle von den meisten Menschen (noch) nicht als das erkannt wird, haben Opfer gegenüber den scheinbar bösen Tätern einen grundlegenden moralischen Vorteil. Ihre Opfergeschichte baut auf der Vorstellung auf, moralisch im Recht zu sein („Ich mache ja alles richtig, nur du nicht"/ „Was habe ich denn falsch gemacht?").

Das Opfer ist scheinbar wehrlos dem bösen Angreifer oder der schlechten Welt ausgeliefert. Aber die Welt im Außen ist stets nur ein Spiegel unseres Inneren!

Oft bewirkt die passive Aggression der Opferrolle, dass das Gegenüber (aus Sicht des Opfers grundlos) aktiv aggressiv wird und seinerseits entsprechende offene Machtstrategien anwendet, um sich so wieder auf der moralisch „schlechten" Seite wiederzufinden.

In der Opferrolle ist die Wahrnehmung verzerrt. Alle Ereignisse, die zum Opferthema gehören, werden als persönlicher Angriff, Vorwurf, Kritik, Druck, Ungerechtigkeit, Lüge usw. interpretiert. Gleichzeitig sind Menschen in der Opferrolle immer total davon überzeugt, dass (nur) ihre Wahrnehmung der Situation und des Gegenübers wirklich stimmt.

Menschen in der Opferrolle ziehen immer wieder Täter an, solange sie noch ihre Opfergeschichten erzählen und nach Schuldigen suchen.

Menschen in der Opferrolle erleben deshalb im Außen von potenziellen Tätern wiederholt Ablehnung, Mobbing, Zurückweisung, Ignoranz oder Verletzungen. Dies ist aber stets nur ein Spiegel ihrer Selbstablehnung und oft auch ein Zeichen für mangelnde Selbsttreue und dass sie die Verantwortung für ihr Leben nicht ganz übernehmen.

Selbstreflexion Opferrolle:

In welchen Situationen oder bei welchen Menschen fällst du in die Opferrolle?

Welche Machstrategien der Opferrolle wendest du an?

Was möchtest du mit deiner Opferrolle erreichen? Bist du mit dieser Strategie erfolgreich? Hast du deine Bedürfnisse schon einmal ganz klar formuliert, ohne in die Opferrolle zu fallen?

Vermutlich kennst du die Opferrolle schon aus deiner Kindheit. Welcher Elternteil hat vor allem diese Machtstrategie angewendet?

Welche Menschen in deinem Umfeld sind aktuell manchmal oder oft in der Opferrolle?

Was löst das in dir aus? Wirst du dann auch zum Opfer dieser Menschen in der Opferrolle, wirst du dann zum Täter oder möchtest du diese Menschen retten?

Bestrafung und Konsequenzen

Es gibt sehr viele verschiedene Formen von Bestrafungen. Eine davon ist die Körperstrafe, die im Umgang mit Kindern noch immer erschreckend weit verbreitet ist. Gemäß einer Studie aus dem Jahr 2019 wenden in der Schweiz rund die Hälfte aller Eltern in der Erziehung Körperstrafen an. Eine weitere Studie der Uni Freiburg hat das sehr bedenkliche Resultat ergeben, dass hochgerechnet in der Schweiz über 2.000 Kinder unter vier Jahren mit Gegenständen geschlagen werden. 40 % aller ein- bis vierjährigen Kinder werden wöchentlich auf irgendeine Weise körperlich bestraft und fast 3.000 Vier- bis Siebenjährige müssen regelmäßig Schläge mit Gegenständen ertragen. Dabei waren über 35.000 der manchmal oder häufig physisch bestraften Kinder noch unter 30 Monate alt. Der weitaus am häufigsten genannte Grund der Eltern war „Ungehorsam". Dabei können Kleinkinder unter zwei Jahren das Konzept des Gehorchens noch gar nicht verstehen … Diese Zahlen belegen deutlich, dass unsere erlernte Trennungsrealität für die Kinder und Eltern ein unglaubliches Leid darstellt. Wie viel ungefühlten Schmerz und Leid muss ein Mensch in sich tragen, dass er sein eigenes Kind schlägt? Die Körperstrafe bis hin zur Misshandlung und die verschiedenen Formen des sexuellen Missbrauchs (auch hierzu gibt es erschreckend hohe Zahlen) sind sicher die erschütterndsten und traurigsten Blüten der Trennungsrealität und des Prinzips Macht.

Eine weitere Form der Bestrafung, die bei Kindern sehr oft angewendet wird, ist der *Liebesentzug*. Hier wird das Kind über den Verlust der Verbindung (Einheit) bestraft und manipuliert. Weil Verbundenheit ja das zentrale Grundbedürfnis jedes Kindes ist, stellt Liebesentzug für ein Kind eine absolut existenzielle Bedrohung dar und greift seine Integrität massiv an. Liebesentzug löst große Ängste, Unsicherheit und Verzweiflung aus. Heute wird Kindern die Liebe vor allem über Methoden wie stiller Stuhl, Auszeit oder über bewusstes Ignorieren entzogen. Diese gewaltvollen und verletzenden Methoden werden von gewissen Pädagogen noch immer empfohlen. Dabei wird oft argumentiert, dass das Kind so lernen könne, mit seinen unangenehmen Gefühlen selbst umzugehen. Wenn wir aber eine Situation wie Liebesentzug mit Mitgefühl aus der Perspektive des Kindes betrachten, dann spüren wir, dass das Kind dabei in keiner Weise lernt, mit unangenehmen Gefühlen umzugehen, sondern im Gegenteil, diese zu unterdrücken. Ein Kind kann vielmehr einzig dann lernen, mit schwierigen Gefühlen umzugehen, wenn es dabei liebevoll begleitet wird. Aus der Traumaforschung wissen wir, dass Kinder noch nicht fähig sind, heftige Emotionen komplett selber zu regulieren. Sie brauchen für eine gesunde Entwicklung hierfür den sicheren und liebvollen Rückhalt der erwachsenen Bezugspersonen. Nur wenn die Bezugsperson die Verbindung zum Kind auch dann beibehält, wenn es ihm schlecht geht, lernt es, mit sich selber auch bei unangenehmen Gefühlen in liebevollem Kontakt zu bleiben. Um einem Kind das zu ermöglichen, muss die erwachsene Bezugsperson auch in ihrem eigenen Leben die Bereitschaft haben, sich allen Gefühlen und Emotionen ganz zu öffnen und mit sich selber in Verbindung zu bleiben, auch wenn unangenehme Emotionen oder Gefühle da sind.

Ein wesentliches Problem von Strafen ist, dass man sie ständig verschärfen muss, damit sie noch genügend Wirkung erzielen. Außerdem werden die Kinder, je älter sie werden, immer größer und kräftiger, die Chance, dass sie irgendwann zurückschlagen, steigt also auch an. Zumindest wird ein junger Erwachsener sich immer weniger über Strafen disziplinieren lassen, dazu ist spätestens dann die Beziehung zum jungen Menschen aufgrund der steten Machtanwendung so sehr belastet, dass kaum mehr vertrauensvolle Gespräche geführt werden können. Das ist genau die Situation, in der viele junge Menschen heute sind, sie können deshalb ihre Probleme und Sorgen oft nur noch mit Gleichaltrigen besprechen. Aber gerade in dieser anspruchsvollen Zeit des Umbruchs wären funktionierende Beziehungen zu wertfreien und liebevollen erwachsenen Bezugspersonen besonders wichtig.

Viele Erziehende benutzen das Wort „Strafe“ nicht gerne und sprechen deshalb viel lieber von Konsequenzen. Manchmal ist dabei auch von natürlichen Konsequenzen die Rede. Eine natürliche Konsequenz ist beispielsweise, dass jemand nass wird, wenn er ohne Schirm durch den Regen läuft. Oder dass ein Essen anbrennt, wenn man nicht danach schaut. Aber oft ist bei Erziehenden von natürlichen Konsequenzen die Rede, die keineswegs so natürlich sind. So ist es beispielsweise keine natürliche Konsequenz, dass ein Kind kein Nachtessen bekommt, wenn es zu spät nach Hause kommt. Das ist eine Strafe. Natürliche Konsequenzen ergeben sich automatisch (ohne menschliche Einwirkung) aus den Umständen. Sobald hinter einer Konsequenz erzieherische Maßnahmen stehen, handelt es sich um eine Strafe und um den Versuch, diese mit einem schöneren Wort zu benennen.

In der Schule werden Kinder vor allem über (schlechte) Noten bestraft. Aber es gibt noch andere mögliche Strafformen wie Strafarbeiten, Nachsitzen, die Verbannung in andere Räume oder auch die Bloßstellung vor den anderen Kindern.

Körperliche Gewaltanwendung

Noch immer, vor allem im Umgang mit Kindern, wird körperliche Gewalt auch als Machtstrategie angewendet. Wenn Kinder sich nicht so verhalten, wie die Eltern das wünschen, dann wird das meist als Ungehorsam interpretiert und als eine Art Angriff auf das Schutzprogramm des Egos der Eltern. Ursprünglich folgen Kinder einfach dem Ruf ihres Herzens und wollen, wie alle Menschen, möglichst ihre Bedürfnisse befriedigen. Ihnen geht es dabei in keiner Weise darum, aktiv etwas gegen die Eltern oder Bezugspersonen zu tun. Dies wird aber vonseiten der Erwachsenen in Konfliktsituationen und bei aktivem Schutzprogramm oft so interpretiert und dann den Kindern unterstellt. Weil die Erwachsenen das Verhalten ihres Kindes als Ungehorsam und als gegen sich gerichtet interpretieren, kommt es in solchen Situationen manchmal dazu, dass Kinder auch mit körperlicher Gewalt zu einem gewissen Verhalten gezwungen werden. Wenn Erwachsene als Kinder gelernt haben, sich schweigend anzupassen und sich aus Gehorsam ständig selber zu verraten, dann tragen sie oft eine große angestaute Wut in sich. Wenn ihre eigenen Kinder ihnen diesen Selbstverrat spiegeln und den unterdrückten Schmerz und die Wut dahinter auslösen, dann geschieht es leider oft, dass sich die Wut unkontrolliert in Form von körperlicher Gewalt an den hilflosen Kindern entlädt. Dadurch wird die eigene Verletzung an die nächste Generation weitergegeben. Menschen, die diesen Prozess bei sich beobachten, sollten sich dringend therapeutische Hilfe holen, um diesen Teufelskreis sofort beenden zu können.

Bewerten und Vergleichen

„Unsere Ressourcen werden durch das Gefühl, bewertet zu werden, gehemmt."

Virginia Satir

Eine Machtstrategie, die in unserer öffentlichen Schule und leider auch noch an vielen Privatschulen oft noch einen zentralen Platz einnimmt, ist das Bewerten und Vergleichen der Schüler. Das Bewerten mit Noten wirkt dabei, wie wir schon gesehen haben, je nachdem, wie es ausfällt, als ein Belohnungswerkzeug (bei guten Noten) oder als ein Bestrafungswerkzeug (bei schlechten Noten). Dies auch, weil die Schüler über die

Noten selektioniert, also mit anderen Schülern verglichen und so in verschiedene Leistungsstufen eingeteilt werden. Dieses Vergleichen fördert bei den Kindern und im Speziellen unter ihren Eltern ein Konkurrenzdenken, indem im Prinzip alle Schüler zu Gegnern im Kampf um das stolzeste Ego und die besten Startplätze werden.

Lehrpersonen werden dadurch, dass sie die ihnen anvertrauten Kinder bewerten müssen, in eine Machtposition gegenüber den Kindern manövriert. Denn wer das scheinbare Recht und die Befugnis hat, andere zu bewerten, der hat auch Macht über sie und ihr Gefühlsleben. Genau darin liegt auch das Gewalttätige an dieser Machtstrategie.

Lehrpersonen, die nicht nach dem Prinzip Macht funktionieren und die ihre Beziehung zu den Schülern auf Grundlage von Vertrauen und Einheit führen möchten, kommen bei diesem Punkt meist in einen inneren Konflikt. Für mich war dies letztlich der entscheidende Punkt, um meine Lehrertätigkeit an der Berufsschule aufzugeben.

Weil die Noten bei den Schülern automatisch als Zuschreibungen ankommen („Warst du gut oder schlecht in der Prüfung?“), wird die Identität der Schüler durch das Bewerten immer mehr auf ihre schulischen Leistungen und allgemein auf bewertende Zuschreibungen von außen reduziert. Sie lernen dadurch, dass sie (sehr viel) leisten müssen, um geliebt zu werden. Außerdem beginnen viele Kinder durch die Bewertungen von außen an sich selbst zu zweifeln und entwickeln Versagensängste, Minderwertigkeitskomplexe, Selbstwertprobleme, Sprachlosigkeit, Lernblockaden, Stresssymptome, Faulheit, Lustlosigkeit, Trägheit, Gleichgültigkeit, Konkurrenzdenken, Egoismus sowie einen starken Hang zum Fatalismus und zur Resignation. Andere Kinder, welche überwiegend zu denjenigen mit den guten Noten gehören, entwickeln eine Tendenz zu Überheblichkeit und Arroganz. All diese Aspekte tragen auf jeden Fall nicht dazu bei, dass die Schüler (und Lehrer) sich verbundener und damit glücklicher fühlen.

Auf das Thema „Bewerten“ wird im Kapitel zum Selbstwert noch näher eingegangen.

Kritik, Vorwürfe, Zuschreibungen und Urteile

Wenn wir andere Menschen kritisieren, dann liegt dahinter auch die Annahme, ihr Verhalten beurteilen und bewerten, ja sogar verurteilen zu können. Anstatt unsere eigenen Bedürfnisse, Gefühle und Wünsche auszudrücken, machen wir anderen Menschen Vorwürfe, kritisieren sie oder auch uns selber. Indem wir versuchen, uns selber ins Recht und den anderen ins Unrecht zu setzen, stellen wir uns innerlich über den anderen und nehmen so eine Machtposition ein. Auch geht es darum, die Position des Gegenübers durch die Angriffe zu schwächen, um so bessere Siegeschancen im Machtkampf zu haben. Auch Lächerlichmachen, herablassende Kommentare und Auslachen sind sehr schmerzhafte Formen dieser Machtstrategie.

Alle diese Machtstrategien unterstützen dadurch, dass sie einem Menschen Eigenschaften zuschreiben, die Identifikationen des Egos und damit die Trennungsrealität. Auch *Unterstellungen*, also Behauptungen über die Absichten hinter dem Verhalten des Gegenübers, gehören zu diesen Machtstrategien. Eltern haben manchmal die Tendenz, ihren Kindern Absichten zu unterstellen, welche diese nie hatten und rein entwicklungsbedingt oft auch noch nicht haben können. Sätze wie: „Das hast du absichtlich gemacht", oder: „Willst du wirklich, dass alle Leute schlecht über mich denken?" können ein Kind total verunsichern und machen es zu einem Täter, obwohl es eigentlich das Opfer ist.

Dabei ist es gerade bei diesen Strategien wichtig, zu erkennen, dass wir alles, was wir an anderen kritisieren und verurteilen, auch in uns selber ablehnen. Die anderen Menschen dienen uns also nur als Spiegel. Sobald wir uns dessen wirklich bewusst sind, werden wir demütiger und das Kritisieren anderer endet. Die meisten von uns Erwachsenen wurden als Kinder kritisiert. Dadurch, dass wir diese äußere Stimme (vielleicht des Vaters oder der Mutter) verinnerlicht haben, „lebt" sie jetzt als unser innerer Kritiker weiter und terrorisiert unseren Alltag mit abwertenden, zynischen oder verurteilenden Gedankenmustern, die automatisch ablaufen. Dieser Stimme keine Realität mehr zuzubilligen und sie einfach als erlerntes Gedankenmuster zu durchschauen, kann uns helfen, die Macht über unser Leben wieder ganz zu uns zurückzunehmen. Weil wir als Kinder so oft Kritik als Machtanwendung erfahren haben, fällt es auch vielen Erwachsenen sehr schwer, liebevolle und klare Feedbacks anderer Menschen als ein Geschenk zum Erkennen und Überwinden der eigenen Muster oder Schutzprogramme anzusehen. Dabei wäre dies eigentlich ein sehr wertvoller Aspekt auf dem Weg zur inneren Befreiung.

Das Stellen einer *Diagnose* kann, wie schon erwähnt, je nach Situation auch eine wirksame Machtstrategie sein, die vor allem im erweiterten Umfeld von öffentlichen Schulen des Öfteren angewendet wird. Indem einem Kind beispielsweise die Störung ADHS zugeschrieben wird, werden die inneren Probleme des Systems Schule elegant auf die Störung dieses Kindes reduziert und die Schule muss sich weiterhin keine Gedanken über ihre vielleicht immer noch dominierenden engen, lebens- und lernfeindlichen Strukturen der Macht machen.

„Systemisch betrachtet hat nicht das Kind ADS, sondern das System, also die Familie, die Schule, vielleicht das Schulsystem oder die Kultur hat etwas, das ADS hervorbringt. Das Kind markiert nur die Stelle, an der dies passiert. Es ist der Teil, der das Symptom des Systems trägt."

Bernd Mumbach

Befehle und Verbote

„Wie soll ein Kind, dem alles gesagt wird, selbst Verantwortung für sich übernehmen?"

Gerald Hüther

Verbote, Weisungen, Befehle, einseitig angeordnete Regeln und Vorgaben sind ebenfalls weit verbreitete Machtstrategien. Das Erteilen von Befehlen gegenüber anderen Menschen (beispielsweise bei der Arbeit, in der Partnerschaft oder auch bei Kindern) ist eine sehr weit verbreitete sprachliche Machtstrategie, die implizit vermittelt, dass dieser Mensch über andere bestimmen kann und darf. Befehle und Forderungen sind aber stets entfremdete Ausdrücke von Wünschen und Bedürfnissen. Bei dieser Machtstrategie ist es wichtig, jede Form von Befehlston klar, konsequent und liebevoll zurückzuweisen, mit dem gleichzeitigen Erforschen der Bedürfnisse und Wünsche des Gegenübers. Weil unsere gesamte Gesellschaftsstruktur auf dem Prinzip Macht aufbaut, erscheint es uns ganz normal und selbstverständlich, dass es (diese) Machtstrategien für ein geregeltes Zusammenleben braucht. Dabei geht es darum, dass Verbote, Regeln und Weisungen fast immer einseitig von denjenigen festgelegt werden, die von sich behaupten, über die anderen genauso freien Menschen bestimmen zu können. Dabei sind Regeln grundsätzlich überhaupt nichts Problematisches, sondern je nach Situation manchmal auch durchaus hilfreich und sinnvoll. Das Problem ist nur, dass meistens längst nicht alle von den Regeln betroffenen Menschen gleichermaßen miteinbezogen werden, wenn es darum geht, gute Regeln für alle Beteiligten zu finden. Dabei würden solche gemeinsam festgelegten Regeln (das Fachwort dazu heißt „Partizipation“) viel häufiger und müheloser eingehalten werden als die einseitig festgelegten. Bei einseitig festgelegten Regeln gerät der Vertreter der Regeln außerdem in die Rolle des Polizisten, der überwachen muss, ob die Regeln auch wirklich eingehalten werden. Auch dieses Problem ist vielen Lehrpersonen bekannt. So werden sie oft dazu angehalten, Regeln durchzusetzen, mit denen sie vielleicht selber und auch die Schüler gar nicht einverstanden sind. Dieselben Menschen, welche einseitig Regeln festlegen, wenden zudem für die Durchsetzung und Einhaltung der Regeln noch weitere Machtstrategien wie Drohungen und Bestrafungen an, sollten die Regeln oder Verbote nicht eingehalten werden. Wenn die Menschen endlich den Mut hätten, alle einseitig festgelegten Regeln und Verbote, die keinen Sinn ergeben, nicht mehr einzuhalten, dann müsste zu diesen Punkten sicher schon sehr bald ein Umdenken stattfinden.

*„Ungehorsam ist kein Problem,
solange Gehorsam nicht das Ziel ist."*

Daron Quinlan

Ganze Machtsysteme, wie beispielsweise das der Kirche, bauen ihren Machtapparat auf Verboten auf (bei der Kirche als Sünden bezeichnet). Dabei beziehen sich die Verbote zum Beispiel auf gewisse Formen des Auslebens von Lust und Sexualität. Wenn man bedenkt, dass Lust und Sex ursprünglich ein reiner Ausdruck von Lebensfreude und Lebendigkeit darstellen, dann zeigt sich auch hier deutlich, dass Machtsysteme sich vor dem wahren und befreiten Menschsein fürchten. Wenn außerdem Selbstbefriedigung oder Sex vor der Ehe verboten werden, dann ist die Chance, dass sich sehr viele nicht daran halten (können), ausgesprochen groß. Und schon hat die Kirche ganz viele sündige Menschen, denen sie dann ihre Sünden wieder vergeben kann. Verbote in Bezug auf menschliche Triebe machen die Menschen oft sehr abhängig, weil die Triebe nur bedingt kontrolliert werden können. Dieser eigenartige Zugang zum Thema Sexualität mit vielen Verboten bewirkt außerdem, dass die unterdrückte Sexualität sehr eigenartige und zum Teil auch verletzende Ausdrucksformen annimmt, was die schon bestehenden Schuldgefühle und die Abhängigkeit von der Kirche noch vergrößert.

Höhere Macht

Eine weitere Machtstrategie besteht darin, in einer ganz spezifischen Art zu argumentieren. In dieser Argumentation wird die Verantwortung für eine Entscheidung, ein Verbot, eine Regel oder ein Vorgehen an eine Art höhere Macht abgegeben, beispielsweise an scheinbare Sachzwänge, von außen festgelegte Strukturen oder Vorgaben, Autoritäten, alte und bewährte Traditionen oder gar an Gott („Das steht so in der Bibel."). Dabei sprechen wir oft davon, dass es jetzt *halt* nicht anders geht und dass wir das jetzt *eben* tun müssen. Das Müssen hat uns sehr im Griff!

Noch zu oft unterwirft sich die Schule selbst auch diesem Müssen und vermittelt es so natürlich auch an die Kinder weiter. Der Lehrplan muss so straff und voll sein, weil das die Wirtschaft, die Politik und die Eltern so fordern. Die Kinder müssen all dieses Wissen gleichzeitig in sich hineinstopfen, weil das der Lehrplan so will. Die Eltern müssen die Kinder nötigenfalls dazu zwingen, in die Schule zu gehen oder Hausaufgaben zu machen, weil den Kindern und Eltern sonst Konsequenzen angedroht werden. Die Kinder müssen lernen, weil sie sonst schlechte Noten haben. Die Lehrer müssen Noten machen und bei Ungehorsam Konsequenzen androhen, weil sie sonst von der Schulleitung oder den Eltern unter Druck gesetzt werden. Alle Beteiligten argumentieren immer wieder über Sachzwänge oder über scheinbar fremdbestimmte, unvermeidbare und unabänderliche Bestimmungen. Niemand ist bereit, wirklich die volle Verantwortung für seine Handlungen und Entscheidungen zu tragen. Auch dies ist ein typisches Merkmal von Machtsystemen. Ein Teil der Lehrer, Behördenmitglieder, Eltern oder Schüler sind aber auch weiterhin noch davon überzeugt, dass dieses ganze Müssen unausweichlich notwendig ist, dass Kinder sonst gar nichts oder zumindest das „Falsche" lernen würden. Hier stellt sich die Frage, ob sich diese Menschen in ihrem Leben so sehr mit dem Müssen identifiziert haben, dass ihre Identität sonst sehr wackelig werden würde, wenn sie sich eine Realität ohne Müssen auch nur vorzustellen versuchen. Wenn wir bedenken, dass wir durch unsere Überzeugungen die Strukturen unserer Wahrnehmung und unsere Realität selber erschaffen, dann wird klar, dass sich uns letztlich auch in der Realität des Müssens einzig ein Abbild unserer Überzeugungen zeigt. Das heißt, wenn wir glauben, dass es Dinge gibt, die man einfach muss, dann ist das natürlich auch so.

Hier zeigt sich deutlich, dass sich Menschen, die Machtstrategien anwenden, häufig davor fürchten, wirklich Verantwortung für ihre mit Macht durchgesetzten Entscheidungen zu übernehmen. Auch dies ist ein typisches Merkmal von Machtsystemen. Die Verantwortung wird an scheinbar unabänderliche Sachzwänge oder an höhere Mächte übergeben. Dies wohl vor allem auch, weil wir Verantwortung mit Schuld verwechseln und deshalb die unbewusste große Angst vor Schuldgefühlen unser Verhalten steuert (Schuld ist oft auch eines der verdrängten Gefühle). Wenn dann nämlich wirklich etwas nicht so läuft wie geplant, dann werden sofort Schuldige gesucht, gefunden und meist auch noch bestraft. Dabei entsteht eigentlich erst dann so etwas wie Schuld, wenn wir die Verantwortung für unsere Entscheidungen und für unsere innere Wahrheit nicht übernehmen. Ein Mensch, der wirklich die Verantwortung im Leben übernimmt, argumentiert nicht mehr über Sachzwänge oder höhere Mächte und er sucht auch keine Schuldigen im Außen, er steht ganz einfach liebevoll und klar ein für die eigenen Bedürfnisse, Wünsche und Gefühle und auch für sein Verhalten – egal, ob das die Erwartungen anderer erfüllt oder nicht.

Eine weitere Machtstrategie sind sogenannte Killerargumente. Das sind Phrasen und Aussagen, die eine Diskussion möglichst rasch beenden sollen, wie beispielsweise: „Das haben wir schon immer so gemacht", „Das geht nicht anders", „Zu gegebener Zeit könnten wir Ihre Lösung vielleicht ins Auge fassen" (hier geht es darum, Zeit zu gewinnen), oder auch: „Ich habe jetzt schon zwanzig Jahre Erfahrung damit und weiß deshalb, was hier zu tun ist." Wenn wir uns im Leben immer wieder auf frühere gute oder schlechte Erfahrungen berufen und deshalb nichts Neues mehr ausprobieren, werden wir sehr unflexibel und verschlossen. Wir sind dann gefangen in Wiederholungen, Gewohnheiten und starren Gedankenkonzepten über richtig und falsch. Dabei ist das, was wir erfahren, stets schon ein Abbild unserer erlernten Überzeugungen. Das heißt, wenn wir uns auf Erfahrungen berufen, um unseren Kindern oder allgemein anderen Menschen beizubringen, wie sie zu leben haben, dann geben wir ihnen dadurch einfach die Grundlagen (Überzeugungen) dafür weiter, um die gleiche Realität zu erfahren wie wir.

Eine weitere Variante, um diese Machtstrategie anzuwenden, besteht darin, selber starre Strukturen festzulegen, die dann bei Entscheidungen als unabänderliche Tatsachen vorgeschoben werden. Dazu gehören auch Planungen, die fix sind und nicht abgeändert werden können, sowie der Hang, alles möglichst schriftlich (vertraglich) und unabänderbar festzulegen.

Andere aufzuführen, welche die eigene Position stärken, ist ebenfalls eine Unterform dieser Machtstrategie. Sie zeigt sich in Aussagen wie: „Mein Freund sieht das auch so“, oder: „Alle anderen sind sich einig, dass das so richtig ist.“ Dabei geht es darum, den eigenen Standpunkt zu stärken, indem man sich auf andere Gleichgesinnte beruft, und gleichzeitig den Standpunkt des Gegenübers zu schwächen.

Häufig argumentieren Menschen, die neuen Ideen vor allem ablehnend begegnen, mit höheren Mächten. Um Lösungen, neue Ideen oder Projekte zu verhindern, ist das Neinsagen eine sehr erfolgreiche Machtstrategie. Dies kann in Form von Killersätzen geschehen, wie beispielsweise: „Ich würde ja gern, aber leider ist es unmöglich“, oder: „Damit haben wir keine guten Erfahrungen gemacht“, „Vielleicht später ist es nicht auszuschließen“ usw. Um stimmige Lösungen bei Konflikten mit mehreren Menschen zu finden, braucht es alle Beteiligten. Um eine Lösung zu verhindern, reicht oft eine Person aus, die auf ihrer Machtposition beharrt. Wenn es darum geht, neue gemeinsame Lösungen zu finden, ist ein „Nein“ machtvoller als ein „Ja“.

Pochen auf den eigenen Status oder das Wissen

Diese Strategie ist mit der oberen insofern verwandt, als dass eine Entscheidung nicht wirklich begründet werden kann. Aussagen wie: „Ich bin hier der Chef“, oder: „Damit überschreiten Sie Ihre Kompetenzen aber“, oder auch: „Das ist jetzt einfach so“ deuten auf eine große innere Unsicherheit hinter dem Machtgehabe hin. Auch wenn jemand auf sein Expertenwissen pocht, ohne dieses in einer verständlichen Sprache zu vermitteln, kann das eine Machtstrategie darstellen. Wissen kann allgemein als Machtinstrument eingesetzt werden, und zwar immer dann, wenn der (scheinbare) Wissensvorsprung für Kontrollzwecke eingesetzt wird.

Mitleid

*„Der Bemitleidete wird klein und schwach gemacht,
damit sich der Bemitleidende umso stärker,
großzügiger und erhabener fühlen kann."*

Arno Gruen

Auch Mitleid ist eine Machstrategie, weil dabei im Gegensatz zum Mitgefühl die beiden beteiligten Menschen nicht auf der gleichen Ebene sind. Dabei gibt der scheinbar Mächtige dem scheinbar schwachen Opfer von oben herab Trost, Zuspruch oder ein aufmunterndes Schulterklopfen, ohne sich emotional wirklich auf das Gegenüber einzulassen.

Harscher Ton

Auch ein harscher Ton, Schimpfen sowie zynische oder abwertende Kommentare sind Machtstrategien. Hierbei geht es ebenfalls darum, sich über den anderen zu stellen und damit das eigene Ego zu stärken. Gewisse Menschen haben die Tendenz, ihre miesen Stimmungen an den Menschen in ihrer Umgebung abzulassen. Auch hier ist es wie bei allen anderen Machtstrategien wichtig, diese sofort zu stoppen sowie klar und deutlich die eigenen Bedürfnisse, Gefühle und Wünsche auszudrücken.

Umgarnen und Manipulieren

Auch Menschen, die anderen Menschen „Honig um den Mund schmieren", ihnen das Blaue vom Himmel herunter versprechen, oder jene, die ihre Politik und persönliche Ziele über die Ängste der Menschen verkaufen, wenden Machtstrategien an. Demagogen wie Hitler haben diese Strategie bis zur Perfektion beherrscht. Personen, die wie selbstverständlich über andere Menschen bestimmen und diese einfach vor vollendete Tatsachen stellen, bedienen sich ebenfalls einer Form der Manipulation.

Eine weitere Manipulationsstrategie besteht darin, dass man beispielsweise Kindern scheinbar die Wahl lässt, ob sie etwas tun oder nicht („Wir wollen jetzt alle …“, „Ihr könnt jetzt …“). Wenn sie dann aber wirklich frei entscheiden, etwas nicht tun zu wollen, wird der Druck auf sie immer massiver, oft bis hin zu Drohungen und Strafen.

Informationen als Manipulation

Durch Verbreitung oder Fälschen von Informationen werden die Informationsempfänger beeinflusst. Nötig sind nur der Zugang zu den Informationen und die Kontrolle über die Kommunikationskanäle. Lehrer, Eltern und Medien haben auch deshalb einen sehr großen Einfluss auf das Bewusstsein und die Realität der Kinder. Die Medien und im Speziellen die Werbung nutzen diese Macht auch, um die Wahrnehmung aller Menschen zu beeinflussen.

Verneinen

Eine weitere Machtstrategie, die sehr viele Menschen in Bezug auf ihre Kinder, aber auch in Freundschaften und Beziehungen zu anderen Menschen anwenden, ist das Verneinen. Dabei werden das Realitätserleben des Gegenübers, seine Gefühle oder Bedürfnisse nicht wirklich ernst genommen, abgewertet, überspielt oder auch unterdrückt. Aussagen wie: „Das ist doch nicht so schlimm“, oder: „Jetzt übertreibst du aber“ sind Teil dieser Machtstrategie. Kindern gegenüber wird diese Strategie häufig angewendet, um diese von einem Wunsch, einer Stimmung oder von Gefühlen abzubringen. Hinter dem Verneinen liegen stets Ängste, beispielsweise vor unangenehmen Gefühlen oder auch davor, als schlechte Mutter beziehungsweise schlechter Vater dazustehen, wenn das Kind weint oder wütend ist. Wir verneinen im anderen stets das, was wir in uns selber auch negieren. Wenn wir die Realität eines anderen Menschen verneinen, löst das beim Gegenüber offenen oder versteckten Widerstand aus. Gerade die heutige Schule produziert durch ihr häufiges

Verneinen der echten Bedürfnisse, Gefühle, Interessen und Realitäten der Kinder sehr viel Widerstand. In diesem Widerstand ist eine so kraftvolle Energie gebunden, dass diese mühelos ausreicht, um unsere gesamten gesellschaftlichen Strukturen zu verändern.

Intrigen, Verleumdungen und Mobbing

Diese Machtstrategie zeigt sich im Suchen und Finden von Sündenböcken für die eigenen unterdrückten Emotionen. Diese Strategien werden häufig auch von Gruppen angewendet und richten sich vorzugsweise gegen Menschen in einer Opferhaltung, die sich selber auch immer wieder verraten. Verleumdungen sind Falschaussagen über andere Personen, die oft gezielt gestreut werden und die bei den Betroffenen sehr schmerzhafte Gefühle auslösen können. Bei dieser Machstrategie geht es auch sehr oft darum, dass Menschen, die nach Macht streben, wie schon erwähnt die Verantwortung für ihr Verhalten nicht tragen wollen, aus Angst vor Schuldgefühlen. Deshalb wird für alles Schwierige und Problematische ein Sündenbock im Außen gesucht.

Schuldzuweisungen und Probleme abwälzen

Diese Strategie, Schuldgefühle auf andere zu projizieren, ist aber auch, ohne dass sie zu direktem Mobbing führt, eine eigene Machstrategie. Wenn Schwierigkeiten, Probleme oder Konflikte auftauchen, geht es bei Menschen, die nicht mit der Kraft ihres Herzens verbunden sind, in erster Linie darum, die Verantwortung für Probleme auf andere abzuwälzen und Schuldige dafür zu suchen (auch hier werden oft äußere Sachzwänge oder höhere Mächte angeführt). Eigene Fehler oder auch Schwächen zu erkennen und einzugestehen, kommt für einen Menschen mit aktiviertem Schutzprogramm kaum infrage.

Selbstreflexion:

Welche Machtstrategien hast du selber in deiner Kindheit erlebt? Welche haben allenfalls deine Eltern, andere Bezugspersonen oder auch Lehrer angewendet?

Welche Machtstrategien erlebst du in deinem Umfeld (Beziehungen, Beruf usw.) heute noch? Wir reagierst du darauf?

Welche bewegen dich vielleicht doch noch zu einer Anpassung?

Wovor (vor welchen Gefühlen) hast du dann Angst?

Welche Machstrategien wendest du selber allenfalls noch im Umgang mit Kindern an? Welche Machstrategien wendest du vielleicht allgemein gegenüber anderen Menschen heute noch an?

Vor welchen Emotionen oder Gefühlen hast du in den Situationen, in denen du selber Macht ausübst, Angst?

Fremdbestimmung und Manipulation

„Der Ursprung von Gewalt und Zerstörerischem liegt in unserem Umgang mit unseren Kindern. Durch die sechstausend Jahre alte Geschichte der Kindheit in den sogenannten Hochkulturen zieht sich wie ein roter Faden die Ablehnung der Lebendigkeit und des Eigenlebens der Kinder."

Arno Gruen

Kinder sind von Natur aus sehr kooperativ und hilfsbereit, das heißt, sie sind immer wieder bereit, vollkommen ohne Druck und Manipulation von außen auch auf die Bedürfnisse von Erwachsenen Rücksicht zu nehmen. Aber dazu müssen Kinder auch in Entscheidungsprozesse miteinbezogen werden und es braucht eine tragfähige Beziehung sowie eine offene, gewaltfreie und ehrliche Kommunikation. Wenn Kinder hingegen lernen, gewisse Dinge zu müssen, wenn über sie bestimmt wird, sie bedroht oder unter Druck gesetzt werden, dann kommen sie in einen inneren Zwiespalt. Sie müssen sich dann zwischen Selbsttreue und dem Verlust der Verbindung zur Bezugsperson entscheiden. Beides verletzt ihre Ganzheit und tut sehr weh. Wenn dem Kind vermittelt wird, dass es jemand ist, der gewisse Dinge richtig und gut, andere falsch oder schlecht macht, wenn Belohnung, Aufmerksamkeit und Liebe an das gekoppelt werden, was es tut, wenn ein Kind bewertet, unter Druck gesetzt, verglichen, bestraft, kritisiert oder manipuliert wird, dann beginnt es, ein gänzlich neues Programm zu erlernen. Über das ursprüngliche, von innen heraus motivierte Tun wird ein Programm des Müssens und des Sollens geladen. Die ursprüngliche grenzenlose Verbundenheit wird überschrieben mit einem begrenzten, abgetrennten bewerteten und verglichenen Ich, das möglichst Angst, Scham und Schuld vermeiden will. Die ursprüngliche Liebe, Kooperation und Kommunikation werden überschrieben mit dem Prinzip Macht, mit dem Müssen und mit einer gleichzeitigen großen inneren Ohnmacht, Verzweiflung und Sprachlosigkeit. So wird die Trennungsrealität im Kind installiert. Das, was wir als „Ernst des Lebens" bezeichnen, beginnt jetzt auch die Herzen der Kinder zu verschließen und wird als Dauerfilm in ihrer Gedankenwelt installiert.

So lernen Kinder, sich unglücklich und abgetrennt zu fühlen und ihre Gefühle, ihre Intuition und wahren Bedürfnisse zu unterdrücken. Ebenso lernen Kinder, zu hilflosen Opfern der Macht und der ängstlichen Stimme im Kopf zu werden, oder sie lernen zu schweigen und zu leiden. Dadurch geben wir unser eigenes inneres Gefängnis, das sich uns als Trennungsrealität zeigt, weiter an die nächste Generation.

Wollen wir das wirklich?

Ich kann mir das nicht vorstellen, denn ich glaube, dass im Grunde ihres Herzens alle Erwachsenen möchten, dass ihre oder die ihnen anvertrauten Kinder glücklich sind.

„Das Recht des Stärkeren ist das stärkste Unrecht."

Marie von Ebner-Eschenbach

Wie erwähnt, sind Babys und Kinder allgemein in ihren Bedürfnissen vollkommen von den erwachsenen Bezugspersonen abhängig. Die Eltern oder Bezugspersonen der Kinder sind verantwortlich für die Erfüllung der grundlegenden kindlichen Bedürfnisse nach Verbundenheit, Liebe, Geborgenheit, Zärtlichkeit, feinfühliger Kommunikation, Schutz, Wärme sowie nach Trinken und Nahrung.

Erwachsene können immer nur dann Macht über ein Kind ausüben, wenn sie Bedingungen an die Erfüllung der kindlichen Grundbedürfnisse stellen.

Macht basiert also auf dem Ausnutzen der kindlichen Abhängigkeit. Wenn man sich die Strategien der Macht genauer anschaut, dann zeigt sich deutlich, dass es sich dabei um Gewaltakte an der Ganzheit (die innere Zersplitterung ist ja die Grundvoraussetzung für die äußere Trennungsrealität) und am Urvertrauen des Kindes handelt. Das Kind wird dabei lernen, ein begrenztes und nur unter gewissen Bedingungen liebenswertes Ich zu sein, statt in der Grenzenlosigkeit der ursprünglichen Verbundenheit verbleiben zu können. Diese Ich-Identität ist also sehr liebesbedürftig und die meisten Menschen tun auch als Erwachsene noch sehr viel, nur um sich nicht abgelehnt, kritisiert, übersehen oder nicht liebenswert fühlen zu müssen. Das Machtprinzip nutzt die Ängste und das bodenlose Sehnen nach Liebe und Verbundenheit aus, die jedes Ich antreiben. Gleichzeitig ist Machtanwendung genauso wie das Laisser-faire eine Möglichkeit, nicht wirklich in Beziehung zu den eigenen Gefühlen und auch zum Kind gehen zu müssen. Es ist eine Möglichkeit, um Gefühlen wie Ohnmacht, Überforderung, Angst auszuweichen, aber auch um die eigene fehlende Klarheit und Kommunikationsbereitschaft zu überdecken.

Kinder sind kein Besitz

„Eure Kinder sind nicht eure Kinder. Sie sind die Söhne und Töchter der Sehnsucht des Lebens nach sich selber."

Khalil Gibran

*„Das Kind gehört nicht den Eltern.
Es gehört nur sich selbst."*

Remo Largo

Kinder werden uns anvertraut, damit wir für ihr Wohl sorgen, sie lieben und auf ihrem Weg, den sie wählen, begleiten, aber sie gehören uns nicht. Jeder Mensch gehört nur sich selbst. Vielen Erwachsenen ist diese Tatsache nicht bewusst, weil Fremdbestimmung und Machtausübung in Bezug auf Kinder in unserer Kultur noch immer als selbstverständlich und gar notwendig gelten. In der öffentlichen Schule ist der Druck von konkurrierenden Eltern auf die Kinder oft enorm. Alle wollen, dass ihre Kinder die besten Noten erzielen. Sogar die allerbesten Schüler nehmen Nachhilfe, um noch besser zu werden. Laut einer Studie bekommt ein Drittel aller Schüler der 8./9. Klasse Nachhilfeunterricht. Eine andere Studie (Sonntag BZ, 2008) zeigt, dass über die gesamte Schulzeit 63 % aller Schüler in der Schweiz Nachhilfeunterricht in Anspruch nehmen, ein Fünftel aller Schüler regelmäßig und oft in verschiedenen Fächern. Diese Zahlen zeigen, wie viele Ängste und Erwartungen Eltern an ihre Kinder haben, welche sie ungefiltert an ihre Kinder weitergeben, und sie zeigen auch, wie absurde Situationen das aktuelle Bewertungs- und Vergleichssystem für die Schüler erschafft.

Kaum je werden Kinder in wichtige Entscheidungen, die sie selbst betreffen oder die einen wesentlichen Einfluss auf ihr Leben haben, miteinbezogen. Weil wir selbst als Kinder oft nicht wirklich respektiert wurden, haben wir nicht gelernt, mit uns selbst respektvoll und liebevoll umzugehen, deshalb fällt es uns speziell schwer, mit Kindern wirklich respektvoll umzugehen, weil sie unser eigenes verletztes und übergangenes inneres Kind spiegeln. Solange wir in uns gewisse Emotionen und Bedürfnisse ablehnen, unterdrücken oder überspielen, können wir diesen Aspekten in unseren Kindern auch nicht mit Liebe begegnen. Hier setzt das Prinzip Macht ein, weil wir versuchen, unserem eigenen Kindheitsschmerz mit Macht- und Kontrollstrategien auszuweichen. Solange Angst bei einem Menschen noch handlungsleitend ist, wird er nach Kontrolle und Macht streben.

„Beugen Sie sich über Ihren Schmerz wie über ein Kind,
das Sie sanft streicheln möchten."

Jack Kornfield

Selbstreflexion:

Auf welche Anteile von dir selbst und auf welche unangenehmen Emotionen konntest du bisher nicht mit Liebe reagieren?

Die Ängste und Unzufriedenheit der Erwachsenen sind die Basis für ihr Bedürfnis nach Kontrolle und Macht. Wir Erwachsenen haben gelernt, uns anzupassen, unsere wahren Bedürfnisse und gewisse unangenehme Gefühle zu unterdrücken. Wir haben gelernt, uns verantwortlich zu fühlen für das Wohlbefinden unserer Eltern oder anderer Bezugspersonen. Wir haben gelernt, brav, gehorsam und nett zu sein oder uns schuldig zu fühlen, und wir haben eben an ihrem Modell auch gelernt, Macht und Kontrolle auszuüben. Wir haben zudem grundsätzlich gelernt, dass wir nur dann geliebt werden, wenn wir unseren ursprünglichen Zugang zu Selbsttreue, Glück, Offenheit, Ehrlichkeit und Leichtigkeit aufgeben. All das geben wir, wenn wir es in uns nicht ganz grundlegend erforscht und aufgearbeitet haben, an die uns anvertrauten Kinder weiter.

Schule und Macht

„Das ist die Schlüsselfrage der Pädagogik: Was für Menschen wollen wir heranziehen? Autoritär erzogene Kinder werden als Erwachsene unselbstständig sein, sich nach Autoritäten orientieren und andere unterdrücken, wenn sie die Gelegenheit dazu haben. Die Frage also ist: Will die Gesellschaft solche Menschen? Ich möchte das nicht."

Remo Largo

Wir haben gelernt, dass Beziehungen stets hierarchisch sind, dass jemand über andere bestimmen muss. Wir identifizieren uns daraufhin mit der Rolle des Schülers, des Lehrers, des Chefs, des Angestellten usw. und versuchen, diese Rolle so zu spielen, dass wir möglichst oft belohnt und möglichst nicht bestraft werden. Dass die Schule ihr System immer noch oft auf dem Prinzip Macht aufbaut, ist ihr wirkliches und zentrales Problem. Das Prinzip Macht zerstört die Freude am Lernen, den Zugang zum Flow und zum ursprünglichen Glück der Kinder, weil es auf Angst und Fremdbestimmung beziehungsweise extrinsischer Motivation aufbaut. Studien zeigen, dass extrinsische Motivation die intrinsische Motivation untergräbt und zerstört.

Ein Beispiel: Ein Kind füttert voller Liebe und vollkommen intrinsisch motiviert jeden Morgen die Katze. Eines Tages gibt ihm die Mutter dafür als Belohnung (extrinsische Motivation) eine Süßigkeit. Zwei Tage später bekommt das Kind von der Mutter für das Füttern der Katze wieder eine Belohnung. Spätestens jetzt erwartet das Kind, wenn es die Katze weiter füttert, dass es auch später wieder eine Belohnung bekommen wird für diese Tätigkeit. Tendenziell ist es sogar so, dass das Kind die Katze nur noch für die erhoffte Belohnung füttert, die vorherige intrinsische Motivation geht also oft verloren. Fällt die Belohnung weg, dann fällt oft auch das erwünschte Verhalten weg. Durch das Bewertungssystem der Schule verlieren viele Kinder ihre ursprüngliche Freude an Zahlen, am Schreiben, am Zeichnen, an der Musik, an der Bewegung und am Sport, weil diese für sie intrinsisch motivierten Tätigkeiten mit Noten extrinsisch belohnt oder bestraft werden.

„Erziehen heißt vorleben.
Alles andere ist höchstens Dressur."

Oswald Bumke

Viele Erwachsene glauben zu wissen, was für Kinder gut, richtig und wichtig ist. Wir erstellen für sie Lehr-, Wochen- und gar Stundenpläne. Wir Erwachsenen bestimmen also meistens nicht nur, was die Kinder lernen sollen, sondern oft auch noch, wann und wie.

Die meisten Kinder müssen in die Schule gehen, auch wenn sie gar keine Lust dazu haben, sie müssen lernen (obwohl sie bisher immer lernen wollten), sie müssen ruhig sitzen, sie müssen aufpassen, sie müssen, wenn die Lehrer es sehen, nett miteinander umgehen, sie müssen ebenfalls brav und nett zum Lehrer oder zur Lehrerin sein, sie müssen Prüfungen schreiben, sie müssen damit umgehen lernen, dass Erwachsene sie bewerten, vergleichen und die gemachten Fehler rot anstreichen, sie müssen sich anpassen an unzählige Bevormundungen, sie müssen lernen zu schweigen, statt ihre Bedürfnisse, Gefühle und Wünsche frei ausdrücken zu können, sie müssen lernen, ihr Leben aus dem Kopf statt, wie das ursprünglich ganz natürlich der Fall wäre, aus dem Herzen zu leben. Sie müssen für ihre Eltern gute Noten nach Hause bringen, sie müssen weiter das lernen, was Erwachsene für sie als wichtig ansehen, und sie müssen am Abend, wenn sie endlich nach Hause können, um sich von der Schule zu erholen und spielen zu können, oft auch noch Hausaufgaben machen.

Wenn sie sich diesen unzähligen Zwängen nicht unterwerfen wollen, dann warten meistens Bestrafungen wie Nachsitzen, Strafarbeiten, Verweise (Drohungen) oder Unterrichtsausschluss. Oder die Eltern werden informiert und diese glauben, ihrerseits das Kind disziplinieren zu müssen – so werden sie zu einem verlängerten Arm des Machtprinzips der Schule. Wenn das nicht genügend wirkt, dann folgt, wie schon erwähnt, oft noch die Überweisung an eine Therapiestelle, was viele

Kinder sicher auch als eine Form von Bestrafung erleben. Wenn Probleme mit Schülern auftreten, dann werden kaum je die einseitig festgelegten Strukturen und Regeln der Schule, die mangelnde Beziehung zu den Lehrpersonen oder die fehlende Orientierung an den Interessen der Kinder hinterfragt, sondern die Schuld wird in den meisten Fällen bei den ungehorsamen Schülern gefunden. Aus meiner Sicht sind die Fälle, in denen Schüler den Unterricht „stören" oder sich sonst nicht wie gewünscht anpassen, sicher nicht durch Strafen zu lösen. Strafen lösen dann vielleicht beim Schüler einfach genug Angst aus, sodass er die Selbsttreue aufgibt, aber die eigentlichen Ursachen für das Problem (die eben sicher auch in den Strukturen der Schule selber liegen) werden dadurch in keiner Weise berührt.

Wir glauben, dass wir mit Kindern so umgehen müssen, damit später etwas „Rechtes" aus ihnen wird. Wir glauben, ihnen damit zu helfen, sich später in der Welt besser zurechtzufinden. Dabei lernen sie durch die Machtanwendung, den Kontakt zu den wahren, eigenen Bedürfnissen und Gefühlen zu verlieren, und werden dadurch abhängig statt selbständig. Sie lernen, sich selber zu verraten und zu Opfern der Mächtigen zu werden. Sie lernen zu resignieren, sich gehorsam anzupassen, auch wenn etwas sich nicht stimmig anfühlt, sie lernen zu schweigen, gewisse Dinge heimlich zu tun, und sie lernen dadurch, selber Macht über andere Menschen anzuwenden. Oder sie lernen zu rebellieren, Widerstand zu leisten und Sabotageakte auszuüben, um zumindest ein wenig Aufmerksamkeit zu bekommen oder Autonomie zu erhalten. Kinder müssen nicht etwas Rechtes werden, sie sind vom ersten Moment ihres Lebens schon vollkommen. Unsere Aufgabe ist es vielmehr, diese ursprüngliche Vollkommenheit der Kinder zu beschützen und sie liebevoll durch ihr möglichst selbstbestimmtes Leben zu begleiten. Wir stellen dieses absurde, fremdbestimmte System kaum je infrage, weil wir oft selber auch darin gefangen waren und weiterhin sind. Wir können nicht erkennen, wie viel Leid, Sinnlosigkeit, Ohnmacht und Schmerz darin für die Kinder liegt. Denn Kinder wollen lernen und ihre individuellen Talente und Begabungen entfalten!

Wenn die Schule sich vom Prinzip Macht lösen kann, dann werden sich nach und nach auch die meisten anderen schwierigen Themen der Schule lösen. Wenn jemand Macht ausübt, dann braucht es immer auch jemanden, der sich ohnmächtig fühlt. Macht und Ohnmacht sind zwei Seiten einer Medaille. Egal ob Mächtige oder Ohnmächtige, alle Beteiligten sind gleichermaßen gefangen in diesem Kreislauf des Leidens, den die Menschen seit vielen Jahrhunderten immer wieder an die nächste Generation weitergeben. Wir sind darin so lange gefangen, wie wir das Prinzip Macht nicht durchschaut und in uns selber entmachtet haben. Wie schon erwähnt, sind wir der Überzeugung, dass Erwachsene über die Kinder bestimmen dürfen oder sogar müssen, weil wir glauben, besser abschätzen zu können, was gut für sie ist. Aber wissen wir das wirklich so genau? Können wir uns so sehr auf unser ebenfalls von anderen Menschen übernommenes Wissen verlassen? Unser Wissen über das Leben, die Menschen und allgemein die Realität ist ja keineswegs unabhängig vom Prozess der Gestaltung der Realität. Das heißt mit dem Vermitteln von Lebenshaltungen, Lerninhalten und Überzeugungen geben wir den Kindern auch gleich unser Erleben der Realität weiter. Um über andere Menschen bestimmen zu können, müssen wir davon überzeugt sein, besser als sie selbst zu wissen, was gut ist für sie. Aber mit der Erkenntnis, dass es kein sicheres Wissen gibt, dass die Realität ein Abbild unserer Überzeugungen und Resonanzen ist, wird das Machtprinzip jeglicher Grundlage beraubt. Die Demut, die aus der Erkenntnis des absoluten Nichtwissens erwächst, stoppt den Drang, über andere Menschen zu bestimmen, sehr rasch und nachhaltig. Wenn dazu noch der Zugang zur eigenen Ohnmacht, zu den eigenen Ängsten und zur ursprünglichen Verbundenheit dahinter wiederhergestellt wird, ist keine Machtanwendung mehr nötig.

Solange die Schule noch auf hierarchischen Strukturen aufbaut und die Kinder unterdrückt, manipuliert, belohnt und bestraft, vermittelt sie selber den Kindern, in hierarchischen Strukturen zu denken und Beziehungen auf der Ebene der Macht zu führen. Denn Kinder lernen vor allem über ihre Vorbilder.

In solchen öffentlichen Schulen erzeugen Kinder riesige Berge von Produkten wie Zeichnungen, Aufsätze, Diktate, Basteleien, Werksachen usw. Ein Teil der weitgehend unbewussten Machthaltung Kindern gegenüber basiert dabei auch darauf, dass wir Erwachsenen über diese Erzeugnisse der Kinder bestimmen, diese bewerten, vergleichen oder gar irgendwo als Vorzeigeobjekte für die Schule ausstellen – all dies grundsätzlich ohne das Einverständnis der Kinder. Dabei sind sie die Urheber dieser Produkte und unser Verhalten deshalb eigentlich eine Urheberrechtsverletzung. Wann beginnen wir, Kinder wirklich als ganze, wundervolle und schützenswerte Menschen zu sehen und sie entsprechend respektvoll, achtsam und liebevoll zu behandeln? Das fällt uns umso leichter, je mehr wir uns selbst und allen Gefühlen in uns wirklich mit Offenheit, Akzeptanz, Liebe und Mitgefühl begegnen können.

Macht und Verantwortung

„Wir sind von Kindheit an übergangen worden und verstehen die Beziehung zu anderen im Grunde nur als Einander-Manipulieren, als einen Machtkampf, nicht als einen Umgang zwischen Ebenbürtigen in gegenseitigem Respekt."

Arno Gruen

Was wäre ein Mächtiger ohne jemanden, der ihm gehorcht? Was würde geschehen, wenn die Menschen die Verantwortung für ihr Leben nicht mehr abgeben und sich nicht mehr anpassen oder nicht gehorchen würden?

Machtanwendung, die keinen Effekt bewirkt, wandelt sich um in Ohnmacht. Wenn Mächtige auf Menschen treffen, die ihnen nicht gehorchen, dann gerät ihr Schutzprogramm ins Wanken und sie kommen in Kontakt mit ihren verdrängten Ängsten und Emotionen. Das kann bewirken, dass sie versuchen, noch bedrohlichere Machtstrategien einzusetzen, oder aber auch, dass sie plötzlich beginnen, sich selber dem

Ungehorsamen zu unterwerfen. Weil wir erwachsenen Menschen in unseren Bedürfnissen nicht mehr wie die Kinder existenziell von anderen Menschen abhängig sind, gibt es im Prinzip nie andere Menschen, die Macht über uns ausüben können, wenn wir ihnen diese Macht nicht geben. Eigentlich sind es vielmehr unsere eigenen verdrängten und unterdrückten Emotionen, denen wir so viel Macht über uns geben. Wir werden nämlich dann gehorsam, wenn wir uns vor den möglichen Folgen des Ungehorsams zu sehr fürchten. Und diese möglichen Folgen sind in letzter Konsequenz immer unangenehme Emotionen und Gefühle. Wenn wir bereit sind, uns all unseren Ängsten wirklich zu stellen, wenn wir also die volle Verantwortung für unser Erleben übernehmen, dann kann kein Mensch mehr Macht über uns ausüben. Wer die Angst nicht fürchtet, der ist nicht mehr manipulierbar. Gehorsam ist nichts anderes als Angst. Wer stets dem inneren Ruf des Herzens folgt und so durch das Leben fließt, der trägt die volle Verantwortung für sein Glück und für sein gesamtes Leben. Es ist an der Zeit, das Prinzip Macht in uns selber zu entmachten, indem wir uns all unseren erlernten Ängsten stellen, statt sie machtvoll an unsere Kinder weiterzugeben!

Wir sind es von Kindheit an so sehr gewohnt, die Verantwortung abzugeben, um unangenehmen Emotionen in uns zu entfliehen. Aber wenn wir nicht die volle Verantwortung für unser Erleben übernehmen, indem wir ausweichen, uns ablenken, flüchten, projizieren oder uns anpassen, haben wir selber auch den starken Drang, Macht über andere Menschen und im Speziellen über unsere Kinder auszuüben.

Indem wir Erwachsenen über das Kind bestimmen, vermitteln wir ihm implizit, dass es die Verantwortung für sein Leben abgeben kann und dass von außen für sein Wohl gesorgt wird. Machtanwendung bewirkt also eine Verlagerung der Verantwortung. Die Mächtigen verlangen Gehorsam und Kontrolle und versprechen dafür eine Belohnung.

Die Belohnung von außen ersetzt die Erfüllung, Freude und die Glücksgefühle, die ursprünglich eine Folge von eigenverantwortlichem Handeln sind.

Die Mächtigen versuchen sich hierarchisch über andere Menschen zu erheben und stellen sich deshalb oft als allwissend und stark dar. Wobei stark bedeutet, dass sie ihre Ängste unterdrücken und dafür auf ihre Opfer projizieren. Die Mächtigen zeigen ein Bild von Stärke, das nicht in Verbindung mit den eigenen Gefühlen ist, ein Bild, das überhaupt Gefühle als schwach und das ursprüngliche Bedürfnis nach Freiheit als moralisch schlecht darstellt. Wenn Beziehungen grundsätzlich als Machtkampf angesehen werden, dann heißt das, dass es immer jemanden geben muss, der über andere bestimmt, immer jemanden, der gewinnt, und jemanden, der verliert. Dabei ist es so, dass in einem Machtkampf immer beide Verlierer sind, weil die Verbindung der beiden beteiligten Parteien darunter leidet. Bei echter, offener Kommunikation hingegen gibt es weder Gewinner noch Verlierer, sondern einfach mindestens eine stimmige Lösung.

Derjenige, der in die Rolle des Mächtigen steigt, geht davon aus, dass er Macht über andere ausüben muss. Entweder weil die anderen „nur" Kinder sind oder weil sie (scheinbar) weniger wissen, die „schlechtere" Ausbildung haben oder einfach eine „tiefere" hierarchische Position einnehmen. Hinter all diesen Ansätzen werden Bewertungen und die eigene Sicht der Realität zu einer absoluten Wahrheit erhoben.

In unserer Trennungsrealität ist das hierarchische Denken so „normal", dass wir uns dessen oft gar nicht wirklich bewusst sind. Wir können oft gar nicht erkennen, dass wir damit all unsere Beziehungen ruinieren. Sobald Machtkämpfe in Beziehungen einsetzen, gehen das Vertrauen und die Verbundenheit (Liebe) mehr und mehr verloren. Anstelle der ursprünglichen Verbundenheit kommt es zu Verstrickungen, Abhängigkeiten, Erwartungen, Forderungen, Schuldzuweisungen, Druck und Einsamkeit. Genauso ist das mit den Beziehungen innerhalb der Schule und in Bezug auf Schulklassen. Es scheint ganz unausweichlich notwendig, dass der Lehrer und die Schüler in einer hierarchischen Verbindung zueinander stehen. Es scheint uns ganz logisch und selbstverständlich, dass Erwachsene über Kinder, Lehrer über Schüler und je nach Beruf, Ausbildung und Funktion gewisse Menschen über andere bestimmen. Unsere Vorstellung von Autorität ist noch immer weitgehend an das Prinzip Macht gebunden. Wir glauben, dass ein Mensch nur dann eine Autorität sein kann, wenn er Macht über andere Menschen ausübt. Aber das ist keineswegs so. Es gibt auch eine ganz andere Form von Autorität, die nicht auf Macht, sondern auf Weisheit, Klarheit und Mitgefühl basiert. Man könnte sie als die natürliche Autorität bezeichnen.

Rationale (natürliche) und irrationale (uniformierte) Autorität

„Eltern geben weiter, was ihnen selbst angetan wurde: Sie bestrafen ihre Kinder für das, was sie lernten, in sich selbst abzulehnen und zu hassen, nämlich Verletzlichkeit und Hilflosigkeit."

Arno Gruen

Man könnte zwischen zwei Arten von Autorität unterscheiden. Die rationale Autorität ist sozusagen eine „innere" Autorität und beruht auf Klarheit, Beziehungsfähigkeit, Mitgefühl, Intuition und Weisheit. Rationale Autoritäten beharren nicht aus Prinzip auf Regeln oder Anordnungen. Sie bleiben offen und flexibel und sind auch stets bereit, sich selber und die eigene Position infrage zu stellen. Rationale Autoritäten haben einen guten Zugang zu ihren eigenen Gefühlen und Bedürfnissen und sie sprechen auch ihre Ängste offen an. Der Fokus der rationalen Autoritäten liegt viel mehr auf dem Verbindenden als auf dem Trennenden, das heißt, sie haben immer auch einen ausgeprägten Zugang zur Einheitsrealität. Aber rationale Autoritäten sind deshalb nicht ständig am Diskutieren, denn ihre Entscheidungen werden oft mühelos akzeptiert, weil diese nicht auf egoistischen Motiven, auf Prinzipien, unbewussten Ängsten oder starren Konzepten, sondern auf Klarheit und Mitgefühl beruhen. Bei rationalen Autoritäten stehen nicht Regeln oder Strukturen im Zentrum, sondern stets der Mensch und die Menschlichkeit. Ihre Art der Führung basiert auf dem Aufbau einer tragfähigen, vertrauensvollen Beziehung. Deshalb sind natürliche Autoritäten immer auch sehr kommunikative und offene Menschen.

Rationale Autoritäten sind auch nicht konfliktscheu, sondern sie sprechen im Gegenteil bestehende Konflikte offen an und suchen den konstruktiven Dialog mit allen Beteiligten. Sie bringen nicht fertige Lösungen von „oben" ein, sondern lassen die anderen Menschen (auch Kinder) so weit wie möglich und nötig teilhaben an Entscheidungsprozessen. Liebe und Akzeptanz bringen sie allen gleichermaßen entgegen und diese sind nicht an das Verhalten des Gegenübers gebunden. Das heißt, ihre Liebe ist bedingungslos. Sie begegnen allen Menschen auf Augenhöhe (auch ihren Vorgesetzten, Königen oder Stars). Sie arbeiten nie mit Einschüchterung, Druck und Angst, sondern mit Klarheit, Weitsicht, Kommunikation und Geduld. Ein weiteres wesentliches Merkmal der rationalen Autorität ist der Humor. Menschen mit rationaler Autorität können vor allem auch über sich selber lachen.

Irrationale Autoritäten dagegen haben kaum Zugang zu Humor, weil sie zu sehr im „Ernst des Lebens" gefangen sind. Sie versuchen, eine Autorität aufzubauen, die auf den Strategien des Schutzprogramms (also vor allem auch auf Machtanwendung) basiert. Irrationale Autoritäten werden grundsätzlich von ihren unbewussten Ängsten gesteuert, was sie unflexibel, starr und oft auch engstirnig wirken lässt. Deshalb können Menschen mit irrationaler Autorität ihr Verhalten oft nicht wirklich begründen und reflektieren. Irrationale Autoritäten versuchen Konflikte mit Beschlüssen, Weisungen und Verhaltensregeln zu „lösen" oder vielmehr zu unterdrücken. Die irrationale Autorität ist aufgesetzt und bezieht sich nicht auf innere Qualitäten, sondern auf die Rolle, die ein Mensch innehat („Ich bin hier der Chef/der Erwachsene/der Lehrer."). Ihre Autorität basiert also nicht auf wahrer innerer Stärke, sondern auf Machtanwendung und ihrer gesellschaftlichen Position, die ihnen einen äußeren Schein von Autorität geben soll. Das oft unbewusste Ziel der irrationalen Autorität ist Macht und Kontrolle. Irrationale Autoritäten identifizieren sich vollkommen mit ihrem Ego und der dahinterliegenden Trennungsrealität, jedes Feedback bezüglich ihrer Arbeit oder ihrer Sichtweisen empfinden sie als direkten Angriff auf ihre Identität. Ihnen geht es darum, die eigene Position (oft unbewusste, stark einschränkende Überzeugungen, Prinzipien und starre Konzepte) zu stärken und zu verteidigen, und dafür müssen sie die Umgebung (die Kinder, das Team, den Partner) möglichst im Griff haben.

Allen Menschen und im Speziellen auch Kindern fällt es viel leichter, Autoritäten zu akzeptieren, die rational sind. Irrationale Autoritäten streben zwar nach möglichst viel Macht, übernehmen oft aber bei Schwierigkeiten die Verantwortung dafür nicht, weil ihr Selbstwert das nicht zulässt. Sie verwechseln außerdem Verantwortung mit Schuld, weil sie glauben, dass „Fehler" schlecht sind. Bei ihnen sind Akzeptanz und Liebe stets bedingt, das heißt an das (erwünschte) Verhalten des Gegenübers gebunden. Sie denken sehr stark in Kategorien von richtig und falsch, gut und böse/schlecht. Weil irrationale Autoritäten sehr viele unbewusste Ängste haben und ihr Zugang zur inneren Wahrheit und Intuition verloren gegangen ist, fehlt ihnen die Fähigkeit, zu vertrauen. Da aber Vertrauen die Basis jeder Beziehung ist, sind sie nur sehr begrenzt beziehungsfähig und somit bleibt ihnen nur der Weg der Kontrolle. Weil irrationale Autoritäten außerdem aufgrund eigener nicht verarbeiteter Kindheitserfahrungen nicht wirklich fähig sind, mitzufühlen, fürchten sie sich vor Situationen, in denen andere Menschen Leid und Schmerzen erfahren. Sie werten das Leid und den Schmerz bei sich und anderen als Schwäche ab und versuchen mit Mitleid, Trost und schnellen, sachlichen Lösungen das Problem möglichst rasch zu beseitigen. Für irrationale Autoritäten ist es sehr wichtig, recht zu haben, weil sonst sehr rasch ihr Selbstbild ins Wanken gerät und das Schutzprogramm aktiviert wird.

Wahre Stärke aber beruht nicht auf einem ausgeprägten Schutzprogramm, starren Prinzipien und auf einem Gefühlspanzer, wie das bei den irrationalen Autoritäten der Fall ist, sondern im Gegenteil auf der

Fähigkeit, jedem Gefühl Raum geben zu können. Aber das schaffen nur Menschen mit rationaler Autorität, welche sich ihrer eigenen Ängste bewusst sind und sich diesen auch stellen. Diese Menschen sind sehr verletzlich, sie lassen sich vom Leben und von anderen Menschen wirklich berühren (ohne trennende Schutzprogramme), sie sind innerlich offen, spontan und lebendig. Sie stehen in unmittelbarem Kontakt zu ihrem Innenleben und damit auch zur ursprünglichen Einheitsrealität.

Warum wir Macht ausüben

„Nur die Unglücklichen, die Leidenden streben nach Macht und Erfolg, um ihrer eigenen Unzulänglichkeit zu entfliehen."

Krishnamurti

Weil wir im erlernten Überbau unserer Trennungsrealität gefangen sind und dabei die Egobedürfnisse sehr real und selbstverständlich wirken, sind wir sehr schnell bereit, Macht über andere Menschen auszuüben oder in einen Machtkampf einzusteigen. Das Machstreben basiert letztlich auf einem Teufelskreis, in dem alle Beteiligte gleichermaßen gefangen sind. Wir gehen zwar davon aus, dass diejenigen, die Macht ausüben, sich besser fühlen als diejenigen, die sich dieser Macht unterwerfen; aber letztlich sind beide in ihren Rollen nicht frei und im gleichen Teufelskreis gefangen. Das Streben nach Macht und Kontrolle basiert, wie bereits erwähnt, auf (oft unbewusster) Angst. Meist ist es eine Angst vor unangenehmen Gefühlen und unkontrollierbaren Situationen. Das Ausüben von Macht selber löst bei den „Opfern" ihrerseits wieder Angst und Ohnmacht aus. Insofern bewirkt Machtanwendung eine Weitergabe der Angst. Durch die Weitergabe der Angst entsteht im Opfer das Schutzprogramm der Trennungsrealität und dadurch auch wieder das Bedürfnis nach Kontrolle und Macht. Hier schließt sich der Kreislauf.

So wird das Prinzip Macht von Generation zu Generation weitergegeben. Genau das ist der Teufelskreis der Macht, der seit Urzeiten unter den Menschen abläuft, mit weitreichenden Folgen für alles Leben auf dieser Erde.

Wichtig ist an diesem Punkt aber auch, noch zu erwähnen, dass niemand schuld ist an diesen Kreisläufen, sondern dass diese von ganz alleine, durch die gemachten Erfahrungen aktiviert werden. Das heißt, jeder Mensch lebt sozusagen ein Leben, das seiner Programmierung, seiner Wahrnehmungsbrille entspricht. Kollektiv stecken wir alle in solchen Kreisläufen der Resonanz fest, die wir aber oft nicht als das erkennen. Es gibt also keine Opfer und Täter, es gibt kein schlechtes Schulsystem, keine blöden Lehrer, es gibt nur Resonanzen, unbewusste Kreisläufe und eingeschränkte Wahrnehmungsbrillen. Es geht deshalb auch keineswegs darum, gegen das aktuelle Schulsystem oder gegen gewisse Lehrer oder Bildungsbeamte anzukämpfen, sondern es reicht, wenn wir die aktuelle Resonanz durchschauen, als einzelne Menschen die Verantwortung für das eigene Leben wirklich übernehmen und ganz bewusst nicht mehr der Stimme der Angst, sondern dem Ruf des verbindenden Herzens folgen.

Ein weiterer Grund, warum wir Macht ausüben, liegt darin, dass wir andere Menschen durch Machtstrategien von uns abhängig machen können. Denn Machtanwendung erzeugt auch stets Verstrickungen, weil die Menschen nicht aus ihrer wirklichen Selbstverantwortung heraus handeln. Menschen, die sich anderen Menschen aufgrund derer Machtanwendung unterwerfen, geben ihre Verantwortung an diese Menschen ab und werden dadurch von ihnen abhängig. Für das Schutzprogramm sind Abhängigkeiten und Verstrickungen eine Art Ersatz für echte, freie Beziehungen. Gesteuert von der Angst vor Ablehnung hofft unser Schutzprogramm außerdem, von den Menschen nicht verlassen werden zu können, die von uns abhängig sind. Dies zeigt sich auch tatsächlich oft in Beziehungen, dass Menschen kaum von ihren ehemaligen Partnern loskommen, obwohl sie innerlich schon längst spüren, dass ihnen dieser Kontakt nicht guttut.

Brauchen Kinder Grenzen?

Wahrscheinlich haben wir in jeder Beziehung, zu jedem Menschen irgendwo eine Grenze, wann wir etwas nicht möchten oder wenn sich etwas nicht stimmig anfühlt für uns. Deshalb brauchen wir (nicht die Kinder) Grenzen, um uns in Beziehungen wohlfühlen zu können. Wir müssen also nicht den Kindern Grenzen setzen, sondern vielmehr die eigenen Grenzen klar im Sinne von Bedürfnissen und Wünschen ausdrücken.

Es gilt auch noch zu beachten, dass das Bedürfnis nach Grenzen (oder vielmehr Regeln) im Umgang mit Kindern oder allgemein mit Menschen oft ein Abbild unserer Angst davor ist, dass unsere Bedürfnisse keinen Platz haben könnten, dass wir bloßgestellt oder mit unangenehmen Gefühlen konfrontiert werden könnten. Aber unsere wichtigste Aufgabe ist es nicht, uns gegen scheinbar andere abzugrenzen, sondern uns im Gegenteil mit allen Aspekten in uns wieder zu verbinden. Weil wir oft den Kontakt zu unseren wahren Bedürfnissen verloren haben oder diese nicht ausdrücken können, brauchen wir Regeln, Grenzen, Strukturen und Gewohnheiten, um uns einigermaßen sicher zu fühlen. Mit unserem Bild von der Beziehung als einem Machtkampf wird der andere schnell zu einer Art „Feind" oder „Konkurrent", gegen den ich mich im Kampf um die Erfüllung meiner Bedürfnisse durchsetzen muss. Es ist aus meiner Sicht sehr wichtig, zu den eigenen Bedürfnissen und Wünschen zu stehen. Das braucht es aber in Beziehungen zu Erwachsenen mindestens genauso dringend wie bei Kindern, aber dazu ist sicher kein Machtkampf nötig. Es geht also nicht in erster Linie darum, Grenzen zu setzen, sondern wirklich zu kommunizieren, die eigenen wahren Bedürfnisse zu erforschen, nach einer stimmigen Lösung zu suchen und zu vertrauen, statt über Macht, Druck oder Manipulation zu versuchen, die Durchsetzung der eigenen Ziele und Bedürfnisse zu erzwingen. Das Gegenteil des Machtprinzips ist nicht die Anarchie oder die Laisser-faire-Erziehung, sondern wirkliche Beziehungsfähigkeit und wahre, respektvolle Kommunikation.

Konflikte als Dialog oder Machtkampf

Wenn zwei Menschen, zum Beispiel eine Mutter und ein Kind, in einer Situation gegensätzliche Bedürfnisse haben, die (scheinbar) nicht beide gleichzeitig erfüllt werden können, dann kann dies zu einem Konflikt führen. Konflikte zwischen zwei oder mehreren Menschen können auf der Ebene der Macht oder auf der Ebene des Dialogs ausgetragen werden.

Konflikte auf der Ebene der Macht

Willst du recht haben oder glücklich sein?

Wenn Konflikte auf der Ebene der Macht ausgetragen werden, dann üben beide Parteien durch Machtstrategien oder Drama Druck auf das Gegenüber aus, damit die eigene Partei und ihr Bedürfnis gewinnt. Wir versuchen also, mit den gewaltvollen Waffen des Schutzprogramms den Konflikt für uns zu entscheiden. Oft geht es aber schon bald nicht mehr darum, wirklich das eigene Bedürfnis erfüllt zu haben, sondern vielmehr um die Frage, wer (welches Ego) den Machtkampf gewinnt. Wesentliche Machtstrategien sind dabei Schuldzuweisungen, Drohungen, Vorwürfe, Druck, Kritik oder auch Leidensdruck (Opferrolle). Der Konflikt wird zu einer Verteidigung der eigenen Identität mit dem Ziel, den anderen unterzukriegen oder als Sündenbock hinzustellen, um die eigene Identität zu stärken. Meist gibt es in dieser Art von Machtkampf entweder einen „Gewinner" (denjenigen, der sein Bedürfnis erfüllen kann) und einen „Verlierer" (denjenigen, der sein Bedürfnis zurückstellt, weil er im Machtkampf unterlegen ist). Gleichzeitig gibt es aber auch zwei Verlierer, weil aufgrund des Streites beide ihr Bedürfnis gar nicht oder nicht mit einem guten Gefühl erfüllen können und vor allem weil bei jedem Machtkampf die Beziehung, die Verbundenheit und das Vertrauen zwischen den beiden Menschen leiden. Wenn die Schutzprogramme im Machtkampf wirklich aktiv sind, dann wird das Gegenüber gar nicht mehr als Mensch mit Ängsten, Gefühlen und Bedürfnissen, sondern nur noch als bedrohlicher Gegner wahrgenommen.

In den meisten Fällen, wenn Eltern einen Machtkampf mit dem Kind führen, ist das Kind der Verlierer, weil es viel weniger Druckmittel zur Verfügung hat und meist verbal und körperlich benachteiligt ist sowie viel mehr von der Zuneigung der Erwachsenen abhängig ist als umgekehrt. Viele Kinder sind solche Machtkämpfe von zu Hause oder auch von der Schule her gut gewohnt und kennen teilweise sogar nur diese Form von Konfliktlösung. Wenn sich beispielsweise die Mutter auf einen Machtkampf mit dem Kind einlässt, dann kommt es zu einer „Front" zwischen den beiden Beteiligten. Beide beharren stur (und immer sturer) auf ihrem Standpunkt und es scheint wirklich nur noch eine Entweder-Oder-Lösung möglich. Gleichzeitig erwarten beide Parteien, dass der andere endlich seine Sturheit aufgibt, die eigene Sturheit wird meist nicht gesehen und jeder glaubt natürlich, einzig und allein im Recht zu sein.

Oft tauchen gerade in diesen Situationen bei den Erziehenden wenig konstruktive Gedanken auf, wie zum Beispiel: „Das Kind tanzt dir auf der Nase herum", oder: „Ich darf auf keinen Fall weich werden, sonst macht er mit mir, was er will/verliere ich meine Autorität" usw. Irrationale Autoritäten gehen Konflikte meistens auf der Ebene der Macht an.

Betont werden sollte hier noch, dass die Erwachsenen als Vorbilder die Verantwortung dafür tragen, wie ein Konflikt abläuft. Sie können und sollen den Kindern vorleben, wie man Konflikte gewaltfrei im Dialog lösen kann. Das heißt auch, wenn es zu einem Machtkampf zwischen Erwachsenem und Kind kommt, dann ist der Erwachsene dafür verantwortlich und nicht das Kind. Wenn der Erwachsene nicht mitmacht, dann gibt es auch keinen Machtkampf mehr.

Konflikte auf der Ebene des Dialogs

Bei Konflikten, die auf der Ebene des Dialogs ausgetragen werden, geht es nicht darum, das eigene Schutzprogramm zu befriedigen, sondern Ziel ist es, eine gute Lösung für die Bedürfnisse beider Seiten zu finden. Dies passiert im Dialog. Voraussetzung dafür ist es, seine eigenen Bedürfnisse klar wahrzunehmen und diese auszudrücken. Auf der Ebene des Dialogs besteht die Aufgabe nicht darin, Grenzen setzen zu können, sondern vielmehr in der Fähigkeit, eigene Bedürfnisse und Gefühle zu akzeptieren und auszudrücken, aber auch darin, einfühlsam die Ängste, Gefühle und Bedürfnisse des Gegenübers zu erkunden.

Von der Macht zum Dialog

Bei den meisten Menschen treten in einem Konflikt zuerst Ängste und Emotionen auf, oft auch aus ungeheilten Themen der eigenen Kindheit, welche sofort die Schutzprogramme aktivieren. Wenn Menschen, die sich mit diesen Schutzprogrammen identifizieren, einen Konflikt austragen, dann läuft dieser auf der Ebene der Macht ab und führt zu einem Gefühl der Trennung und der Ohnmacht (wie immer bei Konflikten auf der Ebene der Macht). Um an diesem Punkt den Wechsel hin zu einem Dialog zu schaffen, braucht es die Fähigkeit, sich selber auch bei intensiven Emotionen und „lauten" Gedanken nicht komplett mit dem Schutzprogramm und seinen Machtstrategien zu identifizieren. Und es ist sinnvoll, sich dessen bewusst zu sein, dass es für einen Wechsel des Konflikts auf die Ebene des Dialogs vor allem nötig ist, die Schutzprogramme wieder herunterzufahren. Bei aktiviertem Schutzprogramm ist die Wahrnehmung verzerrt und alles wird konsequent als Angriff interpretiert. Denn wirklich trennend wirken nur die automatischen Gedanken des Schutzprogramms und der innere Widerstand gegen gewisse Emotionen und Gefühle, die im Verlaufe des Konfliktes auftauchen. Das Schutzprogramm vertritt konsequent und stur den eigenen Standpunkt und versucht diesen mit immer schlagkräftigeren Strategien und Argumenten zu stärken und dabei gleichzeitig den Standpunkt des Gegenübers zu schwächen. Aber Konflikte sind immer auch Chancen, damit eigene noch verletzte Anteile in uns heilen können. Wir sind uns dafür in Beziehungen oft einfach ideale Spiegel, um die Themen hervorzulocken, die in uns und im Gegenüber noch heilen wollen. Damit Heilung passieren kann, braucht es allerdings sehr viel Mitgefühl für uns selbst, aber auch für unser Gegenüber. In Konflikten geht es nie um Schuld, wohl aber um Verantwortung und darum, vollkommen für den eigenen Anteil am Konflikt einzustehen. Gleichzeitig sind Konflikte nicht wirklich persönlich, sondern eben vor allem auch Heilungschancen, die es uns ermöglichen, wieder voll für uns einzustehen und ganz zu werden. Welche Strategien können an diesem Punkt helfen, um von der Ebene der Macht auf die Ebene des Dialogs wechseln zu können?

Übung: Zurück zur Ebene des Dialogs

- *Tief durchatmen und herunterfahren (vom Kopf ins Herz).*
- *Mitgefühl mit dir selber: In den eigenen Körper spüren. Wie fühlt es sich an in dir, was ist da? Innerlich „ja“ sagen zu allem, was in dir da ist an Emotionen und Gefühlen.*
- *Den Ängsten und Emotionen des Gegenübers Raum geben: Aktives, also wertfreies Zuhören, bis das Gegenüber sich verstanden fühlt, eventuell Ängste des Gegenübers erfragen, ohne auf das Gesagte des Gegenübers mit Gegenargumenten zu reagieren –*
- *Verständnis genügt (das Gegenüber zu verstehen, bedeutet nicht, mit seinem oder ihrem Verhalten einverstanden zu sein oder dessen Ansichten zu teilen). Sich innerlich wirklich in das Erleben des Gegenübers einfühlen.*
- *Die eigenen Ängste und Bedürfnisse aussprechen: Drücke deine eigenen Ängste, Bedürfnisse und Wünsche aus (ohne Vorwürfe und Forderungen). Drücke eventuell auch das eigene Bedauern aus.*

Wenn über das Mitgefühl die Verbindung hinter den Ängsten und Schutzprogrammen wieder spürbar wird, dann könnt ihr gemeinsam die trennenden Muster in euch erforschen.

Alle diese Schritte können (zunächst) auch schriftlich und ohne das Beisein des Gegenübers durchgeführt werden.

Dialog mit Kindern

Um im Zusammensein mit Kindern auch deine Bedürfnisse leben zu können, braucht es keine Machtanwendung. Wenn wir als Eltern nicht den Weg der Macht gehen wollen, dann braucht es vor allem drei Dinge: Verbindung, Klarheit und Kommunikation. Im Prinzip sind diese Faktoren auch bei allen anderen Arten von Beziehungen mit Erwachsenen genauso zentral.

Verbindung:

Die Verbindung oder Beziehung zum Kind kannst du als Bezugsperson vor allem durch echtes, wertfreies und aktives Zuhören stärken. Indem du deinem Kind wirklich aufmerksam, interessiert und ohne Kommentare zuhörst, gibst du all seinen Gefühlen und Emotionen Raum. Alles darf einfach mal genauso da sein, wie das Kind dies im Moment erlebt. Du kannst dem Kind ohne Rechtfertigungen und Erklärungen einfach voller Anteilnahme zuhören, bis es alles gesagt und vielleicht sogar auch seine Wut auf dich ausgedrückt hat. Die Verbindung zu einem Kind kann außerdem gestärkt werden durch Kuscheln, liebevolles Raufen, Geschichten und Bücher vorlesen sowie gemeinsame Unternehmungen und Projekte, die auch das Kind sich wünscht.

Klarheit:

Was löst die Situation in dir aus? Bist du noch im Widerstand gegen gewisse Emotionen und Gefühle in dir? Wurde durch die Situation ein alter verletzter Anteil in dir aktiviert? Bleibst du in der Verantwortung für die Gefühle und Emotionen in dir, oder machst du das Kind zum Täter oder dich zum Opfer?

Wenn du innerlich alle Emotionen und Gefühle wirklich erkennst und ihnen Raum geben kannst, dann erst ist Klarheit auch im Außen möglich. Für die innere Klarheit lohnt es sich auch, noch die eigenen Bedürfnisse, Grenzen, Motivationen und Verhaltensmuster zu erforschen. Dafür können Fragen helfen wie:

- Wieso sagst du jetzt „Nein“?
- Ist das wirklich gefährlich oder geht es mir um etwas anderes?
- Wie sprichst du mit dem Kind? Fühlt es sich durch deinen Tonfall oder deine Worte angegriffen oder abgewertet?
- Stellst du deine Bedürfnisse über die des Kindes oder respektierst du beide gleichermaßen? (Das heißt nicht, dass alle Bedürfnisse des Kindes erfüllt werden müssen. Das ist weder möglich noch sinnvoll. Das heißt nur, dass dem Kind beispielsweise mithilfe des aktiven Zuhörens vermittelt wird: „Ich habe gehört, dass du gerne … hättest.“ Es ist aber im Gegenzug auch nicht immer nötig, dass alle meine Bedürfnisse erfüllt werden müssen.)
- Bist du innerlich genervt und distanzierst dich vom Kind oder bist du ganz in der Verbindung?
- Sagst du innerlich ja zu allen Emotionen und Gefühlen, welche die Situation in dir auslöst?
- Was für ein Vorbild bin du gerade für das Kind? Was lernen es jetzt von mir?
- Willst du wirklich eine gute Lösung für beide Parteien suchen oder geht es dir ums Gewinnen oder darum, das Kind irgendwie zu bestrafen?

Kommunikation

Es braucht manchmal eine gewisse Beharrlichkeit, in einem Gespräch wirklich dranzubleiben, bis es sich geklärt und stimmig anfühlt, für beide Parteien. Hierfür ist es wertvoll, nicht aus dem verletzten Teil oder aus dem Schutzprogramm heraus zu sprechen, sondern aus dem Teil, der sich Klarheit, Verbundenheit und Stimmigkeit wünscht. Sprich deine Gefühle, Wünsche und Bedürfnisse klar an, lasse dich nicht von allfälligen Egobedürfnissen des Kindes verunsichern und bleibe deiner inneren tiefsten Wahrheit klar, aber liebevoll treu.

Viele Menschen fürchten sich vor Konflikten, weil ein Konflikt für sie automatisch gleichgesetzt wird mit einem Machtkampf, den sie aus Erfahrung meist verlieren. Andere lieben Konflikte. Auch diese Menschen sehen einen Konflikt als Machtkampf, den sie aber meistens gewinnen und der ihnen somit Identität gibt. Wenn Menschen spüren, dass sie in einem Konflikt unterlegen sind, dann wenden sie oft zunächst die Opferstrategie an, um über Schuldgefühle Macht auf das Gegenüber auszuüben. Wenn das auch nicht funktioniert, dann bleiben oft nur noch Fluchtstrategien, denn das Schutzprogramm kennt im Prinzip nur Kampf- und Fluchtstrategien, um mit Konflikten umzugehen.

Natürlich gibt es die zwei Konfliktebenen auch bei Konflikten unter Erwachsenen, beispielsweise in Paarbeziehungen oder in Teams.

Alte Machtprogramme

Viele Eltern, Paare und auch Lehrer beobachten, dass sie, ohne es zu wollen, doch immer wieder in ein altes Machtprogramm abrutschen oder Konflikte auf der Ebene der Macht austragen. Oft fühlen sie sich danach sehr schuldig, weil sie das tief in ihrem Herzen nicht mehr wollen. Dennoch braucht es manchmal nur einen kleinen Auslöser und das Programm läuft ab. Aber es geht auch im Umgang mit Kindern nicht darum, perfekt zu sein, sondern vor allem menschlich, echt und reflektiert. Wenn wir in das Machtprogramm abrutschen und danach unser eigenes Verhalten vor den Kindern reflektieren, dann kann dadurch meist die Verbindung unmittelbar wiederhergestellt werden und die Kinder erkennen, dass auch wir Erwachsenen nicht perfekt sind. Das kann auch sehr wohltuend sein.

Des Weiteren gibt es hierzu noch verschiedene Punkte anzumerken:

- Wenn das ablaufende Machtprogramm wirklich gewaltvoll und verletzend für dein Gegenüber ist und nicht nur einmalig passiert, dann solltest du auf jeden Fall therapeutische Hilfe in Anspruch nehmen (zum Beispiel Kinesiologie, Chinesische Medizin, allenfalls auch einen Psychologen), bis du einen anderen Umgang mit solchen Situationen hast.
- Sobald du aus dem Programm „aufwachst“, stoppe es. Sage deinem Gegenüber (auch den Kindern), dass es dir leidtut und dass das ein altes, automatisches Programm war. Bei Kindern kannst du allenfalls auch sagen: „Okay, das war nicht, wie ich es wollte. Fangen wir noch einmal von vorne an.“ (Zum Beispiel noch einmal wie am Anfang durch die Türe hereinkommen, aber dieses Mal nicht im Programm reagieren.)
- Schuldgefühle und Selbstvorwürfe sind sicher keine Hilfe, um das Programm aufzulösen. Viel mehr Sinn macht es, den eigenen Schmerz sowie die wirklichen Bedürfnisse hinter dem Macht-

programm und den Schuldgefühlen zu erforschen. Es gibt einen Schmerz im Bedauern, es gibt einen Schmerz in der mangelnden Verbindung zu deinem Gegenüber und zu dir selber in diesen Momenten oder auch allgemein.

- Erforsche das auslösende Gedankenkonstrukt: Welcher Gedanke hat das Programm gestartet? Beispiele für solche Gedanken sind:
  - *So darf ein Kind mit seinem Vater, seiner Mutter nicht sprechen.*
  - *Jetzt haben wir wirklich keine Zeit dafür.*
  - *Das hat er extra gemacht, um mir wehzutun.*
  - *Immer lässt sie mich warten.*
  - *Was denken wohl die anderen Leute/meine Eltern usw.?*
  - *Ich habe mein Kind wirklich nicht im Griff.*
  - *Ich halte das nicht mehr aus.*

Keiner dieser Gedanken legitimiert natürlich eine Machtanwendung. Es kann sein, dass zu diesem Thema wirklich ein Gespräch nötig ist, dass ich meine eigenen Bedürfnisse, Gefühle und Wünsche noch nicht klar ausgedrückt habe oder dass mein Gegenüber seine Bedürfnisse, Wünsche und Gefühle noch nicht klar ausgedrückt hat. Bei Kindern kann es, wenn es häufig um die gleichen Themen geht, sinnvoll sein, zu diesem Thema gemeinsam mit dem Kind Regeln festzulegen, die für beide Seiten stimmig sind, allerdings ohne Konsequenzen bei einer allfälligen Nichteinhaltung. Wenn eine Regel nämlich nicht eingehalten wird oder eingehalten werden kann, dann muss einfach wieder darüber gesprochen werden, was bedeutet, dass sie eventuell noch einmal verändert wird. Es gibt fast nie eine Notwendigkeit oder gar Legitimation für Machtanwendungen (die einzige Ausnahme wird im nächsten Abschnitt beschrieben). Als Menschen sind wir fähig, unsere Bedürfnisse und Gefühle sprachlich auszudrücken. Das heißt, wir können unsere Konflikte über Kommunikation lösen, Machtanwendung ist also wirklich nicht notwendig und auch nicht sinnvoll.

Die beschützende Funktion von Macht

In ganz akuten Gefahrensituationen, in denen keine Zeit bleibt, um mit einem Kind zu sprechen, zum Beispiel, wenn akute Unfallgefahr besteht, ist es sicher sinnvoll, kurzzeitig über das Kind zu bestimmen. Es soll hier aber ausdrücklich betont werden, dass dies nur in ganz wenigen Ausnahmefällen gilt, in denen ein Kind beispielsweise die Gefahr einer stark befahrenen Straße nicht richtig einschätzen kann. Viele Eltern haben aber die Tendenz, alle ihre Machtanwendungen über den Schutz des Kindes legitimieren zu wollen, und das ist natürlich damit gar nicht gemeint. Sehr viele Eltern haben massive verdrängte Ängste, die sie oft auf ihre Kinder projizieren. Deshalb sehen sie überall Gefahren, auch dort, wo diese nur in ihren ängstlichen Gedankenkonzepten vorkommen. Diese Eltern schützen dann in den meisten Fällen sicher nicht ihr Kind, sondern vielmehr sich selbst, damit sie dem unangenehmen Gefühl der Angst in sich ausweichen können. Deshalb kann echte innere Klarheit nur dann auftauchen, wenn wir als Eltern breit sind, wieder die volle Verantwortung für alle Gefühle und Emotionen zu übernehmen!

Es gibt Kinder, die aufgrund der Ängste der Eltern weder klettern, rennen, Sand und Erde essen, in schmutzige Pfützen springen, herumturnen noch an der Sonne sein dürfen. Diese Eltern sollten aus meiner Sicht dringend therapeutische Hilfe in Anspruch nehmen, damit sie dem Kind auch wieder genug Freiraum für sein Erforschen, Entdecken und für eigene Erfahrungen mit schwierigen Situationen geben können. Überbewachte Kinder sind laut Studien viel mehr unfallgefährdet als Kinder, die das höchstmögliche Maß an Selbstbestimmung leben können. Die meisten Unfälle passieren übrigens dann, wenn die Bezugsperson unmittelbar danebensteht oder sitzt. Wohl auch deshalb, weil viele dieser Kinder schon gelernt haben, nicht mehr selber die Verantwortung für sich zu übernehmen, indem sie sich der Macht des Erwachsenen unterworfen haben.

Warum Machtanwendung funktioniert

Durch das Erlernen einer Trennungsrealität entsteht ein verletzliches Selbstbild, das möglichst verteidigt und aufgebessert werden möchte. Das Streben nach einem positiven Selbstbild beziehungsweise Selbstwert ist der Versuch, ein Jemand mit Eigenschaften und Fähigkeiten zu sein, der dafür wirklich geliebt werden kann. Es ist eigentlich das Streben nach Liebe und Verbundenheit für das getrennte Ich.

Grundsätzlich steht hinter allen Aktivitäten in der Trennungsrealität das Streben des Ich nach Liebe (Verbundenheit) oder Schutz (Kontrolle), das oft über Machtanwendung versucht wird. Dahinter stehen große Ängste vor Ablehnung, Zurückweisung, Ausschluss, Bestrafung und dem Sichbloßstellen.

Die Identifikation mit Rollen ist oft sehr stark, weil diese dem Ich Sicherheit geben sollen. Deshalb halten Menschen häufig in Angstsituationen verzweifelt an ihren Rollen (oft der Opferrolle) fest. Dies auch, weil sie sich in der Kindheit als Überlebensstrategien bewährt haben. Das heißt, gerade unter Druck in Konflikt- oder in Notsituationen haben Menschen tragischerweise am meisten die Tendenz, sich selber zu verraten. Wenn das Ego sich bedroht fühlt, dann werden oft alte Überlebensprogramme wieder aktiviert.

Deshalb werden sehr einschränkende Muster, Rollen, Verhaltensprogramme oder auch Überzeugungen oft in unsicheren Phasen des Lebens wieder ausgegraben oder noch aktiver. Wie wir gesehen haben, ist das Ego nichts anderes als eine Ansammlung von Einschränkungen und Überlebensstrategien. Das Bedürfnis nach Freiheit, das ein ursprüngliches Bedürfnis darstellt, ist deshalb oft eine Bedrohung für das Schutzprogramm des Egos. Das Ego kann nur weiter existieren, wenn es an seinen Begrenzungen, seinem Drama, seinen Problemen und seinem Leiden festhält und wenn es sich weiterhin seinen Ängsten unterwirft.

Folgen des Machtprinzips in der Schule

„Wenn wir wahren Frieden in der Welt erlangen wollen, müssen wir bei den Kindern anfangen."

Mahatma Gandhi

Solange wir Erwachsenen über unsere Kinder bestimmen, solange wir sie bewerten, vergleichen, manipulieren, bestrafen, belohnen oder in irgendeiner Weise Druck auf sie ausüben, wird es keinen echten Frieden geben in und unter uns Menschen.

Denn indem wir unsere Kinder weiterhin in diese Strukturen der Macht zwängen, geben wir ihnen eine Realität der Trennung, der Angst und des Kampfes weiter.

Weil die Schule einen wichtigen Teil zur Entwicklung des eigenen Weltbildes und der Wahrnehmungsbrille beiträgt, ist es sehr entscheidend, ob den Kindern in der Schule weiterhin das Machtprinzip vorgelebt wird oder nicht. Auch wenn das Machtprinzip an Schulen heute meist etwas ausgeklügelter und scheinbar gewaltfreier daherkommt, beispielweise durch die vermehrte Anwendung von Belohnungen, hat seine Anwendung doch stets tiefgreifende Auswirkungen auf das Leben von jungen Menschen. Der Preis, den wir für diesen Umgang mit unseren Kindern bezahlen, ist sehr hoch.

Sie lernen, gewisse Gefühle und Bedürfnisse abzuspalten, und verlieren in dieser Verzweiflung der Nichtliebe den Zugang zu ihrer ursprünglichen Einheitsrealität. Indem sie lernen, dass man gewisse Dinge einfach tun muss, lernen sie gleichzeitig auch aus Angst vor den Folgen, Opfer der Umstände und anderer Menschen zu werden. Sie verlernen es außerdem, den Impulsen ihres Herzens zu vertrauen, und beginnen stattdessen, der Stimme der Angst in ihrem Kopf zu folgen. Angst wird zum zentralen Lebensantrieb. Aber es gibt nur Angst oder Liebe, deshalb sind alle Systeme, die auf Macht aufbauen, sicher kein brauchbares Vorbild für einen wirklich sozialen und liebevollen Umgang zwischen den Menschen. Kinder, die sich tagtäglich dem Prinzip der Macht unterwerfen müssen, lernen natürlich auch selber sehr genau, wie man Macht über andere Menschen ausüben kann. So dominieren auch heute noch Machtkämpfe unsere Beziehungen und allgemein unsere sozialen Interaktionen.

Die Kinder werden durch das Machtsystem dazu erzogen, fremdbestimmt, gehorsam und angepasst zu sein. Sie werden von den Belohnungen, extrinsischen Verstärkungen und Bewertungen abhängig, weil ihr Bedürfnis nach Liebe und Akzeptanz so groß ist. Auch wenn Lob und Belohnung in keiner Weise ein Ausdruck von Liebe darstellen, lernen unsere Kinder doch, diese Machtstrategien mit echter, bedingungsloser Liebe und Zuwendung zu verwechseln. So lernen sie, ganz viel zu müssen, dürfen ihren inneren Widerstand, den Ärger und die Wut, den dieser ganze Zwang von außen auslöst, allerdings nicht ausdrücken, weil sie sonst Gefahr laufen, in eine oder mehrere der zahlreichen therapeutischen Einrichtungen im Umfeld der Schule überwiesen zu werden. Mir ist bewusst, dass nicht mehr alle Schulen und vor allem nicht alle Lehrpersonen mit dem Prinzip Macht arbeiten. Aber solange Kinder bewertet und verglichen werden, solange ihnen die Lerninhalte vorgegeben werden und sie lange stillsitzen müssen, ist das kaum ohne die Anwendung von Macht möglich.

Durch das Machtprinzip wird der Mensch zu einem Mittel zum Zweck für den oft unbewussten Kontrollzwang und das Machtstreben anderer Menschen. Ein Mensch sollte aber immer Selbstzweck sein und nie ein Mittel zum Zweck für andere Menschen und deren Ängste, Konzepte, Vorstellungen und Überzeugungen!

Durch die Fremdbestimmung, die dem Machtprinzip eigen ist, lernen diejenigen Menschen, über die bestimmt wird, dass sie sich selber verraten müssen, um Liebe (in Form von Belohnungen) zu bekommen. Die ursprüngliche Selbsttreue, der mühelose Zugang zu den freudvollen Herzimpulsen werden dadurch weitgehend überschrieben. Viele Schulabgänger haben keine Ahnung, was sie wirklich wollen, was sie interessiert und begeistert. Allein diese Tatsache müsste uns nachdenklich stimmen, denn wenn die Kinder in die Schule kommen, wissen sie das noch!

So kann es sein, dass unsere Kinder lernen, wie wir eine Realität erfahren, in der es kaum noch Lust, Begeisterung und Freude an einer Tätigkeit oder einer Auseinandersetzung mit einem spezifischen Thema gibt. So scheinen wir irgendwann alles, was wir tun, irgendwie zu müssen und kaum mehr etwas wirklich zu wollen (außer zu konsumieren). Wir sind gefangen in einer Realität der Lustlosigkeit, des Widerstands und des Müssens. Wir haben in einen Funktionsmodus geschaltet und haben gelernt, wie Maschinen die Aufträge des erlernten Programms auszuführen, aber oft ohne inneres Feuer, ohne Begeisterung und deshalb auch nicht mit der gesamten Aufmerksamkeit, die für das Glück des Flows nötig wäre.

Solange wir Macht über unsere Kinder ausüben, verlieren sie ihre Integrität und Ganzheit, dafür lernen sie sich mit der Opferrolle zu identifizieren. Dadurch haben sie natürlich viel stärker die Tendenz, auch im Leben wirklich Opfer zu werden (zum Beispiel von Missbrauch). Studien zeigen, dass Kinder, die gelernt haben, dass ihre Bedürfnisse, Wünsche und Gefühle wirklich akzeptiert und ernstgenommen werden, viel klarer für sich einstehen und deshalb keine „geeigneten“ Opfer sind.

Die UN-Kinderrechtskonvention

Die UN-Kinderrechtskonvention trat 1990 in Kraft. Alle westeuropäischen Länder verpflichteten sich schriftlich, diese Rechte einzuhalten.

Obwohl diese Unterzeichnung jetzt schon über 20 Jahre her ist, sind doch noch immer längst nicht alle Kinderrechte umgesetzt. Dies nicht zuletzt auch deshalb, weil Kinder oder Schüler noch keine Lobby und keine politischen Rechte haben. Wie schon erwähnt, betrachten viele Erwachsene Kinder noch immer als eine Art Besitz oder sie glauben, dass man Kinder nicht wirklich ernst nehmen muss. Für viele Menschen ist es ganz selbstverständlich, dass wir Erwachsenen über das Leben und Lernen der Kinder bestimmen dürfen oder gar müssen. Kinder werden bewertet, kritisiert, verglichen, unter Druck gesetzt und über Macht und Angst erzogen. Wenn wir die Kinderrechte wirklich einhalten würden, dann hätten wir einen vollkommen anderen Umgang mit unseren Kindern. Zumindest die staatlichen Einrichtungen für Kinder, wie die öffentliche Schule, sind durch die Unterzeichnung der Kinderrechtskonvention eigentlich verpflichtet, Strukturen zu schaffen, welche die Umsetzung der Kinderrechte auch wirklich ermöglichen. Weil die öffentliche Schule noch immer auf dem Prinzip Macht aufbaut, werden aus meiner Sicht im Moment folgende UN-Kinderrechte kaum oder gar nicht eingehalten:

Bei allen Maßnahmen, die Kinder betreffen, ist das Wohl des Kindes vorrangig zu berücksichtigen (vgl. Art 3, 18).

Würde das nicht heißen, dass das Kind mit seinen Bedürfnissen stets im Zentrum steht? Wäre dann aber nicht eigentlich das gesamte Prinzip Macht nicht mehr anwendbar?

Die Vertragsparteien treffen alle geeigneten Gesetzgebungs-, Verwaltungs-, Sozial- und Bildungsmaßnahmen, um das Kind vor jeder Form körperlicher oder geistiger Gewaltanwendung, Schadenszufügung oder Misshandlung, vor Verwahrlosung oder Vernachlässigung, vor schlechter Behandlung oder Ausbeutung einschließlich des sexuellen Missbrauchs zu schützen (vgl. Art. 19).

Kinder sollen also wirklich gewaltfrei aufwachsen können und gewaltfrei erzogen werden. Steht das nicht auch im Widerspruch zum Prinzip Macht sowie dem fremdbestimmten Lernen?

Die Vertragsstaaten stimmen darin überein, dass die Bildung des Kindes darauf gerichtet sein muss, die Persönlichkeit, die Begabung und die geistigen und körperlichen Fähigkeiten des Kindes voll zur Entfaltung zu bringen; dem Kind Achtung vor den Menschenrechten und Grundfreiheiten und den in der Charta der Vereinten Nationen verankerten

Grundsätzen zu vermitteln; das Kind auf ein verantwortungsbewusstes Leben in einer freien Gesellschaft im Geist der Verständigung, des Friedens, der Toleranz, der Gleichberechtigung der Geschlechter und der Freundschaft zwischen allen Völkern und ethnischen, nationalen und religiösen Gruppen sowie Ureinwohnern vorzubereiten (Art. 29).

Eine Bildung, die selbstgesteuerte Lernprozesse kaum möglich macht und stattdessen hauptsächlich auf Wiedergabelernen aufbaut, erfüllt diesen Punkt, aus meiner Sicht, auf gar keinen Fall. Wenn man die aktuellen Ergebnisse aus der Gehirnforschung zum Thema Lernen beizieht, dann ist dieser Punkt wohl einzig durch selbstgesteuertes Lernen, wie das die Glücksschulbewegung beabsichtigt, erfüllbar (siehe Kapitel „Glücksschule").

Die Glücksschulbewegung will endlich eine wirkliche Umsetzung sämtlicher UN-Kinderrechtskonventionen ermöglichen, indem sie das Prinzip Macht überwindet und wirklich das Wohl des Kindes und das Recht auf ein wirklich selbstbestimmtes Leben ins Zentrum stellt.

Erlernte Hilflosigkeit

„Wir sorgen uns, was morgen aus unserem Kind werden wird,
dabei vergessen wir, dass es heute schon jemand ist."

Stacia Tauscher

Die Opfer der Machtanwendung fühlen sich ohnmächtig und hilflos und haben oft auch Angst vor den Konsequenzen von Ungehorsam oder einem allfälligen Versagen. In der Psychologie gibt es Theorien, die davon ausgehen, dass erlernte Hilflosigkeit zu Depressionen führen kann.

Jedes Lebewesen möchte möglichst frei und selbstbestimmt leben, egal ob Tiere, Kinder, Erwachsene oder auch Senioren. Das Machtprinzip sperrt die ursprünglich freien Kinder in eine Art „mentalen und emotionalen Zoo", der sie bevormundet, verängstigt, unterdrückt, einengt und einschränkt.

Außerdem lernen Kinder, in den Strukturen der Macht zu schweigen, weil sie keine Worte finden und kennen für die existenzielle Angst vor Liebesverlust in ihrem Inneren und weil sie ihren Frust und ihre Wut angesichts der Fremdbestimmung nicht ungestraft ausdrücken dürfen. Es beginnt eine große Sprachlosigkeit, die oft von einem Rückzug oder einem oberflächlichen Gerede abgelöst wird, das nicht mehr wirklich in Verbindung steht zum inneren Erleben des jetzigen Moments. An diesem Punkt beginnen auch diverse innere Kämpfe, die sich nach außen oft als Unentschiedenheit oder Ambivalenz zeigen. Es gibt dann zunächst innere Konflikte zwischen den ursprünglichen intrinsisch motivierten Herzimpulsen und den Erwartungen von außen. Später gibt es Konflikte zwischen den Ersatzbedürfnissen und den Ansprüchen von außen sowie innere Konflikte zwischen den ursprünglichen Bedürfnissen und den Ersatzbedürfnissen.

Diese inneren Kämpfe spiegeln sich natürlich auch als Konflikte nach außen, was die Situation noch komplizierter und unübersichtlicher werden lässt. Je mehr das Schutzprogramm mit seinen Machtstrategien über die ursprüngliche Leichtigkeit des Seins installiert wird, desto komplexer, problematischer und bedrohlicher wirkt die Realitätserfahrung.

Weil das Machtprinzip auf Angst aufbaut, ist es eigentlich wirklich in keiner Weise geeignet, im Zusammenhang mit Lernen eingesetzt zu werden. Dennoch bauen noch immer viele öffentliche und auch viele private Schulen, mehr oder weniger offensichtlich auf dem Machtprinzip auf. Lernen und Angst vertragen sich sehr schlecht, was unzählige Studien aus der Neuropsychologie belegen. Denn alles, was wir lernen, wird immer gemeinsam mit dem emotionalen Zustand abgespeichert. An Dinge aber, die Angst auslösen, erinnern wir uns nur sehr ungern. Außerdem schaltet unser Gehirn bei Angst in das Hinterhirn oder Reptilienhirn, wo nur Flucht oder Kampf, aber kein echtes Lernen möglich sind.

Weiter belastet jede Form von Machtausübung die Beziehung zwischen Bezugsperson und Kind und das Vertrauen zur erwachsenen

Bezugsperson wird erschüttert oder zerstört. Dabei ist die Beziehung (Verbundenheit) die wichtigste Ressource für ein schöpferisches und glückliches Leben. Außerdem beeinflusst die Beziehungsqualität zwischen Lehrperson und Lernenden zu einem wichtigen Teil deren Lernerfolg. Dies konnte Remo Largo in einigen Studien aufzeigen. Ebenso weiß man aus der Bindungspsychologie, dass die ersten Beziehungen des Kindes die Basis dafür sind, wie alle späteren Beziehungen im Leben geführt werden.

Offiziell hat die Schule das Ziel, mit dem Vermitteln von Wissen die Kinder zu freien, selbstständigen, erfolgreichen, sozialen und glücklichen Menschen zu machen. Aber erreicht sie diese Ziele wirklich? Wird an den Schulen auch wirklich erkannt, dass diese Ziele im totalen Widerspruch zu den Strukturen der Macht stehen, auf denen diese oft noch aufbauen?

Wie lernen Kinder selbstständig zu sein, wenn wir ihnen fast alles von außen vorgeben und sie kaum Raum haben, um intrinsisch motivierte kreative Impulse, die gerade nicht in den Lehrplan passen, leben zu können?

Wie können sie die Freude am Lernen und die Begeisterung behalten, wenn wir ihnen vorschreiben, was sie wann und wie lernen müssen?

Wie kann Lernen überhaupt noch mit Freude verbunden sein, wenn es schon längst mit dem Begriff „müssen" verknüpft ist?

Der Verlust der Verbindung ist ein Weltuntergang

Durch die Anwendung des Machtprinzips geht für die Kinder eine Welt unter. Ihre ursprüngliche Welt der Einheit nämlich zerbricht durch den Druck und die Gewalt von außen. Das hat massive Auswirkungen auf das Erleben der Kinder:

Die Vorgaben von außen ersetzen die Begeisterung und die Motivation von innen.

Ein Bild von Liebe als Belohnung von außen ersetzt echte, bedingungslose Liebe und Wertschätzung.

Die Opferrolle und das Schulddenken ersetzen die ursprüngliche Eigenverantwortung.

Das Pflichtgefühl und die Angst vor Ungehorsam ersetzen innere Begeisterung und wahres Mitgefühl.

Fremdbestimmung ersetzt Selbstbestimmung und Anpassung ersetzt Selbsttreue.

Wiedergeben ersetzt das eigene kreative Denken und Forschen.

Wissen ersetzt das Staunen und die Offenheit.

Die Grenzen des Kopfes schränken immer mehr die Weite des Herzens ein und das Hoffen auf die Zukunft ersetzt das Fließen im jetzigen Moment.

Das Streben nach Befriedigung weicht der Fülle und Erfüllung der Einheitsrealität.

Der Ernst des Lebens ersetzt die Spielwelt und das Lachen und trennende Schutzprogramme überdecken die Spontaneität und Offenheit.

Ohnmacht und Resignation verdrängen Freude und inneren Antrieb.

Angstgesteuertes Verhalten tritt an die Stelle von Herzimpulsen und die Freude am Tun wird durch das Müssen ersetzt.

Insgesamt wird die ursprüngliche Einheitserfahrung mit allem Sein durch die erlernte, scheinbar abgetrennte Egoidentität ersetzt und das Leiden beginnt.

Machtvoller Umgang mit der Natur

„Die Erde ist unsere Mutter. Was die Erde befällt, befällt auch die Söhne und Töchter der Erde. Denn das wissen wir: Die Erde gehört nicht dem Menschen – der Mensch gehört zur Erde. Alles ist miteinander verbunden wie das Blut, das eine Familie vereint."

Häuptling Chief Noah Seattle

Unser Umgang mit unserem Zuhause, der Erde, ist ebenfalls vom Prinzip Macht sehr geprägt und deshalb oft gewaltvoll und achtlos. Wir sind noch immer dabei, unsere Lebensgrundlagen zu zerstören, weil Menschen, die im Machtprinzip gefangen sind, sich nicht wirklich verbunden fühlen mit anderen Menschen – aber auch nicht mit der Natur. Wir erleben uns als getrennt von der Natur, beuten sie aus, manipulieren sie und produzieren durch unseren Lebenswandel extreme Berge an Abfall. Auch sehen sehr viele Menschen die unglaubliche Schönheit und Zartheit der Natur und der Tiere nicht mehr wirklich, weil sie die Welt nur durch die erlernte Trennungsbrille erfahren. Die Erde würde sicher spürbar aufatmen, wenn nicht mehr die Schutzprogramme der Menschen ihr Verhalten steuern würden, sondern ihr verbundenes und offenes Herz. Das Schutzprogramm versucht stets nur die aktuellen unangenehmen Symptome zu beseitigen, zu verdrängen oder zu verschieben. Wirklich nachhaltige Lösungen kommen aber aus unserer inneren Verbindung mit den echten Gefühlen und der Liebe zum Leben. So werden wir auch unsere aktuellen Klima- und Umweltprobleme nur dann überwinden können, wenn wir die Verbindung zu unserer wahren Natur und unseren echten Bedürfnissen wiederfinden, wenn wir bereit sind, mutig neue nachhaltige Wege zu gehen. Indem wir erkennen, dass wir nie getrennt von irgendeinem Lebewesen und von der Natur existieren können, dann wird uns auch bewusst, dass wir uns selbst zerstören, wenn die Vielfalt und die Harmonie in der Natur von uns angegriffen werden. Wenn unsere Schulen wirklich nachhaltiges Lernen und Leben vorleben und ermöglichen, dann werden unsere Kinder die Kompetenzen erwerben, um bezüglich den Herausforderungen des Klimawandels und des Artensterbens nachhaltige sowie wirklich tiefgreifende Lösungen zu finden und auch umzusetzen.

Ergänzende Bemerkungen zum Prinzip Macht

Das Machprinzip verlangt Gehorsam, Unterwerfung, Anpassung (die bei uns allerdings lieber Sozialisierung genannt wird, weil das besser klingt) und Konformismus. Notabene alles Eigenschaften, welche die getreue Gefolgschaft von Diktatoren wie Hitler oder anderen auszeichneten.

Wirklich befreienden Ideen gegenüber reagieren Menschen, die im Machtprinzip gefangen sind, grundsätzlich mit Abwehr und Widerstand. Es werden meist alle Machtinstrumente und Strategien eingesetzt, um diese rasch zu unterbinden.

Im fortgeschrittenen Stadium des Kontrollzwangs geht es auch noch darum, potenzielle Konkurrenz zu unterbinden oder zu benachteiligen und andere zu schwächen oder abzuwerten, um so die eigene Position zu stärken. Dieses Prinzip ist teilweise sogar schon in der Schule aktiv und wird oft durch wetteifernde Eltern geschürt.

Auf der Ebene des Wissens steht das Suchen nach Beweisen und objektiven, wissenschaftlichen Ergebnissen im Zentrum, denn zum Streben nach Macht gehört immer auch das Streben nach Sicherheit, wie im folgenden Kapitel über sicheres Wissen noch genauer erläutert wird.

Unsere gesamte Gesellschaft baut noch immer weitgehend auf dem Prinzip Macht auf. Aber Machtstrukturen sind Strukturen der Gewalt. In Bezug auf die öffentliche Schule ist es Gewalt an abhängigen Kindern, Gewalt an der unendlichen Offenheit, Klarheit, Neugier und Begeisterungsfähigkeit ihres ursprünglichen Wesens. Es mag eine unbewusste, subtile oder auch ungewollte Form von Gewalt sein, aber es ist und bleibt Gewalt. Wenn wir selber einen Weg zurückfinden wollen zum grundlosen Glück und wenn uns das Glück unserer Kinder wirklich am Herzen liegt, dann ist der erste Schritt sicher das Stoppen jeglicher Gewalt und damit die Überwindung aller Machtstrukturen.

Sobald die Stimme der Angst in den Köpfen der Menschen nicht mehr genügend Kraft hat, um den Ruf der Liebe und des Herzens zu übertönen, dann wird die Dualität von Macht und Ohnmacht aufgehoben und es bleibt nur noch Liebe.

Wie wir schon gesehen haben, ist Wissen ebenfalls ein wesentlicher Aspekt des Machtprinzips, deshalb nimmt es in unserer Trennungsrealität auch so einen zentralen Platz ein. Man könnte sagen, dass wir eine eigentliche Wissensgesellschaft geschaffen haben. Im folgenden Kapitel wird deshalb das Thema Wissen noch intensiver erforscht und auch die Frage gestellt, ob es so etwas wie „sicheres“ Wissen gibt.

Sicheres Wissen

„Ich weiß, dass ich nichts weiß."

Sokrates

Nebst allem anderen, was die Schule an gesellschaftlichen Ansprüchen zu erfüllen versucht, ist ihr wesentlicher Auftrag noch immer das Vermitteln von Wissen.

Auch wenn die Schule offiziell vermehrt davon spricht, den Lernenden Kompetenzen vermitteln zu wollen, wird dieses Ziel, wohl auch aus Gewohnheit, noch sehr oft über die Weitergabe von Wissen zu den verschiedensten im Lehrplan vorgegebenen Themen zu erreichen versucht. Wir gehen dabei grundsätzlich davon aus, dass es sinnvoll ist, allen Kindern möglichst das gleiche Grundwissen zu vermitteln (Allgemeinbildung). Wir gehen scheinbar auch davon aus, dass die Kinder dieses Grundwissen, das ihnen vermittelt wird, auch wirklich behalten (das Trichterprinzip) und später wieder abrufen können – sonst wäre dieser riesige Aufwand ja sinnlos. Wie wir später noch sehen werden, stimmt diese Annahme nur sehr bedingt. Weiter glauben wir, dass dieses Wissen den Kindern irgendwann im Leben weiterhelfen wird.

Wissen soll uns und unseren Kindern Erfolg, Karriere, Zugehörigkeit sowie wichtige Kompetenzen für den späteren Beruf, die Familie, Ernährung, Freizeit und Erziehung vermitteln. Wissen soll uns aber auch frei machen, und wir gehen ebenso ganz selbstverständlich davon aus, dass Wissen uns zu liebevolleren, friedlicheren und glücklicheren Menschen macht. Weiter erhofft sich unser Schutzprogramm, vom Wissen mehr Kontrolle und Sicherheit über die Unsicherheiten des Lebens zu erlangen, wie das Sprichwort „Wissen ist Macht" ja schon ausdrückt. Wir suchen im Wissen nach Macht, Kontrolle und Sicherheit und möchten deshalb auch möglichst sicheres Wissen.

Aber gibt es überhaupt etwas, was wir sicher wissen können?

Gibt es ein Wissen, von dem wir mit Sicherheit sagen können, dass es richtig oder falsch ist?

Wenn unsere Wahrnehmungsbrille den absolut überwiegenden Teil der über die Sinne aufgenommenen Reize ganz automatisch wegfiltert und den kleinen übriggebliebenen Rest an Reizen ebenso automatisch bewertet, interpretiert und daraus eine Wahrnehmung konstruiert, wie wollen wir dann etwas sicher wissen? Wenn wir aufgrund von selbsterfüllenden Prophezeiungen immer wieder eine Realität entstehen lassen, die genau unsere Überzeugungen widerspiegelt, dann ergeben sich daraus ganz logisch immer wieder Erfahrungen, die uns bestätigen, dass wir eben doch wissen, wie die Dinge sind. Aber die Dinge würden sich uns anders zeigen, wenn wir andere Lernerfahrungen gemacht hätten und dadurch bei uns andere Überzeugungen entstanden wären sowie andere Resonanzen erzeugt worden wären. Absolut nichts an unserer scheinbar so stabilen Realität ist in Wirklichkeit fest, alles ist nur virtuell und wäre in ständiger Veränderung, wenn wir nicht über lange Zeit stets die gleichen Überzeugungen hätten. Weiter haben wir gesehen, dass auch die Quantenphysik keine Trennung zwischen Realität und Beobachter machen kann. Wenn man all dies bedenkt, dann erscheint es doch mehr als anmaßend, zu behaupten, wir wüssten etwas wirklich mit Sicherheit oder wir könnten beurteilen, ob etwas richtig oder falsch ist. Wenn die Realität, die wir wahrnehmen, das Ergebnis eines Lernprozesses ist, dann ändert sich die äußere Realität sofort, wenn wir andere Dinge lernen oder glauben. Es ist nicht so, dass das, was wir glauben, eine Folge davon ist, was wir sehen, sondern vielmehr so, dass das, was wir sehen, eine Folge davon ist, was wir glauben (vieles davon allerdings unbewusst)!

Im Sinne von: „Sage mir, welche Realität du wahrnimmst, und ich sage dir, was du glaubst zu wissen." Alles, worauf unsere Wahrnehmung basiert, ist gelernt und somit hinzugefügt zum Ursprünglichen. Auch die Vorstellung von sicherem Wissen ist hinzugefügt und stellt einzig eine hoffnungsvolle Illusion für die Ich-Identität, die nach Sicherheit und Kontrolle strebt, dar.

Wir bilden uns so viel ein auf unser Wissen, wir veranstalten Kriege, weil wir darauf bestehen, recht zu haben. Noch immer hat der überwiegende Teil der Erwachsenen in unserer Kultur die Vorstellung, dass (nur) das, was sie wahrnehmen, sicher stimmt, dass sie dadurch wissen, wie das Leben eben ist, und einschätzen können, was richtig und falsch ist. Diese Vorstellung ist aus meiner Sicht unser Hauptproblem im Umgang mit Kindern. Wir gehen deshalb nämlich immer noch weitgehend davon aus, dass wir über die „unwissenden" Kinder entscheiden müssen (nicht nur sollen oder dürfen)!

Wir meinen, es gäbe für alles eine sichere und beweisbare Erklärung. Wir nennen diese Realitätssicht „nüchtern", „rationell", „vernünftig" oder auch „empirisch". Wir haben das Staunen, die Wunder, die kindliche Begeisterung und damit auch echte, tiefe Freude und Dankbarkeit aus unserem Leben verbannt und weitgehend durch eine kalte und starre Wahrnehmungsbrille ersetzt, die uns eine kontrollierbare und sichere Realität liefern soll. Nur selten nutzen wir die Gelegenheit, die Kinder als unsere Lehrer zu akzeptieren, um selber wieder Zugang zu finden zu dem Teil in uns, der in der ursprünglichen Grenzenlosigkeit des Einfachseins und der Verbundenheit ruht.

Wie Marshall Rosenberg schon gezeigt hat, sprechen wir mit fremden Menschen oder mit unseren Nachbarn meist viel liebevoller, achtsamer und freundlicher als mit unseren eigenen Kindern. Den Tonfall, den wir oft bei den Kindern anwenden, würden wir bei Erwachsenen kaum je anzuschlagen wagen. Wir glauben unbewusst noch immer, dass die Kinder irgendwie eine Art Besitz von uns sind, den wir so zu formen haben, dass er unsere Identität, unser Ansehen und unseren Ruf möglichst stärkt, und dass wir ihnen unser so sicheres Wissen eintrichtern müssen. Wir leben noch immer in einer Gesellschaft, die Kinder nicht als ganze und gleichwertige Menschen behandelt, weil wir glauben, unser Wissen würde uns ein Recht geben, uns über sie zu stellen. Aber wir sind uns dessen oft nur annähernd bewusst, da dieser Prozess eben auch Teil unserer kollektiven Realität ist und uns deshalb sehr normal erscheint. Aber in einer Kultur, in der die Erwachsenen fast ausnahmslos in einer hinzugefügten und leidvollen Trennungsrealität gefangen sind, ist Normalität sicher kein wirklich geeigneter Maßstab für unser Verhalten. Ich gehe an diesem Punkt mit dem Psychoanalytiker Arno Gruen einig, der vom „Wahnsinn der Normalität" spricht. Die Vision für eine Realität der Liebe und Verbundenheit kommt bestimmt nicht aus dem, was in unserer Gesellschaft als normal gilt, und damit auch nicht aus dem Ansammeln von immer mehr Wissen, um das Leben und die Natur noch gezielter kontrollieren zu lernen.

„Der Mensch erfand die Atombombe, doch keine Maus der Welt
würde eine Mausefalle konstruieren."

Albert Einstein

Sind gute Noten gleichbedeutend mit Intelligenz?

„Lernen ist eine ständige Bewegung;
es beruht nicht auf Wissen."

Krishnamurti

Die kollektive Überzeugung, dass Menschen, die in der Schule gute Noten haben und mühelos auswendig lernen können, auch intelligent sind, ist sehr weit verbreitet. Viele Eltern haben Angst, dass ihre Kinder dumm sein oder werden könnten, wenn sie sich mehr für das Spielen, für körperliche oder handwerkliche Betätigungen interessieren als für schulisches Wiedergabelernen. Sie glauben, dass sich Kinder so einen entscheidenden Rückstand einhandeln, den sie vielleicht nie mehr aufholen können. Wie die jahrelange Erfahrung von freien Schulen zeigt, an denen absolut kein Lernzwang herrscht, ist diese Angst aber total unbegründet.

Dabei hat Intelligenz mit Auswendiglernen und Wiedergeben gar nichts zu tun. Ein Kind kann sehr intelligent sein und doch keine Lust auf das schulische Wissen haben. Wahre Intelligenz ist stets vernetzend sowie situationsbezogen, beinhaltet den Umgang mit Emotionen und ist auch ein Zeichen von Offenheit sowie Klarheit. All diese Aspekte werden in der Schule aber zu oft noch eher behindert als gefördert. Sehr viele Genies der Menschheitsgeschichte (unter anderem auch Albert Einstein) waren schlechte Schüler.

Wissenschaft

„Die Gegebenheiten des Lebens kann eine Wissenschaft, deren Ziel Kontrolle ist, nicht erfassen."

Arno Gruen

Die Wissenschaft versucht seit mehreren Jahrzehnten mit einem enormen Aufwand durch das Ansammeln von riesigen Bergen von Wissen Glück bringende Antworten auf unsere menschliche Existenz zu geben. Jetzt, nach über 300 Jahren Siegeszug der Wissenschaften können wir sicher ein Fazit ziehen, ob das Wissen wirklich gehalten hat, was man sich von ihm versprochen hatte. Sind die Menschen wirklich glücklicher und freier geworden? Wir sind immer noch dran an diesem gigantischen Langzeitexperiment und es wäre aus meiner Sicht jetzt an der Zeit, zu erkennen, dass das Wissen die optimistischen Erwartungen in keiner Weise erfüllen konnte und kann.

Auch die Wissenschaft zielt, genauso wie die meisten Menschen unserer Kultur, darauf ab, das Leben zu kontrollieren, und ist deshalb so darauf versessen, gesichertes, empirisches und objektives Wissen zu erlangen. Aber was, wenn es weder sicheres Wissen noch so etwas wie Objektivität gibt? Sind empirische Studien wirklich so etwas Sicheres und Festes? Wie das Wort Empirismus (der sinnlichen Erfahrung folgend) schon sagt, basieren solche Studien auf dem, was sinnlich beobachtet und wahrgenommen werden kann. Das heißt, die empirische Wissenschaft baut auf dem Konzept auf, dass unsere Wahrnehmung sicheres

Wissen liefert – sie selber hat aber die Richtigkeit dieses Konzepts mehrfach widerlegt …

Auch die sogenannten Blind- und Doppelblindstudien basieren auf Wahrnehmung und sind damit genauso dem Beobachtereffekt, dem Wahrnehmungsfilter und dem Resonanzgesetz unterworfen wie alle anderen Beobachtungen. Unsere Realität existiert keineswegs unabhängig von dem, was wir glauben, sie ist vielmehr ein Spiegel davon. Außerdem ist normales Verstandeswissen immer in irgendeiner Form identitätsabhängig, das heißt, Verstandeswissen ist allein schon aus diesem Grund nie objektiv oder neutral.

Das Prinzip Macht verspricht uns seit Jahrzehnten Sicherheit, Kontrolle und Glück in der Zukunft. Aber dieses Versprechen ist ein leeres Versprechen, denn Kontrolle ist genauso wie sicheres Wissen stets eine Illusion. Allein die allgegenwärtige Tatsache der Vergänglichkeit aller Formen und der Tod beweisen uns dies täglich.

Erst wenn wir bereit sind, vom hohen Ross des scheinbar wissenden und damit überlegenen Erwachsenen herabzusteigen, können wir den Kindern auf Augenhöhe und damit in Liebe begegnen. Aber dann werden wir aufhören, sie zu belehren.

Denn es gibt kein sicheres Wissen!

Es gibt keine objektive Wahrnehmung!

Es gibt keine Kontrolle über das Leben!

Wer von euch etwas wirklich weiß, soll lehren!

Selbstreflexion:

Wer kann und soll bestimmen, was im Lehrplan für Kinder stehen sollte?

Wieso sollte beispielsweise Glücksforschung, einen Bach stauen, Meditation, Telepathie, auf Bäume klettern oder Zaubertricks lernen nicht genauso wichtig, wenn nicht wichtiger sein für die Entwicklung und die Lebenswirklichkeit eines Kindes?

Wer kann sichere Aussagen über richtig und falsch oder gut und schlecht machen und somit andere bewerten (beispielsweise Kinder)?

Wer kann anderen Dinge beibringen, die er selber auch nur von anderen gehört hat, und so tun, als wären diese Dinge wahr?

Wer kann glauben, in einer Diskussion recht zu haben, und wer kann sich erlauben, andere ins Unrecht zu setzen?

Die Halbwertszeit von Wissen

„Wir laufen Gefahr, in der Datenflut zu ertrinken."

Prof. Dirk Helbing

Seit 300 Jahren wächst die Menge wissenschaftlicher Daten in einem immer horrenderen Tempo. Die Zahl der neuen Publikationen verdoppelt sich alle 15 Jahre. So wird zum Beispiel jede Minute eine neue chemische Formel entwickelt, alle drei Minuten ein neuer physikalischer Zusammenhang entdeckt und alle fünf Minuten eine neue medizinische Erkenntnis gewonnen. Die Jahresabstände der Wissensverdoppelung haben sich enorm verkürzt: Während es im 18. Jahrhundert noch hundert Jahre dauerte, bis sich das Wissen verdoppelt hatte, verdoppelte sich das Wissen im 20. Jahrhundert in Abständen von fünf Jahren und seit Anfang des 21. Jahrhunderts sogar alle vier Jahre. Weltweit erforschen sechs Millionen Wissenschaftler eine unglaubliche Vielzahl an allen erdenklichen Phänomenen. Sie entwickeln immer wieder neue Theorien und prüfen ihre Thesen. Veraltete Daten landen auf dem Misthaufen des überholten Wissens.

Je nach Disziplin hat Wissen eine unterschiedlich lange Geltungsdauer. Zwar gibt es in jedem Gebiet grundlegende Erkenntnisse, die sich lange halten. Albert Einstein beispielsweise hat das für unabänderlich geltende Schwerkraftgesetz von Isaac Newton erst nach über 200 Jahren relativiert. Andere Erkenntnisse sind laufend Veränderungen unterworfen. Um zu vergleichen, wie schnell Wissen veraltet, sprechen Wissenschaftler heute von dessen Halbwertszeit. Diese bezeichnet, in Analogie zum radioaktiven Zerfall eines Atomkerns, die Zeitspanne, nach der die Hälfte der Erkenntnisse einer Disziplin überholt ist.

So wird beispielsweise untersucht, wie lange wissenschaftliche Arbeiten nach ihrer Publikation noch zitiert werden. In der Medizin dauert die Halbwertszeit je nach Fachgebiet 5 bis 45 Jahre, in der Physik sind es im Schnitt 10 Jahre. In der Psychologie oder in der Geschichte ist die Hälfte der publizierten Arbeiten bereits nach sieben Jahren überholt. Weil Sozial- und Geisteswissenschaften mehr Interpretationsspielraum zulassen, sind diese Halbwertszeiten allerdings weniger klar messbar.

Die Halbwertszeit von Schulwissen beträgt aktuell noch ungefähr 20 Jahre, das erworbene Hochschulwissen ist aber schon nach fünf bis 10 Jahren nicht mehr „up to date" und technologisches Wissen gar schon nach zwei bis fünf Jahren. Beim IT-Wissen beträgt die Halbwertszeit „nur" ein bis zwei Jahre. Angesichts dieser Erkenntnisse stellt sich noch viel mehr die Frage, weshalb Kinder für die Zukunft lernen sollen, wenn Wissen so schnell veraltet, und auch die Frage, was all das Wissen überhaupt bringt, wenn es doch so schnell schon wieder veraltet ist. Weiter zeigt auch dieser Ansatz, dass es widersinnig ist, absolute Beurteilungen wie „richtig" und „falsch" vorzunehmen. Das, was heute richtig ist, kann morgen oder übermorgen genauso gut auch wieder falsch sein. Es gibt absolut kein sicheres Wissen!

Die Landkarte ist nicht das Gebiet

„Jedes Konzept kann immer nur ein Hinweis auf die Wahrheit sein, niemals aber die Wahrheit selber. Jedes Konzept ist somit auch eine Falle, die den Suchenden gefangen hält, solange er daran festhält. Ein Konzept kann aber dazu dienen, andere Konzepte zu entfernen, und am Ende zur Aufgabe aller Konzepte führen. Man kann einen Dorn verwenden, um einen anderen Dorn, der im Fuß steckt, zu entfernen. Sobald der alte Dorn entfernt ist, müssen beide Dorne fallen gelassen werden."

Ramana Maharshi

Natürlich sind auch alle hier beschriebenen Theorien nur Konzepte und somit keineswegs die Wahrheit. Die in diesem Buch formulierten Konzepte über die Wahrnehmung sollen uns nur helfen, zu erkennen, dass wir nie mit Sicherheit wissen können, ob etwas stimmt oder nicht. Diese Konzepte haben also vor allem den Zweck, das Konzept des sicheren Wissens selber ins Wanken zu bringen, um uns dadurch wieder mehr dem Fluss des Lebens einfach anvertrauen zu können, wie das bei den Kindern vor allem Wissen ganz natürlich und beglückend passiert. Bei den Konzepten in diesem Buch geht es auch darum, wieder zu lernen, mit dem Herzen zu erkennen und aus dieser Kraft des Herzens zu leben. Das Buch hat auch nicht das Ziel, eine neue Wahrheit zu verbreiten oder etwas besser zu wissen als andere Menschen.

Es geht vielmehr darum, uns allen Mut zu machen, über unsere erlernten Ängste und Gedankenbarrieren hinauszuwachsen und uns innerlich wirklich zu befreien von allen Abhängigkeiten und aller Fremdbestimmung.

Es ist sehr interessant zu beobachten, dass, sobald ein Mensch aus der Fülle seines Herzens lebt und handelt, er das Interesse an sicherem, stabilem Wissen genauso verliert, wie sich dann auch sein Zwang nach Kontrolle in Nichts auflöst.

Wissen organisiert sich in Netzwerken und Wissen ist immer begrenzt, weil es definiert und festlegt. Das Leben selber aber, das Bewusstsein, die Liebe, die Verbundenheit, die Zeitlosigkeit sind grenzenlos. Wir versuchen also etwas Grenzenloses in begrenzte Konzepte und Theorien zu zwängen.

Genauso wie die Landkarte nie das Gebiet selber ist, ist Wissen über das Leben nie das Leben selber. Wir können noch so genau den Geschmack einer Banane beschreiben, wer eine Banane noch nie selber probiert hat, kennt ihren Geschmack nicht. Die Beschreibung einer Blume ist nie die Blume an sich und alle Konzepte und Theorien über die Liebe sind doch nie die Liebe selbst.

All unser Wissen beschreibt nie wirklich die Dinge und Phänomene an sich, es weist nur darauf hin. Realisiert und wirklich erfahren werden Dinge in der gedankenlosen Offenheit des Nichtwissens.

So können unser Selbstkonzept, unsere Identität nie das sein, was wir hinter allem Wissen tatsächlich sind, und unser Konzept der Wirklichkeit nie das, was wirklich da ist.

Identifiziertes Wissen

„Das wahre Wissen kommt immer aus dem Herzen."

Leonardo da Vinci

Ursprünglich sind Kinder grundlos glücklich – ohne Wissen. Egal, was wir glauben zu wissen, solange wir uns damit identifizieren und unser Sein dadurch begrenzen, solange wirkt jedes Wissen auch einschränkend. Allerdings ist nicht das Wissen selber problematisch, sondern vielmehr die erlernte Tendenz, uns mit Wissen zu identifizieren. Wissen dient ursprünglich einfach der Orientierung und dem Spiel des Lebens.

Erst wenn Wissen zu einem Besitz wird und es darum geht, mit Wissen unsere Identität zu stärken (die selbst auch nur aus erlerntem Wissen besteht), dann entstehen Probleme. Dann beginnen wir mit Hilfe von

Wissen nach Sicherheit und Kontrolle zu suchen. Wissen ist dann nicht mehr einfach nur ein Werkzeug, das wir nach Belieben benutzen können, sondern es wird zu etwas, an das wir uns klammern, weil es uns Sicherheit und Kontrolle geben soll. So werden wir im Prinzip zu Sklaven unseres Wissens. Deshalb ist das Wissen so wichtig geworden und der Kopf so sehr aktiv in unserem Leben. Der unglaubliche Lärm im Kopf, die riesige Gedankenflut sind eine Folge dieser Fixierung auf das Denken, auf den dual funktionierenden Verstand und seine Lösungen für Probleme, die er selber konstruiert hat. Durchschnittlich 60.000 Gedanken sind es bei einem Erwachsenen pro Tag, davon sind nur etwas 3 % aufbauend, inspirierend und kreativ …

Identifiziertes Wissen begrenzt unsere Wahrnehmung. Weil wir glauben, so vieles sicher zu wissen, passieren so wenig Wunder. Nicht die Realität ist starr, sondern unsere Überzeugungen sind es. Sie legen das Möglichkeitsfenster für unsere Realität fest. Wir glauben, unsere Erfahrungen seien eine geeignete Grundlage, um Situationen zu beurteilen und um unseren Kindern etwas zu vermitteln. Aber Erfahrungen bieten nur einen Spiegel unserer eigenen erlernten und oft unbewussten Überzeugungen, sind jedoch keineswegs eine Quelle sicheren Wissens. Identifiziertes Wissen führt zu Erwartungen, Vorurteilen, Vorstellungen, Hoffnungen und natürlich auch zu Enttäuschungen. Identifiziertes Wissen bildet den Rahmen für eine scheinbar stabile und sichere Realität, in der das Ich lebt – hinter diesem Rahmen wartet aber stets die grenzenlose Wunderwelt des Nichtwissens auf uns. Wir entscheiden uns meistens viel lieber für das gewohnte Leiden als für das neue und unkontrollierbare Unbekannte, weil wir zu viel Angst vor der Unsicherheit des Nichtwissens haben. Weil wir so viel wissen, was passieren könnte, nicht passieren darf oder unbedingt passieren muss, können wir nicht mehr einfach spontan, offen und frei das leben, was unser Herz zum Jubeln bringt, in diesem jetzigen Moment. Wir glauben noch immer zu wissen, welche Dinge sich in unserer Realität zeigen sollten und welche nicht. Immer wenn wir uns mit Gedanken identifizieren, welche die Worte „sollte" oder „müsste" beinhalten, sind wir weg vom jetzigen Moment und das Tor zum Leiden öffnet sich weit.

Identifiziertes Wissen macht also nicht frei, sondern bildet die erstarrten Begrenzungen unserer Ich-Realität. Je bewusster sich ein Mensch wird, dass sein gesamtes Wissen nur aus Konzepten und Überzeugungen besteht, aber nie aus wirklich sicherem Wissen, desto freier und offener wird er. Dieses Bewusstsein birgt in sich ein großes Befreiungspotential. Wissen allein, ohne Bewusstsein begrenzt unser Dasein aufgrund der Identifikation damit. Wenn hingegen genügend Bewusstheit die Bedeutung des Wissens relativiert, dann stellt sich das Wissen in den Dienst des Bewusstseins und kann spielerisch und leicht genutzt werden. Erst dann wird ein Mensch wirklich von innen heraus liebevoller, achtsamer und klarer.

Richtiges und falsches Wissen

„Nur wenige wissen, wie viel man wissen muss,
um zu wissen, wie wenig man weiß."

Werner Heisenberg, Professor und Nobelpreisträger für Physik

Noch immer werden Kinder in vielen Schulen für die korrekte Wiedergabe von erlerntem Wissen mit guten Noten belohnt. Kinder, die eigene Ideen zu einem Thema entwickeln oder die sich für ein Thema nicht zum gewünschten Zeitpunkt interessieren und deshalb nicht das wiedergeben, was ihnen vermittelt wurde, werden dafür meistens mit schlechten Noten bestraft.

Wir Menschen erwerben Kompetenzen vor allem durch Tun, durch Ausprobieren, dadurch, dass wir Fehler machen, und manchmal auch dadurch, dass wir uns Wissen zu einem Thema aneignen. Aber Wissen allein, ohne Umsetzung, ohne Bezug zum realen Leben im jetzigen Moment und ohne Bezug zu unserem echten Interesse bleibt oft abstrakt und bewirkt somit noch längst nicht einen Zuwachs an Kompetenzen. Dennoch werden Kinder in der Schule noch immer häufig dafür bewertet, was sie gut und richtig (wiedergeben) können und auch, was sie scheinbar nicht gut können. Sie lernen, ihr Sein, ihre Identität mit dem gelernten Wissen zu verknüpfen, indem sie durch die Bewertungen, Zuschreibungen, das Vergleichen sowie durch Belohnen und Bestrafen von außen beginnen, ein Selbstbild zu konstruieren. Dadurch lernen sie sich als ein getrenntes Jemand zu erleben, mit bestimmten Fähigkeiten sowie mit Stärken und Schwächen. Außerdem lernen sie, durch die Art, wie Wissen vermittelt und überprüft wird, an sicheres Wissen, an Kontrolle und die Wichtigkeit von Wissen zu glauben. Sie lernen, ein abgetrennter Erwachsener zu werden, der mit dem Wissen des Verstands versucht, über das Lernen von immer neuem Wissen Kontrolle, Erfüllung, Glück und Liebe zu finden, obwohl Erfüllung, Glück und Liebe unser wahres Wesen hinter allem Wissen ist und nie im Wissen gefunden werden kann. Sie lernen, sich mit dem Gedankenstrom im Kopf zu identifizieren, und werden so zu Sklaven des riesigen Berges an Wissen über sich, andere Menschen und die Welt, weil dieses Wissen ihre Wahrnehmung steuert, begrenzt und konstruiert. Wissen ist immer beschränkt und begrenzt. Freiheit ist ein Kind des Nichtwissens und der Liebe.

Je mehr wir glauben zu wissen, wer oder was wir sind, je mehr wir uns mit Überzeugungen identifizieren, je mehr wir glauben, unsere Identität wissen zu können, desto größer wird unsere Abhängigkeit von diesem Wissen. Denn Wissen selbst wird dann zu einem Identifikationsobjekt für dieses scheinbare Ich und soll diesem Identität und Kontrolle geben. Je mehr wir glauben, jemand Bestimmtes zu sein, desto mehr haben wir zu verlieren. Je mehr wir wieder zurückkehren zum ursprünglichen Zustand des Nichtwissens oder des nicht identifizierten Wissens („Da ist Wissen, aber es ist nicht MEIN Wissen"), desto mehr eröffnet sich der Raum wieder, um einfach nur zu sein. Es ist absolut nicht nötig und schon gar nicht möglich, zu wissen, wer oder was wir sind. Es reicht total, einfach zu sein! Das ist unser ursprünglicher Zustand vor allem Wissen!

Vor allem erlernten Wissen ist das Dasein ein grenzenloser Spielplatz. Durch das gelernte Wissen entsteht eine Welt, die ernst, anstrengend, kompliziert, eng und mühsam ist. Aber wenn wir wieder lernen, Wissen nur als ein Spielzeug zu sehen und zu nutzen, dann wird die Welt auch für uns wieder zum Spielplatz (siehe das Kapitel über Spielwissen). Solange hingegen Wissen und Selbstwert sowie Wissen und das Streben nach Kontrolle und Sicherheit miteinander gekoppelt sind, bleiben wir gefangen in der schwierigen, anstrengenden Welt der Trennungsrealität.

Ebenfalls auf gelerntem Wissen basiert ein weiterer wichtiger Aspekt unserer Trennungsrealität, nämlich die Identität und der damit verbundene Selbstwert.

Identität und Selbstwert

„Dass die Wirklichkeit ein Konstrukt ist, lässt sich empirisch gut nachweisen. Die Grenze zwischen Körper und Außenwelt erscheint uns fest und scharf gezogen, sie ist aber wie alle kognitiven Grenzen labil und bricht zusammen, wenn sie nicht ständig bestätigt wird."

Gerhard Roth, Professor für Verhaltensphysiologie

Weil unsere direkten Bezugspersonen auf unser ursprüngliches, grenzenloses Sein nicht mit bedingungsloser Liebe reagiert haben, mussten wir lernen, ein Jemand zu sein, der aus Angst vor dem existenziellen Liebesverlust die Bedingungen für die Liebe der Eltern zu erfüllen versucht. Eltern nehmen aufgrund ihrer eigenen kulturellen Prägung (der Brille) ihre Kinder nicht als reines, unpersönliches Sein wahr, sondern als getrennt von ihnen existierende Ichs, die gemäß den von ihnen erlernten Bewertungen und Urteilen richtige oder falsche, gute oder schlechte Handlungen machen. Aufgrund dieser Zuschreibungen von außen lernen die Kinder selber auch, sich mit dieser personifizierten Sicht des Seins zu identifizieren.

Weil das Urvertrauen in den Fluss des Lebens und in die innere grenzenlose Ganzheit durch die Erfahrungen von Nichtliebe erschüttert wurde, wird vom Schutzprogramm nach einem Ersatz für das Urvertrauen gesucht. Weil die innere Sicherheit zumindest teilweise verloren gegangen ist, strebt das Schutzprogramm nach Sicherheiten im Außen, mit denen es sich identifiziert. Diese Identifikation erfolgt mit Dingen, Fähigkeiten und Werten, die diesem Ich oft zunächst von außen zugeteilt werden und die dem Ich helfen sollen, sich wertvoll und liebenswert zu fühlen sowie Kontrolle, Macht und Sicherheit über das Leben und andere Menschen zu erlangen. Wir identifizieren uns mit dem Beruf, einem neuen Auto, der Nationalität, den Gefühlen, dem Körper, dem

Wissen, dem Status, der Partnerin oder dem Partner, dem Aussehen, den Noten in der Schule usw. Je nach Lernerfahrungen und Vorbilder gibt es andere Identifikationsmuster.

Wenn ursprüngliches, grenzenloses Sein durch ein bewertetes und begrenztes Ich ersetzt wird, dann kann sehr vieles bedrohlich werden. Unsere erlernte Identität, das Ego sind nichts anderes als die Identifikation mit dem erlernten Schutzpanzer und die Summe all unserer Strategien, unseren Ängsten auszuweichen.

Während im reinen Sein der Einheit einfach nur die essenziellen Grundbedürfnisse erfüllt sein müssen, um glücklich leben zu können, sind die Ersatzbedürfnisse des Ichs sehr viel komplexer und anspruchsvoller, weil sie auf Illusionen basieren und deshalb nie wirklich erfüllt werden können.

Weil das Ich selbst nur ein mentales Konstrukt mit unzähligen Identifikationsobjekten ist, kann es sehr vielseitig angegriffen werden. Immer, wenn etwas in Gefahr ist, mit dem sich das Ich identifiziert, dann fühlt sich das wirklich so an, als wäre seine Existenz direkt bedroht. Je stärker der Selbstwert mit einem Objekt, einer Fähigkeit oder auch einer Arbeit identifiziert wird, desto größer ist die Gefahr vor einem Verlust oder Versagen.

Beim scheinbaren Ich gehört die Angst, nicht liebenswert, nicht in Ordnung oder nicht wertvoll zu sein, immer dazu. Denn an der Wurzel des Ichs liegt stets eine schmerzhafte Mangelerfahrung, und zwar eine Erfahrung von Mangel an Verbundenheit und Liebe.

Minderwertigkeitskomplexe, Versagensangst und Selbstwertprobleme gehören ganz einfach zu einer bedingten Existenz. Es gibt kein Ich, das diese Dinge, ob bewusst oder unbewusst, nicht auch kennen würde.

Wir bringen so unseren Kindern bei, ein getrennter Jemand zu sein, und vermitteln ihnen durch unsere bewertende Sprache sowie über Belohnung oder Bestrafung, wer oder was sie sind, was sie falsch oder richtig machen, was sie können oder nicht können und was sie sollen und müssen. Weiter vermitteln wir ihnen, welche Gefühle sie haben und ausdrücken dürfen und welche nicht usw. Je schneller ein Kind unsere begrenzte Sichtweise der Angst übernimmt, desto erfolgreicher scheint unsere Erziehung zu sein. Das Ich ist also ein Kind der Angst und strebt deshalb nach Kontrolle, Sicherheit und Macht.

Unser alltägliches Gefühl: „Ich habe ein Gehirn, das ich benutze", könnte von der Hirnforschung durchaus in das Gegenteil umformuliert werden: „Das Gehirn erst erzeugt ein ‚Ich', weil es eine bestimmte Funktion damit verknüpft." Es ist also das Gehirn, das ein Ich produziert, und dann seine Gedanken so formuliert, als würde dieses Ich sie aktiv denken. Wahrlich ein unglaublich genialer Mechanismus und scheinbar sehr real!

Auch diese Ich-Vorstellung ist gelernt und ein automatisierter Teil der Wahrnehmung.

„... Bewusstsein gibt es seiner Natur nach nur in der Einzahl. Ich möchte sagen: Die Gesamtzahl aller ‚Bewusstheiten' ist immer bloß ‚eins'."

Erwin Schrödinger, Nobelpreisträger Physik

Der Selbstwert

Wir lernen aber im Verlaufe unserer Bildungs- und Erziehungserfahrungen nicht nur, uns mit einem Selbstbild zu identifizieren, sondern auch noch, dieses Bild zu bewerten. Wir nennen dieses gedankliche Konstrukt den Selbstwert. Mit diesem Selbstwert sind wir oft stark identifiziert und er bildet deshalb einen wesentlichen Aspekt unserer Identität.

Worauf basiert ein gesunder Selbstwert?
Gibt es das überhaupt?
Auf wen oder was bezieht sich unser Selbstwert eigentlich?

Damit ein Mensch einen Selbstwert entwickeln kann, braucht er zuerst mal ein Bild von sich selbst und weiter eine Bewertung desselben.

Im Ursprung kennt ein Kind keinen Selbstwert und macht sich auch keine Gedanken darüber, ob es gut ist, so, wie es ist. Diese Gedanken kennt ein Kleinkind vor allem Lernen überhaupt nicht, der Selbstwert basiert deshalb auf Bewertungen von außen, die dann verinnerlicht werden. Das heißt, ob wir uns als wertvoll, minderwertig oder auch als Versager bewerten, all das ist gelernt und aufgrund von Rückmeldungen anderer Menschen (basierend auf deren erlernten Bewertungssystemen) entstanden.

Jede Form von Bewertung ist problematisch, weil die Identifikation damit trennend wirkt und die Menschen lieblos und rücksichtslos werden lässt. Ein guter Selbstwert basiert auf einem oder mehreren Punkten, die ich oder andere bei mir selber besser bewerte als bei den meisten anderen. Das heißt, ein guter Selbstwert baut darauf auf, dass es andere gibt, die scheinbar schlechter, weniger schön, wertvoll, klug, weise oder reich sind als ich. Jeder Selbstwert basiert auf dem Bewerten und Vergleichen von Aspekten, die ich gelernt habe, meinem Ich zuzuschreiben. Die von außen kommenden Bewertungen an der Schule geschehen hauptsächlich über Noten, bewertende Kommentare oder Zuschreibungen.

Menschen mit einem guten Selbstwert haben oft die Tendenz, arrogant, überheblich, egoistisch und hochnäsig zu werden. Aber was man hat, kann man immer auch sehr schnell wieder verlieren. Eine bewertete Identität ist also stets eine begrenzte Identität. Wer je etwas gut gemacht hat, läuft immer auch Gefahr, etwas schlecht(er) zu machen. Der Selbstwert ist etwas sehr Vergängliches, weil jede scheinbare Handlung des Ichs wieder einzeln bewertet wird (vom internalisierten Bewertungssystem aus Erziehung und Schule) und jeder nicht wiederholbare Erfolg ein Versagen darstellt.

Weil das Ich immer wieder neue Identifikationsmöglichkeiten und Bestätigung braucht, um sich wertvoll zu fühlen, besteht stets auch die Gefahr für Niederlagen.

Dies zeigt sich beispielsweise gut im Leistungssport, wo der Selbstwert der Sportler komplett mit Sieg und Niederlage zusammenhängt. Je mehr vom eigenen Selbst aus die Identifikation mit einem Resultat zusammenhängt, umso einschränkender, leidvoller und existenzieller wird das Resultat für dieses Ich.

So erleben beispielsweise Spitzensportler, die einmal ein großes Erfolgserlebnis hatten, oft danach eine Art Blockade, weil sie Angst haben, ihren tollen Selbstwert wieder zu verlieren. Überhaupt zeigt der Spitzensport mit seinem Ansatz, aus einem riesigen Feld von Teilnehmern nur einen Sieger und eine riesige Masse an Verlierern zu erküren, wie absurd und leidvoll ein System ist, das bewertet und noch dazu nur das Endergebnis einbezieht, nicht aber den Prozess. Aber es ist auch ein System, bei dem es im Zentrum nicht um Freude am Tun und um Verbundenheit zu allem geht, sondern um von außen messbare Leistung und um individualisierte Sieger. Diese Form von Spiel mit Bewertungen und Vergleichen, Gewinnen und Verlieren hat niemals die gleiche Kraft wie das ursprüngliche Spiel der Kinder. Wobei das Gewinnen und Verlieren selber noch nicht das Problem ist, sondern die daraus folgende Identifikation mit dem Erreichten, also der Zusammenhang mit dem Selbstwert. So wird aus dem ursprünglich freudvollen und freien Spiel plötzlich bitterer Ernst, und die Vorstellung, zu verlieren, kann für einen Menschen, der gelernt hat, sich stark mit Bewertungen zu identifizieren, sehr bedrohlich sein. Mit dem Bewerten und Zuschreiben entsteht der Selbstwert und mit dem Einbezug des Selbstwertes wird aus dem Spiel des Lebens Ernst.

Bewerten trennt

*„Wenn ein Kind mit einem anderen verglichen wird,
ist das eine Verletzung. Jede Form des Vergleichens verletzt."*

Jiddu Krishnamurti

Das bewertende Vergleichen wirkt sehr trennend zwischen den Menschen und auch zwischen verschiedenen Schülern einer Klasse. Denn es aktiviert sehr schnell unser inneres Schutzsystem mit all seinen Macht-

und Kontrollstrategien. So besteht auch die Gefahr, dass Lehrer deshalb in eine distanzierte Machtposition zu den Schülern gehen, um ihren Selbstwert in Bezug auf die Schüler zu schützen. Für solche Lehrpersonen und Eltern, die ihren Selbstwert auf dem Machtvorteil aufbauen, ist es eine Bedrohung, wenn die Lernenden gewisse Dinge vielleicht sogar tiefer und umfassender verstehen als sie als Erwachsene.

Sobald es um Themen geht, die eine Gefahr für den Selbstwert darstellen könnten, wird ein Teil der Aufmerksamkeit eines Menschen schon in die Verteidigung, das Flüchten oder Kämpfen investiert. Das Schutzprogramm wird also aktiv, um den Selbstwert mit allen Mitteln zu schützen, weil sonst Emotionen von Wertlosigkeit, Versagensängsten und des Verlustes drohen. So wird beispielsweise, je nach früheren Erfahrungen der einzelnen Schüler, deren Schutzprogramm bei gewissen Lehrern oder Fächern automatisch aktiviert. Sie fühlen sich dann angespannt, ängstlich oder auch gestresst. Auffälliges oder auch aggressives Verhalten deutet meist auf ein aktiviertes Schutzprogramm mit einer dahinterliegenden Angst in Bezug auf den Selbstwert.

Machtausübung über den Selbstwert

Man kann Menschen wohl mit keiner anderen Strategie so gut und fast unbemerkt manipulieren, abhängig machen, unter Druck setzen und kontrollieren als über das Bewerten. Vor allem bei Themen, die ihnen selber auch wichtig sind.

Nur wenige Menschen schaffen es, wenn das Programm des Selbstwerts bei ihnen einmal installiert wurde, sich wieder vollständig davon zu befreien, sodass es ihnen wirklich egal ist, wie andere ihr Verhalten bewerten. Bewertung ist DAS Werkzeug, um Menschen gehorsam und fremdbestimmt werden zu lassen.

In unserer Kultur basiert Selbstwert auf dem, was jemand hat (was ihm zugeschrieben wird oder er sich selber zuschreibt). Wir gehen davon aus, dass ein Mensch, der Erfolg hat und gewinnt, einen guten Selbstwert hat, und ein Mensch, der Misserfolg hat oder verliert, einen geringen Selbstwert. Das heißt, unser Bildungssystem produziert, solange die Kinder bewertet werden, ganz selbstverständlich immer auch Menschen mit einem geringen Selbstwert, ohne das jemals infrage zu stellen. Menschen mit geringem Selbstwert beziehungsweise einem negativen Selbstbild aber sind unglücklich, weil sie ihre Energie fast ausschließlich für die Aufbesserung ihres Wertes gebrauchen und deshalb nicht flow-fähig sind.

Wir glauben, dass wir Stärken und Schwächen haben. Wir reden von Erfolg und Misserfolg. Wir sind stolz oder gedemütigt, sehen uns als liebenswert oder nicht liebenswert usw. All diese automatischen Bewertungen des Denkens aber sind nur ein Teil unserer virtuellen, erlernten Realitätserfahrung. Sie beziehen sich auf das fiktive Ich, auf dieses Gedankenkonstrukt im Kopf. Das ständige Bewerten macht es uns unmöglich, dem, was ist, unvoreingenommen und neugierig zu begegnen. Das Bewerten ist eine der lieblosesten und leidbringendsten Gewohnheiten unseres Denkens.

Bewertungen als Projektion

Freie Menschen identifizieren sich nicht mit einer Bewertung und Definition ihres Selbst, weil sie erkennen, dass nichts und niemand bewerten kann, was richtig oder falsch, gut oder schlecht ist. Außerdem sind sie sich dessen bewusst, dass jede Definition und Bewertung ihres Selbst nur eine Einschränkung und Begrenzung darstellen. Wir müssen überhaupt nicht wissen, wer oder was wir sind, und es ist völlig unwichtig, wie andere Menschen ihr Bild von uns bewerten. Es ist ihr Bild und ihre Bewertung. Sie meinen immer nur sich selber und projizieren so ihre inneren Begrenzungen und Bewertungsprobleme nach außen.

Selbstbild und Angst

Wie schon dargestellt, haben wir eine Realität erschaffen, in der die meisten Menschen angstgesteuert handeln und deshalb nach Sicherheit, Macht und Kontrolle streben. Unsere zentralen Ängste drehen sich um unser Selbstbild. Beispielsweise die Angst, nicht liebenswert zu sein, die Angst, abgelehnt zu werden, die Angst, wertlos zu sein, die Angst, allein zu sein oder nichts wirklich zu können – auf all diesen Ängsten baut das Ego auf. Diese zumeist unbewussten und unterdrückten Ängste treiben die Menschen ins Handeln. Dabei geht es stets um den Versuch, uns selbst oder anderen zu beweisen, dass wir o.k. und liebenswert sind. Unser Ich ist ein automatisches Programm, das von sich selbst glaubt, nicht in Ordnung zu sein, und alles versucht, um sich das Gegenteil zu beweisen – allerdings erfolglos, weil die eingeschränkte Kernüberzeugung immer wieder Resonanzen erzeugt, welche diese bestätigen. Aufrechterhalten wird dieser innere und äußere Kampf um Liebe und Anerkennung durch die ungefühlten Emotionen hinter den Kernüberzeugungen.

Wir sind die Sklaven unserer ungefühlten Emotionen. Wir sind nie abhängig von anderen Menschen, wir fürchten nie äußere Situationen oder Erfahrungen, sondern immer nur die Gefühle und Emotionen, welche die automatische Bewertung dieser „äußeren" Erfahrungen auslösen. Wenn alles einfach da sein darf und jedes Gefühl gleichermaßen gefühlt wird – egal ob die Gedanken sagen, dass ich wahnsinnig werde oder dass ich das einfach nicht kann – dann vibrieren diese alten Gefühlskräfte in uns langsam aus und die ursprüngliche Stille hinter diesem ganzen Wahrnehmungsüberbau tritt ganz natürlich wieder ein, dann hat der ganze Quatsch mit dem Selbstwert seine Bedeutung verloren.

Einfach sein

Bewerten trennt die ursprüngliche Einheit des Soseins in richtige und falsche, gute und schlechte Dinge, Situationen und Ereignisse auf. Vor der Bewertung und Zuschreibung ist eine Erfahrung einfach eine Erfahrung, ein Gefühl einfach ein Gefühl. Die Bewertung macht daraus eine schlechte Erfahrung und ein blödes Gefühl. Die Zuschreibung macht sie zu meiner Erfahrung und meinem Gefühl. Wenn aber Erfahrungen oder Gefühle negativ bewertet und gleichzeitig dem Ich zugeschrieben werden, dann tritt automatisch Widerstand dagegen auf, ebenso wie bei positiv bewerteten Erfahrungen und Gefühlen oft ein Festklammern geschieht. Aus diesem Beispiel wird auch klar, dass Bewertung die Basis von Widerstand gegen den Lebensfluss ist. Wenn das Leben keine Fehler machen würde, wenn wir den Selbstwert durchschauen und sich selber überlassen könnten, dann wären vielleicht alle scheinbaren Probleme einfach nur noch Erfahrungen. Dann könnten wir uns tief entspannen und dem Leben voller Vertrauen und jenseits aller Bewertungen mit offenem Herzen begegnen. Wir könnten einfach sein – genauso wie Kinder das vor aller Erziehung und Bildung tun.

Begrenzte Schule – was die Schule noch vermittelt

„Jenseits von richtig und falsch gibt es einen Ort.
Dort treffen wir uns."

Rumi

Dieses Kapitel beschäftigt sich intensiv mit Elementen der heutigen Schule und möchte erforschen, was die Schüler dort wirklich lernen. Ich möchte aber betonen, dass sich dieser Prozess, wie das gesamte Buch, natürlich in keiner Weise gegen Lehrpersonen richtet. Viele Lehrpersonen oder auch ganze Schulen engagieren sich mit viel Herzblut für eine gute Schule und dafür, dass die Kinder möglichst positive Schulerfahrungen machen können. Dieses Buch versucht einfach einen Beitrag für noch mehr Bewusstheit beim Thema Schule zu leisten. Das zentrale Ziel des gesamten Buches ist es, dass es alle leichter und schöner haben können, die Lernenden, die Lehrpersonen, Erziehungsdirektoren, Schulleiter, Schulpsychologen und Eltern.

In der heutigen Zeit Lehrerin oder Lehrer zu sein, ist sicher eine der anspruchsvollsten Tätigkeiten, die man sich auswählen kann. Lehrpersonen an der Grundschule befinden sich in einem sehr komplexen Spannungsfeld von Lehrplänen, Ansprüchen und Erwartungen der Eltern, eigenen Visionen und Zielen im Umgang mit den Kindern, den Bedürfnissen der gesamten Schulklasse und jedes einzelnen Schülers sowie auch des Lehrerkollegiums, der Schulleitung und oft auch noch den Wünschen und Bedürfnissen des gesamten schulischen Umfelds, bestehend aus Sozialarbeitern und Therapeuten sowie diversen anderen Personen.

Ich glaube, dass es an vielen Schulen noch immer dringend grundlegende Veränderungen (keine weiteren Reformen!) der schulischen Strukturen braucht, damit sowohl Lehrpersonen als auch Lernende ihr Potenzial noch viel besser entfalten können.

Natürlich ist es so, dass nicht nur das System, sondern sehr stark auch die einzelnen Lehrpersonen den Lern- und Entwicklungsprozess von Schülern beeinflussen. Begeisterte Lehrpersonen schaffen es oft viel leichter, das innere Feuer auch in den Schülern wachzuhalten oder wiederzuerwecken, als solche, die als Lehrer vielleicht noch nicht ganz ihre Berufung leben.

Oft fühlen sich aber begeisterte, innovative und kreative Lehrpersonen durch das aktuelle System am meisten eingeschränkt. Gerade für sie stellt der Schulwandel hin zur Glücksschule eine große Entlastung und Befreiung dar. Sie können an der Glücksschule ihr Potenzial voll und nicht nur wie jetzt oft eingeschränkt durch das System ausleben.

Ich wünsche mir, diesen Weg gemeinsam mit den vielen wundervollen Lehrpersonen gehen zu können, deren Herz auch für das Wohl aller Kinder schlägt!

Strukturen

Wären wir Erwachsenen offensichtlich glücklicher, als die Kinder es vor der Erziehung und Bildung sind, dann hätten wir vielleicht ein Recht darauf, sie zu belehren. Aber wir sind es nicht!

Für die meisten Menschen gehört es ganz einfach zur Schule, dass sie den Kindern vorgeben muss, was sie wann zu lernen haben sowie dass es Noten und Hausaufgaben braucht. Es grenzt an ein Tabu, diese Aspekte und Grundstrukturen der Schule komplett infrage zu stellen. Die wenigsten Menschen sind bereit, wirklich das gesamte Spiel zu hinterfragen und nicht nur die einzelnen Spielzüge. Häufig werden Lehrpersonen eher mit unzähligen aufwendigen und kostspieligen Reformen beschäftigt, als wirklich die grundlegende Haltung in Bezug auf die Kinder und die wirklich überholten Strukturen der Schulen zu verändern.

Die öffentliche Schule ist mit den aktuellen Strukturen noch immer weitgehend ein Werkzeug zum Vermitteln der Leidens- oder Trennungsrealität. Wie wir schon gesehen haben, ist jede Form von Trennung die Folge eines Lernprozesses. Wir geben die Welt, die wir gelernt haben wahrzunehmen, größtenteils unreflektiert weiter an die nächste Generation. Natürlich immer voller positiver Absichten, weil wir glauben, dass dies nötig sei, damit die Schüler begreifen, wie die Welt wirklich ist. Trotz all unserer positiven Absichten sind die Ergebnisse unserer Bildung nicht wirklich überzeugend.

Im Verlaufe der Schulzeit lernen viele Schüler, an sich selber zu zweifeln, entwickeln, wie schon erwähnt, Versagensängste, Minderwertigkeitskomplexe, Selbstwertprobleme, Sprachlosigkeit, Lernblockaden, Stresssymptome, Einsamkeit, Faulheit, Lustlosigkeit, Trägheit, Depressionen, Gleichgültigkeit, Konkurrenzdenken, Egoismus sowie einen starken Hang zu Fatalismus und zur Resignation. Fast die Hälfte aller Schüler gehen mit Angst in die Schule und über die Hälfte aller Schüler werden in der Schweiz aufgrund von Problemen in Bezug auf die Schule therapeutisch behandelt, häufig auch in mehreren Therapien gleichzeitig (Baz. 2011).

Durch ihre zentrale Stellung in unserer Gesellschaft hat die Schule einen sehr großen Einfluss auf die Weitergabe unserer Sicht der Wirklichkeit an die nächste Generation. Die Schule gestaltet somit sehr aktiv unser Realitätserleben, unsere gesamte gesellschaftliche Realität und damit auch unseren Zugang zu Glück oder Unglück mit.

„Die Kinder sind lernbegierig. Es ist die Schule, die aus aktiven passive Kinder macht – vor allem weil sie nicht auf deren Eigenheiten eingeht."

Remo Largo

Wie bereits gezeigt wurde, ist „unsere" Realität keineswegs so fest und stabil, wie wir das bisher stillschweigend angenommen und unseren Kindern weitervermittelt haben.

Die Realität erscheint nur so lange fest und stabil, wie wir uns an unsere erlernten Überzeugungen klammern und solange wir möglichst allen unangenehmen Emotionen und Gefühlen gleichermaßen auszuweichen versuchen. Wenn die Realität, die wir erleben, ein Produkt von Lernerfahrungen ist, dann ist es sinnvoll, zu erforschen, welches die Hauptquellen für unser aktuelles Realitätserleben sind. Dabei nimmt die Schule neben der Erziehung (Familie) und den Medien sicher die wesentliche Rolle ein, deshalb soll nun das Augenmerk auf die Frage gerichtet werden, was die aktuelle öffentliche Schule zum kollektiven und individuellen Realitätserleben beiträgt. Offiziell ist sie der Ort, an dem Lernen passiert, der Ort, an dem die Kinder auf das Leben als Erwachsene vorbereitet werden. Was vermittelt Schule mit den Strukturen, auf die sie im Moment aufbaut, aber wirklich? Was trägt sie bei zu unserem Realitätserleben?

Was vermittelt die Schule?

„In konventionellen Schulen sind Kinder im wahrsten Sinne des Wortes Gefangene; das Gesetz zwingt sie, zur Schule zu gehen. Sie haben nicht die Möglichkeit, ihren Neigungen entsprechend zu lernen; die Neigungen der Kinder werden als unwichtig angesehen und Erwachsene sagen ihnen, was sie lernen müssen. Sie machen das Beste daraus und versuchen, so viel Spaß wie möglich zu haben, aber sie unterstehen immer der Autorität von jemand anderem. Sie dürfen sich nicht so verhalten, wie sie es möchten, und sind nicht in der Lage, ihren eigenen Interessen nachzugehen."

David Gribble

Dass die Schule tatsächlich einen entscheidenden Platz im Leben unserer Kinder einnimmt, zeigen die folgenden Zahlen: Gemäß einer Studie von Unicef aus Deutschland arbeiten Kinder durchschnittlich 38,5 Stunden pro Woche für die Schule, ab der 9. Klasse sogar durchschnittlich 45 Stunden.

Die Hauptaufgabe der Schule liegt, wie schon erwähnt, vor allem im Vermitteln von Wissen. Aber die Schule hat auch das Ziel, einen wesentlichen Teil zur Sozialisation (Anpassung an die Gesellschaft und ihre Sicht der Realität) und Selektion (notenabhängige Zuordnung zu verschiedenen Leistungsstufen) der Kinder, dem Weiterbestand der Gesellschaft und zur Vorbereitung auf das Berufsleben beizutragen.

Kinder sind ursprünglich sehr, sehr neugierig, aber sie speichern langfristig nur die Themen ab, welche sie wirklich interessieren. Sehr viel vom gelernten schulischen Wissen bleibt nur im Kurzzeitgedächtnis. Nur das Lernen, welches eine individuelle emotionale Bedeutung hat, bleibt wirklich erhalten. Meist findet zudem in der Schule durch die vorgegebenen Unterlagen und den Unterricht nicht kreatives, entdeckendes und lebendiges Lernen statt, sondern fremdbestimmtes Wiedergabe- und Auswendiglernen. Dieses Lernen ist und bleibt oft wie ein Fremdkörper im Leben des Kindes, es wird nicht wirklich mit dem eigenen Erleben verbunden und bleibt größtenteils abstrakt und losgelöst. Hier stellt sich die zentrale Frage: Wie oft werden von außen festgelegte Lernziele wirklich erreicht und nicht nur oberflächlich (für die Prüfung) oder auch gar nicht erfüllt? Wie tief geht ein solches nicht intrinsisch motiviertes Lernen wirklich? Studien zeigen nämlich, dass der größte Teil unseres in unzähligen mühseligen Stunden auswendig gelernten Wissens wieder vergessen wird, weil es oft nur passives, aber nicht wirkliches, aktives Wissen ist. So konnte gezeigt werden, dass nur ungefähr 3–5 % unseres Wissens aus der Schule kommt und dass Abiturenten schon kurz nach dem Abitur nur noch 5–10 % des erlernten Wissens abrufen können. Und dabei glauben wir, die Schule sei so wichtig für unser Wissen.

Durch das extrinsisch motivierte Lernen und die vorgegebenen Lernziele für alle Schüler zur gleichen Zeit gibt es kaum Möglichkeiten für so wichtige Lernformen wie Lernen durch Versuch und Irrtum oder auch Lernen durch Einsicht. Oft dominiert das oberflächliche, konditionierte Lernen durch Verstärkung. Es wird das auswendig gelernt, was danach in der Prüfung verlangt wird. Die Frage: „Kommt das in der Prüfung?“ kennt wohl jede Lehrerin und jeder Lehrer, die in unserem Schulsystem unterrichten. Lernen geschieht also oft nicht in Bezug auf inneres Interesse, sondern vielmehr im Hinblick auf die spätere Belohnung oder Bestrafung durch die Note. Eigentlich ist das kein Lernen, sondern mehr eine Art Dressur.

„In der Schule bleibt von all dem dort vermittelten Stoff so wenig hängen, weil die Belehrung dem Lernen im Weg steht. Lernen ist eben nicht Kopieren, sondern Entdecken."

Reinhard Kahl

So lange unsere Schule auf einem fremdbestimmten Machtsystem aufbaut, nimmt es auch eine willkürliche Wertung von Lerninhalten vor (gewisse Fächer sind wichtiger, andere gibt es gar nicht). Aber was ist wirklich wichtig im Leben und wer kann das bewerten? Je nachdem, welchen Weg ein Kind wählen will, welche Begabungen und Talente es hat, sind logischerweise vollkommen andere Themen wichtig. Wie viele Talente und Begabungen gehen in einem System unter, das allen Schülern einen „Lerneinheitsbrei" aufzwingt? Viele Kinder erleben einen tiefen Schmerz und Frust, weil ihre Begabungen oder aktuellen Interessen sich nicht genau mit dem decken, was die Schule als wichtig erachtet.

Dazu kommt, dass die Kinder nicht wirklich einen praktischen Sinn in dem sehen, was sie lernen müssen (Sinn = aktueller Lebensbezug, intrinsische Motivation für ein Thema). Dann lernen sie auch, ein sinnloses Leben zu führen. Und wenn sie dies einmal gelernt haben, dann ist die Gefahr sehr groß, dass sich diese Sinnlosigkeit durch ihr ganzes Leben zieht.

Selbstreflexion:

Wie viele Erinnerungen gibt es bei dir noch in Bezug auf den Schulstoff deiner Grundschulzeit?

Wie viel von dem, was du damals gelernt hast, hast du wirklich benötigt in deinem Leben?

Veraltete Schule

„Unsere Schulen sind von gestern. Unser antiquiertes Bildungssystem mit seinen Auswahlkriterien ist den neuen Anforderungen nicht mehr gewachsen."

Gerald Hüther

Sozialisation

Weil die ursprünglichen Gesetze der Einheitsrealität immer mehr beginnen, die künstlichen Strukturen unserer Trennungsrealität aufzuweichen und aufzulösen, erleben wir im Moment einen großen globalen Wandel in allen Gesellschaftsbereichen. Alles kommt immer mehr in Bewegung, alles ist vernetzt und in ständiger Veränderung. Eine Schule mit veralteten und erstarrten Strukturen der Trennung kann die Schüler auf eine solche Welt nicht wirklich gut vorbereiten. Studien zeigen denn auch, dass sehr erfolgreiche Schüler noch keineswegs eine Garantie für späteren Erfolg im Berufsleben haben, weil es heute eben nicht mehr einfach nur zuverlässige Pflichterfüller braucht, sondern innovative Mitdenker, die selbstbestimmt Projekte und Lösungen erarbeiten und dabei möglichst sich selber und andere begeistern können (Flow). In der heutigen globalisierten Welt braucht es vor allem Menschen, die echtes Vertrauen in die eigene Lernfähigkeit haben, die große emotionale und soziale Kompetenzen aufweisen und die kreative sowie auch kritische Impulse in ein Team bringen können.

Das Ziel, unsere Kinder an die bestehende Gesellschaft anzupassen (Sozialisation), müsste aus meiner Sicht eindeutig revidiert werden. In der Glücksschule sollen vielmehr die Kinder und ihr ursprünglicher Zugang zum Glücklichsein eine Inspirationsquelle für einen grundlegenden Wandel der gesamten Kultur einleiten. Wieso sollen sich die Kinder an Strukturen und Weltbilder von uns Erwachsenen anpassen, wenn sie damit unglücklicher sind als ohne? Alles Lebendige ist in ständiger Veränderung. So sollte auch die Schule zu einem System werden, das total offen und flexibel auf neue Ideen reagiert und eingeht, anstatt die Kinder an ein erstarrtes und veraltetes System anzupassen. Wenn wir wirklich soziale, mitfühlende und rücksichtsvolle, statt nur angepasste Menschen wollen, dann müssen wir vor allem anderen diese Werte vorleben und das System sollte so beschaffen sein, dass diese Werte Platz haben, sich zu entfalten. Solange die Schule selber eine Atmosphäre der Konkurrenz, des Vergleichens, Bewertens, der Trennung und der Angst erzeugt, kann sie den Lernenden keinen wirklich sozialen und liebevollen Umgang mit anderen Menschen vermitteln. Viele Erwachsene gehen davon aus, dass die Kinder durch eine Schule, die auf Konkurrenz aufbaut, besonders gut auf unsere Wirtschaftswelt, die ebenso vom Konkurrenzdenken geprägt ist, vorbereitet werden. Spannenderweise sind aber in fast jedem Beruf nicht diejenigen Menschen am erfolgreichsten, die andere übertrumpfen können, sondern vielmehr diejenigen, die am besten in Beziehung zu anderen Menschen treten können! Vor allem aber sind diese Menschen, die echte verbundene Beziehungen leben können, nicht nur erfolgreich, sondern auch glücklich! Solange wir Menschen derart starke Schutzprogramme erlernen, mit denen wir uns identifizieren, werden wir tatsächlich vor allem eine Kultur des Konkurrenzkampfes erschaffen. Aber das Überleben unserer Kultur und vor allem auch unseres Planeten hängt stark davon ab, ob wir es schaffen, über diese Schutzprogramme hinauszuwachsen und eine Schule und Erziehung zu ermöglichen, in der unsere Kinder lernen, sich gegenseitig zu stärken, zu ermutigen, zu unterstützen und zu vertrauen. Ein solcher Wandel der Beziehungs- und Lernkultur ist die Grundlage für eine neue Gemeinschaft, die nachhaltig, weitsichtig und liebevoll mit allen Ressourcen, Lebewesen und der Natur umgeht.

Selektion

*„Selektion ist ein gefährlicher Evolutionsfaktor.
Sie bestärkt die Norm und eliminiert die Abweichung."*

Uwe-Carsten Edeler

Bei der nächsten beabsichtigten Hauptwirkung, der Selektion, geht es darum, dass die Schüler aufgrund der Bewertungen der Schule von außen in verschiedene Leistungsgruppen eingeteilt werden, was weitgehend die Möglichkeiten in Bezug auf spätere weiterführende Schulen und die Berufswahl festlegt. Auch dieser Aspekt ist sehr zweifelhaft, weil beispielsweise ganz viele Genies und kreative Denker, wie schon erwähnt, oft sogar Schulversager waren. Gerald Hüther schreibt dazu:

„Genies sind in der Mehrzahl frustrierte Schulabbrecher, unmotivierte Studenten, Eigenbrötler, unangepasste Querdenker und Musterbrecher. Sie haben weder besondere Schulerfolge noch ausgezeichnete Berufsabschlüsse oder hervorragende akademische Examen vorzuweisen."

Es ist sicher mehr als zweifelhaft, dass beispielsweise wirklich ein Zusammenhang zwischen guten Schulnoten und einem guten Arzt besteht. Oder ob ein guter Arzt nicht vor allem Fähigkeiten wie beispielsweise Empathie, Gelassenheit, Klarheit und innere Ruhe braucht, statt die Fähigkeit, Dinge auswendig zu lernen und wiederzugeben. Wenn Selektion von außen ein Ziel der Schule sein soll, dann braucht die Schule auch Schulversager, das ist unausweichlich, weil sonst die ganze Selektion nicht funktioniert. Und das aktuelle System produziert sehr viele „Versager". Durch die Bewertung mit Noten liegt systembedingt stets ungefähr die Hälfte aller Schüler bei einer Prüfung unter dem Durchschnitt. Außerdem wird noch immer an vielen Schulen der Gesamtdurchschnitt einer Klasse künstlich nach unten angepasst, wenn er zu hoch ist. Obwohl das ja auch ein Zeichen sein könnte, dass diese Klasse und ihr Lehrer vielleicht außergewöhnlich gut gearbeitet haben. Diese unglaubliche Praktik zeigt sehr gut, dass es im aktuellen System keineswegs darum geht, möglichst viele erfolgreiche Schüler zu haben, sondern dass vielmehr das Selektionieren auch Versager braucht und aktiv produziert. Eigentlich müsste es das Ziel jeder Schulklasse sein, dass alle Schüler möglichst sämtliche Lernziele erreichen und deshalb die Maximalnote erhalten. Ist das nicht der Fall, dann könnte das ja auch eine Rückmeldung zur Qualität des Unterrichts der Lehrperson sein, aber es muss keineswegs als Leistungsmessung der einzelnen Schüler gedeutet werden.

Das heißt, mindestens die Hälfte aller Schüler eines solchen Systems fühlt sich immer wieder als Versager (diejenigen, die in der Prüfung entweder unterhalb des Durchschnittswerts liegen, und oft auch solche, die nicht die Bestnote geholt haben). Jeder Fehler, Punkt- und Notenabzug ist im Prinzip ein Versagen oder kann zumindest so gedeutet werden.

In der Zeit, als ich die Matura auf dem zweiten Bildungsweg nachgeholt hatte, gab es in meiner Klasse einen jüngeren Mann, der ständig Bestnoten in allen Fächern hatte. Als er nach fast einem Jahr merkte, dass er wegen der Doppelbelastung von Schule und Arbeit manchmal auch nur gute statt sehr gute Noten erreichte, brach er das Abitur abrupt ab. Er hätte sie mit seinen Fähigkeiten zwar sicher mehr oder weniger mühelos geschafft, aber es reichte ihm nicht, nur gut zu sein – er wollte ausschließlich sehr gut sein …

Dabei sind Selektion oder Auswahl selber natürlich kein Problem, solange sie von innen kommen und nicht von außen. Einzig interessengeleitete Selektion macht wirklich Sinn. Es ist weder sinnvoll noch nachvollziehbar, dass für gewisse Berufe und Ausbildungen nur diejenigen infrage kommen sollen, die gute Noten in der Schule haben. Viel wertvoller und nachhaltiger wäre es, wenn diejenigen einen Beruf oder eine Ausbildung machen können, die auch wirklich Interesse, Freude und Spaß daran haben. Das würde die allgemeine Arbeits- und Ausbildungsqualität erheblich steigern und vor allem auch die Lebenszufriedenheit der Menschen.

Die Tatsache, dass durch unser Bewertungssystem weit mehr als die

Hälfte aller Schüler wiederholt und regelmäßig Misserfolgs- und Versagenserfahrungen in Prüfungen machen, ist für unsere gesamte Kultur und unser Zusammenleben absolut fatal. Dieses System ist aus meiner Sicht eine sehr massive Form von Gewalt an der Integrität von Kindern. Was es emotional bedeutet, wenn ein Kind sich selber oft über Jahre immer wieder als Versager erlebt, wird dabei anscheinend übersehen. Die Auswirkungen dieses Systems sind sehr weitreichend und führen bei vielen Schülern zu einer großen inneren Ohnmacht und Wut, die sie entweder nach außen oder gegen sich selber richten. Diese wohl unbewusste Gewalt der Schule an den Schülern kommt also wieder zurück. Einige Zeichen davon sind Vandalismus, kindliche Suizidversuche, Depressionen, Gewaltakte, früher Hang zu Süchten oder Drogenkonsum. Der bekannte Schweizer Kinderarzt und Bildungsforscher Remo Largo sagt dazu: *„Wenn empirisch nachgeprüft wird, ob Hausaufgaben und Noten den Lernerfolg verbessern, stellt man keinen Lernerfolg fest. Schüler wie auch Eltern werden damit nur schikaniert.“*

Diverse Studien zeigen außerdem, dass die Schule nicht im Geringsten Chancengleichheit für alle ermöglicht, die Selektion über Schulnoten ist auch deshalb alles andere als fair. Jungs haben es beispielsweise deutlich schwerer, in der Schule zurechtzukommen, und auch Kinder von Eltern mit geringer Vorbildung leiden oft sehr unter dem aktuellen System. Dieser Punkt ist schon seit Langem bekannt. Die Schule hat aber bisher diesbezüglich kaum etwas an ihrem System und ihren grundlegenden Zielen geändert.

„Das vornehmlichste Erziehungsziel ist, Menschen zu schaffen, die fähig sind, neue Dinge zu tun, nicht einfach das zu wiederholen, was andere Generationen taten – Menschen, die schöpferisch, erfinderisch, die Entdecker sind. Das zweitwichtigste Erziehungsziel ist, Geister heranzubilden, die kritisch sind, verifizieren können und nicht alles hinnehmen, was man ihnen anbietet.“

Jean Piaget

Was die Schule noch vermittelt

„Die Schule stammt aus dem 19. Jahrhundert, die Eltern und Lehrer sind aus dem 20. Jahrhundert und die Kinder leben im 21. Jahrhundert."

Remo Largo

Bei genauerer Betrachtung zeigt sich, dass die wirklich wesentlichen Lernprozesse, die Schüler an der öffentlichen Schule machen, nicht den offiziellen Unterrichtsstoff betreffen, sondern vielmehr durch den vorgelebten Umgang mit Menschen passieren (Lernen durch Nachahmung). Durch die Strukturen, den Geist, der an der Schule herrscht, die Kommunikationsformen, die Art, wie Beziehungen geführt werden, und die Begrenzungen, welche die Schulstrukturen aufweisen, wird implizit ein Möglichkeitsrahmen für das Leben vermittelt, vorgelebt und weitergegeben. Viele Aspekte des Schul- und Erziehungsalltags, die für uns vielleicht total selbstverständlich scheinen, bewirken oft entscheidende und wesentliche Lernprozesse, auf denen sich die Struktur für unsere kollektive Realität aufbaut. Es fällt uns schwer, Dinge zu hinterfragen, die seit früher Kindheit selbstverständlich so waren und scheinbar für alle Menschen so sind (wegen der kollektiven Wahrnehmungsbrille). Aber genau diese Dinge, über die sich alle Menschen einig sind und die als total normal und selbstverständlich angesehen werden, müssen infrage gestellt werden, wenn sich in uns die Möglichkeit für eine neue, befreite Glücksrealität öffnen soll. Weil Kinder Wesen sind, die aus der Verbundenheit kommen, sind sie in erster Linie Beziehungswesen und ganz egal, wie viel Unterrichtsstoff vermittelt wird, wie toll dieser Stoff aufbereitet und an die Kinder weitergegeben wird, die gesamten Lernprozesse in Bezug auf den sozialen Umgang werden den eigentlichen Unterrichtsinhalt immer um Welten übertreffen. Das Lernen am Modell ist viel entscheidender als alle anderen Lernformen.

So kann es beispielsweise sein, dass in einer Schulklasse während einer durchschnittlichen Schulstunde einige Schüler am Träumen oder Dösen sind, bis vielleicht ein Schüler den Lehrer mit irgendeiner Aussage herausfordert oder dem Lehrer nicht gleich gehorcht. In diesem Moment sind schlagartig alle Schüler wieder hellwach. Jetzt geht das Leben und Lernen weiter. Wie wird der Lehrer jetzt reagieren? Das Nachahmungslernen ist voll aktiviert. Egal, wie er reagiert, die Schüler sind hellwach und werden auf jeden Fall etwas daraus lernen!

Nebenwirkungen der öffentlichen Schule

„Die Schule ist eine Institution, die auf dem Axiom beruht, Lernen sei das Ergebnis von Lehren. Und die institutionelle Weisheit akzeptiert dieses Axiom weiterhin, trotz überwältigender Beweise für das Gegenteil."

Ivan Illich

Wenn die Schule ein Medikament wäre und das Ziel hätte, Unwissenheit zu behandeln, zu selektionieren und zu sozialisieren, dann wäre es, wie schon erwähnt, ein nicht sonderlich erfolgreiches Medikament. Wenn das Medikament Schule außerdem, wie viele andere Medikamente auch, Nebenwirkungen hätte, dann wären diese ziemlich ausgeprägt und weitreichend.

So verlieren die Kinder in einer Schule, die noch auf dem Machtprinzip aufbaut, oft ihre ursprüngliche Begeisterungsfähigkeit und Freude am Lernen, weil sie den Bezug zur Einheitsrealität sowie zu ihren wahren Bedürfnissen und Gefühlen verlieren. Durch den Zwang und Druck von außen, durch die Bewertung, Kritik und Manipulation und auch, weil der spontane und unmittelbare Lebens- sowie Gefühlsausdruck durch die Machtstrukturen der Schule behindert wird, entwickeln viele Kinder außerdem, wie wir schon gesehen haben, eine große innere Ohnmacht und Wut. Einige wichtige Lernerfahrungen, die Schüler an der öffentlichen Schule im bisherigen System machen, haben wir bereits betrachtet:

- Die Weitergabe der Realitätssicht von uns Erwachsenen (Trennungsrealität) und der gleichzeitige fortschreitende Verlust des Zugriffs auf die ursprüngliche Einheitsrealität mit all ihren Qualitäten.
- Des Weiteren werden den Kindern tagtäglich in der direkten Anwendung die verschiedenen Grundlagen und Strategien des Machtprinzips vermittelt, das sie dadurch selber auch anzuwenden und weiterzugeben lernen.
- Die Vorstellung von sicherem Wissen, die enorme Wichtigkeit von Wissen und der Glaube an das sichere Wissen sind ebenfalls ein wesentlicher Lernpunkt.
- Auch zum Erlernen unserer Identität und des Selbstwerts trägt die Schule durch Bewertung und Zuschreibung einen wesentlichen Teil bei.

Aber die Schule vermittelt, solange sie noch auf dem Prinzip Macht aufbaut, den Kindern durch ihre Strukturen und ihren Umgang mit den Schülern noch viel mehr Bilder, Vorstellungen, Strategien und Überzeugungen, die sich alle prägend auf das Realitätserleben der Schüler auswirken.

Wir wollen im Folgenden einige wesentliche „Nebenwirkungen" noch genauer anschauen:

- Das Menschenbild
- Das Bild vom Lernen
- Das Leistungsprinzip
- Opferrolle
- Sprachlosigkeit
- Lernen und Leben für die Zukunft
- Mangeldenken und Mangelrealität (Fehlerdenken)
- Werte
- Durchschnittlichkeit
- Bewegungsmangel
- Umgang mit Gefühlen

a) Das Menschenbild der öffentlichen Schule:

„Kinder lernen am besten, wenn sie den Lernstoff selbst bestimmen können. Als geborene Entdecker genießen sie es, ihre Neugier zu leben."

Gerald Hüther

Wenn eine öffentliche Schule noch auf dem Machtprinzip aufbaut, dann legt sie meist ihr Menschenbild nicht offen dar, aber aus ihrer Struktur sowie dem Umgang mit dem Lernen und den Kindern lässt sich das Menschenbild dennoch unschwer ableiten. Wenn das Menschenbild dennoch offen formuliert wird, dann klingt das meist sehr positiv, aber es hapert aufgrund der starren, veralteten Strukturen oft bei dessen Umsetzung. Solange die Lerninhalte von außen festgelegt werden und das System noch auf extrinsischer Motivation mit Belohnung und Bestrafung in Form von Noten aufbaut, vermittelt eine solche Schule das Menschenbild, dass Kinder nicht lernen wollen, sondern von außen dafür motiviert und bewegt werden müssen. Das Menschenbild hinter dem Machtprinzip, wie es an der Schule weiterhin oft angewendet wird, geht implizit von einem faulen, unmündigen Menschen aus, der nur dank des klaren Rahmens von außen eine sinnvolle Entwicklung machen kann. Den Kindern wird dadurch auch vermittelt, dass sie von Natur aus faule und passive Wesen sind, die erst dann lernen, wenn sie unter Druck gesetzt werden. Weiter wird davon ausgegangen, dass Kinder nicht die Kompetenz haben, selber zu wissen, was für sie in ihrem Leben wichtig ist, deshalb muss auch von außen über sie bestimmt werden. Dieses Menschenbild geht außerdem vom Menschen als einem mit dem Verstand definierbaren, begrenzten und getrennt existierenden Wesen aus. Natürlich wird dieses Menschenbild durch die Realität im Sinne einer selbsterfüllenden Prophezeiung auch bestätigt. Die Kinder werden tatsächlich mit der Zeit faul, unmündig und passiv. Aber wer schon je kleine Kinder beim Spielen beobachtet hat, weiß mit Sicherheit, dass das nicht ihr ursprünglicher Zustand war!

b) Das Bild vom Lernen

„Wir können jederzeit etwas Neues lernen, vorausgesetzt, wir glauben, dass wir es können."

Virginia Satir

Solange die öffentliche Schule auf Auswendiglernen, auf von außen motiviertes Lernen sowie auf dem üblichen Bewertungssystem aufbaut, vermittelt sie auch, dass Lernen anstrengend ist und viel Energie braucht.

Üben, üben, üben, pauken, eintrichtern und büffeln, wir haben viele Begriffe, um auszudrücken, dass Lernen nicht etwas Schönes und Müheloses ist, sondern anstrengend und voller Kampf oder Krampf. Aus der Psychologie weiß man, dass Lernen immer zustandsspezifisch ist. Bei jedem Lernprozess wird also immer die gesamte Situation abgespeichert und nie nur die offiziellen Lerninhalte. Das heißt, dass beispielsweise in einer Mathestunde nicht nur das Bruchrechnen oder die Multiplikation abgespeichert werden, sondern immer gleichzeitig auch der aktuelle emotionale Zustand und allgemein die Stimmung, die in der Mathestunde herrscht. Ja, es werden sogar die aktuellen Gerüche, Geräusche und allgemein alle gleichzeitig stattfindenden sinnlichen Wahrnehmungen abgespeichert. Die gesamte Bandbreite an sinnlichen Wahrnehmungen einer Erfahrung wird miteinander verknüpft.

In der herkömmlichen Schule werden mit dem Begriff „lernen" unter anderem auch Angst, Langeweile, Versagen, Anstrengung, Widerstand, Bewertung, Müssen, Mühsal, Kampf, Leiden, Frustration, Zwang und Druck verknüpft. All diese Dinge lernen wir also noch nebenbei beim extrinsisch motivierten Lernen. Ein solches Bild vom Lernen blockiert den Lernprozess massiv und verunmöglicht Flow-Erfahrungen beim Lernen mehr und mehr. Während kleine Kinder noch lernen wollen, haben größere Kinder in der Schule schon bald gelernt, dass sie lernen müssen.

Wenn die Schulstrukturen auf dem Prinzip Macht aufbauen, verknüpfen viele Schüler das Lernen mit Angst. Aber Angst aktiviert das Schutzprogramm, welches einen Teil der Aufmerksamkeit für den Selbstschutz besetzt. Das heißt, es steht nicht die volle Aufmerksamkeit zur Verfügung, was die Fähigkeit zu Flow-Erfahrungen sehr stark mindert und damit den optimalen Lernprozess behindert.

Wenn Menschen gelernt haben, zu glauben, dass Lernen anstrengend ist, dann werden sie grundsätzlich eine Realität erleben, die ihnen diese Überzeugung bestätigt.

Alles, was wir neu lernen wollen, wird vom bestehenden Bild des Lernens beeinflusst und oft sogar verunmöglicht.

Aber eigentlich wissen wir noch immer nicht im Geringsten, wie Lernen wirklich passiert. Geschieht Lernen sozusagen über Nacht? Wie erwerben Kinder neue Fertigkeiten? Läuft das wirklich über das Unterrichten, Belehren und das Üben?

Wie oft werden von außen festgelegte und vermittelte Lernziele wirklich erreicht und nicht nur oberflächlich (kurzzeitig für die Prüfung) oder auch gar nicht erfüllt? Wie wir schon gesehen haben, geht ein solches nicht intrinsisch motiviertes Lernen sehr rasch wieder verloren.

Vielleicht würde Lernen ja vollkommen mühelos und leicht geschehen, wenn wir nur ein anderes Bild davon hätten. Weil wir unsere Realität selber erschaffen und sie nur einen Spiegel unserer Überzeugungen darstellt, ist das Bild, das die herkömmliche Schule vom Lernen vermittelt, sehr problematisch und einschränkend. In den ersten Lebensjahren lernen Kinder unglaublich viele Fertigkeiten spielerisch leicht sowie mit sehr viel Spaß und Geduld – also bevor sie gelernt haben, dass Lernen anstrengend und mühselig ist. Das Hauptproblem beim Lernen an der öffentlichen Schule liegt allerdings darin, dass den Kindern von außen vorgegeben wird, was sie wann lernen und auch wiedergeben müssen, deshalb geht auch die Freude am Lernen bei sehr vielen Schülern schon in den ersten Schuljahren immer mehr verloren. Vielleicht könnte man einfach sagen, dass extrinsisch motiviertes Lernen anstrengend und mühsam ist. Intrinsisch motiviertes Lernen dagegen ist freudvoll, lebendig und beglückend!

Sensible Phasen

Jedes Kind hat für verschiedene Entwicklungs- und Lernschritte zu seiner Zeit eine sensible Phase. Die sensible Phase ist ein Zeitraum, in dem sich das Kind für ein entsprechendes Thema interessiert und es somit am idealsten lernen kann. Es ist, wie wenn sich dann innerlich eine Türe öffnet für dieses Thema, so dass Lernen dann ganz mühelos und freudvoll passieren kann. Kinder haben beispielsweise zu sehr unterschiedlichen Zeiten eine sensible Phase für das Laufenlernen, Sprechenlernen, Velofahren oder auch für das Trockenwerden. Solche Unterschiede sind bis zu einem gewissen Grad total natürlich. Remo Largo konnte beispielsweise zeigen, dass die Entwicklungsunterschiede bei siebenjährigen Kindern mindestens 3 Jahre betragen. Die sensible Phase für Lesen, Schreiben, Rechnen usw. kann deshalb je nach Kind auch in einen sehr unterschiedlichen Zeitraum fallen. Aber wenn in einer Schule alle gleichzeitig das Gleiche lernen müssen, dann heißt das, dass gewisse Kinder sich immer unter- und andere überfordert fühlen, dass dadurch auch nur ein Teil der Kinder für ein Thema aktuell von innen heraus motiviert ist und andere eben nicht. Das heißt, längst nicht alle Schüler besitzen die gleichen idealen Lernvoraussetzungen für unterschiedliche Themen. Wenn Kinder sich aber vor der sensiblen Phase mit einem Thema beschäftigen müssen, dann fällt ihnen das Lernen sehr schwer, wird anstrengend und führt oft nicht zu guten Ergebnissen. Hätten wir das Vertrauen, dass jedes Kind wirklich lernen will, dann könnte sich jedes Kind zu seiner Zeit mit den wichtigsten Kulturtechniken auseinandersetzen. Hätten wir dann überhaupt noch Kinder, die von sich glauben, Mathe oder Sprachen nicht zu können? Beim wirklich selbstorganisierten Lernen würden die Kinder sich erst dann mit einem Thema beschäftigen, wenn sie eine sensible Phase dafür haben. Dann würde Lernen stets mühelos, freudvoll und rasch geschehen. Im freien Spiel suchen sich Kinder auch von selber die Tätigkeiten heraus, für welche eine sensible Phase besteht, und entwickeln diese über das Spiel oft ganz mühelos, voller Geduld und Begeisterung. Dies ist ein weiterer Grund, weshalb das Spiel die wichtigste Lernform für Kinder darstellt.

Kinder wollen lernen

„Es gibt keine sicherere Art und Weise, die Begeisterung und das Interesse für ein Thema abzutöten, als es zu einem obligatorischen Bestandteil des Lehrplans zu erklären."

Paul Lockhart

Kinder wollen lernen – wir aber bringen ihnen bei, dass sie lernen müssen.

Dabei verlieren sie weitgehend die Lust und Freude am Lernen selber. Die Freude am Lernen ist die wichtigste Ressource des Menschen für ein gesamtes Leben. Dies vor allem in unserer Zeit, in der das lebenslange Lernen so wichtig geworden ist. Deshalb ist es für die Schule absolut zentral, ihr Bild vom Lernen grundlegend zu überdenken. Ziel der Schule müsste es deshalb vor allem sein, die Freude am Lernen bei allen Schülern zu erhalten, zu fördern und das Vertrauen in die eigenen Lernfähigkeiten zu stärken.

Eine Studie aus Deutschland zeigt, dass 53 % der Sechsjährigen noch immer Spaß (innere Motivation, Begeisterung) am Lernen haben. Bei den 13-Jährigen sind es dagegen nur noch 6 %. Über ein Drittel der 13-Jährigen hat nur noch selten oder gar keinen Spaß mehr am Lernen. 58 % hat in diesem Alter nur noch manchmal Spaß am Lernen.

Selbstreflexion:

Wie viel Freude am Lernen hattest du am Ende deiner Schulzeit noch?

Wie viel Freude am Lernen beobachtest du bei den Oberstufenschülern und wie viel ist bei den Erstklässlern noch da?

Welches Bild von Lernen hast du für dich entwickelt?

c) Das Leistungsprinzip

Neben dem Machtprinzip ist auch das Leistungsprinzip ein sehr zentraler Aspekt unserer westlichen Kultur, und eine „Nebenwirkung“ des herkömmlichen Schulsystems. Das Leistungsprinzip baut auf folgenden wesentlichen Punkten auf:

- Liebe gegen Leistung: Ich muss viel leisten und mich anstrengen, um mich danach selber liebenswert zu finden oder um von anderen geliebt zu werden.
- Die Liebe, die ich nach erbrachter Leistung bekomme oder anderen gebe, ist natürlich nicht wirklich Liebe, denn diese ist bedingungslos, sondern im Leistungsprinzip sind der Ersatz für Liebe Belohnung, Lob, Bestätigung oder auch Geld.
- Die erbrachte Leistung sollte messbar und klar erkennbar sein. Dabei zählt nur das erreichte Ziel. Der Prozess selber (der Weg zum Ziel) ist eigentlich nur ein Mittel zum Zweck, um das zukünftige Ziel zu erreichen.
- Nach dem Erreichen des Ziels gibt es einen kurzen Moment der Befriedigung, bevor das Streben nach neuen Zielen weitergeht.
- Wenn ich mich mit dem Leistungsprinzip identifiziere, fühle ich mich nicht frei, sondern vielmehr gefangen in scheinbaren Sachzwängen und Anspruchshaltungen. Ich bin oft nicht mehr wirklich in Kontakt mit meinen ursprünglichen Bedürfnissen der Einheit, sondern strebe wie hypnotisiert nach Sicherheit und Kontrolle, indem ich (immer mehr) leiste. Ich befinde mich in einer Art Funktionsmodus und habe deshalb oft das Gefühl, nicht wirklich zu leben, während ich glaube, unglaublich viel arbeiten zu müssen.

Das Leistungsprinzip geht davon aus, dass Höchstleistungen nur unter Anstrengung und Krampf möglich sind. Das Phänomen des Flow aber zeigt, dass das so in keiner Weise stimmt. Im Gegenteil, je mehr wir uns anstrengen und Höchstleistungen erzwingen wollen, desto mehr verspannen wir uns, kommen unter Stress oder es treten innere Widerstände gegen diesen mühsamen Kampf auf. All diese Punkte mindern unsere Leistungsfähigkeit oder spalten sogar einen Teil der gesamten Aufmerksamkeit ab. Denn Höchstleistungen finden unter entspannten, freudvollen und spielerischen Umständen mühelos statt, nicht dann, wenn wir unter Druck stehen oder Leistungen erbringen müssen, um uns liebenswert zu fühlen. Im Flow ist im Gegensatz zum Leistungsprinzip der Prozess, der zu einem Ziel führen kann, selbst schon erfüllend und beglückend. Im Flow lebt ein Mensch komplett im jetzigen Moment, während im Leistungsprinzip die gesamte Energie auf das Erreichen des Ziels in der Zukunft gerichtet ist. Dadurch, dass der Antrieb hinter dem Leistungsprinzip die Angst vor Ablehnung oder Versagen ist, basiert es eigentlich auf extrinsischer Motivation. Intrinsische Motivation wie im Flow zeigt sich stets in der Freude am Tun selber. Das Leistungsprinzip ist so gesehen das genaue Gegenteil des Flow und diesem in allen wesentlichen Aspekten unterlegen. Kurzzeitig können zwar auch unter Stress zusätzliche Ressourcen mobilisiert und außerordentliche Leistungen erbracht werden, wenn die Angst nicht zu groß ist, aber langfristig werden Menschen, die im Leistungsprinzip gefangen sind, krank und brennen aus. Das Streben nach Anerkennung, Bestätigung und Belohnung durch Leistung ist eine wesentliche Grundlage von Stress und Burn-out. Menschen, die sich stark mit dem Leistungsprinzip identifizieren, sind oft angespannt, fast schon süchtig nach Arbeit. Sie haben dann auch große Schwierigkeiten, das Leben wirklich zu genießen.

Das Leistungsprinzip zeigt sich in allen Lebensbereichen. Auch in Bereichen, in denen es nicht nur leidvoll und anstrengend, sondern wirklich hinderlich ist. Wir gehen tendenziell alle Lebensthemen mit dem Leistungsprinzip an. So ist beispielsweise das Leistungsprinzip bei der Sexualität sehr oft aktiv, obwohl es dort wirklich leidvoll und hinderlich ist. Es geht dann beispielsweise darum, länger zu können, oder die ganze Energie richtet sich auf das Erreichen des Ziels, den Orgasmus. Die sexuelle Begegnung als solche kann oft nicht wirklich genossen werden.

Wenn aber die hinter dem Leitungsstreben liegenden Ängste und Emotionen erforscht und integriert werden, verliert das Leistungsprogramm mehr und mehr an Bedeutung.

Auch im Umgang mit Kindern, die für eine ideale Entwicklung in erster Linie bedingungslose Liebe brauchen, ist das Leistungsprogramm sehr verletzend. Erwachsene, die sich mit diesem Programm identifizieren, habe große Mühe, mit Kindern in eine wirkliche Verbindung zu gehen, weil sie nicht ganz präsent im jetzigen Moment und somit nicht mit sich selber verbunden sind, sondern hastig dem nächsten Ziel oder irgendwelchen Sachzwängen hinterherrennen. Liebe ist absichtslos, herzlich und entspannt, das Leistungsprogramm ist zielgerichtet, kopfgesteuert und angespannt. Das Leistungsprinzip baut auf dem erlernten Schutzprogramm auf und ist eigentlich eine Überlebensstrategie, um Ängste und andere unangenehme, verdrängte Emotionen mit dem Erbringen von erwünschten Leistungen zu überspielen.

Leistungsprinzip in der Schule

Die herkömmliche Schule selber baut ihre Strukturen sehr stark auf dem Leistungsprinzip auf und vermittelt diese Lebenshaltung auch den Kindern. So lernen Kinder in der Schule schon früh, dass sie leisten müssen (die Pflicht erfüllen), um eine Belohnung (gute Note und Anerkennung von Eltern und Lehrpersonen) zu bekommen. Das heißt, die Kinder lernen, vor allem auch in der Schule, noch immer oft ihren Selbstwert über die von den Lehrpersonen bewerteten Leistungen zu definieren. Sie lernen zudem, dass zumeist nur das Endergebnis zählt, nicht aber ihr eigener innerer Prozess, weil dieser nicht messbar ist. Sie lernen zudem, dass das Leben ein anstrengender Kampf ist und dass das verbissene Erreichen von (meist von außen festgelegten) Zielen wichtiger ist als die Verbundenheit sowie die Freude am Leben und Spielen. Sie lernen zu leiden, um geliebt zu werden.

Perfektionismus

Eng verwandt mit dem Leistungsprinzip ist ein weiteres leidvolles Programm, der Perfektionismusanspruch. Auch dieses Programm vermittelt die Schule, indem sie Kinder für „Fehler" mit Notenabzügen bestraft. Der Perfektionismusanspruch basiert auf einer sehr genauen und oft auch engen Vorstellung davon, was richtig und falsch ist und wie etwas zu sein hat. Wenn die erfahrene Realität nicht vollständig mit der Vorstellung übereinstimmt, dann entzieht sich ein Mensch mit Perfektionismusanspruch selber die Liebe.

Im Prinzip sind sowohl das Leistungsprinzip als auch der Perfektionismusanspruch Leidens- und Selbstbestrafungsprogramme. Sie sind Teil des Leistungsprogramms, das die Gedanken uns vorgaukeln, dass es (halt) nicht anders geht und dass die Welt und das Leben einfach so funktionieren. Aber das ist nichts weiter als eine selbsterfüllende Prophezeiung. Kinder und weise Menschen, die in der Einheitsrealität leben, folgen diesen Programmen nicht (mehr), weil sie die Verbundenheit und die Freude am Sein stets über irgendwelche Sachzwänge und Ziele stellen. Sie erfahren, dass sie ihre Ziele viel müheloser, freudvoller und besser erreichen, wenn sie diese entspannt und im Flow mit dem jetzigen Moment angehen. Wenn eine Schule diese Leidensprogramme selber lebt, weitergibt und auf die Schüler anwendet, trägt sie einen großen Teil dazu bei, dass der Zugang zum ursprünglichen Glücklichsein, zum Flow und zur Freude am Tätigsein bei vielen Schülern immer mehr verloren geht. Der Mensch, die Verbundenheit und das Glück können erst dann auch in der Schule im Zentrum stehen, wenn sie sich komplett vom Macht- und Leistungsprinzip löst und sich den Ängsten dahinter stellt. Das heißt in keiner Weise, dass Kinder dann nicht mehr lernen, etwas zu leisten, im Gegenteil, ihre Leistungen werden deutlich besser werden und vor allem mit Freude und Verbundenheit einhergehen.

d) Opferrolle

„Die harmonische Entfaltung von Kindern ist ein natürlicher und darum langsamer Prozess. Unsere Aufgabe ist es, die rechten Bedingungen dafür zu schaffen, aber nicht, den Prozess zu beschleunigen. Bringen wir es als Erwachsene fertig, diese inneren Prozesse nicht durch unsere Ungeduld zu stören, sondern ihnen den nötigen Nährstoff zu liefern, so lernt das Kind, auf eigenen Füßen zu stehen und nicht sein Leben lang von äußerer Führung abhängig zu sein."

Rebeca Wild

Durch den ständigen Zwang und Druck von außen, durch die Bewertung, Kritik und Manipulation und auch weil der spontane und unmittelbare Lebens- sowie Gefühlsausdruck durch die Machtstrukturen der Schule behindert werden, lernen Kinder ihre Lebendigkeit und Spontanität durch braves, von außen erwünschtes und angepasstes Verhalten zu ersetzen, um dafür belohnt oder wenigstens nicht bestraft zu werden. Sie rutschen in die Opferrolle, sind immer mehr umgeben von Sachzwängen, müssen sehr viel und geben so auch immer mehr die Verantwortung für ihr Glücklichsein an andere Menschen ab. Die Tatsache, dass Kinder lernen, die Verantwortung für ihr Leben und ihr Glück anderen Menschen zu übergeben, hat massive Folgen auf ihr Beziehungs- und Sozialverhalten, auch im späteren Erwachsenenleben. Hier liegt die Basis für Abhängigkeiten und Gewalt in Beziehungen. Der Weg zurück in die wirkliche Selbstverantwortung und das Ablegen der Opferrolle ist für viele Erwachsene ausgesprochen anspruchsvoll. Denn Opfer ziehen Täter an und stecken oft in einem Kreislauf aus Macht und Ohnmacht fest. Wenn wir also unsere Kinder wirklich davor schützen wollen, Opfer anderer Menschen zu werden, dann müssen wir vor allem dafür sorgen, dass sie in Bezug auf Erziehung und Schule sicher nicht zu Opfern erzogen werden. Das geht aber nur, wenn das Prinzip Macht an der Schule komplett überwunden wird. Eng mit der Opferrolle zusammen hängt ein weiteres erlerntes Muster, die Sprachlosigkeit.

e) Sprachlosigkeit

Ursprünglich sind Kinder komplett ehrlich, echt, ungeschminkt und offen. Sie drücken ihre Bedürfnisse, Wünsche und Gefühle direkt und unmittelbar aus. Das heißt, auch transparente Kommunikation ist eine ursprüngliche kindliche Fähigkeit, die nur überdeckt werden kann. Auch wenn Kinder zunächst die verbale Sprache für ihren Selbstausdruck noch nicht nutzen können, ist ihre Kommunikation doch oft weit klarer als unsere erlernten Kommunikationsmuster, die häufig aus Machtstrategien wie Vorwürfen, Ratschlägen, Urteilen und auch Kritik bestehen.

Die Kommunikationskultur an Schulen dagegen ist oft keineswegs gewaltfrei und verbindend, weil oft auch die Kommunikation als Machtwerkzeug des Schutzprogramms eingesetzt wird. Vielmehr ist die Sprache an vielen Schulen noch immer geprägt von Wertungen, Zuschreibungen, Vorwürfen, Kritik oder Sprachlosigkeit, denn ein System, das von oben herab vorgibt, was die Kinder wann lernen und tun müssen, kann nicht wirklich Raum für eine offene und respektvolle Kommunikation bieten. Kinder haben an der Schule meistens kein Mitspracherecht und es gibt aufgrund des straffen Lehrplans auch kaum Zeit für den Ausdruck von aktuellen Gefühlen, Ängsten oder Bedürfnissen. Die Kinder lernen deshalb, ihre eigenen Bedürfnisse, schwierigen Gefühle und Ängste genauso zu unterdrücken oder über verzerrte, indirekte und komplizierte Machtstrategien auszudrücken, wie wir Erwachsenen das oft tun. Schüler lernen zu schweigen, auch wenn sich etwas für sie nicht stimmig anfühlt, statt gewaltfrei zu kommunizieren, indem sie ihre Bedürfnisse und Gefühle ausdrücken. Dieser Mangel an echter und offener Kommunikation macht unser Zusammenleben in Beziehungen, bei der Arbeit und in den Schulen so unglaublich anspruchsvoll und kompliziert.

Nur Angst hindert uns daran, auszusprechen, was uns wirklich innerlich bewegt. Die Angst ist die Hüterin der Sprachlosigkeit oder noch eher die Angst vor der Angst. Wahre Kommunikation spricht alle Störungen, alles scheinbar Trennende an, um die ursprüngliche Verbundenheit hinter dem Trennenden wieder erfahrbar zu machen. Genauso wie alles Trennende gelernt ist, ist auch die Sprachlosigkeit gelernt.

Es gibt aber auch sprachlose Vielredner. Wir können sehr viel sprechen und dabei doch sprachlos sein, weil wir das, was wirklich wesentlich ist, nicht ansprechen. Viele Tage und Abende verbringen Menschen mit trivialem Gerede, das sich für alle Beteiligten schwer, unbefriedigend und langweilig anfühlt. In dem Maß, in dem wir den Zugang zu unserem wirklichen Erleben und zu unseren Gefühlen, die sich nicht nur um unser Ego und seine Dramen und Heldengeschichten drehen, verloren haben, ist unsere Kommunikation leer, oberflächlich, kompliziert, unbeholfen, gewaltvoll und unklar. Wenn Lehrpersonen ihren Umgang mit den Schülern nicht auf Machtstrategien aufbauen wollen, dann müssen sie in einen wirklichen Kommunikationsprozess mit den Schülern treten. Echtes und offenes Ansprechen von allen Themen sowie respektvolles und mitfühlendes Zuhören sind die Basis für eine tragfähige Beziehung zwischen Lehrpersonen und Schülern. Denn Störungen in der Kommunikation zeigen sich oft sehr rasch auch als Beziehungsstörungen. Wie schon erwähnt, kann hierzu die gewaltfreie Kommunikation einen wichtigen Beitrag leisten. Diese macht aber nur in einem auch sonst gewaltfreien Umfeld, in dem ein Kind sich als selbstwirksam erlebt, wirklich Sinn. Gewaltfreie Kommunikation an einer fremdbestimmten auf Druck und Angst aufbauenden Schule ist eher nur wie ein Tropfen auf den heißen Stein, denn Gewaltfreiheit ist eine innere Haltung, ein Menschenbild oder auch ein Bewusstsein, das jeden Menschen wirklich in seiner Tiefe respektiert und die Entfaltung seines ureigenen, inneren Potentials unterstützen möchte.

f) Lernen und Leben für die Zukunft

„Man darf um keinen Preis die Gegenwart der Kinder irgendeiner Zukunft opfern."

Friedrich Schleiermacher

Eltern wollen, dass aus ihren Kindern in der Zukunft etwas „Rechtes" wird. Was das bedeutet, definieren allerdings sie. Dabei werden oft die wirklichen Interessen und Talente des Kindes übergangen und verschüttet. Kinder sind dann vielleicht wie gut funktionierende Automaten, aber sie sind innerlich nicht mehr wirklich verbunden mit dem Feuer des Lebens. Dabei wird vergessen, dass Kinder jetzt schon viel mehr als nur etwas „Rechtes" sind! Kinder sind wunderbar verbundene, offene, verletzliche und lebendige Wesen. Aus Kindern werden dann glückliche Erwachsene, wenn sie in ihrer Ganzheit gesehen und respektiert werden, wenn sie bedingungslose Liebe, Vertrauen und Ermutigung erfahren und wenn sie dem Ruf ihres Herzens folgen können.

Viele Eltern glauben noch immer, dass schulisch erfolgreiche Kinder auch später in unserem globalisierten und sich ständig wandelnden Wirtschaftssystem besser zurechtkommen werden. Aber wie schon erwähnt, zeigen sich gerade bei sehr guten Schülern oft große Probleme in der Praxis. Die aktuelle Wirtschaft braucht nicht brave und angepasste Pflichterfüller, sondern Menschen, die sehr kreativ, flexibel, offen und mit viel sozialer und emotionaler Kompetenz an Probleme herangehen. Sie braucht Menschen, die sich selber in kürzester Zeit Dinge beibringen können (selbstgesteuertes Lernen), die einen guten Bezug zur eigenen Intuition haben, die sich selber und andere für etwas begeistern können. Sie braucht Menschen, die wirklich Vertrauen in die eigenen Fähigkeiten haben und voller innerer Kraft Verantwortung übernehmen wollen.

Außerdem glauben viele Eltern, dass ihre Kinder dann erst glücklich sein werden, wenn sie wirklich erfolgreich einen wichtigen Abschluss erreichen und ein hohes Gehalt beziehen können. Aber Studien zeigen, dass ein solcher direkter Zusammenhang zwischen Erfolg und Glück nicht besteht. Sehr viele erfolgreiche Menschen sind derart in Pflichterfüllungs- und Leistungsprogrammen gefangen, dass sie kaum je Raum und innere Offenheit für das Erleben von echtem, verbundenem Glück im jetzigen Moment haben.

Kindern wird in der Schule vermittelt, dass es wichtig ist, für die Zukunft zu lernen und zu leben. Aber Kinder leben ursprünglich ganz im Jetzt. Sie sind total offen, spontan, aufmerksam und präsent. Für eine vorgestellte Zukunft zu lernen, ist absurd, denn niemand weiß auch nur im Geringsten, was in der Zukunft wichtig und sinnvoll sein wird. Außerdem passiert echtes Lernen immer nur im direkten Lebensbezug jetzt. Was Kinder in einem fremdbestimmten Schulsystem deshalb vor allem lernen, ist, auf einen späteren Zeitpunkt zu hoffen und das Glück in der Zukunft zu suchen. Sie lernen, dass der jetzige Moment nicht genug ist, dass stets noch etwas fehlt und erreicht werden muss. Sie lernen, immer mehr für die Zukunft zu leben, und verlieren den für das Glück und die Lebensfreude so wichtigen Kontakt zum jetzigen Moment. Wir Erwachsenen sind gedanklich oft in der Zukunft und malen uns diese entweder in den schönsten Farben oder aber auch bedrohlich und leidvoll aus. Die Gedanken an die Zukunft lösen in uns je nach Vorstellung entweder Angst oder Hoffnung aus. Aber wir können uns noch so viele Gedanken zur Zukunft machen, wir können noch so viel planen, mögliche Situationen und Strategien durchdenken, wir wissen nie, was uns erwartet. All dies ist nur ein verzweifeltes und aussichtsloses Hoffen des Schutzprogramms auf Kontrolle und Sicherheit. Denn das Leben lässt sich nicht kontrollieren. Dennoch geben wir an vielen Schulen dieses leidvolle Zukunftsprogramm unbeirrt noch immer an die Schüler weiter. Aber während wir den Schülern vermitteln, wie wichtig es scheinbar ist, über die mögliche Zukunft nachzudenken, für die Zukunft zu lernen oder dafür stundenlang ruhig in der Schule zu sitzen, findet stets das Leben jetzt statt. Dieses stete Hoffen auf die Zukunft und Zittern vor der Zukunft hält uns so oft davon ab, jetzt das Wunder des Augenblicks voll und ganz zu erfahren und einzutauchen in den Flow des Lebens.

Im Flow gibt es nur den jetzigen Moment und wahres Glück ist immer jetzt. Das Programm, für die Zukunft zu leben und zu lernen, endet, wenn es einmal installiert ist, nicht mit zwanzig oder dreißig, wenn die Ausbildungen abgeschlossen sind, vielmehr verselbstständigt es sich. Das heißt, es endet meist gar nicht mehr. Die meisten Menschen leben ihr ganzes Leben in der Hoffnung auf später und verpassen dadurch ständig den Flow und das Glück der Einheit im jetzigen Moment. Sind nicht genau deshalb die Menschen so selten wirklich glücklich, weil sie viel zu sehr beschäftigt sind mit dem Suchen nach Glück in der Zukunft? Wenn wir den Kindern wirklich eine Glücksschule bieten wollen, dann muss diese jetzt stattfinden und sich voll und ganz auf das Erleben des jetzigen Moments beziehen.

Und auf welche Welt sollen wir denn die Kinder überhaupt vorbereiten, wenn die äußere Realität nur ein Spiegel der inneren Realität ist? Wenn wir den Kindern ermöglichen, all dem zu folgen, was ihnen Freude macht, dann entstehen keine Leidresonanzen oder Opferhaltungen. Die zentrale Frage ist: Was für eine Realität möchten wir für unsere Kinder? Wollen wir sie beschenken oder belasten?

g) Mangeldenken und Mangelrealität (Fehlerdenken)

Dadurch, dass die Schule ihre Bewertungen und Benotungen aufgrund der Anzahl an Fehlern, die ein Schüler gemacht hat, vornimmt, vermittelt und fördert sie ein Mangeldenken. Der Fokus liegt darauf, möglichst nichts falsch zu machen, möglichst perfekt und fehlerfrei zu sein, weil jeder Fehler bestraft wird. Diese Haltung ist in keiner Weise ressourcenorientiert, weil sie nicht dazu führt, das Leben auf der erfahrenen Kompetenz und Selbstwirksamkeit aufzubauen, sondern auf dem Vermeiden von Fehlern. Weiter führt diese Haltung dazu, dass Menschen, die gelernt haben, möglichst nichts falsch machen zu dürfen, tendenziell überhaupt nichts mehr machen wollen – weil sie stets Angst haben, sie könnten es falsch machen. Denn durch die Bestrafung der Fehler an der Schule lernen Kinder, besser nicht aufzufallen und lieber nichts zu tun als etwas Falsches. Bei sehr vielen Menschen ist die Kreativität blockiert und sie erleben sich oft als passiv, übervorsichtig oder ausweichend. Während kleinere Kinder oft sehr lebendig und freudig nach Antworten auf gestellte Fragen suchen, nimmt diese Bereitschaft bei älteren Schülern oft mehr und mehr ab. Vierjährige Kinder stellen pro Tag durchschnittlich 400 Fragen, dies ist übrigens auch ein deutlicher Hinweis darauf, dass Kinder von sich aus lernen wollen!

Bei Klassen mit älteren Schülern zeigt sich der Fehlervermeidungsgeist bei Fragen an die Klasse oft in Schweigen, Wegschauen oder in nur sehr zögerlichem Antworten.

Aber auch indem die Schule einen wichtigen Beitrag zum Erfahren der Trennungsrealität leistet, unterstützt sie das Mangeldenken. Als scheinbar getrennte Wesen sind wir immer auch Mangelwesen. Weil alles getrennt von uns existiert, kann es sehr viel geben, was uns noch fehlt. Je mehr wir uns selber als getrennt erfahren und in uns Aspekte (vor allem Bedürfnisse, Gefühle und Emotionen) unterdrücken oder abtrennen, erleben wir auch im Außen eine getrennte und oft feindselige Realität und fühlen uns gleichzeitig im Inneren mangelhaft. Aber unser wahres Wesen ist Einheit und deshalb auch immer totale, überfließende Fülle! Sobald wir uns wieder erlauben, Fehler zu machen, und unser Herz dem Leben wieder ganz öffnen, zeigt das Leben diese Fülle wieder in ihrer ganzen Pracht. Menschen, die vorbehaltlos ihrem Herzen folgen, werden vom Leben auf allen Ebenen mit unglaublich viel Rückenwind unterstützt! Wenn wir uns wirklich erlauben würden dem inneren Potential unserer Kinder zu vertrauen, ohne Druck, Manipulation oder Erwartungen, dann könnte sich das Leben durch jedes Kind in einer einzigartigen Fülle ausdrücken, und das Kind genau an den Ort führen, an dem es seine wahre Berufung leben kann!

h) Werte

„Der Konkurrenzgeist, der in der Schule herrscht, zerstört alle Gefühle menschlicher Bruderschaft und Zusammenarbeit und versteht Erfolg nicht als das Ergebnis einer Liebe zu produktiver und nachdenkender Arbeit, sondern als Produkt des persönlichen Ehrgeizes und der Angst vor Ablehnung."

Albert Einstein

Die Schule vermittelt ein ganzes System von Werten. In fremdbestimmten Schulen sind Werte wie Gehorsam, Anpassung, Leistung, Erfolg, Perfektionismus und Anstrengung zentral. Aber Schulen, die auf dem Machtprinzip aufbauen, vermitteln außerdem noch Werte wie Rücksichtslosigkeit, Konkurrenzkampf, Macht und Egoismus. Denn ein System, das bewertet, vergleicht und selektioniert, produziert scheinbare Gewinner oder Erfolgreiche sowie Verlierer oder Versager. Ein solches System, in dem nicht alle Menschen zu Gewinnern werden und gleichermaßen erfolgreich sein können, lebt sicher keine sozialen und verbindenden Werte vor. Vordergründig will die Schule zwar über Gehorsam und Anpassung soziale Werte vermitteln, aber Gehorsam und Anpassung führen hauptsächlich zu Frustration, Wut, Groll und Angst. Diese Gefühle sind ebenfalls nicht die Basis für eine Realität der Verbundenheit und damit nicht für ein wahrhaftig soziales Zusammenleben. Bewertung und die daraus folgende Verknüpfung mit dem Selbstwert führen einerseits, wie wir schon gesehen haben, zu einer Atmosphäre der Angst und andererseits zu einem Konkurrenzkampf, der sich auch auf die Stimmung und den Geist einer Schülergruppe auswirkt. Wir sprechen davon, dass die Schule einen Sozialisierungsauftrag hat. Wenn diese Sozialisierung aber in einem Umfeld von Konkurrenzdenken und Versagensangst passieren soll, ist das jedoch ziemlich widersprüchlich und eigenartig.

Ein System, das Kinder zu ängstlichen, angespannten Egoisten erzieht, wird nie gleichzeitig sozial sein können!

i) Durchschnittlichkeit

Das Kinderbuch „Wenn die Ziege schwimmen lernt“ erzählt die Geschichte von verschiedenen Tieren, die in die Schule gehen müssen und dort alle die gleichen Fächer wie Klettern, Schwimmen, Fliegen und Rennen zu besuchen haben. Die Tiere werden an dieser Schule in den verschiedenen Fächern miteinander verglichen und leiden teilweise massiv unter diesem ungerechten und absurden System.

Ganz ähnlich machen auch wir das mit unseren Kindern. Sie müssen noch immer an vielen Schulen, unabhängig von ihren Interessen, sensiblen Phasen, Begabungen und aktuellen Lebensthemen, das gleiche Programm mit denselben Fächern, dem gleichen Stundenplan und den von außen vorgegebenen Lernzielen erfüllen.

Weil das Ziel in einer solchen Schule offiziell mindestens das Erreichen einer durchschnittlichen Note ist, verbringen die Schüler sehr viel Zeit mit dem, was sie nicht so gut können oder mögen. Dadurch wird Lernen frustrierend und langweilig. Am Schluss sind alle in allem bloß noch durchschnittlich, anstatt sich freudvoll dem zuzuwenden, was sie wirklich interessiert und begeistert. Beobachtungen aus Homeschooling und freien Schulen zeigen, dass Kinder automatisch alle nötigen Kulturtechniken und sozialen Kompetenzen erwerben, wenn sie sich wirklich vertieft und umfangreich mit dem beschäftigen können, was sie interessiert. Allerdings werden diese Kinder nicht zu Durchschnittlichkeit erzogen, sondern dürfen sich auch die Zeit und den Raum nehmen, um in etwas wirklich gut zu werden und dadurch die Begeisterungsfähigkeit und die Beharrlichkeit weiterzuentwickeln.

j) Bewegungsmangel

Die heutigen Kinder leiden sehr oft unter einem massiven Bewegungsmangel. Denn das Lernen an herkömmlichen Schulen ist noch immer weitgehend an Stillsitzen gekoppelt, während Bewegung abgetrennt in den Pausen oder im Turnen stattfindet. Dies, obwohl man weiß, dass nur das Kind lernen kann, rückwärts zu zählen, das auch rückwärts gehen kann, und dass Kinder das ursprüngliche Lernen nie als vom Körper abgetrennt erleben. Wie das Wort „begreifen“ sehr deutlich sagt, brauchen Kinder den direkten sinnlichen Bezug, um wirklich ganzheitlich lernen zu können, speziell, wenn es darum geht, echte Kompetenzen und nicht nur Wiedergabewissen zu erwerben.

Aber unsere Kinder lernen, dass Lernen fast ausschließlich im Kopf stattfindet, deshalb gibt es so große Unterschiede zwischen Theorie und Praxis in unserer Welt, deshalb haben viele Menschen den Bezug zu ihrem Körper und damit zum jetzigen Moment und zum Flow verloren. Das innere Gleichgewicht spiegelt sich auch in der äußeren Fähigkeit wider, im Gleichgewicht zu bleiben, und unterschiedlichste Bewegungs-, Kletter-, Rutsch- und Schaukelerfahrungen bieten die Grundlage für ein gutes Körpergefühl und deshalb auch für einen Unfallschutz. Kinder, die erfahren, dass sie etwas bewirken können, Kinder, die in Verbindung sind mit ihrer Neugierde und Begeisterung, Kinder, die ein liebevolles und spannendes Umfeld erfahren, sind natürlicherweise fast ständig in Bewegung. Unterschiedlichste Bewegungserfahrungen sind absolut wesentlich für eine ideale Entwicklung des kindlichen Gehirns, und Forschungen haben auch gezeigt, dass sich Kinder, anders als die meisten von uns Erwachsenen, über Bewegung entspannen. In der Schweiz ist jedes fünfte Kind übergewichtig, je älter Kinder werden, desto mehr sind von Übergewicht betroffen. Das sind auf jeden Fall sehr alarmierende Zahlen, vor allem auch, weil die Schule dazu einen wichtigen Beitrag leistet. Denn Übergewicht bei Kindern hat natürlich sehr viel mit Bewegungsmangel zu tun, aber auch mit dem fehlenden Zugang zur intrinsischen Motivation, zum inneren Antrieb, zur Freude und wahren Begeisterung. Ebenso hat Übergewicht seine Ursache in einer inneren Schwere, in verdrängten und unterdrückten Emotionen. Das Wort Emotion bezieht sich auf eine innere Bewegung. Wenn diese inneren Bewegungen nicht einfach frei fließen dürfen, dann gibt es auch im Außen die Tendenz, sich nicht mehr wirklich bewegen zu wollen oder bewegen zu können. Außerdem bietet Übergewicht eine Art Schutzpanzer gegenüber anderen Menschen. Je mehr aber Emotionen wieder gefühlt werden, desto mehr kann im Außen auch die „Schutzschicht" des Übergewichts wieder abfallen. An der öffentlichen Schule wird leider noch zu oft weder auf die intrinsische Motivation eingegangen noch Raum für das Fühlen und Ausdrücken von Emotionen geboten, ebenso leistet die Schule selber einen wichtigen Beitrag zum allgemeinen Bewegungsmangel bei Kindern. Eine Glücksschule ist deshalb immer auch eine bewegte Schule – innen wie außen.

k) Umgang mit Gefühlen

„Das Kennzeichen dieser Gesellschaft ist die Verneinung beziehungsweise das Ausschalten unseres Schmerzes. Die in unserer Kindheit erlebten Gefühle von Terror und Angst vor dem Schmerz werden über das gesellschaftliche System von Belohnung und Bestrafung verdrängt."

Arno Gruen

Weil das herkömmliche Schulsystem einen sehr straffen Tagesablauf hat, gibt es bei den einzelnen Schülern, wie schon erwähnt, kaum Raum für ihre Bedürfnisse, Emotionen und Gefühle. Kinder lernen so, einfach über ihr inneres Erleben hinwegzugehen und zu funktionieren. Wenn wir wirklich eine soziale Gesellschaft mit mitfühlenden Menschen möchten, dann ist das sicher keine ideale Voraussetzung dafür. Die Kinder lernen, sich selber das Mitgefühl zu verweigern, sie lernen, Emotionen und Gefühle als störend zu erfahren und zu unterdrücken. Sie lernen so aber auch, einen wesentlichen Teil ihrer Erfahrungswelt abzulehnen, und verlieren dabei den Kontakt zur Intuition, zum Bauchgefühl, zur Selbsttreue, zur Begeisterung, zu den eigenen Interessen, Bedürfnissen und zur Lebendigkeit allgemein. Mit dieser inneren Abkoppelung geht gleichzeitig auch das Vertrauen ins Leben verloren. Außerdem ist das Unterdrücken und Bewerten von schwierigen Emotionen nebst einem negativen Selbstbild die Basis von Depressionen, Burn-out,

Süchten und anderen psychischen Problemen oder eben auch von Übergewicht. Ein System, das Kinder und Lehrer zum Funktionieren zwingt wie Maschinen, das produziert auch Maschinen statt ganzer lebendiger, mitfühlender, warmherziger und offener Menschen.

Wollen wir das wirklich?

Unsere Kinder lernen aus Angst vor einer schlechten Bewertung oder vor Bestrafung allgemein, Ziele zu verfolgen, die nicht ihre eigenen sind. Sie lernen gleichzeitig ihre Herzimpulse zu unterdrücken, wenn sie nicht mit den aktuellen Lernzielen der Schule übereinstimmen. So lernt beispielsweise ein Junge mit einem großen Bewegungsbedürfnis und viel Freude an körperlicher Betätigung, den ganzen Tag still zu sitzen und sein eigentliches Bedürfnis zu verschweigen, weil er dafür sowieso keinen Platz hat. Es gibt wichtigere Dinge (von außen verordnet), die getan werden müssen. Viele Menschen brauchen oft fast ein ganzes Leben, um wieder herauszufinden, was sie wirklich begeistert und was ihr Herz zutiefst bewegt. Meine jahrelangen Erfahrungen in der inneren Arbeit mit erwachsenen Menschen zeigt mir immer wieder, wie viele Menschen darunter leiden, nicht mehr zu wissen, wofür sie brennen und was ihre wirkliche Berufung im Leben ist. Wenn sie das irgendwann wieder ausgegraben haben (hinter all dem dazugelernten extrinsischen Müssen), dann stehen sie vor der nicht minder schwierigen Aufgabe, wieder ganz zu diesen intrinsischen Impulsen zu stehen und ihr Leben wieder auf diese Herzimpulse auszurichten. Nur dann sind nämlich überdauernde Flow-Erfahrungen und grundloses Glück möglich. Wenn dieser innere Wandel in einem Menschen wirklich passiert, dann verändert sich sein gesamtes Leben. Der innere Wandel bildet die notwendige Grundlage für einen Gesellschaftswandel im Außen. Nur Menschen, die innerlich wieder verbunden sind mit ihrer Kraft und Lebensfreude, müssen Kinder nicht mehr einschränken und manipulieren. Viele Menschen haben aber auch als Erwachsene sehr oft Angst, abgelehnt zu werden oder nicht liebenswert zu sein (bestraft zu werden), wenn sie wirklich wieder zu ihrer inneren Wahrheit stehen und das leben, was ihr Herz zum Jubilieren bringt. Irgendwann aber kommt oft der Zeitpunkt, an dem sie zu müde sind vom ewigen Funktionieren, Schweigen und Warten, dann bricht der tiefe innere Schmerz des ungelebten Lebens in ihnen auf und sie beginnen wirklich wieder von Herzen zu leben. Die Kinder sind sehr glücklich, wenn sie auf solche Erwachsenen treffen!

Selbstreflexion:

Welche Fächer, Lehrpersonen oder allgemein Schulsituationen haben dir als Kind Angst gemacht oder andere unangenehme Gefühle (beispielsweise Scham, Schuld, Bloßstellung, Verzweiflung usw.) ausgelöst?

Wie haben diese unangenehmen Erfahrungen deinen Lernprozess und dein Selbstvertrauen beeinflusst?

Wie bist du mit diesen Gefühlen damals umgegangen und wie gehst du heute damit um?

Überzeugungen in Bezug auf Schule

„Es ist ein sehr schwerwiegender Fehler, wenn wir denken, dass Lernen eine vom restlichen Leben abgetrennte Aktivität sei, die am besten gelingt, wenn man daneben nichts anderes tut und wenn an dem betreffenden Ort nichts anderes geschieht. Es ist ein ebenso schwerwiegender Fehler, wenn wir denken, dass nur ein paar Spezialisten unterrichten oder beim Lernen helfen und Wissen weitergeben können. Wenn wir Lernen in die Schule einschließen, wie wir es heute tun, dann nehmen das Lernen und das Lehren in unserer Gesellschaft nicht zu, sondern ab. Was Menschen klug, neugierig, aufmerksam, kompetent, selbstsicher, einfallsreich und ausdauernd – im weitesten und besten Sinne intelligent macht, ist nicht der Zugang zu immer mehr Lernorten, Lernmaterialien und Spezialisten, sondern es ist die Möglichkeit, in ihrem Leben eine Menge interessanter Dinge tun zu können, Dinge, die ihnen wichtig sind, Dinge, die ihre Erfindungsgabe, ihre Fähigkeiten und ihr Urteilsvermögen herausfordern und die für ihr Leben und für das Leben der Menschen um sie herum wesentlich sind."

John Holt

Viele Eltern und Lehrpersonen glauben noch immer, dass Kinder vor allem in der Schule lernen und dass Spielen nur Spaß macht, aber keinen Lernfortschritt bringt. Dabei ist eher das Umgekehrte der Fall. Wie wir schon gesehen haben, stammt der absolut überwiegende Teil (ca. 95 %) dessen, was Menschen für ihr Leben gelernt haben, nicht aus der Schule. Sie glauben, dass neben dem Spielen unbedingt noch „richtig" gelernt werden muss (lernen im Sinne von arbeiten). Dabei geschehen über die Nachahmung und im intrinsisch motivierten und selbstgesteuerten Spiel die wirklich wesentlichen Lernerfahrungen.

Dass es für unglaublich schnelles und komplexes Lernen keine Schule braucht, zeigen kleinere Kinder beim Erwerb der gesamten Fein- und Grobmotorik, der Sprache und bei dem Umgang mit diversesten Dingen und Materialien. All dies haben sie ganz von selber gelernt – ohne

Schule! Studien zu Kindern, die nie eine Schule besucht haben, sowie die Erfahrungen an freien Schulen zeigen, dass Kinder (auch) ohne den Unterricht an der Schule alles lernen, was sie brauchen, um in unserer Gesellschaft gut, ja sogar überdurchschnittlich gut zu bestehen. Auch meine eigenen Erfahrungen in Bezug auf Homeschooling haben mir deutlich aufgezeigt, dass Lernen oft auf wundersame Weise geschieht. Mein älterer Sohn hat beispielsweise mit neun Jahren sämtliche Bände von Harry Potter (jeweils ca. 600–1.000 Seiten) in drei Monaten durchgelesen, obwohl ihm nie jemand das Lesen beigebracht hat.

Es stecken noch so viele unglaubliche und wundersame Möglichkeiten in uns selber und in unseren Kindern, wenn wir nur den Mut haben, nicht mehr einfach blind unseren Ängsten zu folgen, sondern dem Fluss des Lebens zu vertrauen!

In der Arbeitswelt (beispielsweise bei Schnupperwochen) haben Jugendliche, die nie eine herkömmliche Schule besucht haben und noch voll in Verbindung sind mit der eigenen Neugierde, Begeisterungsfähigkeit und Offenheit, einen deutlichen Vorteil gegenüber den meisten Schulabgängern, weil sie meist noch genau wissen, was sie wirklich wollen, und durch das große Interesse alle wesentlichen Arbeitsprozesse sehr rasch aufnehmen können, kaum von einschränkenden Überzeugungen gebremst werden und ein großes Vertrauen in ihre eigenen Lernfähigkeiten mitbringen.

Erfahrungen aus wirklich freien Schulen zeigen, dass genau solche Arbeitskräfte mühelos eine gute Arbeitsstelle finden oder Schulabgänger auch im Selbststudium Sprachen beziehungsweise das Abitur erwerben können.

Wirklich intrinsisch motivierte Schüler, die ein Thema selbstbestimmt spielerisch erforschen, lernen in einem unglaublichen Tempo, speichern das Gelernte mit allen Verknüpfungen auch langfristig ab und sind dabei noch glücklich.

Viele Menschen sagen spätestens nach Abschluss der Schulzeit von sich, dass sie ohne Druck von außen kaum je etwas lernen oder anpacken würden. Aber wie wir schon wissen, ist unsere Realität ein Produkt der automatischen Wahrnehmung im Gehirn. Und die Wahrnehmung ist gelernt oder auch programmiert. Das heißt, wenn das meine Realität ist, dann habe ich gelernt, die Dinge so zu sehen und so zu erleben. Diese Überzeugung spiegelt sich in der äußeren Realität.

Ursprünglich brauchen Kinder ganz bestimmt keinen Druck, um Dinge zu tun, für die sie von innen her motiviert sind. Wir müssen gesunde Kinder nicht zum Krabbeln, Laufen, Spielen oder auch Sprechen animieren. Sie lernen es von ganz alleine, weil sie dazu vollkommen intrinsisch motiviert sind. Druck brauchen wir nur, wenn wir Dinge tun, für die wir nicht vollkommen intrinsisch motiviert sind. Oder wenn wir schon sehr stark von gelernten lähmenden Sabotageprogrammen und Ängsten blockiert werden.

Die begrenzenden Strukturen

Viele Schulen funktionieren noch immer weitgehend in Strukturen der Macht, in Strukturen, die unbeweglich, starr, defizitorientiert und einschränkend wirken auf den Forschergeist, die Freude am Lernen, die Kreativität und die Innovation der Schüler und Lehrer. Solche Strukturen sind vollkommen veraltet und behindern den Lern- und Entwicklungsprozess der Schüler viel mehr, als sie ihn unterstützen. Nicht die Lehrer, Schüler oder Eltern sind das Problem, sondern das verzweifelte Festhalten an diesen einschränkenden Strukturen der Macht und der Fremdbestimmung an der öffentlichen Schule. Wir versuchen mit ständigen aufwendigen Reformen innerhalb der bestehenden Strukturen die Situation zu verbessern, aber wir wagen es kaum, die gesamten Strukturen, unter denen wir oft selber schon gelitten haben, wirklich grundlegend zu verändern. Die Schule möchte eigentlich mit ihrer Bildung die Kinder zu freien und selbstbestimmten Menschen machen. Aber was sie wirklich hervorbringt, sind oft verunsicherte, träge und minimalistische

Menschen voller Selbstwertprobleme und innerer Konflikte, Menschen, die häufig den Zugriff auf das, was sie wirklich begeistert, verloren haben und ohne echte Freude am Lernen sind.

In der Schule klaffen genauso wie allgemein in unserer Gesellschaft Ideal und Wirklichkeit sehr weit auseinander. Wir versuchen im Prinzip noch immer, die Kinder mit Gewalt zum Frieden zu erziehen, einen Frieden, den wir in uns selber auch nicht haben, und sie mit Zwang von außen und über Fremdbestimmung zu selbstbewussten und selbstbestimmten Menschen zu erziehen.

Seit Jahrzehnten oder gar Jahrhunderten streben wir Menschen nach Sicherheit und Kontrolle. Wir klammern uns an Gewohnheiten, an Machtstrukturen, an erlernte Bewertungssysteme und scheinbar wichtige Ziele, an Konzepte, Vorstellungen und an Regeln. Aber immer wieder beweist uns das Leben liebevoll, dass wir seit Urzeiten einer Illusion nachrennen. Es gibt keine Sicherheit im Leben und es gibt keine Kontrolle! Alles ist immer in Bewegung, im Fluss! Leben ist stetige Veränderung.

Umgang mit dem aktuellen Schulsystem

„Warum wird es als normal angesehen, dass die Staatsschulen Millionen von Schulversagern produzieren, während eine einzige Familie, die ein Kind zu Hause ausbildet, als größte Bedrohung der öffentlichen Bildung und des Überlebens der Demokratie gilt?"

Stephen Arons

Zunächst ist es ganz zentral, das Kind von jeder Form von Druck und Kritik komplett zu befreien.

Die Botschaft dabei könnte lauten: Für mich ist es egal, welche Noten du hast! Das sagt nichts, aber auch gar nichts darüber aus, was du kannst und wer du bist! Aus dem Ernst der Schule sollten wir ein Spiel machen und dem Spiel nicht unnötig viel Bedeutung geben. Die Schule ist für alles, was wirklich wesentlich ist im Leben, viel weniger wichtig, als wir gemeinhin denken. Viel mehr Sinn macht es, wenn Eltern und allenfalls Lehrpersonen ihre eigenen Ängste genauer anschauen, statt sie an die Kinder weiterzugeben.

Eltern sollten auf jeden Fall aufhören, still mit ihren Kindern mitzuleiden, und stattdessen viel besser alles, was sich in Bezug auf die Schule nicht stimmig anfühlt, direkt bei der zuständigen Lehrperson oder beim Schulleiter ansprechen. Kinder brauchen vor allem Eltern, die zu 100% hinter ihnen stehen und nicht mehr bereit sind, irgendeine Form von Machtanwendung gegenüber ihrem Kind zu akzeptieren. Die Schulen und auch Lehrpersonen können nur dann wachsen und sich von alten einschränkenden Strukturen befreien, wenn die Eltern sehr klar für die wahren Bedürfnisse ihrer Kinder einstehen.

Wichtig ist es aber auch zu erkennen, dass sich viele ungelöste und ungefühlte Schultraumata und Ängste der Eltern bei ihren Kindern wiederholen. Deshalb macht es wirklich Sinn, die eigene Schul- und Lernbiografie genauer zu beleuchten und abgetrennte Emotionen wieder zu fühlen und zu integrieren.

Auf gar keinen Fall sollten Noten noch zusätzlich bestraft oder belohnt werden, weil sonst der Kontakt zur intrinsischen Motivation immer mehr verloren geht und der Druck auf das Kind dadurch noch erhöht wird.

Unsere Gedanken haben die wenig beglückende Eigenschaft, zu vergleichen. Deshalb geschieht auch in den Köpfen von Eltern schneller, als sie das möchten, dass sie ihr Kind mit anderen Kindern vergleichen. Aber jedes Kind ist anders und das ist gut so! Es ist sinnvoll, ganz einfach nicht mehr auf diese Gedanken einzusteigen und ihnen keine Bedeutung zu geben. Das Kind braucht Vertrauen, keine Vergleiche!

Das Glück des Kindes jetzt ist ins Zentrum zu stellen, nicht eine vorgestellte Zukunft.

Viel Raum für freies Spiel. Das Spiel des Kindes sollte als etwas Heiliges und Schützenswertes betrachtet werden. Nie sollte irgendeine andere Tätigkeit (auch oder vor allem nicht etwas extrinsisch Motiviertes) als wichtiger angesehen werden als das freie selbstbestimmte Spiel.

Bei Problemen grundsätzlich zuerst alternative Therapieformen wählen, statt das Kind abzuklären, zu diagnostizieren und so schubladisieren zu lassen. Wichtig ist es auch, dass Eltern den eigenen Anteil an den Problemen der Kinder erforschen und wirklich die volle Verantwortung für das eigene Leben und die eigenen Gefühle übernehmen.

Kindern sollte man in ihren Ängsten und Problemen in Bezug auf die Schule (und natürlich allgemein) wirklich aktiv zuhören und sie ernst nehmen, ohne daraus ein Drama zu machen. Kinder brauchen einen bedingungslos liebevollen Raum für ihre Gefühle und ganz viel Verständnis. Bei länger andauernden Problemen und bei allen Formen von Übergriffen ist unbedingt das Gespräch mit den Lehrpersonen und anderen Eltern zu suchen. Der Grundsatz gilt: Kein Kind soll leiden!

An Schulen macht es sicher Sinn, wenn alle Kräfte, welche sich nicht mehr dem Prinzip Macht unterwerfen, sich zusammentun und gegenseitig unterstützen – also auch Eltern und Lehrpersonen. Je mehr Menschen sich in einer Schule für einen Wandel einsetzen, desto wahrscheinlicher wird dieser.

Mehr Anregungen für die konkrete Umsetzung der Glücksschule für Eltern findest du auf unserer Webseite oder in unseren Vorträgen und Kursen: www.gluecksschule.ch

Für Lehrpersonen

Werte

Als Lehrperson kann ich mich jetzt entscheiden, ab sofort konsequent keine Machtstrategien mehr anzuwenden. Ich kann meine Klasse darüber auch informieren und mit ihnen gemeinsam nach neuen respektvolleren Möglichkeiten forschen. Als Lehrperson kann ich die Schüler überhaupt in alle für sie wesentlichen Prozesse mit einbeziehen, idealerweise auch in die Festlegung von Zielen. Ich kann meinen Schulalltag komplett verändern und Schritt für Schritt die Glücksschule einziehen lassen in meinen Schulräumen!

An Schulen (beispielsweise bei Lehrerweiterbildungen oder auch einfach zur Selbstreflexion) sollte dringend das Thema „Werte“ erforscht werden. Dabei könnte es für Lehrpersonen, Teams und Schulen und Weiterbildungen um folgende Fragen gehen:

- *Welche Werte in Bezug auf die Kinder sind mir/uns am wichtigsten und möchten ich oder wir im Zentrum des Schulalltags haben?*
- *Welche Werte stehen in unserem Schulalltag aktuell wirklich im Zentrum?*
- *Sind die Werte, welche ich und meine Schule aktuell vermitteln, wirklich diejenigen Werte, die wir unseren Kindern weitergeben wollen?*
- *Wie würde unsere Schule, unser Schulalltag aussehen, wenn wir Werte wie Vertrauen, Mitgefühl, Begeisterung, Freude, Ermutigung, gegenseitige Unterstützung, Achtsamkeit, Geduld und Wertschätzung vorleben und weitergeben möchten?*

- *Was müssen wir jetzt allenfalls an den Strukturen und unserem Verhalten konkret verändern, um das umzusetzen?*
- *Bin ich als Lehrperson bereit, meinen Unterricht so umzugestalten, dass ich mir selber und meinen tiefsten Werten wirklich treu sein kann?*
- *Sind wir als Team oder Schule bereit, alle Strukturen so umzugestalten, dass die uns wirklich wichtigen Werte im Zentrum stehen?*

Mehr Anregungen für die konkrete Umsetzung der Glücksschule für Lehrpersonen findest du auf unserer Webseite oder in unseren Vorträgen und Kursen: www.gluecksschule.ch

Bewertungen und Noten

Noten selber schaden wohl dann am wenigsten, wenn sie auf Selbstbeurteilung von selbstbestimmten Lernprozessen der Schüler beruhen.

Eine aus meiner Sicht sehr gute Idee kommt von Marshall B. Rosenberg. Er schlägt vor, am Anfang eines neuen Themas Wissenstests zu machen, um herauszufinden, wie der Wissensstand jedes einzelnen Schülers zu dem Thema ist. Danach soll gemeinsam mit den einzelnen Schülern festgelegt werden, welches Ziel sie sich in einem gewissen Zeitrahmen setzen.

Es gibt auch die Möglichkeit, dass verschiedene Ziele (umgesetzt in ein konkretes und messbares Verhalten oder Endprodukt) gesetzt werden, mit denen je nach Schwierigkeitsgrad und Aufwand jeweils tiefere oder höhere Noten erreicht werden können. Jeder Schüler kann wählen, welche Note (welches Ziel) er anvisieren möchte. Zum Abschluss gibt es ein Gespräch, in dem der Schüler darlegt, welches Ziel und somit welche Note er erreicht hat.

Eine weitere Möglichkeit ist die Arbeit mit Portfolios oder Dokumentationen. Darin dokumentiert die Schülerin oder der Schüler, womit sie oder er sich beschäftigt hat, was gelernt und erforscht wurde. Diese Dokumentation könnte in regelmäßigen Abständen gemeinsam von den

Lehrpersonen mit den einzelnen Schülern angeschaut und dann durch die Schüler selber bewertet werden (Selbstbeurteilung). Die Lehrperson könnte die Benotung der Schüler zwar kritisch reflektieren, aber schlussendlich nicht abändern. Der Lehrplan 21 ermöglicht auch solche wertfreien Feedbackformen und Lehrpersonen sollten sich erlauben, diesen Spielraum zu nutzen.

Ebenso gibt es die Möglichkeit von Projektarbeiten mit Vorträgen, die dann ebenfalls nach erfolgter Rückmeldung der Lehrperson (sie teilt nur ihre Beobachtungen, Wünsche, Bedürfnisse und zusätzlichen Fragen mit) über Selbstbeurteilung zu Noten führen könnte.

Für all diese Methoden wäre es sicher hilfreich, wenn das Schulsystem seinen Lehrplan bis zur vollständigen Umsetzung der Glücksschule schon so weit öffnet, dass der genaue Zeitpunkt, an dem ein Ziel erreicht werden sollte, viel offener gehalten wird. Und es würde auf jeden Fall auch reichen, wenn jeder Schüler einfach einen gewissen Prozentsatz des gesamten Ziels erreicht, das ermöglicht viel mehr Spielraum.

Aktuell gibt es innerhalb der Glücksschulbewegung eine Projektgruppe, die sich mit Alternativen zum herkömmlichen Bewertungssystem beschäftigt.

Widerstand

Durch die häufigen negativen Erfahrungen mit dem Prinzip Macht haben sehr viele Schüler enorme, meist passive Widerstände in Bezug auf das Lernen und die Schule aufgebaut. In der Zeit als Lehrer an der Berufsschule konnte ich lernen, dass Widerstände überhaupt kein Problem waren, wenn ich als Lehrperson flexibel, offen, verletzlich und transparent darauf einging. In Widerständen liegt im Gegenteil eine große blockierte Kraft, die, wenn sie befreit werden kann, außerordentliche Leistungen ermöglicht. Widerstände richten sich im Schulalltag beispielsweise gegen ein aktuelles Thema, gegen eine angebotene Aufgabe oder auch gegen eine Lehrperson selber, vor allem dann, wenn sie die Schüler mit dem Prinzip Macht zu disziplinieren versucht. Der Widerstand der Schüler zeigt sich aufgrund ihres geringen Handlungsspielraums oft in der Opferrolle (beispielsweise durch Stöhnen, geknickte Haltung, leidendes Gesicht usw.) oder darin, den Unterricht mit Tätigkeiten zu sabotieren, die nichts mit den Schulinhalten zu tun haben oder störend wirken. Seltener zeigt sich Widerstand auch offen. Als Lehrperson kann man diese Widerstände entweder erspüren oder auch erfragen. Es ist aber auf jeden Fall sehr empfehlenswert, nicht einfach über die Widerstände hinwegzugehen, sondern diese unbedingt und möglichst in jedem Fall direkt anzusprechen. Wenn ein Lehrer versucht, sein Programm ohne einen Teil der Schüler, die Widerstand leisten, durchzuziehen, dann wird es sehr, sehr anstrengend und ermüdend für ihn und die gesamte Schulklasse.

Folgende Fragen könnten beispielsweise helfen, um Widerstände zu erforschen:

- *Können alle erkennen, wieso es sinnvoll ist, dieses Thema jetzt zu lernen oder diese Aufgabe zu lösen?*
- *Welche Themen beschäftigen euch vielleicht so sehr, dass ihr euch nicht auf etwas Anderes einlassen könnt oder wollt?*
- *Können wir genau diese aktuellen Themen jetzt nutzen, um Kompetenzen zu erwerben?*
- *Was wäre notwendig, damit du frei wählen würdest, jetzt hier zu sein?*
- *Was ist dein (euer) Bedürfnis hinter dem Widerstand?*
- *Welche Ideen habt ihr, um das aktuelle Lernziel anders zu erreichen?*

Wenn Widerstände angesprochen werden, Raum bekommen und sich die Lernenden dadurch gehört und einbezogen fühlen, dann lösen sie sich oft sehr rasch in Luft auf. Natürlich muss ich dann als Lehrperson die Flexibilität haben, auch auf Vorschläge der Lernenden in irgendeiner Form eingehen zu können, oder ich muss sonst den Lernenden überzeugend erklären können, wieso das, was ich mir vorgenommen habe, jetzt auch wirklich wichtig ist für sie und ihr Leben. Je mehr Lehrpersonen den Schülern mitteilen, dass sie etwas einfach tun müssen, desto mehr Widerstand erzeugen sie bei den Schülern.

Ich habe auch schon an einer obligatorischen Weiterbildungsveranstaltung zum Einstieg die folgenden Fragen gestellt:

- *Wer von den Anwesenden ist nur hier, weil sie oder er muss?*
- *Wer ist hier, weil sie oder er zu einem Teil will und zum anderen Teil auch gleichzeitig muss?*
- *Wer ist hier, weil sie oder er das wirklich will?*

Die Gruppen eins und zwei sind mehr oder weniger stark im Widerstand. Wenn diese beiden Gruppen auch an Bord geholt werden können, dann wird der Lernprozess sehr rasch und mühelos vonstattengehen.

Den Schülern die Verantwortung für ihr Lernen zurückgeben!

Wichtig ist es, sich dessen bewusst zu sein, dass Lernen nur dann möglich ist, wenn die Schüler sich für den Lernstoff öffnen, was bedeutet, dass ich als Lehrperson nicht für den Lernprozess der Schüler verantwortlich bin. Ich selber habe mich immer nur als Lernbegleiter gesehen, der einzig das Ziel hat, möglichst alle Lernenden zu unterstützen, damit sie IHRE persönlichen Ziele erreichen können (zum Beispiel eine Lehrstelle zu bekommen oder den Berufsabschluss zu schaffen usw.). Wenn ein Schüler an einem Tag nicht am Schulbetrieb teilnehmen wollte, dann war das für mich immer auch in Ordnung, aber nur unter der Bedingung, dass er die anderen nicht störte. Wenn eine größere Gruppe von Schülern etwas nicht machen wollte, dann habe ich mit ihnen so lange verhandelt (ohne Machtanwendung), bis wir gemeinsam eine für alle stimmige Lösung gefunden hatten.

Ich wünsche mir sehr, dass möglichst viele Lehrpersonen sich aktiv bei der Glücksschulbewegung beteiligen, um an Anlässen der Glücksschule oder auch unabhängig davon Ideen, Projektvorschläge und Vorgehensweisen in der Übergangszeit auszutauschen und zu erfinden.

Aber, um es klar zu betonen, all die obigen Vorschläge sind aus meiner Sicht nur Übergangs- und Notlösungen auf dem Weg zurück zum komplett selbstbestimmten Lernen. Eine Glücksschule braucht keine Motivation von außen und auch keine Noten mehr!

Beziehungscoaches

Die wichtigste Eigenschaft für glückliche und erfolgreiche Lehrpersonen ist nebst der Fähigkeit zur Selbstreflexion, die Beziehungsfähigkeit. Dies gilt aber auch für sehr viele andere Berufsgruppen wie für Teamleiter, Führungspersonen, Therapeuten, Sozialarbeiter, Ärzte oder Psychologen. In dem Maß, in dem diese Menschen wirklich in Beziehung treten können, sind sie nicht mehr auf das Prinzip Macht angewiesen. Deshalb ist es aus meiner Sicht dringend notwendig, die Beziehungsfähigkeit in unserer Welt weiter zu stärken. An Schulen, in der Wirtschaft oder in Spitälern sollten aus diesem Grund Beziehungscoaches zum Einsatz kommen, welche bei allfälligen Problemen und Konflikten zwischen den Menschen vermitteln können und Wege zu einem achtsameren Umgang miteinander aufzeigen. Wenn in Institutionen und Firmen die großen Reibungsverluste, die aus Beziehungs- oder Kommunikationsproblemen entstehen, vermindert werden können, dann wird sehr viel Energie frei für andere Möglichkeiten. Aber auch in Paarbeziehungen und in Familien braucht es neue Wege im Umgang miteinander. Als Unterstützung für interessierte Menschen, die ihre Beziehungen nicht mehr weiter auf dem Prinzip Macht aufbauen möchten, biete ich eine einjährige Ausbildung zum Beziehungscoach an, für alle interessierten Menschen und auch für Paare. Unter www.beziehungscoach.ch gibt es genauere Informationen zu dieser Ausbildung.

Privatschulen

Die meisten Privatschulen, auch solche mit scheinbar reformpädagogischen Ansätzen, funktionieren auch nach dem Prinzip Macht. Es mag dort zum Teil zwar etwas mehr Offenheit in Bezug auf Unterrichtsformen oder Fächer geben oder auch andere Wege des Vermittelns und teilweise auch mehr Raum für die Eigenheiten jedes Kindes, aber im Grundsatz basiert doch auch fast jede Privatschule auf dem Prinzip Macht und damit dem fremdbestimmten Lernen.

Wirklich selbstbestimmte Schulen gibt es aber inzwischen sehr viele. (Später im Buch wird das noch ausführlicher dargelegt. Auf der Homepage www.beziehungscoach.ch gibt es einige Links zu solchen „Glücksschulen".)

Das explizite Ziel der Glücksschulbewegung sind aber nicht weitere kostenintensive Privatschulen, sondern ein grundlegender Wandel an der öffentlichen Schule, so dass dort auch alle Kinder mit Freude hingehen und gestärkt und erfüllt nach Hause kommen können!

Medien und Realität

Es ist klar, dass in den letzten Jahren die verschiedenen Medien als Vorbilder einen immer größeren Einfluss auf die Wahrnehmung und damit die Realitätsgestaltung der Kinder und Erwachsenen bekommen haben.

In der von den Medien vermittelten Realität stehen Gewinnen und Verlieren, Gewaltanwendung, Machtstreben, das Vermitteln von Stereotypen, der Verkauf von Produkten und allgemein eine duale Realitätsdarstellung im Vordergrund. Der Fokus richtet sich auf das Drama und Leiden der Menschen, positive, tiefgründige und verbindende Meldungen sind nur sehr selten.

Dabei fehlt vor allem das Bewusstsein für den großen Einfluss, den die Medien auf unser eigenes Realitätserleben und die Realitätssicht unserer Kinder haben.

Hier braucht es aus meiner Sicht sehr dringend eine starke Lobby, die sich für eine neue Art von Medienrealität einsetzt.

Die von den Medien vermittelten Informationen lösen einen bewussten oder unbewussten Lernprozess aus und wirken so unmittelbar auf die Wahrnehmungsbrille. Medien vermitteln nicht nur Schönheitsideale, sondern auch Glücksstrategien, Lebensziele, Traumbilder, Visionen, Erwartungen, Rollen, den Umgang mit Emotionen, Kommunikationsformen, Vorstellungen zur Beziehungsgestaltung sowie Werte und vieles mehr.

Die Medien sind ein sehr wichtiges Element bei der Konstruktion unserer kollektiven Realität geworden und können sicher auch ein ganz wesentliches Element für das Erschaffen von neuen, befreiten Realitäten sein. Vor allem das Fernsehen, die Zeitungen und Zeitschriften sind aber aktuell noch überwiegend in der Trennungsrealität verankert. Dort braucht es dringend neue Programme oder Sender, die einen ganz anderen Lebensentwurf unterstützen und die den Fokus auf verbindende und glückliche Aspekte unseres Erlebens richten. Das Internet seinerseits kann mit seiner vernetzenden Funktion für den gesamten schulischen und gesellschaftlichen Wandel zu einem sehr wichtigen Werkzeug werden, um Anlässe und Bewegungen großflächig zu organisieren.

Für die Eltern stellt sich vor allem die Frage, was sie mit ihrem eigenen Medienverhalten den Kindern weitergeben, was sie diesbezüglich den Kindern vorleben wollen und auch wirklich vorleben.

Wie gezielt steuern sie das eigene Medienverhalten oder auch das Medienverhalten ihrer Kinder?

Wenn Eltern sich über Medien oder andere Konsumstrategien von den eigenen Emotionen und Gefühlen ablenken, dann lernen Kinder, das gleiche Verhalten auch auszuleben.

Es gibt beispielsweise die Möglichkeit, ganz gezielt Filme auszuwählen, besser noch auszuleihen oder zu kaufen, weil diese nicht ständig von den massiv suggestiven Werbepausen unterbrochen werden. Die Medienkompetenz der Kinder spiegelt sehr oft das Verhalten der Eltern.

Energetische und körperliche Ebene

„Das Ganze ist mehr als die Summe seiner Teile."

Aristoteles

Alles ist Energie. Unser Körper ist ein komplexes Energiesystem, das untrennbar mit unseren Emotionen, der Psyche und der gesamten Umgebung verbunden ist und in stetiger Interaktion damit steht. Auch auf der körperlichen Ebene wird rasch offensichtlich, dass nichts getrennt vom Ganzen existiert und unabhängig vom Gesamtsystem betrachtet werden kann. Dennoch trennt die westliche Medizin noch immer alles Emotionale und Psychische weitgehend vom Körper ab, während die chinesische Medizin Gefühle und Emotionen schon lange als wesentliche Aspekte von Gesundheit und Krankheit in ihren Heilungsansatz einbezieht. In der westlichen Medizin wird der Körper noch immer hauptsächlich als eine Art Maschine angesehen, die entweder funktioniert oder nicht und bei der man kaputte Teile notfalls auch einfach austauschen kann. Unsere Trennungsrealität zeigt sich also auch in Bezug auf unser Bild vom Körper und von Krankheiten. Wir versuchen Beschwerden und Erkrankungen zum Verschwinden zu bringen, indem wir vor allem ihre Symptome bekämpfen, obwohl alle Symptome immer die Folge eines Ungleichgewichts im gesamten System „Mensch", „Familie" oder auch „Schule" aufzeigen.

Wie schon erwähnt, ist die Abspaltung von Gefühlen und Emotionen ein wesentlicher Aspekt unserer Trennungsrealität, aber ungefühlte und verdrängte Emotionen hinterlassen stets Blockaden im gesamten Energiesystem, die sich oft auch als muskuläre Verspannungen zeigen. Diejenigen Körperstellen, in denen die Energie nicht wirklich frei fließt, sind viel anfälliger für Erkrankungen oder Schmerzen.

Wissenschaftlich wurde der Zusammenhang zwischen emotionaler Befindlichkeit und dem Immunsystem schon mehrfach nachgewiesen.

Wenn Menschen in ihren Ängsten stecken bleiben, dann wirkt sich das nachweislich auch negativ auf das Immunsystem aus.

Ungefühlte Emotionen belasten den Körper sehr und wirken sich langfristig sehr negativ auf die Gesundheit aus.

Ungefühlte Ängste beispielsweise hinterlassen starke körperliche Anspannungen und beinträchtigen die Funktion von Nieren und Blase. Ärger und Groll vergiften den Körper und beeinträchtigen die Leber- und Gallenfunktion. Wenn gewisse Gefühle sich stauen und nicht gefühlt werden wollen oder wenn wir in eine Opferhaltung fallen, dann leiden die Lungen und der Dickdarm darunter. So atmen sehr viele Menschen nur oberflächlich, um Gefühle nicht wirklich fühlen zu müssen (das Rauchen bewirkt ebenfalls, dass Gefühle weniger intensiv erlebt werden). Sorgen und Enttäuschungen blockieren die Energie von Milz und Magen. Deshalb sprechen wir auch von Themen, die wir nur schlecht oder gar nicht „verdauen“ können. Wenn wir schließlich nicht voll und ganz leben und uns in Eifersuchts-, Neid- oder Hassgefühlen verlieren, dann schwächt das unser Herz und den gesamten Kreislauf.

Raum für alle Emotionen

„Wenn du deine Emotionen nicht fühlen kannst, wenn du von ihnen abgeschnitten bist, wirst du sie schließlich auf der rein physischen Ebene als körperliches Problem oder Symptom erleben.“

Eckhart Tolle

Das heißt, wenn wir für Kinder und Erwachsene Räume schaffen, in denen alle Emotionen und Gefühle Platz haben, wenn Kinder freudvoll ihre eigenen Projekte verfolgen können, statt frustriert und unmotiviert fremdbestimmte Vorgaben zu erfüllen, dann wirkt sich das auch enorm positiv auf die Gesundheit der Menschen aus.

Wenn in dir intensive Gefühle und Emotionen auftauchen, dann geht es in erster Linie darum, dich von den dramatischen Gedanken dazu abzuwenden und dich ganz der körperlichen Erfahrung der Emotionen zu öffnen, diesen innerlich einfach Raum zu geben, in sie hineinzuatmen und dich ihnen ganz hinzugeben. Alle Emotionen und Gefühle dürfen einfach da sein, sogar der allfällige Widerstand dagegen darf da sein. Nichts in dir muss weg oder ist falsch. Das Leben macht keine Fehler und deine Resonanzen können immer nur diejenigen Emotionen aufwecken, die schon in dir verborgen waren und jetzt heilen möchten. Alle Gefühle kommen und gehen, du musst nichts dagegen tun und auch nichts dafür. Heiße sie einfach als innere Besucher willkommen, bewerte sie nicht mehr und umarme diejenigen, die am meisten Liebe brauchen, von ganzem Herzen.

Je mehr du mit dem jetzigen Moment einfach mitfließt und dich (wieder) dem Lebensfluss mit allen auftauchenden Gefühlen überlässt, desto besser fließt auch deine Lebensenergie durch den ganzen Körper. Die Emotionen und Gefühle, die auftauchen, gehören ja auch nicht dir. Der Körper ist vielmehr wie eine Empfangsstation, die es dir ermöglicht, all das zu fühlen. Gefühle kommen und gehen, dein wahres unbegrenztes Wesen wird davon in keiner Weise berührt.

Durch das Prinzip Macht lernen Kinder schon früh, gewisse Gefühle zu unterdrücken, den inneren Widerstand gegen Zwang und Druck von außen zu verstecken und ihren Frust herunterzuschlucken. Das Prinzip Macht führt also nicht nur zu Gewalt unter den Menschen, sondern es wirkt sich auch sehr negativ auf die Gesundheit allgemein aus, weil es den Energiefluss im Körper blockiert. Wenn es ein Lernthema gibt, das wirklich allen Kindern für ihr gesamtes Leben unglaublich dienen würde, dann ist es der Umgang mit Emotionen und Gefühlen. Was aber nicht heißt, dass es jetzt dafür wieder ein neues Schulfach bräuchte, sondern es geht vielmehr darum, dass die gesamte Schule zu einem Raum wird, in den ein konstruktiver, achtsamer und selbstverantwortlicher Umgang mit Gefühlen und Emotionen gelebt und vermittelt wird. Wie in diesem Buch gezeigt wird, sind Menschen erst dann wirklich frei, wenn sie die

Möglichkeit kennen, allen Emotionen und Gefühlen liebevoll zu begegnen. Diese innere Freiheit ist die Voraussetzung für eine Gemeinschaft, die wirklich auf gegenseitigem Respekt, Achtsamkeit und innerer Klarheit aufbaut. Eine Gemeinschaft, in der sich die Menschen alle gegenseitig unterstützen, um immer noch bewusster, freier und herzlicher zu werden.

Körperliche Krankheiten

Wie schon erwähnt wurde, beschäftigt sich die Quantenphysik mit sehr, sehr kleinen Teilchen, den Quanten. Auf der Ebene der Quanten ist alle Materie nur eine Form von verdichteter Information. Weiter zeigt die Quantenphysik, dass sich Realität durch das Bewusstsein (die Information) des Betrachters bildet. Hinter unseren kollektiven Überzeugungen und deren Abbild (unserer Realität) ist alles nur eine riesige Energiesuppe.

Alles ist EINS und miteinander verbunden. Es gibt absolut keine Trennung.

So gibt es auf dieser Ebene auch keine festen Körper, sondern nur Energie- und Informationsfelder. Auf der Quantenebene ist diese grenzenlose Verbundenheit immer da und kann auch wissenschaftlich nachgewiesen werden.

So konnte mit einer ganz speziellen Form von Fotografie gezeigt werden, dass jede Zelle von einem Leuchten umgeben ist – sie strahlt Licht ab und nimmt Licht auf. Diese Lichtteile nennt man Biophotonen. Biophotonen sind eine Art Boten, die Informationen übermitteln und so die Verbindung zu allem Sein herstellen oder aufrechterhalten. Auf der Quantenebene ist alles ein riesiges unbegrenztes Informationsfeld mit unzähligen Unterfeldern, die miteinander im ständigen Austausch stehen.

Jeder Körper, jedes Organ, jedes Körperteil und jede Zelle sind nur verdichtete Informationsfelder und alle diese Felder befinden sich in ständigem Austausch miteinander. So werden beispielsweise der Blutdruck oder die Körpertemperatur über diese Informationsfelder geregelt.

Alle Atome, auch die „unseres“ Körpers, schwingen mit in einem gigantischen universellen Bewusstseinsfeld (Nullpunktfeld). Das Herzfeld hat Zugriff auf dieses „Urfeld“ oder Nullpunkfeld, welches nicht an Zeit und Raum gebunden ist.

Über diese Verbindung zum Urfeld informiert das Herz jede einzelne Zelle darüber, was aktuell in den größeren Systemen passiert. 70 Billionen Zellen wissen über diese Felder immer, was all die anderen tun. Die Begriffe Energie und Information sind austauschbar. Wenn sich die Informationsstruktur im Körper ändert, dann verändert sich alles! Ein Gefühlssprung zum Beispiel von Freude zu Angst löst 1.400 biochemische Veränderungen im Körper aus!

Alle Gehirne bilden zusammen ein einziges kollektives Superhirn als riesiges neuronales Netzwerk und alle Körper, Organe und alles Leben auf der Erde (oder anderswo) einen pulsierenden Superorganismus. Unser Körper ist also auch nichts anderes als ein strukturiertes Informationsfeld, das im ständigen Austausch mit anderen Informationsfeldern und dem Urfeld steht. Wir verbinden oder verschränken uns mit den Informationen der Felder, an die wir denken und auf die wir uns einschwingen. Aber auch über Worte, Gedanken, Gefühle und die reine Anwesenheit von anderen Menschen oder Lebewesen findet ständig Informationsaustausch statt.

So bewirken beispielsweise liebevolle Gedanken an andere Menschen einen messbaren Informationsaustausch. Heilung braucht auf dieser Ebene keine Zeit und ist räumlich unbegrenzt. Krankheiten sind so gesehen nur eine Stockung, eine Störung im Informationsfluss oder in der Kommunikation gewisser Körperteile. Wenn einzelne Körperteile, Organe oder auch Menschen nicht „gehört“, schlecht informiert oder abgelehnt werden, dann werden sie mit der Zeit krank. Weil gemäß chinesischer Medizin jedes Organ mit gewissen Emotionen verbunden ist, geschieht diese Abspaltung hauptsächlich durch das Unterdrücken der entsprechenden Emotionen. Wenn wir gewisse Gefühle nicht fühlen wollen, dann brechen wir den Kontakt zu ihnen ab. Dadurch werden auch die zu diesen Gefühlen gehörigen Organe und Energiebahnen blockiert beziehungsweise abgespalten. So gibt es nur eine wirkliche Krankheit, das ist die Trennung, das scheinbare Abgespaltetsein vom Ganzen. Alle Krankheiten entstehen demnach genauso wie alles Trennende aus den Gedanken und über fehlende Kommunikation (Verbundenheit). Und es gibt nur eine wirkliche Heilung, die bedingungslose Selbstannahme mit allen Emotionen, Gefühlen und Bedürfnissen. Daraus entsteht ganz von alleine die Erkenntnis über die ursprüngliche Verbundenheit mit allem Sein.

Wenn die Liebe wieder fließt (Kommunikation), dann geschieht Heilung!

Spontanheilungen und Wunder sind also bei jeder Krankheit, auch bei sogenannten „unheilbaren", jederzeit möglich! Wenn der Informationsfluss auf der Ebene der Atome, Zellen, Mikroorganismen und Organe wieder ganz ungehindert fließt, ist absolut alles möglich. Die neuen Quanten-Heilmethoden nutzen genau diese Erkenntnisse für ihre Heilungsprozesse.

Zu der Erkenntnis, dass Menschen, die sich mit der Trennungsrealität identifiziert haben, auch gesundheitliche Nachteile haben, gibt es noch andere spannende wissenschaftliche Studien, die zeigen konnten, dass das Risiko, an einer Herzerkrankung zu sterben, in dem Maß zunimmt, je öfter Menschen in gewöhnlichen Gesprächen trennende Wörter wie „ich", „mir" und „mein" verwenden. Die Studie konnte nachweisen, dass die Häufigkeit der Verwendung dieser Ausdrücke bei Herzinfarktpatienten die größte Vorhersagekraft für ihr Sterberisiko darstellten – größer sogar als Blutdruck und Cholesterinwerte.

Aus dieser Perspektive hat die Rückkehr zur ursprünglichen Verbundenheit oder deren Aufrechterhaltung durch die Glücksschule auch einen sehr positiven Einfluss auf die Gesundheit unseres Körpers!

Zwei Realitäten – eine Gegenüberstellung

Zusammenfassend könnte man die wesentlichen Aspekte der beiden Realitäten so gegenüberstellen:

Realität	Trennungsrealität	Einheitsrealität
Handlungs-motivation:	Angst (vor unangenehmen Emotionen), Ersatzbedürfnis nach Kontrolle und Sicherheit	Liebe Ursprüngliche Verbundenheit
Was steht im Zentrum?	Kopf, sicheres Wissen, das Ego (Ich), der Selbstwert, Schutzprogramm des Egos	Herz, Bewusstsein, Spielwissen, reines Sein, Ganzheit, innere Freiheit sowie bedingungslose Liebe
Haltung:	Streben nach Kontrolle, Sicherheit, Bestätigung für das Ego	Vertrauen, Hingabe an den Fluss des Lebens
Wesentliche Lebens-strategie:	das Prinzip Macht	Verbundenheit, Beziehung zu allem Sein
Lebensenergie fließt in ...	Hoffen auf die Zukunft oder Angst vor der Zukunft (Schutzprogramm), Schwelgen in der Vergangenheit oder Groll in Bezug auf die Vergangenheit	das Jetzt
Hauptmerkmal:	Trennung/Dualität	Einheit
Lebenshaltung:	Opfer-Täter-Denken, Sachzwänge, das Müssen	Verantwortung, die Freude am Tun (Wollen)
Beziehungen:	Beziehung als Machtkampf, Kampf um Bestätigung und Kontrolle, Verstricktheit, Abhängigkeit	Beziehung als Heilraum, gewaltfreie Kommunikation, Vertrauen auf Kooperation, frei sein (keine Identifikation)

Motivation:	Belohnung erreichen (Hoffnung), Bestrafung (Vermeiden von Angst) à extrinsische Motivation	Herzimpulse, Flow à intrinsische Motivation
Alternative Bezeichnungen:	Leidensrealität, Ernst des Lebens	Spiel- und Wunderwelt
Umgang mit Kindern:	Belehren, Erziehen	Vorbildsein, Vorleben, Selbstreflexion
Weitere Merkmale:	Enge, Ernst	Offenheit, Verletzlichkeit, Spiel
	Perfektionismus (Fehler vermeiden), Widerstand gegen Unangenehmes	Mut, Offenheit, Annahme
	Dramen, streiten, Recht haben, Machkämpfe, Opferrolle	alles Trennende erforschen, aussprechen, was da ist
	Arbeiten, Anstrengung, Leistungsprinzip, Pflichtbewusstheit	Spielen, Mitfließen, Freude am Tun, Flow, Kreativität, Intuitivität
	Verstummen, Sprachlosigkeit, Verdrängen, Überspielen von Gefühlen und Bedürfnissen	Unmittelbarer Gefühls- und Bedürfnisausdruck
	Anpassung, Selbstverrat, Konformismus	Selbsttreue, Empathie, Integrität
	innerer Mangel	Einheit mit der Fülle allen Seins
	uniformierte Autoritäten	natürliche Autoritäten
	Schuldgefühle, innere Zerrissenheit, Selbst- oder Fremdverurteilung	Integrität (ganz, rein, unschuldig)
	Liebe mit Bedingungen (Mitleid)	bedingungslose Liebe (Mitgefühl)
	innere Trennung (abgespaltene Emotionen und Bedürfnisse)	innere Ganzheit

Typische Eigenschaften:	nüchtern, abgeklärt, verschlossen	staunend, begeisterungsfähig, neugierig
	kompliziert, umständlich	einfach, leicht, unbeschwert
	starr, steif, unbeweglich, blockiert	beweglich, im Fluss
	bewertend, urteilend, vergleichend, zuschreibend	wertfrei, ermutigend, beschreibend
	ernst, wichtig, dramatisch	humorvoll, leicht
	perfektionistisch, zielgerichtet	verspielt, absichtslos
	ungeduldig, verzweifelt	geduldig, beharrlich, ausdauernd
	kalt (cool)	warm, herzlich
	begrenzt (Vorstellungen, Überzeugungen, Erwartungen)	unbegrenzt
	verplant, verschlossen, kontrolliert	spontan
	kompliziert, umständlich, widersprüchlich	klar
	schwer, faul, träge, angestrengt	unbeschwert, leicht, aktiv
	nett, brav, diplomatisch, freundlich (Rollen, Muster)	ehrlich, echt, authentisch

4. ANSATZ:
Schritte zurück in die Einheitsrealität

Hinter der Angst liegt die Einheit

*„Sei selbst die Veränderung,
die du in der Welt sehen willst."*

Mahatma Ghandi

*„Sie können nicht das Spiegelbild ändern,
ohne Ihr Gesicht zu ändern."*

Nisargadatta Maharaj

Das Außen ist, wie schon mehrfach erwähnt wurde, nur ein Spiegel des Inneren. Das heißt, grundlegende Veränderungen im Außen werden nur dann geschehen, wenn es dazu auch einen inneren Veränderungsprozess im Bewusstsein und in der Wahrnehmung des Menschen gibt.

So ist denn auch die Realität der Trennung, die sich uns im Außen zeigt, ein Abbild unserer inneren Trennung. Indem sich unser Bewusstsein wieder für unsere innere Ganzheit öffnet, das heißt, in erster Linie alle Emotionen und Aspekte unseres Seins wieder zu integrieren beginnen, umso mehr kann sich auch im Außen eine Realität der Verbundenheit und des Glücks zeigen.

Ohne inneren Wandel wird jeder Umbruch im Außen, und möge er scheinbar noch so umfassend und befreiend sein, nur eine oberflächliche und kurzfristige Veränderung bewirken.

So hat beispielsweise in Russland die Umwälzung des Systems hin zum Kommunismus im letzten Jahrhundert nur eine Verschiebung der Machtstrukturen, nicht aber eine Überwindung derselben bewirkt. Um die Machtstrukturen und andere einschränkende Aspekte des aktuellen Schulsystems wirklich überwinden zu können, ist unweigerlich ein Wandel im Bewusstsein der Eltern und Lehrpersonen vonnöten. Wobei dieser Wandel bei vielen Menschen bereits seit Längerem im Gange ist. Dieses Buch hat seinerseits das Ziel, einen Beitrag für diesen inneren Wandel zu leisten.

Der zentrale Punkt für den inneren Wandel liegt in unserem Umgang mit Angst.

Um das Prinzip Macht in uns selber zu entmachten, ist es auf jeden Fall nötig, einen anderen Zugang zu unseren bewussten und unbewussten Ängsten zu finden. Solange wir uns aus Angst selber verraten, übergehen, anpassen oder das Leben zu kontrollieren versuchen, unterstützen und erschaffen wir weiterhin das Prinzip Macht und damit auch die Trennungsrealität des Schutzprogramms.

Nur solange wir vor unserer Angst davonlaufen, sind wir manipulierbar. Wie ein neuer, befreiender Umgang mit Angst möglich ist, wird im nächsten Kapitel erläutert.

Angst als Handlungsmotivation

„Es stellt sich die Frage, warum der Druck sich immer gegen die Kinder kehrt und es nur in wenigen Fällen zu einem Aufbegehren gegen das Schulsystem kommt. Die Angst vor der Wiederkehr des Verdrängten, mit der alles, was man erreicht hat, was Identität vermittelt, in Frage gestellt wird, lässt die Eltern zu Verfolgern der eigenen Kinder werden. Legitimiert wird dieses Verhalten meist mit Phrasen: ‚Uns hat es ja auch nicht geschadet', oder: ‚Wir mussten da auch durch und haben es dennoch zu etwas gebracht'."

Hans-Eckbert Treu

Angst vor unangenehmen Emotionen und unkontrollierbaren Situationen bildet die Grundlage unserer Trennungsrealität. Was wir in uns aus Angst ablehnen, das spiegelt sich auch als abgetrennt im Außen wider. Weil wir als Kinder, um zu überleben, gelernt haben, unseren Ängsten zu folgen, statt uns ihnen zu stellen, ist für viele Menschen die Angst noch immer weitgehend handlungsleitend im Leben, wie schon im Kapitel über das Machtprinzip dargelegt wurde.

Das Prinzip Macht hat einzig aufgrund dieses erlernten Umgangs mit Angst unsere Kultur so lange dominiert. Solange wir, ohne aufzubegehren, unseren bewussten oder unbewussten Ängsten gehorsam folgen, uns anpassen und selber das Verhalten von anderen Menschen über das Auslösen von Ängsten zu manipulieren versuchen, so lange sind wir Gefangene im Prinzip Macht.

Erst die mutige Entscheidung, sich allen Ängsten vorbehaltlos zu stellen, lässt einen wirklichen inneren und gesellschaftlichen Wandel geschehen. Dieser neue Umgang mit Angst stellt die unumgängliche Voraussetzung für den Wandel hin zur Glücksschule und Glückskultur dar. Der Weg zur wahren Freiheit führt über all unsere Ängste und durch sie hindurch!

Grundsätzlich könnte man zwischen rationaler und irrationaler Angst unterscheiden. Wenn im Straßenverkehr direkt ein Auto auf mich als

Fußgänger zubraust, dann ist Angst durchaus rational und sinnvoll, denn es gibt eine wirkliche unmittelbare Bedrohung und die Angst hilft uns, darauf schnellstmöglich zu reagieren. Die meisten unserer Ängste jedoch sind irrational, das heißt, sie beziehen sich auf eine nur vorgestellte Situation oder auf eine Situation, in der keine wirkliche Bedrohung vorhanden ist, weil sich nur unser Ego mit seinen Ängsten und dem Schutzprogramm angegriffen fühlt. Es sind hauptsächlich diese irrationalen Ängste, die uns dazu bewegen, uns anzupassen oder Macht über andere Menschen auszuüben.

Ebenso könnte man zwischen bewussten und unbewussten Ängsten unterscheiden. Viele Menschen sagen von sich selber, dass sie kaum oder keine Ängste haben, gleichzeitig wird ihr Leben aber stark vom Schutzprogramm mit seinen Kontroll-, Macht- oder Anpassungsstrategien bestimmt. Das deutet auf jeden Fall darauf hin, dass dahinter unbewusste Ängste wirken. Gerade Menschen, die sehr machtvoll und dadurch scheinbar stark auftreten, haben viele unbewusste Ängste. Diese zeigen sich aber meist erst dann auch im Außen, wenn sie mit ihren Machtstrategien eine Situation nicht mehr kontrollieren können.

„Furcht kann verschiedene Ursachen haben, doch zumeist entsteht sie aus unserem Gefühl des Getrenntseins. Wenn ich das Gefühl habe, dass du zu mir gehörst, ein Teil meiner selbst bist, dann habe ich keine Angst vor dir, wie stark und mächtig du auch sein magst."

Sri Chinmoy

Neuer Umgang mit Angst

Wenn wir mit dem erlernten Schutzprogramm auf unsere Ängste reagieren, dann zeigt sich das entweder in einer Flucht- oder Kampfreaktion. Überwiegt die Fluchtreaktion, dann versuchen wir die Ängste zu unterdrücken, zu überspielen oder ihnen auszuweichen. Bei der Fluchtreaktion passen wir uns auch gerne anderen Menschen oder auch äußeren Machtstrukturen an, um der eigenen Verantwortung und damit den inneren Ängsten und Unsicherheiten auszuweichen. Hinter der Aussage „Ich muss …“ liegt im Grunde immer eine Angst, der wir uns anpassen. Viele Menschen organisieren ihr ganzes Leben so, dass sie möglichst mit keiner ihrer Ängste in Berührung kommen, das heißt, sie überlassen ihr gesamtes Leben dem Schutzprogramm. Das kann, je nachdem, wie viele Ängste jemand hat, sehr einschränkend und anstrengend sein. Überwiegt als Antwort auf eine Angst die Kampfreaktion, dann zeigt sich das in der Anwendung von Machtstrategien. Wir haben als Kinder gelernt, dass wir Angst nur dann wieder loswerden, wenn wir uns entweder anpassen oder mit Hilfe von Machtstrategien Kontrolle über andere Menschen ausüben. Und wir haben auch gelernt, dass wir nur dann überleben, wenn wir uns verraten oder anpassen, indem wir gehorchen. Dann werden wir belohnt oder zumindest nicht bestraft.

Wie wir schon gesehen haben, ist Lernen immer zustandsspezifisch. Das heißt, wir speichern beim Lernen immer alle bei einer Situation auftretenden Gefühle, Gerüche und andere Sinneswahrnehmungen zusammen ab. Zusammen mit dem Gefühl Angst haben die meisten von uns Anpassung oder Machtstrategien und Gefühle von Verzweiflung, Ohnmacht oder gar Panik abgespeichert. Wir haben gelernt, uns vor dem Gefühl Angst selbst zu fürchten und irgendetwas zu tun, damit dieses bedrohliche Gefühl möglichst rasch wieder verschwindet oder um der bedrohlichen Situation ausweichen zu können. Wir haben gelernt, dass Angst ein Gefühl ist, das unser existenzielles Bedürfnis nach Verbundenheit bedroht und dem wir uns nicht stellen können.

Aber dieser Umgang mit Angst, bei dem wir uns selber verraten und anpassen, ist heute im Erwachsenenleben nicht mehr nötig und auch nicht sinnvoll. Als Erwachsene sind wir nicht mehr existenziell von anderen Menschen abhängig, auch wenn wir gewisse Situationen mit anderen Menschen aufgrund unserer kindlichen Erfahrungen oft noch so einschätzen und erfahren.

Wir Erwachsenen haben alle die Fähigkeit, uns unseren Ängsten zu stellen, statt auf sie mit den altbekannten Mustern zu reagieren. Eine Angst löst sich sicher nicht auf, wenn wir ihr ständig ausweichen. Nur wenn wir ihr wirklich begegnen, kann sich etwas verändern. Solange wir uns über Angst manipulieren lassen, sind wir in der Trennungsrealität gefangen. Solange wir uns selber verraten und uns gehorsam sowie sprachlos den Mächtigen und den Strukturen der Macht anpassen, sitzen wir in den gelernten Begrenzungen, Mustern, Rollen und Gewohnheiten fest.

Und solange wir selber auf Angst und Ohnmacht mit Machtstrategien reagieren, geben wir die gleichen Verletzungen, die wir erfahren haben, an die nächste Generation weiter.

Außerdem bleibt unsere Fähigkeit, uns ganz auf den jetzigen Moment einzulassen und dadurch in den Flow zu kommen, ebenfalls so lange eingeschränkt, wie wir uns den Ängsten nicht stellen.

Angst vor Ablehnung

Eine weitverbreitete Angst, mit der wir uns oder unsere Kinder oft einschränken, ist die Angst vor Ablehnung, dem Ausgeschlossensein oder der Zurückweisung. Egal, ob in der Familie, bei Partnerschaften, Freundschaften oder am Arbeitsplatz, überall haben wir aufgrund unserer großen Angst vor Ablehnung die Tendenz, uns selber zu verraten, uns anzupassen oder andere zu kontrollieren. Keine Rolle mehr zu spielen, ganz ehrlich und echt zu sein, voll und ganz zu seinen Bedürfnissen zu stehen, auch wenn es für diese scheinbar keinen Platz gibt, all das sind tiefe Akte der Selbstliebe und Selbsttreue.

Die Chance, dass ich Ablehnung und Zurückweisung erfahre, wenn ich mich selber verrate und anpasse oder wenn ich andere kontrolliere, ist allerdings viel größer, als wenn ich wirklich zu mir stehe und mich meinen Ängsten stelle. Wenn ich mir selber in den Rücken falle, dann spiegelt sich das auch im Außen, indem andere Menschen mir in den Rücken fallen. Wenn ich mich selber verlasse, dann werde ich auch von Menschen im Außen verlassen. Ich werde nur dann zum Opfer im Außen, wenn ich mir selber und meinen Herzimpulsen nicht treu bleibe. Wenn ich hingegen voll und ganz zu mir stehe und mich nicht meinen Ängsten unterwerfe, dann werde ich im Außen auch Menschen anziehen, die voll und ganz zu mir stehen. Das Außen ist stets ein Spiegel des Inneren!

Selbstreflexion:

Wo in deinem Leben taucht die Angst vor Ablehnung auf und wie reagierst du darauf?

Schränkst du dich mit dieser Angst im Leben ein? Wenn ja, wie?

Angst vor dem Alleinsein

„So ist also das ‚Ich', an das wir uns klammern, frei erfunden. Das könnte die tiefste Ursache der Angst sein –, dass man sich an etwas klammert, das nicht existiert."

Jiddu Krishnamurti

Diese Angst hängt eng mit der Angst vor Ablehnung zusammen. Viele Menschen fürchten sich bewusst oder unbewusst davor, alleine zu sein. Wenn man die Angst vor dem Alleinsein erforscht, dann haben wir Menschen vor allem Angst vor den Gefühlen und Emotionen, die auftauchen, wenn wir alleine sind. Viele Menschen „benutzen" sich gegenseitig, um sich von unangenehmen Gefühlen abzulenken. Menschen, die es wagen, sich dem Alleinsein zu stellen, beobachten oft schon bald, dass die Vorstellung, die sie vom Alleinsein hatten, gar nicht übereinstimmt mit der wirklichen Erfahrung. Die Vorstellung ist meist viel schlimmer als die Erfahrung selber. Die Angst vor dem Alleinsein entsteht nur dadurch, dass wir den Zugang zur ursprünglichen Verbundenheit mit allem Sein scheinbar verloren haben, sonst wären wir nicht allein, sondern eben all-ein. Die Fähigkeit, allein sein zu können, ist eine grundlegende Voraussetzung für das Führen einer Paarbeziehung. Menschen, die nicht allein sein können, werden sonst in einer Paarbeziehung sehr rasch abhängig vom Gegenüber. Auch bei der Angst vor dem Alleinsein ist es am sinnvollsten, sich dieser Angst zu stellen, statt ihr auszuweichen. Solange wir der Angst vor dem Alleinsein ausweichen, bestimmt sie heimlich über unser Leben.

Angst vor Strafe

Wir haben als Kinder gelernt, unser Verhalten möglichst so zu steuern, dass wir Erfahrungen von Strafe und Liebesentzug ausweichen können. Das Schutzprogramm dieser Menschen wird in Situationen, in denen Strafe oder Liebesentzug passieren könnten, voll aktiv. Die Aussicht auf Strafe kann uns total blockieren oder große Panik (die Emotionen und Traumata aus der Kindheit) in uns auslösen. Genauso wie in der Bestrafungssituation selber, verkrampft und verspannt sich auch dann der gesamte Körper und der Energiefluss wird dadurch meist massiv blockiert. Das Schutzprogramm hat in solchen Situationen meist nur noch das Ziel, dieser großen Angst auszuweichen, und reagiert oft mit Anpassung bis hin zur Selbstaufgabe oder aber mit Machtstrategien. Weil das Gehirn wie immer bei großer Angst auf das Reptilienhirn umschaltet, kann man auch nicht mehr klar denken, sondern es gibt scheinbar nur noch Flucht- oder Kampfreaktionsmöglichkeiten. Das Herz wird eng, es verschlägt einem die Sprache. Diese Ängste sind häufig mit Kindheitstraumata verknüpft und benötigen deshalb oft therapeutische Begleitung, um die körperliche und emotionale Blockade dahinter wieder vollständig aufzulösen. Aber auch bei dieser Angst gibt es die Möglichkeit, sie einfach zu fühlen und trotz drohender Strafe alles zu machen, was das Herz wirklich will. Es ist immer auch spannend, die Angst vor Strafe in der Situation selber unmittelbar anzusprechen, weil dadurch oft die übliche Dynamik durchbrochen wird und das scheinbare Machtgefälle wieder beginnt, sich auszugleichen.

Einige Menschen und auch schon Kinder scheinen aber regelrecht nach Strafe zu suchen, weil es für sie die einzige Form der „Zuwendung" ist oder als Kinder war, die sie bekommen haben. Auch in diesen Fällen wäre therapeutische Hilfe sicher sinnvoll.

Strafen können Kinder in ihrem Wesen vollkommen existenziell bedrohen – letztlich bis hin zur Todesangst.

Die Angst vor dem Tod

„Das, was wir zu verlieren fürchten, wenn der Tod eintritt, ist die Struktur, die das Denken als ‚Ich' aufgebaut hat, die Form, der Name und die Gebundenheit an die Form und an diesen Namen."

Jiddu Krishnamurti

Wie wir schon gesehen haben, stehen für das Schutzprogramm stets Sicherheit und Kontrolle im Zentrum seines Strebens. Weil das Leben aber immer wieder unerwartete Wendungen nimmt, die nicht kontrollierbar und vorhersehbar sind, sind Kontrolle und Sicherheit eine Illusion. Wie schon erwähnt, zeigt die Tatsache, dass wir nie wissen, wann der Tod uns oder den Menschen um uns begegnet, dies wohl am deutlichsten. Deshalb ist der Tod für das Schutzprogramm ein Thema, das es am liebsten auch in den Griff bekommen würde und sonst einfach verdrängt. Daran, wie sehr in unserer Kultur Vergänglichkeit und Tod verdrängt werden, zeigt sich also auch, wie stark wir grundsätzlich von unseren Schutzprogrammen gesteuert werden. Wenn wir unsere Ängste zu Ende denken, dann steht am Schluss immer die Angst vor dem Tod.

Aber wer stirbt denn eigentlich, wenn das Ich, das scheinbar geboren wurde, nur ein gedankliches Konzept darstellt? Wenn du bereit bist, auch die Angst vor dem Tod zu fühlen, dann verliert dieses Konzept seine Macht über dein Leben. Das, was du wirklich bist, bewohnt diesen Körper nur, es wird von dessen Auflösung in keiner Weise berührt.

Wirklich leben

„Wenn wir unsere Angst vor dem Tod erforschen, erkennen wir in ihr eine Angst vor dem nächsten Augenblick, über den wir keine Kontrolle haben."

Stephen Levine

Indem wir versuchen, den Tod aus unserem Leben zu verbannen und in den Griff zu kriegen, verlieren wir immer mehr den Zugang zu unserer ursprünglichen Lebendigkeit und Lebensfreude. Solange wir unseren Ängsten ausweichen und vor ihnen davonrennen, bestimmt das Schutzprogramm mit seinen Kontroll- und Machtstrategien über unser Leben und bewirkt so ein innerliches Erstarren. Das Schutzprogramm hat einen Hang zum Festhalten an Dingen, am Bekannten, an Gewohnheiten sowie an Wissen, Status und an einengenden Strukturen. Das Schutzprogramm will alles im Griff haben, auch unsere Kinder, um so sicher nicht mit Ängsten oder unkontrollierbaren Situationen konfrontiert werden zu müssen. Dadurch verlieren wir nicht nur den Zugang zur Einheitsrealität, Spontaneität, Begeisterung, Offenheit und Lebendigkeit, sondern auch den Kontakt zum jetzigen Moment und damit zum Glücklichsein. Wenn Menschen zu sehr ihren Ängsten folgen, statt sich ihnen zu stellen, sterben sie innerlich ab. Wenn wir wirklich leben wollen, dann müssen wir uns wohl oder übel unseren Ängsten stellen.

Wir dürfen ganz und gar verletzlich sein!

Der chinesische Weise Laotse hat das so ausgedrückt:

„Der Mensch tritt ins Leben weich und schwach,
er stirbt hart und stark.
Alle Wesen treten ins Leben weich und zart,
sie sterben trocken und dürr.
Darum: Das Harte und Starke ist Begleiter des Todes,
das Weiche und Schwache ist Begleiter des Lebens."

Je weniger ein Kind über den Tod weiß, je weniger es von uns Erwachsenen darüber gelernt hat, desto geringer ist seine Angst davor und desto offener begegnet es auch dieser Erfahrung.

Dieses Beispiel zeigt, dass alle Ängste, auch unsere Angst vor dem Tod, gelernt sind. Indem wir dem Schutzprogramm und seinen Ängsten folgen, geht das Leben „an uns vorbei" und es bleibt stets das Gefühl, nicht wirklich oder nur mit „angezogener Handbremse" zu leben. Wir werden dadurch zum Opfer unserer selbst erschaffenen Sachzwänge und Ängste, nur weil wir nicht den Mut haben, die volle Verantwortung für unser Leben zu übernehmen und ganz dem Ruf des Herzens zu folgen. Je mehr wir den Tod fürchten und unseren Ängsten folgen, desto mehr verschließen wir uns dem Leben und sind deshalb schon tot, bevor wir sterben. Natürlich heißt das nicht, dass wir möglichst viele gefährliche Dinge im Leben tun sollten, um uns den Ängsten zu stellen. Es geht nur darum, uns denjenigen Ängsten zu stellen, die uns im Leben einschränken (irrationalen Ängsten) oder die in uns den Wunsch nach Kontrolle und Machtanwendung auslösen.

Für Menschen, die nicht wirklich leben, die ihr Leben im Warteraum verbringen in der Hoffnung auf ein tolles Ereignis in der Zukunft oder weil sie mit Machtkämpfen beschäftig sind, ist der Tod wirklich eine Katastrophe. Das Gleiche gilt für Menschen, die sich aus Angst vor Konflikten oder Ablehnung immer wieder verraten und anpassen, die ihre Herzensprojekte stets aufschieben, um so der eigenen Unsicherheit und dem inneren Schmerz auszuweichen. Denn diese Menschen haben nicht wirklich gelebt. Sie waren schon tot, als ihr Körper noch lebendig war. Die Voraussetzung für einen friedlichen Tod ist ein erfülltes Leben und wirkliche Erfüllung bringt uns im Leben nur die Verbundenheit mit uns selber, dem Leben und den anderen Menschen. Dafür müssen wir uns aber mutig auf das Leben einlassen und unserem Herzen statt der Stimme der Angst im Kopf folgen. Wenn wir auf den Tag warten, an dem wir keine Angst mehr haben, dann werden wir unser Leben immer mit Warten verbringen. Es geht nicht darum, keine Angst mehr zu haben, sondern all unsere Herzensprojekte zu verwirklichen, auch wenn Angst da ist. Je offener und mutiger wir uns dem Fluss des Lebens hingeben, desto leichter wird es uns außerdem fallen, die Verbundenheit mit unseren Kindern zu erfahren. Denn Kinder lieben mutige, offene und spontane Erwachsene sehr, weil das ihrem ursprünglichen Wesen entspricht. Erst dann, wenn wir uns entscheiden, uns nicht mehr von unseren Ängsten und dem Schutzprogramm einschränken zu lassen, müssen wir auch die Kinder nicht mehr einschränken und kontrollieren. So kann eine Beziehung auf der Ebene des Dialogs entstehen und die Machtkämpfe fallen immer mehr weg. Dem Herzen und nicht mehr der Stimme der Angst im Kopf zu folgen, ist demzufolge auch die Basis für Lehrpersonen und Eltern, die sich an der Umsetzung des Glücksschulprojekts beteiligen wollen. Denn nur das, was wir selber leben, können wir auch ohne Einschränkung unseren Kindern ermöglichen!

Das Wesen der Angst

„Haben Sie keine Angst vor einer Welt,
die Sie selber erschaffen haben."

Nisargadatta Maharaj

Wenn etwas Angenehmes wegzufallen droht und auch wenn etwas Unangenehmes geschieht oder vielleicht geschehen könnte, dann tritt Angst auf. Sie zeigt sich, wenn unser Ego fürchtet, die Kontrolle zu verlieren, und dadurch unsere scheinbare Identität bedroht ist. Weil wir der Angst meist mit Widerstand begegnen, geben wir ihr Macht über unser Leben, was letztlich zu einer Verengung des inneren Raums führt. Je größer der Widerstand, desto mehr verengt sich dieser innere Raum, bis der Raum so eingegrenzt wird, dass nur noch Angst übrig bleibt. Dann besteht eine volle Identifikation mit Angst und mein Ich-Gefühl hat sich komplett auf diesen beengten Raum reduziert. Ich bin dann Angst. Je mehr Raum neben dem Gefühl von Angst noch bleibt, je mehr Bewusstsein da ist, dass ich in Wirklichkeit der weite Raum bin, in dem die Angst erscheint, desto offener bleibt das Herz. Das Gefühl der Angst einfach zu fühlen, statt mit Widerstand oder einer Gegenbewegung darauf zu reagieren, ermöglicht, den Raum weit offenzuhalten, und in einem weit offenen Raum ist auch Platz für Angst.

Jede Form von Angst ist erlernt und basiert letztlich auf der Vorstellung von Trennung. Wir haben gelernt, ein getrenntes Ich zu sein, das bedroht werden könnte, und wir haben weiter gelernt, dass es sehr viel anderes, das scheinbar getrennt von diesem Ich existiert, gibt, was für dieses Ich eben bedrohlich sein kann oder könnte. Durch die Idee des Getrenntseins, durch den scheinbaren Verlust der ursprünglichen Verbundenheit sind wir zu ängstlichen Wesen geworden. Durch die Identifikation mit einem abgetrennten Ich sind wir zu Mangelwesen geworden, die immer auf der Suche nach der ursprünglichen Einheit und Fülle sind.

Weil wir das Leben durch die erlernte Brille der Trennung betrachten, sehen wir eine Realität, die uns Angst macht und immer wieder mangelhaft erscheint.

Solange wir die Brille der Trennung tragen, gibt es aufgrund der allgegenwärtigen (oft unbewussten) Angst ein sehr starkes Bedürfnis nach Sicherheit und den stetigen Versuch, das Leben, uns selber und andere in den Griff zu bekommen oder zu kontrollieren. In der ursprünglichen Verbundenheit gibt es keine Angst. Das heißt, Angst selber kann unser wahres Wesen nie bedrohen. Es ist stets nur unser erlerntes Ich (das Ego), das sich durch Angst bedroht fühlt und deshalb sein Schutzprogramm hochfährt. Indem wir auf die Angst mit Liebe statt mit dem

Schutzprogramm reagieren, kann die innere Trennung heilen und sich auch der wirkliche Ursprung unserer Ängste auflösen.

Selbstreflexion:

Welches sind die wichtigsten Ängste, mit denen du dich im Leben am meisten einschränkst?

Wie reagierst du, wenn eine dieser Ängste auftaucht?

Der Angst in die Augen schauen

„Wenn Angst da ist und du fängst an, etwas dagegen zu tun, kommt noch eine neue Angst hinzu: die Angst vor der Angst. Dann wird es noch komplizierter. Wenn Angst da ist, nimm sie an. Tue gar nichts dagegen, denn jegliches Tun wird nichts helfen. Alles, was du aus Angst tust, erzeugt nur noch mehr Angst."

Osho

Die Angst ernährt sich aus bedrohlichen Gedanken oder Bildern im Kopf und aus dem Widerstand der Gedanken gegen unangenehme Gefühle. Sobald wir uns von den Gedanken abwenden und uns der unmittelbaren Körpererfahrung von Angst zuwenden, wird die Angst nicht mehr weiter genährt und vibriert langsam aus. Wir können dem Gefühl der Angst ganz liebevoll und aufmerksam beobachtend Raum geben und es einfach da sein lassen. Indem wir uns der Verengung des inneren Raumes, den die Angst oft erzeugt, liebevoll zuwenden, indem die Angst einfach da sein darf, geben wir der Verengung selber Raum und sie kann heilen. Aber es ist gar nicht nötig, dass die Angst wegfällt, um uns selber treu zu bleiben und im Leben wirklich das zu tun, wofür es einen Herzimpuls gibt. Wir können auch trotz Angst und gemeinsam mit der Angst (wenn nötig auch zitternd) unserem Herzen folgen. Ängste sind nur so lange ein Hindernis, wie wir uns von ihnen aufhalten lassen. Es ist völlig in Ordnung und menschlich, Angst zu haben. Aber nicht die Angst, sondern das Herz und die Liebe sollen entscheiden, was wir tun. Je mehr wir uns der eigenen Angst stellen, desto mehr machen wir die Erfahrung, dass sie uns im Grunde gar nichts anhaben kann.

Selbstreflexion:

Wenn du auch findest, dass es jetzt an der Zeit ist, dich deinen Ängsten zu stellen, dann wähle eine Angst aus und schaue ihr ganz bewusst in die Augen. Sprich innerlich die folgenden Worte: „Liebe Angst, ich habe dir sehr viel Macht über mein Leben abgegeben. Du hast mich dafür versucht zu beschützen vor unangenehmen Erfahrungen. Ich danke dir dafür! Ich entscheide mich jetzt aber, alle Macht, die ich dir übergeben habe, wieder zu mir zurückzuholen. Du darfst immer da sein, aber ich bestimme jetzt wieder selbst über mein Leben!"

Schreibe dir jetzt alle Themen auf, bei denen du bisher noch der Angst gefolgt bist. Folge ab jetzt ganz bewusst der Stimme des Herzens, allenfalls auch gemeinsam mit der Angst.

Angst und Selbsttreue

„Kein Übel ist so groß
wie die Angst davor."

Seneca

Indem wir uns anpassen und gehorsam das tun, was von uns erwartet wird, hoffen wir, dass unsere Ängste verschwinden. Wir verraten uns selbst in der Hoffnung, dadurch Konflikten ausweichen zu können sowie Liebe und Bestätigung zu bekommen oder Sicherheit und Kontrolle zu erlangen.

Aber wie schon gesagt, zeigt sich unser Verrat an uns selber auch im Außen, indem andere Menschen uns diesen Selbstverrat spiegeln. Aber erst, wenn wir bereit sind, unseren Ängsten in die Augen zu schauen, können wir uns selber treu bleiben. Solange wir versuchen, den Ängsten auszuweichen, sind wir manipulierbar und unterwerfen uns dem Prinzip Macht.

Selbsttreue heißt aber auch, die volle Verantwortung für uns und unser Erleben zu übernehmen. Der Teil in uns, der sich noch mit der Opferrolle identifiziert, ist nicht wirklich in der Verantwortung und damit auch sich selber nicht treu. Hinter der Machtstrategie der Opferrolle liegt wie hinter jeder anderen Machtstrategie auch eine große Angst. Wenn ich, statt in die Opferrolle zu gehen, wirklich zu mir stehen würde, dann müsste ich vielleicht ganz konkret etwas in meinem Leben oder im Umgang mit anderen Menschen verändern. Die Angst davor und vor Ablehnung von außen hält uns so oft davon ab, voll und ganz zu uns selber zu stehen. Die Opferrolle bietet uns eine gewisse Sicherheit, diesen Ängsten ausweichen zu können, allerdings mit dem Preis, dass wir die Verantwortung für unser Leben und Wohlbefinden an andere abgeben und so auch weiterhin scheinbare Täter im Außen anziehen. Je mehr ich anderen Menschen die Verantwortung für mein Wohlergehen übergebe und deshalb Machtstrategien anwende, desto weniger bin ich bei mir (in der Selbstverantwortung). Desto weniger bin ich im Kontakt mit meiner inneren Kraft und umso mehr Angst und Machtstreben ist da.

Machtstreben bedeutet: Ich bin energetisch bei den anderen Menschen und gehe davon aus, dass sie für mein und ich für ihr Wohlbefinden verantwortlich sind, deshalb müssen wir uns gegenseitig mit aller Kraft dazu bringen, dass das Gegenüber das „Richtige" tut. All das, was in mir Angst auslöst, soll dabei vermieden werden. Das grundsätzliche Ziel ist Sicherheit.

Ungehorsam

„Ungehorsam ist für jeden, der die Geschichte kennt,
die eigentliche Tugend des Menschen.
Durch Ungehorsam entstand der Fortschritt,
durch Ungehorsam und Aufsässigkeit."

Oscar Wilde

Selbsttreue ist nur dann möglich, wenn wir aufhören, gehorsam zu sein. Jede Veränderung von Machtstrukturen basiert so gesehen auf Ungehorsam. Aber Ungehorsam kann seinerseits auch wieder als Machtstrategie angewendet werden, und zwar dann, wenn es darum geht, einfach aus Prinzip nicht mitzumachen oder Widerstand zu leisten. Das ist der Ungehorsam des Rebellen, der seine Identität aus Widerstand und der Abwertung des Bestehenden bezieht. Diese Form von Ungehorsam ist ein Spiegel der inneren Trennung dieser Menschen und wirkt keineswegs verbindend und heilend auf unser soziales Zusammenleben. Einzig der Ungehorsam, der auf innerer Verbundenheit und Selbsttreue aufbaut (und nicht auf dem Ersatzbedürfnis nach Macht und Kontrolle), hat die Kraft, wesentliche und friedliche Umbrüche im Außen geschehen zu lassen. Die Glücksschulbewegung baut genau auf dieser Form von Ungehorsam auf. Dieser Ungehorsam richtet sich nicht gegen Strukturen oder Autoritäten im Außen, sondern bezieht sich nur auf die eigenen Ängste. Ich folge nur noch meinem Herzen und der Verbundenheit, aber nicht mehr den ängstlichen Gedanken im Kopf. Das kann und wird wohl auch auslösen, dass ich mich nicht mehr an Strukturen und Machtstrategien im Außen anpasse, aber der eigentliche Grund für den Ungehorsam liegt in mir. Ich bin dann nicht mehr ungehorsam gegen etwas im Außen, sondern für die Impulse meines Herzens im Innern.

Selbstreflexion:

In welchen Situationen/bei welchen Menschen bist du dir selber noch nicht wirklich treu und passt dich an?

Weshalb passt du dich an? – Wovor hast du dabei Angst?

Angst und Sprachlosigkeit

Oft ist das Überwinden der erlernten Sprachlosigkeit ein erster wesentlicher Befreiungsschritt aus dem Gefängnis der eigenen Ängste. Denn Anpassung und Gehorsam sind nur möglich, solange wir schweigen, obwohl sich eine Situation für uns nicht stimmig anfühlt.

Indem wir (wieder) lernen, wirklich über das zu sprechen, was uns bewegt und was wir brauchen, anstatt die Geschichte von Opfern und Tätern sowie von Schuldigen zu erzählen, übernehmen wir die Verantwortung für unser Erleben wieder ganz und ermöglichen so auch unserem Gegenüber, sich selber ganz treu zu bleiben. Denn ein Mensch, der Macht ausübt, ist sich (seinem wahren Wesen der Verbundenheit) nie wirklich treu. Das Überwinden der erlernten Sprachlosigkeit eröffnet den Raum für den inneren Erforschungsprozess alles Trennenden. Wirklich sprechen bedeutet aber auch absolute Transparenz, das heißt, ich spreche nicht nur alle Machstrategien an, die ich bei meinem Gegenüber beobachte, sondern auch all meine Strategien, mit denen ich andere Menschen zu manipulieren versuche, die mir auffallen.

Oft haben wir aber den Zugang zu unseren wirklichen Bedürfnissen hinter den Ersatzbedürfnissen des Schutzprogramms verloren. Das Sprechen und das wirkliche Fühlen aller Emotionen helfen, diese Bedürfnisse wieder zu entdecken. So löst beispielsweise allein schon die ausgesprochene Erkenntnis, dass ich im Moment nicht weiß, was ich brauche, einen ganz anderen Prozess aus, als dies der übliche Streit um Schuld und Macht tun würde.

Selbstreflexion:

Oftmals gibt es beim Prozess des erforschenden Sprechens eine Art Ablauf mit verschiedenen Phasen:

- *Die Phase, in der du keine Ahnung hast, in der sich entweder widersprüchliche Bedürfnisse neutralisieren oder in der dir der Zugang zu deinen Bedürfnissen nicht möglich ist. In dieser Phase kann es sinnvoll sein, wenn du dich einen Moment lang mit geschlossenen Augen hinsetzt und alles fühlst sowie erforschst, was in dir da ist. Danach kannst du die Dinge aussprechen, die aufgetaucht sind.*
- *Die Phase, in der du spürst, dass etwas nicht stimmig ist für dich, du aber noch nicht weißt, was genau. Hier empfehle ich, genau das so auszusprechen.*
- *Die Phase, in der du spürst, was nicht stimmig ist und was du nicht willst, aber du noch nicht weißt, was du stattdessen möchtest. Auch hier kannst du ansprechen, was genau für dich nicht stimmig ist, und gleichzeitig weiterforschen, was du wirklich willst.*
- *Die Phase, in der du zwar weißt, was dein wirkliches Bedürfnis ist oder wäre, aber du dich nicht getraust, das Gespräch zu beginnen.*
- *Hier kann es sehr hilfreich sein, zuerst die Angst vor dem Sprechen selber anzusprechen, dann ist der Prozess bereits im Gang und der Rest spricht sich dann wie von alleine aus.*
- *Die Phase, in der du deine Bedürfnisse und Wünsche klar erkennen kannst – selbstverständlich ist es auch hier sinnvoll, diese anzusprechen. Es kann aber auch spannend sein, noch weiterzuforschen, was hinter deinen Bedürfnissen liegt oder was die Resonanz für die aktuelle Situation sein könnte.*

Mut

„Du kannst nicht aufrichtig sein, wenn du nicht mutig bist. Du kannst nicht liebevoll sein, wenn du nicht mutig bist. Du kannst nicht vertrauen, wenn du nicht mutig bist. Du kannst die Wirklichkeit nicht erkunden, wenn du nicht mutig bist. Deshalb ist Mut das Wichtigste. Alles andere folgt von selbst."

Osho

Der neue Umgang mit Angst braucht Mut. Mut ist eine ursprüngliche Eigenschaft, zu der alle Menschen in einem gewissen Maß Zugang haben. Kinder sind vor aller Erziehung und Bildung sehr mutige Wesen. Die Angst vor der Angst ist einzig das Ergebnis eines Lernprozesses. Aber wenn du Ängste hast und manchmal kaum den Mut aufbringst, dich ihnen zu stellen, dann befindest du dich auch in guter Gesellschaft. Aufgrund dessen, was uns als Kindern weitergegeben wurde, haben fast alle Menschen unserer Kultur ganz viele Ängste – mehr oder weniger bewusst. Vielleicht wäre es jetzt an der Zeit, dass wir beginnen, uns in Beziehungen und Freundschaften gegenseitig zu unterstützen, um dem Mut Raum zu geben, uns diesen Ängsten wirklich zu stellen. Mut bedeutet über die Grenzen des eigenen Schutzprogramms hinauszuschreiten und sich dadurch ganz verletzlich und offen auf das Leben einzulassen. Mut bedeutet aber nicht die Abwesenheit von Angst, sondern vielmehr die Kraft, sich selber trotz aller Ängste treu zu bleiben. Mutige Menschen haben oft sogar sehr viele Ängste, was aber nicht heißt, dass sie sich davon einschränken lassen. Das Sprichwort „Den Mutigen gehört die Welt" bringt wunderbar zum Ausdruck, dass Mut wirklich die Kraft hat, ganz neue Welten entstehen zu lassen. An einem gewissen Punkt des Bewusstseins eines Menschen kann er nicht mehr anders, als mutig sich selber treu zu bleiben. Je mehr die Selbstliebe und Ganzheit wieder zurückkehren, desto selbstverständlicher wird auch der Zugang zum Mut. Wirklich mutig ist es, wenn du dich deinen Ängsten stellst, auch wenn du nicht den Mut dazu hast! JETZT!

Angst und neue Realitäten

„Wer ständig glücklich sein möchte,
muss sich oft verändern."

Konfuzius

Wie schon mehrfach erwähnt, ist Angst die Wurzel unserer aktuellen Trennungsrealität. Indem wir unseren Kindern über das Prinzip Macht unsere Ängste weitergeben, geben wir ihnen auch die Grundlagen für das Erleben der Trennungsrealität weiter und müssen uns gleichzeitig nicht wirklich mit unseren eigenen Ängsten auseinandersetzen. Wenn wir hingegen unsere Kinder nicht mehr über das Prinzip Macht erziehen, wenn wir dem Impuls des Schutzprogramms widerstehen, ihr Verhalten und Lernen kontrollieren und manipulieren zu wollen, dann werden wir selber mit unseren Ängsten konfrontiert. Es gibt im Umgang mit Kindern grundsätzlich nur die beiden Möglichkeiten, entweder die eigenen Ängste weiterzugeben oder ihnen in uns zu begegnen. Wenn wir den zweiten Weg wählen und uns den eigenen Ängsten stellen, können wir einen Kreislauf des Leidens durchbrechen, der schon seit Jahrhunderten immer wieder von der einen Generation an die andere weitergegeben wird. Indem wir einerseits unseren Ängsten in die Augen schauen und andererseits selber mutig beginnen, wirklich zu leben, sind wir auch komplett andere Vorbilder für unsere Kinder, als die meisten unserer Eltern es für uns waren. Wenn Kinder ihre Einheitsrealität nicht mehr aufgeben müssen, um geliebt zu sein, öffnet sich die Türe weit für einen grundlegenden Wandel der öffentlichen Schule hin zur Glücksschule und auch für einen Umbruch aller anderen gesellschaftlichen Strukturen, insbesondere aller Machtstrukturen. Indem wir uns unseren Ängsten stellen, nehmen wir vom gewohnten Leiden und vom Ernst des Lebens Abschied und beginnen, uns zu öffnen für das bedingungslose Glück des Flows und der Verbundenheit!

Selbstreflexion:

Welche Konflikte hast du im Alltag mit deinen Kindern? Liegen hinter deinem Verhalten noch Ängste? Wenn ja, welche? Wie würdest du reagieren, wenn du diesen Ängsten nicht mehr die Macht über dein Verhalten geben würdest?

Wege zur Einheitsbeziehung

*„Du und ich: wir sind eins.
Ich kann dir nicht wehtun, ohne mich zu verletzen."*

Mahatma Gandhi

Beziehungen sind für uns Menschen, die gelernt haben, eine Trennungsrealität zu erfahren, ein sehr anspruchsvolles und oft auch schmerzhaftes Thema. Sehr viele Beziehungen gehen in die Brüche, enden in leidvollen Konflikten oder in einer emotionalen Scheidung. Weil unser Gegenüber wie ein Spiegel für unsere unterdrückten und abgespaltenen Aspekte, Emotionen und Bedürfnisse wirkt, haben Beziehungen aber auch ein enormes Heilungspotenzial.

Wie schon erwähnt, besteht die Identität eines Menschen in der Trennungsrealität aus verschiedenen Aspekten, die alle einen wichtigen Einfluss auf unsere Beziehungserfahrungen ausüben. Der abgespaltene Teil erzeugt Resonanzen. Durch ihn ziehen wir das „ideale" Gegenüber an, um die verdrängten Aspekte bewusstmachen und wieder integrieren zu können. Das vor oder über dem abgespaltenen Teil liegende Schutzprogramm seinerseits beschützt die Identität vor möglichen oder tatsächlichen Bedrohungen von außen und strebt allgemein nach Sicherheit und Kontrolle, meist mit Hilfe von Machtstrategien. Wirklich anspruchsvoll wird eine Beziehung dann, wenn bei beiden Partnern die Schutzprogramme aktiv sind. Der verbundene Teil schließlich sucht beim Gegenüber nach „Liebe", vor allem in Form von Bestätigung und Anerkennung.

„Hinter" diesen drei Egoaspekten unserer Identität gibt es, wie wir schon gesehen haben, stets auch noch die ursprüngliche Einheit, die man auch als der Beobachter, die formlose Präsenz, der unendliche Raum, das reine Bewusstsein oder die bedingungslose Liebe bezeichnen könnte. Eine Einheitsbeziehung entsteht dann, wenn sie die beiden

Partner immer mehr von ihrer Identifikation mit den Begrenzungen des Egos lösen, wenn beide bereit sind, sich wirklich echt und verletzlich in jedem Moment von Neuem mit Achtsamkeit und echtem Interesse zu begegnen. Eine Einheitsbeziehung ist für beide Partner ein Raum, in dem sie sich gegenseitig unterstützen, immer bewusster zu erkennen, wie sie sich noch begrenzen, worüber sie noch schweigen oder wann sie sich aus Angst noch klein machen. Die meisten Beziehungen starten aber nicht als Einheitsbeziehung, sondern vielmehr als Beziehung zwischen zwei Menschen, die mehr oder weniger stark mit ihren Egos identifiziert sind, und die mit Hilfe der Beziehung zu diesem Ego „Liebe", Bestätigung, Sicherheit und Befriedigung finden wollen. Welche Phasen eine solche Beziehung durchlaufen kann und welche Möglichkeiten es gibt, in den jeweiligen Phasen auszusteigen, soll in der Folge dargestellt werden.

Phasen von Egobeziehungen

Unsere Erwachsenenbeziehungen sind (zunächst) ein Abbild unserer Beziehungserfahrungen aus der Kindheit. Alle nicht erledigten Geschäfte aus der Kindheit werden also durch eine Paarbeziehung wieder aktiviert und können so geheilt werden oder aber auch trennend wirken. Eine Paarbeziehung aktiviert die erlernten Rollen und Muster, um Bestätigung und Anerkennung zu bekommen, sowie die Strategien des Schutzprogramms, um sich vor den verdrängten unangenehmen Emotionen der Kindheit zu schützen. Und sie löst durch die Kraft der Resonanz auch die ungefühlten und verdrängten Kindheitsemotionen wieder aus. Aber je mehr bewusste oder unbewusste Ängste und das Schutzprogramm aktiv sind, desto weniger besteht die Möglichkeit, auf die ursprüngliche Verbundenheit dahinter zuzugreifen, desto distanzierter fühlt sich die Beziehung an. Viele Menschen kennen die in der Folge dargestellten vier Phasen vielleicht aus eigener Erfahrung:

1. Verliebtheitsphase

Zu Beginn einer Beziehung sind oft beide Partner verliebt und fühlen sich glücklich, verbunden und geliebt. Weil sich in dieser Phase der Beziehung meistens beide Partner viel Bestätigung und Anerkennung für ihre Egos geben, werden die Schutzprogramme kaum aktiv und die beiden verbundenen Teile sind ganz beseelt von der grenzenlosen Verbundenheit, die dieser Zustand des Verliebtseins mit sich bringt.

In der Verliebtheitsphase stellt sich immer auch die Frage, ob die beiden Partner sich wirklich in ihr Gegenüber oder nicht doch eher in ihr eigenes Bild vom Partner verlieben. Wenn wir frisch verliebt sind, dann haben wir eine Tendenz, im Anderen nur das zu erkennen, was unsere rosarote Brille uns zu sehen erlaubt. Weil viele Menschen als Kinder gelernt haben, ihre Eltern zu idealisieren, tun sie dies oft genauso mit späteren Partnern. Alles, was wir am Anderen idealisieren und was wir auf sie oder ihn projizieren, bewirkt Erwartungshaltungen und birgt in sich schon spätere Ent-täuschungen.

2. Angstvermeidungsphase

„Wir wollen Entscheidungen, die nichts kosten, und Lösungen, die keine Angst einflößen."

David Schnarch

Je nach Konstellation der beiden Partner wird nach einigen Tagen, Wochen oder Monaten die anfängliche Verliebtheit überdeckt von ersten dunkeln Wolken, meist in Form von mehr oder weniger bewussten Ängsten. Beide Partner erfahren immer mehr voneinander und es tauchen auch unangenehmere Themen und Seiten bei beiden Partnern auf, die ihren abgespaltenen Teil und das Schutzprogramm aktivieren. Dabei wird plötzlich die vormalige Verbundenheit überdeckt von diesen trennenden Aspekten.

Es gibt die Erwartung, dass das Gegenüber mich in meiner Identität bestätigt und meinen Selbstwert stützt, indem sie oder er mich toll findet oder gleicher Meinung ist und die Dinge genauso sieht, erlebt und tut wie ich. Beide Partner oder auch nur einer versuchen, ihre Ängste und die Ängste des anderen zu vermeiden, indem sie sich anpassen und die problematischen Aspekte verdrängen. Die Angst auslösenden Verhaltensweisen und Emotionen, und damit das scheinbar Trennende zwischen beiden Partnern, werden durch die Anpassung aber nicht wirklich überwunden, sondern nur kurzzeitig unterdrückt oder überdeckt.

So kann sich beispielsweise der Mann trotz innerer Widerstände (die er aber nicht auszusprechen wagt) dazu bereiterklären, Freunde der Frau zu besuchen. Oder die Frau lässt sich nichts anmerken, auch wenn sie spürt, dass ihr Partner ihr immer seltener wirklich zuhört, wenn sie etwas erzählt. Die Partner schonen hier dem Frieden zuliebe sich selber und das Gegenüber und kehren möglichst alle Ungereimtheiten unter den Tisch. Wirklich heikle Themen werden verdrängt und totgeschwiegen. Es gibt die Hoffnung, dass das Trennende sich auflöst, wenn man es einfach nicht beachtet und nicht darüber spricht. Aber diese Themen sind natürlich dadurch keineswegs aus dem Weg geräumt, die Sprachlosigkeit bewirkt im Gegenteil eine langsame innere Entfremdung und Distanz. Noch ist hauptsächlich der verbundene Teil der beiden Identitäten aktiv. Aber oft in dieser Phase ist mindestens für einen Partner die Beziehung zum anderen wichtiger als die Beziehung zur eigenen inneren Wahrheit und Selbsttreue. Der als Kind erlernte Selbstverrat wird auch auf die Paarbeziehung übertragen. In dieser Phase beginnen die einzelnen Partner, feste Rollen in der Beziehung zu übernehmen, beispielsweise die Helfer- oder die Opfer- und Täterrolle. Beziehungsmuster der eigenen Eltern werden oft unbewusst eingesetzt, Gewohnheiten, Ablenkungs- und Machtstrategien beginnen, den Beziehungsraum einzunehmen. Beide Partner haben in dieser Phase auch die Tendenz, dem Gegenüber Verantwortung für ihr Wohlbefinden und Unglücklichsein zu übergeben, was zu emotionalen Verstrickungen und Abhängigkeiten führt. Weil Intimität aber zwei stabile Pole braucht, zwei Menschen, die wirklich in der Selbstverantwortung sind, leidet in dieser Phase oft die Intimität (emotionale Nähe) darunter – und auch die gemeinsame Sexualität hat die Tendenz, an Bedeutung zu verlieren, bis hin zum totalen Einschlafen derselben. Es gibt auch Paare, die über mehrere Jahre oder gar die gesamte Dauer ihrer Beziehung in der Angstvermeidungsphase bleiben. Sie arrangieren sich so miteinander, dass sie möglichst ungestört aneinander vorbeikommen, allerdings ohne wirklich tiefen Bezug. Die Beziehung wird dann zu einer Art Unternehmen, das gut funktioniert, bei dem jeder Partner aber eigentlich im Grunde seines Herzens einsam ist.

In dieser Phase wäre es entscheidend, alle Ängste wirklich bewusst wahrzunehmen (eventuell aufschreiben) und dann auch gewaltfrei anzusprechen und sich gegenseitig mitfühlend den Raum zu geben, anstatt die Ängste zu verdrängen. Unbewusste Ängste werden sehr oft handlungsleitend, was sich oft in der Anwendung von Machtstrategien zeigt. Hilfreich wäre es, die Ängste einfach zu fühlen, zu beobachten und sie mitsamt ihrer angsterfüllten Geschichte mit liebevoller Gelassenheit auftauchen und wieder wegfließen zu lassen. Und es geht darum, auch in der Beziehung mutig die ganze Wahrheit auszusprechen und weiterhin stets dem Ruf des eigenen Herzens zu folgen.

Ängste sind wie alle anderen Emotionen und Gefühle auch nur Wellen auf dem Ozean der Einheit. Du musst nie aus einer Angst heraus handeln. Im Gegenteil wird eine Beziehung dadurch immer tiefer und kraftvoller, wenn beide Partner sich ihren Ängsten stellen und stets wirklich echt sind.

3. Konfliktphase – Projektionsphase

In der Konfliktphase sind bei beiden Partnern hauptsächlich die Schutzprogramme handlungsleitend. Die Bereitschaft, sich zu verstellen oder gar sich selber zu verraten, wird in dieser Phase stets geringer, was bedeutet, dass alle Themen, auch die unangenehmen, jetzt auf den Tisch kommen, ohne dass diese allerdings an ihrem Ursprung, der inneren Trennung, wirklich bearbeitet werden.

Das Schutzprogramm wird vor allem von Ängsten, die aus der inneren Trennung hervorgehen, angetrieben. Allerdings wird in dieser Phase nicht mehr mit Flucht auf die Ängste reagiert, sondern mit Kampf. Bei Beziehungsthemen ist die Angst vor Ablehnung oder Zurückweisung absolut zentral, manchmal auch noch die Angst davor, übergangen, übersehen oder benachteiligt zu werden (siehe dazu das Kapitel über den neuen Umgang mit Angst). Wenn Machtstrategien nicht funktionieren und das Gegenüber sich im Machtkampf nicht einfach unterkriegen lässt, dann treten diese Ängste immer mehr in den Vordergrund und trüben noch zusätzlich die Wahrnehmungsbrille beider Partner. Oft wird in dieser Phase alles als Vorwurf oder Angriff gehört und es kommt jetzt häufig zu Streit über irgendwelche manchmal auch unbedeutenden Dinge, weil die Schutzprogramme sehr aktiv sind und sich stets in einer Art „Mobilmachung" befinden. Dabei werden die Konflikte mehrheitlich auf der Ebene der Macht ausgetragen. Anstatt sich den eigenen unterdrückten Emotionen zu stellen, fließt die Energie in die Dramen rund um die Frage, wer schuld ist und was der andere jetzt tun sollte, damit alles besser wird.

Durch den Druck und die fordernde, vorwurfsvolle Haltung beider Schutzpanzer entsteht ein Gefühl von Enge, Eingesperrtsein, Schwere und Frustration (bis hin zu Hass). Wenn das Schutzprogramm aktiv ist, dann fühlt man sich plötzlich abgetrennt und innerlich weit weg von dem Menschen, mit dem man sich vor Kurzem noch zutiefst verbunden gefühlt hatte. Aber eigentlich fühlt man sich vor allem mit sich selber nicht verbunden. Das Gegenüber dient nur als Spiegel.

Entgegenkommen und wirklicher Dialog sind kaum mehr möglich, weil dadurch die bedrohlichen Themen und damit die Angst nicht weiter unterdrückt werden können.

Es wäre jetzt dringend eine Auseinandersetzung mit den eigenen Ängsten nötig. Die meisten Paare gehen aber in die Auseinandersetzung mit dem Gegenüber und versuchen so den Ängsten auszuweichen oder sie auf das Gegenüber zu projizieren.

So werden beispielsweise von beiden Partnern die schwierigen Emotionen des Gegenübers übernommen (mitleiden), während gleichzeitig mit Hilfe von Machtstrategien versucht wird, diese Emotionen beim jeweiligen Gegenüber zu stoppen.

Dennoch gibt es auch in dieser Phase weiterhin das Streben nach ständiger Bestätigung durch die Partnerin oder den Partner, um so möglichst die Angst zu vermeiden. Die Konfliktphase ist selten eine Phase, in der sich die Partner wohl und glücklich fühlen, dies auch, weil das Schutzprogramm viel Anspannung und kräftezehrende Machtkämpfe produziert und weil dadurch der Zugang zur Energiequelle der Verbundenheit und des Flows sehr erschwert ist. In dieser Phase, die für den verbundenen Teil eines Menschen sehr unbefriedigend ist, beginnt dieser Teil oft auch wieder, weiter nach Anerkennung, Bestätigung und Liebe im Außen zu suchen. In der Konfliktphase kommt es häufig zu einer Art emotionaler Scheidung, manchmal auch zum wirklichen Beziehungsende oder es gibt eine Flucht in Süchte, Konsum, Ablenkung, Sprachlosigkeit oder in die Arbeit.

Dennoch fällt vielen Paaren eine echte Trennung in dieser Phase keineswegs leicht. Viele Partner sind von ihrem Gegenüber abhängig und kommen einfach nicht voneinander los. Grund dafür sind einerseits die angewendeten Machtstrategien und andererseits ungefühlte Emotionen. In Paarbeziehungen bewirken Machtstrategien, wie schon erwähnt, eine Verstrickung und Abhängigkeit der beiden Partner, weil sie sich gegenseitig die Verantwortung für ihre Stimmungen, Emotionen und Gefühle übergeben. Dies auch, weil sehr viele Menschen vor Gefühlen wie Trauer, Schmerz, Ohnmacht, Schuld, Scham oder Angst zurückschrecken und sich lieber anpassen, als diese Gefühle oder Emotionen zu fühlen. Das Schutzprogramm versucht uns, wie schon gezeigt wurde, auch möglichst vor Verlusten zu beschützen. Menschen, die von sich selber gelernt haben, zu glauben, dass sie nicht liebenswert seien, versuchen andere Menschen an sich zu binden, um nicht verlassen zu werden. So kommt es oft dazu, dass der eine Partner in der Beziehung beginnt, zu klammern und für die „Liebe“ zu kämpfen, während der andere Partner die Rolle des Flüchtenden spielt und über Machtstrategien dem Gegenüber dessen emotionale Abhängigkeit demonstriert. Die beiden spiegeln sich perfekt. Flucht und Kampf sind die beiden Verhaltensmöglichkeiten des Reptilienhirns. Wenn Menschen aus der Angst und dem Schutzprogramm heraus handeln, dann bleiben ihnen oft nur diese beiden kläglichen Verhaltensoptionen.

Ein Spiel mit Macht und Ohnmacht. Das Klammern ergibt sich aus der Angst davor, nicht liebenswert zu sein beziehungsweise ganz viel tun zu müssen, um liebenswert zu sein, und das Flüchten oft aus der Angst vor echter Intimität und Verbundenheit.

Die Beziehung wird zu einem Kampf um Anerkennung und Liebe, in der das eigene Kindheitstrauma vom Liebesentzug wiederholt wird.

In dieser Phase wird sehr oft vergessen, dass nichts und niemand Gefühle oder Emotionen in uns auslösen kann, die nicht schon vorher in uns da waren. Das heißt, es zeigt sich oft eine Verantwortungsverwirrung und damit auch eine Abhängigkeit. Außerdem sind es stets unsere eigenen Interpretationen sowie Bewertungen einer Situation, welche Gefühle und Emotionen hervorrufen, nie andere Menschen.

Weiter kann es hilfreich sein, ganz bewusst zu erkennen, ob die auftauchenden Empfindungen Gefühle sind, die sich wirklich aus der aktuellen Situation ergeben, oder ob es sich dabei um Emotionen handelt, also um unterdrückte und verdrängte Gefühle aus der Kindheit. Emotionen erkennt man daran, dass wir dabei das Gefühl haben, sie würden nie mehr aufhören, dass sie oft in ihrer Intensität nicht wirklich der Situation entsprechen (Emotionen sind meist sehr heftig) und dass wir uns dabei häufig wie damals als Kind fühlen und manchmal auch so verhalten. Wenn wir feststellen, dass es Emotionen sind, die auftauchen, dann ist es offensichtlich, dass die aktuelle Beziehungssituation nur ein Heilraum für alte, ungeheilte Verletzungen darstellt. Es gibt die Möglichkeit, gemeinsam die trennenden Muster zu erforschen, anstatt sich mit den Mustern zu identifizieren und diese trennend wirken zu lassen. Wenn ein Konflikt auftaucht, dann kann dieser mit Hilfe von Machtstrategien oder erlernten Mustern aus der Kindheit angegangen werden oder aber, indem ein wirklicher Dialog über Ängste, Wünsche und Bedürfnisse entsteht. Wer als Paar durch die in dieser Phase auftauchenden Muster und Emotionen hindurchgeht, der kann dadurch noch eine viel tiefere Ebene der Verbundenheit, Vertrautheit, Intimität und Liebe erleben.

4. Der tote Punkt

Die Beziehung kommt dann an einen toten Punkt, wenn keine Strategie mehr funktioniert, um der Angst und den eigenen alten Verletzungen auszuweichen, aber auch bisher nicht genug Bereitschaft da war, um sich den eigenen Themen und Ängsten wirklich zu stellen. Anpassung ist nicht mehr möglich und Auseinandersetzung mit den eigenen Ängsten ist nicht möglich, weil das Schutzprogramm das verhindert. Auch die bekannten Machtstrategien bewirken kein Vermindern der Angst, wenn beide Partner auf ihrer Position verharren.

Oft hat das Paar an diesem Punkt das Empfinden, sich entliebt zu haben. Die aktiven Schutzprogramme hinterlassen dabei oft ein Gefühl der Enge, der Erstarrung und der Hoffnungslosigkeit.

Auch an diesem Punkt kann eine Beziehung sich noch in eine Einheitsbeziehung verwandeln, indem einer der Partner oder beide sich wirklich für die unangenehmen Emotionen öffnen, die durch das Gegenüber als Spiegel immer wieder hervorgerufen werden. Am toten Punkt einer Beziehung haben beide Partner in ihrer Beziehung nichts mehr zu verlieren, deshalb besteht dann auch die Chance, dass sie beginnen, wirklich alles auszusprechen, was sie bewegt, und damit auch das Trennende auf den Tisch zu bringen. Wenn mindestens einer der beiden Partner müde genug ist von den stetigen Kämpfen des Egos, dann kann es sein, dass das Paar es schafft, alle Gewohnheiten und die gesamte Trägheit und Routine zu durchbrechen und durch den inneren Schmerz hindurchzugehen. Wenn das Paar nicht mehr an den trennenden Geschichten festhält, wenn es sich erlaubt, einen Heilraum für Verletzungen, eigene Schutzprogramme und Muster zu erschaffen, jenseits von Schuldzuweisungen und Erwartungen und Forderungen, dann kann die Beziehung auch an diesem Punkt noch tiefer gehen und heilen.

Spiegel und Schutzpanzer

Solange die Wut und die Schuldgefühle des Schutzprogramms nicht wirklich als eigene innere Erfahrungen gefühlt, sondern auf andere Menschen projiziert werden, gibt es kaum Zugriff auf die dahinterliegenden Emotionen und damit auf Heilung.

Unser scheinbar getrenntes Gegenüber spiegelt uns immer diejenigen Teile, die wir in uns selber abgetrennt haben. Macht können andere Menschen nur über die Teile und Emotionen ausüben, die wir in uns noch nicht wieder integriert haben. Wenn andere Menschen uns bevormunden, dann vertreten sie dadurch einen Teil, den wir selber nicht wirklich leben, weil er „ausgelagert" ist.

Man kann zwar den Partner wechseln, sich selbst entkommt man aber nicht.

Selbstreflexion:

Wann gibt es in deinem Leben noch andere Menschen, denen du erlaubst, über dich zu bestimmen, dich zu bevormunden oder anzugreifen?

Welche Emotionen löst das in dir aus?

Wann bist du noch nicht wirklich in der Selbstverantwortung oder dir noch nicht wirklich selber treu?

Was musst du tun, um wirklich in die Selbstverantwortung zu gehen und für dich einzustehen?

Gibt es vielleicht auch Situationen, in denen du die Verantwortung für andere Menschen übernimmst, sie manipulierst, bevormundest oder angreifst?

Vor welchen Emotionen versuchst du dich durch die bisherigen Muster und Schutzprogramme zu schützen?

Spiegelungen im Außen

Man könnte zwischen zwei Arten von äußeren Spiegelungen unterscheiden:

Direktes Spiegeln: Hier zeigt sich mir im Außen, wie ich mit mir selber umgehe.

Beispiel: Es gibt im Außen Menschen, die mich verurteilen oder die ich verurteile.

Was spiegelt mir das aus meinem Inneren? → Ich verurteile mich bewusst oder unbewusst selber und fühle mich schuldig.

Weitere Beispiele für direktes Spiegeln:

Was ich an anderen Menschen störend finde oder verurteile, das lehne ich auch in mir ab.

Wenn andere Menschen mich verraten oder mir in den Rücken fallen, dann nur, weil ich mich selber verrate oder mir in den Rücken falle.

Wenn andere Menschen mich nicht beachten oder ablehnen, dann nur, weil ich mich selber (gewisse Anteile oder Gefühle) nicht wirklich beachte oder angenommen habe.

Wenn andere Menschen an mir zweifeln, mich einschränken oder verurteilen, dann, weil sie mir spiegeln, dass ich an mir selber zweifle, mich einschränke oder verurteile.

Indirektes Spiegeln: Hier zeigt sich im Außen über irgendwelche Situationen, die ich erlebe, welche Emotionen ich im Leben versuche zu unterdrücken und welche Themen ich nicht gelöst habe. Die Emotionen von inneren unerledigten Geschäften spiegeln sich im Außen.

Beispiel: Es gibt im Außen Situationen, die in mir Ohnmacht oder Angst vor Ablehnung auslösen. Was spiegelt das aus meinem Inneren? → Ich habe diese Angst oder Ohnmacht und den Schmerz dahinter unterdrückt.

Ein weiteres Beispiel für indirektes Spiegeln:

Eine Frau ist von ihrem Mann von einem Tag auf den anderen verlassen worden. Es gab schon früher eine ähnliche Situation mit einem anderen Mann. Dieser Frau wird plötzlich bewusst, dass ihr Vater, als sie noch ein Kind war, die Familie ebenfalls von einem Tag auf den anderen verlassen hatte – sie hat bisher noch nie wirklich darüber getrauert und auch die Wut, Ohnmacht, Verzweiflung noch nie wirklich gefühlt.

Oft gibt es im Leben Ereignisse, die sich immer wieder ähnlich wiederholen. Das ist ein sehr typisches Zeichen für eine Spiegelung!

Aber vergiss nicht: Auch alles Schöne, das du im Außen erkennst, ist nur ein Spiegel deiner inneren Schönheit!

Selbstreflexion:

Was spiegelt dir deine aktuelle Lebenssituation?

Gibt es in deinem Leben unangenehme Situationen, die du schon mehrfach ähnlich erlebt hast?

Was spiegelt dir dein Umfeld in Bezug auf dein Selbstbild?

Wie gehen andere Menschen mit dir um und was sagt das über den Umgang aus, den du mit dir selber hast?

Was verurteilst du vielleicht noch an anderen Menschen? Was erkennst du daraus über dich selber?

Wie schon erwähnt, reagieren wir auf einen Konflikt meistens mit unseren Schutzprogrammen und den damit verbundenen Machtstrategien. Die Schutzprogramme stellen dabei Fragen wie: Wer ist schuld? oder auch: Warum ist das passiert und wie kann ich das zukünftig vermeiden? Je mehr innere Trennung (Angst vor oder Widerstand gegen unangenehme Emotionen) da ist, desto aktiver und stärker wirkt das Schutzprogramm und desto geringer ist der Differenzierungsgrad (die Fähigkeit, auch bei unangenehmen Emotionen in der Eigenverantwortung zu bleiben).

Wesentlich sinnvoller und verbindender ist das Erforschen der eigenen

Emotionen, Muster und Ängste, die hinter einem Konflikt stehen. Die zentrale Frage hierzu ist: Was ist jetzt in mir und wie fühlt es sich an?

Nur so kann sich die Resonanz verändern und innere wie äußere Heilung geschehen. Indem die gelernte Trennung sich in der Bewusstheit auflöst, kann die ursprüngliche Verbundenheit wieder erfahren werden. Konflikte in Beziehungen sind also stets entweder Heilungschancen oder Trennungsgründe, je nachdem, wie wir ihnen begegnen.

Je mehr sich das Bewusstsein (wieder) für die ursprüngliche Verbundenheit hinter allen Formen geöffnet hat, desto leichter kann eine Beziehung auch mit Unterschieden und Verschiedenheiten umgehen. Diese wirken dann weniger bedrohlich, sondern werden gar als Wachstumschancen gesehen.

Wie schon erwähnt, sind alle Formen des Lebens nur ein Ausdruck des einen Bewusstseins. Dieser beobachtende und nicht identifizierte Aspekt unseres Daseins ist für die Heilungsprozesse in einer Beziehung zwischen zwei Menschen, welche die Trennungsrealität gelernt haben, ganz zentral. Je mehr dieses Bewusstsein von der Einheit wieder in eine Beziehung zurückkehrt, desto mehr wird auch die Beziehung zu einer Einheitsbeziehung. Dieser Aspekt unseres Daseins ist in jedem Menschen jederzeit da, nur ist er uns oft nicht bewusst oder wird nicht als das erkannt. Das beobachtende Bewusstsein kann wirklich allem in uns mit bedingungsloser Liebe und Offenheit begegnen und nur Liebe kann den Schmerz hinter der erlernten Trennung heilen.

Dieser Beobachter erkennt, ob ich mich aktuell mit mir selber verbunden fühle.

Das reine Bewusstsein erkennt auch, ob ich mich mit meinem Gegenüber verbunden fühle oder nicht.

Und es beobachtet, ob Angst, Wut, Schmerz, Trauer, Ohnmacht oder auch Schuldgefühle da sind.

Durch dieses Bewusstsein werden Gedanken einfach als Gedanken erkannt, ohne wahre Substanz, sondern nur als erlernte, automatisierte Reaktionen des Gehirns.

Dieser Beobachter kann erkennen, was bei einem Konflikt oder irgendeiner anderen Tätigkeit wirklich abläuft (welche Muster und Machtstrategien).

Es ist der unendlich große Raum des Herzens, in dem jede Angst, jeder Schmerz, jede Verzweiflung und Wut Platz haben.

Dieses Bewusstsein ist es, das in sich ruht und schon längst zu Hause ist, die Stille hinter allen Gedanken, die Grenzenlosigkeit hinter allem Engen und die Verbundenheit hinter allem Trennenden.

Intimität

Alles, was zwei Menschen scheinbar trennt, hat seinen Ursprung in ihren erlernten Ängsten und dem dazugehörenden Schutzprogramm. Solange zwei Menschen ihre Ängste nicht wirklich bewusst wahrnehmen, aussprechen oder erforschen, wirkt das trennende Schutzprogramm mit seinen Macht- oder Anpassungsstrategien. Deshalb leben viele Paare über Jahre zusammen, ohne sich dabei in wirklicher Intimität zu begegnen. Intimität ist ein Begegnen ohne vorgeschobenen Schutzpanzer, ein verletzliches Einlassen im jetzigen Moment. Echte Intimität beginnt immer in jedem Menschen selber. Je intimer ich mich auf alle inneren Anteile einlasse, je mehr ich wirklich verbunden bin mit meinem wahren Selbst, desto mehr Intimität kann ich zulassen. In wirklich intimen Momenten fällt jede Form von Trennung und Schutz weg. Intimität zeigt sich darin, ganz offen und transparent das auszusprechen, was in mir vorgeht. Auch das Ansprechen von eigenen Mustern, Machtstrategien, Ängsten oder Eifersucht ist ein Ausdruck von wahrer Intimität (sowie auch, meine Schattenseiten offenzulegen). Intimität zeigt sich aber auch im wirklich achtsamen und bewussten Begegnen, im totalen Einlassen auf das Gegenüber, mit kompletter Aufmerksamkeit und Präsenz zuzuhören, dem Partner in die Augen zu blicken oder ihn zu berühren.

Intimität überwindet die scheinbaren Grenzen des Ich. Intimität ist ein offenes Begegnen mit dem, was sich in diesem Moment zeigt, eine totale Bereitschaft, sich ganz diesem jetzigen Moment hinzugeben, sich vollständig in eine Begegnung hinein aufzulösen. In ungeteilter Aufmerksamkeit und innerlich nackt – ohne trennenden Schutzpanzer (sozusagen schutz- und waffenlos) – einem anderen Menschen oder dem Leben zu begegnen.

Sie ist Hingabe statt Kontrolle, Ankommen statt Suchen, Schutzlosigkeit statt Abgrenzung, Offenheit statt Verschlossenheit und Annehmen statt Verdrängen. Gleichzeitig basiert Intimität immer auch auf Selbsttreue und Selbstliebe. Insofern ist Intimität nicht naiv, sondern im Gegenteil voll und ganz verbunden mit der inneren Kraft und Klarheit, im Wissen, dass Kontrolle eine Illusion ist und dass Schutz stets auch Getrenntsein und Leiden bedeutet. Damit auch in einer länger dauernden Beziehung Intimität immer weiter passieren kann, ist die Entscheidung notwendig, die Bereitschaft, alles Trennende, was auftaucht, wirklich zu erforschen, statt daraus eine Realität des Getrenntseins zu erschaffen. Ich entscheide mich dann bedingungslos dafür, dem Ruf des Herzens zu folgen. Ich entscheide mich dafür, dieser inneren Wahrheit jederzeit treu zu bleiben. Ich bin in jedem Moment bereit, alles auszusprechen, was gesagt werden muss. Ich bin stets bereit, auch einen Abbruch der Beziehung in Kauf zu nehmen, wenn dies nötig sein sollte, um der Liebe und der Wahrheit treu zu bleiben. Intimität ist Grenzenlosigkeit, ein bedingungsloses Sicheinlassen auf den Fluss des Lebens, ganz egal, welche Gefühle, Emotionen oder Stimmungen auftauchen mögen.

Intimität ist die Entscheidung, schutzlos, voll und ganz leben zu wollen. Keiner Erfahrung mehr auszuweichen (auch der unangenehmsten nicht), sich vom Leben wirklich berühren zu lassen. Dem Schutzprogramm erscheint bedingungslose Intimität vollkommen unvernünftig und bedrohlich. Wir fürchten Intimität in länger dauernden Beziehungen in dem Maß, in dem wir selber uns vor unangenehmen Emotionen schützen wollen. Je mehr wir die Intimität mit dem jetzigen Moment und all seinen sinnlichen Erfahrungen vermeiden wollen, weichen wir auch der Intimität selber aus.

Wenn die Hingabe an die Intimität über das Schutzprogramm hinausgeht, kann die tiefe Verbundenheit und Entspannung dahinter wieder erfahren werden.

Liebe und Intimität

Um eine wirklich lebendige Beziehung führen zu können, die der Liebe den zentralen Platz einräumt, müssen wir bereit sein, uns jedem Schmerz, jeder Angst und jedem anderen unangenehmen Gefühl voll und ganz zu öffnen und anzuvertrauen. Es geht darum, dass Versagen, Ablehnung, Einsamkeit, Bloßstellung und das Verlassenwerden ebenfalls sein dürfen, zu allem, was sich in diesem jetzigen Moment zeigt, voll und ganz ja zu sagen, egal wie der Verstand gelernt hat, die Situation und die Emotionen zu bewerten. Wir dürfen uns erlauben, „Fehler" zu machen, alles infrage zu stellen, überhaupt nicht mehr weiterzuwissen, das Gesicht zu verlieren sowie vollkommen schutzlos und verletzlich zu sein, ganz egal, wie viele Ängste da sind. Um das ganze Leben zu gewinnen, müssen wir bereit sein, alles zu verlieren und zitternd diejenigen Wege zu gehen, die unser mutiges Herz uns vorgibt. Es geht darum, einzig der Wahrheit und Liebe treu zu bleiben und nie anderen Menschen, einer Vorstellung oder einer Ideologie. In jedem Moment bereit zu sein, weiterzuziehen, alles aufzugeben, alle Konzepte infrage zu stellen sowie alles zu fühlen und anzunehmen, was sich in uns jetzt zeigt. Es ist nie zu spät, um sich dem Leben ganz hinzugeben. Es ist nie zu spät, um allen Schmerz ganz anzunehmen und ausvibrieren zu lassen. Es ist nie zu spät, um ganz zu dem zu stehen, was unser Herz uns mitteilt. Wenn alle Gefühle und Emotionen an unserem inneren Tisch sitzen dürfen, dann sitzt immer auch die Liebe mit dabei. Das ist bedingungslose Intimität. Intimität zeigt sich auch im Streben nach der tiefsten Wahrheit hinter der Fassade dieser Welt. Intimität ist schonungslos, liebevoll, radikal, erschütternd und absolut unkontrollierbar. Intimität ist die Rückverbindung mit dem Fluss des Lebens, die Vereinigung mit dem jetzigen Moment, die Heilung aller Kindheitsschmerzen, sie ist der Weg durch den Schutzpanzer, die Verklammerungen und Verspannungen des Herzens hindurch. Intimität heißt, ganz und gar mit dem zu sein, was jetzt da ist, die innere Handbremse vollständig zu lösen und sich vorbehaltslos dem Fluss des Lebens anzuvertrauen. Intimität heißt, jede Hoffnung aufzugeben, jeden Schmerz und jede Verzweiflung anzunehmen. Intimität bedeutet außerdem, das kleine, ängstliche, kontrollierende und verstörte Ich der Grenzenlosigkeit der Liebe zu opfern sowie auf alle Besonderheit und Individualität zu verzichten, um das scheinbar Persönliche dem grenzenlosen unpersönlichen Liebesstrom hinzugeben, der wir wirklich sind. Intimität bedeutet auch, Raum zu sein für die Rast- und Ruhelosigkeit in uns, für die Leere, Verzweiflung, Trauer und das absolute Nichtwissen. In der Intimität endet jede Form von Trennung, jeder Schutz, jede Abgrenzung, jedes Wissen, jede Hoffnung, jede Zukunft, jede Geschichte, jede Vergangenheit und jede Sicherheit. Intimität ist Einheit mit dem Leben, mit der Liebe, mit der Wahrheit und mit allem Sein. Intimität ist Flow, das vollständige Aufgehen im Tätigsein und totale Lebendigkeit. Intimität ist immer auch ein Geschenk der bedingungslosen Liebe, und bedingungslose Liebe umfasst alles, sie ist der unendliche Raum, in dem die Ich-Geschichte mit all ihren Leidenschaften, Konzepten, Schutzprogrammen, Abhängigkeiten, Fluchtimpulsen und Überzeugungen verdunsten kann.

Das Ego will lieber Suche als Intimität

In schon länger bestehenden Beziehungen überlassen viele Menschen dem Schutz- und Suchprogramm des Egos das Zepter. Dieses strebt viel mehr nach Zerstreuung, Abgrenzung und Besonderheit als nach Fokussierung und Verbundenheit. Wir haben gelernt, unsere Aufmerksamkeit auf das Neue und Unbekannte zu richten sowie auf den zukünftigen Moment. Das Neue ist für den hungrigen und suchenden Geist auch das Spannende. Das Neue und Spannende zieht automatisch die (ganze) Aufmerksamkeit auf sich (um zu überprüfen, ob es unser Ego bedrohen oder festigen könnte). Dabei würde aber dringend das Gewohnte mehr Aufmerksamkeit benötigen. Denn nicht das Neue braucht spezielle Aufmerksamkeit, sondern das Gewohnte, Bekannte und Alltägliche. Wir suchen im Konsum von Neuem schnelle Befriedigung, um unangenehmen Emotionen und Gefühlen sowie unkontrollierbarer Intimität ausweichen zu können. Der ruhelose Strom unserer Gedanken ist unablässig auf der Suche nach Ablenkung, Befriedigung, Bestätigung von außen und nach Sicherheit und Kontrolle über die Unsicherheit des nächsten Moments.

Das Ego sucht Verbundenheit über oberflächliche Gemeinsamkeiten wie beispielsweise ähnliche Interessen, gleiche Meinungen, Wertvorstellungen und Standpunkte. Das Ego sucht nach einer Verbundenheit, die ihm mehr Sicherheit, Bestätigung und Anerkennung bringt, aber weil gleichzeitig alles, was das Schutzprogramm des Egos stärkt, trennend wirkt, führt dieser Weg letztlich immer wieder zurück in die Leere und Enttäuschung.

Unsere Lebenskraft kommt aus der Einheit, aus der Quelle allen Seins. Alle Aktivitäten, die uns mit dieser Quelle verbinden, wirken auch verbindend für eine Beziehung und heben das allgemeine Energieniveau. Für Intimität braucht es Fokussierung, es braucht einen gewissen Energieaufwand, um den Weg des Bewusstseins zu gehen. Die Zerstreuung lässt uns in einen Dämmerzustand rutschen, in dem alles weniger intensiv wahrgenommen wird, eine Art Wachschlaf, in dem die Kraft von unangenehmen Emotionen vorübergehend nachlässt, allerdings auch der Zugriff auf die Verbundenheit und Lebendigkeit.

Selbstreflexion:

Wo und was sucht dein Ego hauptsächlich?
Was tust du vielleicht noch, um dich von unangenehmen Gefühlen abzulenken?

Den Warteraum verlassen

Oft ist in einer Egobeziehung einer der beiden Partner eher außerhalb der Beziehung am Suchen, während der andere sein Suchen in der Beziehung auslebt. Man könnte auch sagen, dass der eine Partner tendenziell flüchtet (vor den Erwartungen des anderen Partners), während der andere Partner kämpft, indem er versucht, das Gegenüber dazu zu bringen, seine Erwartungen zu erfüllen. Es kann sich auch so zeigen, dass einer der beiden Partner (je nach Thema ist das oft unterschiedlich) von irgendeiner Sache mehr möchte (also bedürftiger ist), während der andere Partner davon genug hat und die Situation, so wie sie ist, gut findet.

Beispielsweise will ein Partner mehr gemeinsame Zeit oder mehr Zärtlichkeit, während der andere Partner häufig versucht zu begründen, dass es doch davon genug in der Beziehung gibt oder wieso er nicht fähig ist, mehr Zeit oder Zärtlichkeit aufzubringen.

Generell gilt, wie das der Paartherapeut David Schnarch gezeigt hat, dass derjenige Partner mit dem geringeren Bedürfnis stets die Kontrolle über ein Thema hat, sich aber gleichzeitig oft unter Druck gesetzt fühlt.

Der kämpfende Partner, also derjenige mit dem stärkeren Bedürfnis, hat dabei die Tendenz, sich in eine Art Warteraum zu begeben, in dem er stets darauf hofft, dass das Gegenüber ihm endlich genug von dem gibt, was er sich wünscht, was dieser dann als Liebesbeweis interpretiert. Wie das Wort „Erwartungen" schon sagt, geht es dabei stets um eine Form von

Warten. Indem der kämpfende oder wartende Partner den Warteraum ganz bewusst verlässt und wieder selber die volle Verantwortung für seine Gefühle und Bedürfnisse übernimmt, verändert sich diese gesamte Dynamik schlagartig und der Flüchtende muss sich damit auseinandersetzen, was er wirklich will. Aber den Warteraum zu verlassen braucht Mut, weil dann meist eine große Angst vor Ablehnung auftaucht. Sich dieser Angst zu stellen, ermöglicht also auch hierbei den Schritt zurück in den Fluss des Lebens, heraus aus dem engen und öden Warteraum.

Nähe und Intimität sind nicht das Gleiche

Intimität ist auch ohne körperliche Nähe möglich. Ich kann mich als Mensch auch unabhängig davon vollkommen öffnen, ob körperliche Nähe da ist oder nicht. Außerdem ist es auch möglich, sich komplett zu öffnen, ohne dass das Gegenüber darauf in irgendeiner Weise ebenso mit Intimität reagieren muss. Körperliche Nähe ihrerseits ist natürlich auch möglich ohne Intimität (allerdings nicht wirklich erfüllend). Körperliche Nähe ohne Intimität ist eher ein mechanischer Vorgang, als würden sich nur die Hüllen von zwei Menschen treffen. In Beziehungen kann ein Mangel an Intimität bei gleichzeitiger großer räumlicher Nähe zu einem Gefühl von Enge, Gefangenschaft und Begrenzung führen und zu einer Art Fluchtverhalten (Wunsch nach mehr Distanz). Das Schutzprogramm des Egos strebt nicht nach Intimität. Im Gegenteil ist Intimität dafür eher eine Bedrohung, weil wahre Intimität das Schutzprogramm außer Kraft setzt. Je mehr unverarbeitete Kindheitsverletzungen und unterdrückte Emotionen es gibt, desto größer ist die Angst vor Intimität bei den Partnern in einer längeren Beziehung. Denn wirkliche Intimität bedeutet totale Schutzlosigkeit, bedingungslose Hingabe und Transparenz sowie absoluten Kontrollverlust. Gleichzeitig sehnt sich der verbundene Teil nach nichts mehr als nach wahrer Intimität, um so wieder ganz in die ursprüngliche Verbundenheit zurückfließen zu können. Es gibt viele Beziehungen, die schon längst auf einer geschwisterlichen, freundschaftlichen, neutralen oder gar feindlichen Ebene angelangt sind, weil es ihnen an Intimität fehlt. Wenn vor allem einer von zwei Partnern Mühe hat, Intimität zuzulassen, und versucht, diesen Momenten des bedingungslosen Begegnens auszuweichen, dann ist es sehr wichtig, über dieses Thema das Gespräch zu suchen.

Intimität ist die Tiefendimension einer Beziehung. Intimität ermöglicht uns, die Verbundenheit hinter allen äußeren Gemeinsamkeiten und Unterschieden, Bewertungen und Erwartungen zu erfahren. Auf dem Grund jeder Beziehung und allen Seins liegt die ursprüngliche grenzenlose Verbundenheit. Die Intimität, das wahre bedingungslose Begegnen, weist uns den Weg zurück in diese Verbundenheit. Unterwegs aber auf diesem Weg zurück treffen wir auf alle erlernten Schutzprogramme, verdrängten Emotionen und Traumata, die wir in uns tragen. Der Weg zurück in die Grenzenlosigkeit, Liebe und Einheit führt durch alles Begrenzende, Abgelehnte und Trennende in uns hindurch. Weil unsere Ich-Identität nichts weiter als ein Verdrängungs-, Schutz- und Überlebensprogramm ist, gehen unterwegs auch diese Identität und alles Wissen verloren. Wirkliche Hingabe bedeutet deshalb die Bereitschaft, in die Intimität und Verbundenheit hineinzusterben. Wir müssen uns entscheiden, ob wir lieber Kontrolle haben wollen oder Intimität. Ob wir bereit sind, in eine Beziehung hineinzusterben oder ob wir lieber doch die Beziehung sterben lassen.

Intimität ist die Grundlage für (sexuelle) Anziehung zwischen zwei Menschen. Intimität führt zwar nicht immer zu sexueller Anziehung, aber ohne Intimität fällt die sexuelle Anziehung zwischen zwei Partnern immer mehr weg.

Flow beispielsweise ist auch eine Form von Intimität, bei der wir ganz in einer Tätigkeit aufgehen.

Weil uns die bedingungslose Intimität zurückführt in die ursprüngliche Verbundenheit, ist sie auch eine unerschöpfliche Quelle des Glücks. Sich vorbehaltlos und mutig voll auf das Leben einzulassen ist also auch zutiefst erfüllend und beglückend.

Selbstreflexion:

Wie viele Momente echter Intimität gibt es in deiner Partnerschaft oder im Alltag mit dir selbst?

Wenn du deinen Partner/deine Partnerin berührst, berührst du sie dann wirklich mit ganzer Aufmerksamkeit?

Wenn ihr euch küsst oder in die Augen schaut, bist du dann wirklich ganz präsent?

Wenn du deinem Partner/deiner Partnerin zuhörst, kannst du dann mit deiner vollen Aufmerksamkeit und Wachheit zuhören oder blockt ein Teil in dir zu viel Intimität ab?

Egobeziehung – Einheitsbeziehung

Man könnte dann von einer Egobeziehung sprechen, wenn die Ängste und die Ersatzbedürfnisse des Schutzprogramms im Zentrum einer Beziehung stehen. Bei der Einheitsbeziehung wandelt sich das Zusammensein von zwei Menschen in einen Heilraum für unterdrückte Emotionen und es stehen viel mehr echte Intimität und Hingabe im Zentrum der Beziehung.

Die Unterschiede zwischen einer Egobeziehung und einer Einheitsbeziehung basieren vor allem auf einer komplett anderen Wahrnehmung, weil die auftretenden Probleme und Schwierigkeiten völlig unterschiedlich interpretiert werden.

Einheitsbeziehungen basieren im Vergleich zu Egobeziehungen auf vier zentralen Ausdrücken der Liebe, die dafür sorgen, dass in der Beziehung immer noch mehr Tiefe und Verbundenheit erfahren werden kann.

1. Selbstverantwortung

Indem du die volle Verantwortung für alle Emotionen und Gefühle in dir übernimmst, verlässt du jede Form der Opferrolle und wirst dir auch in schwierigen Situationen immer wieder bewusst, dass dein Gegenüber ein Spiegel deines Inneren ist. Verantwortung bedeutet auch die Bereitschaft, die in deinem System ablaufenden trennenden Muster, Schutzprogramme, Rollen oder Ausweichstrategien bewusst zu erforschen, anzusprechen und zu überwinden. Außerdem trägt jeder Mensch die Verantwortung, immer mehr wieder das eigene Herz zu öffnen und die Beziehung zur wahren inneren Kraft, zum wahren Selbst stets zu vertiefen.

2. Selbsttreue

Wenn sich etwas für dich nicht stimmig oder noch nicht geklärt anfühlt, dann wirst du in der Einheitsbeziehung alle diese Themen möglichst klar und gewaltfrei ansprechen. Du wirst für das einstehen, was deine innerste Wahrheit ist, und du wirst dich so sehr lieben, dass du nie mehr schweigst oder dich anpasst, nur dem Frieden zuliebe.

3. Mitgefühl

Basierend auf der inneren Verbindung zu deinem Erleben, das heißt auf Mitgefühl mit dir selbst, wirst du in deiner Einheitsbeziehung immer auch tiefes Mitgefühl mit deinem Gegenüber haben. Weil er nie dein Gegner ist, sondern wirklich dein heilender und liebender Gefährte, geht es in keiner Weise darum, mit ihm zu kämpfen, Recht zu haben oder Schuldige zu finden.

Mitgefühl ist die wichtigste Grundlage für Vergebung. Indem du dich wirklich vollkommen auch in die Lage des Gegenübers einfühlst, findest du meist irgendwo wieder eine gemeinsame Plattform, auf der ihr euch von Herzen begegnen könnt. Mitgefühl schließt allerdings Selbsttreue in keiner Form aus – im Gegenteil. Auch wenn ich alle Handlungen und Entscheidungen meines Gegenübers vollkommen nachempfinden kann, ist es dennoch wichtig, meiner inneren Wahrheit klar und liebevoll treu zu bleiben, auch wenn das vielleicht Ängste in mir oder in meinem Gegenüber auslöst.

4. Achtsamkeit

Eine Einheitsbeziehung ist wie ein gemeinsames Haus, das beide Partner zusammen erstellen und erhalten wollen. Beide Partner entscheiden sich in der Einheitsbeziehung immer wieder von Neuem bewusst dafür, in dieses Haus zu investieren, dieses Haus zu pflegen und auch zu beschützen. Sie bleiben achtsam im Umgang mit dem Gegenüber, in der Sprache miteinander und in Bezug auf ungeklärte Themen, damit diese nicht vergessen werden. Sie sind sich auch sehr bewusst, wie wichtig es ist, nach außen voll zu dieser Beziehung zu stehen, gemeinsame Vereinbarungen einzuhalten, wirklich ehrlich und echt zu sein und den Anderen wieder von Neuem mit liebenden, staunenden Augen und uneingeschränkter Aufmerksamkeit zu erkennen. Das bedeutet auch, ihn mit wachen Sinnen zu riechen, ihm mit ganzer Präsenz zuzuhören und ihn voller Achtsamkeit wirklich zu berühren.

Erziehung von Herzen

„Wir sind auf eine Weise erzogen worden, die es uns sehr schwer macht, zu lieben, und sehr leicht, gewalttätig zu sein."

Marshall B. Rosenberg

Babys kommen aus der Einheit der ursprünglichen Verbundenheit oder Liebe.

Um in dieser Verbundenheit bleiben zu können, brauchen Kinder vor allem feinfühlige Erwachsene, die auf ihre existenziellen Bedürfnisse eingehen und ihnen auch Raum für Gefühle und deren Ausdruck bieten. Das feinfühlige Eingehen auf die Signale des Kindes ist Kommunikation. Wahre Kommunikation, die wirklich empathisch, offen und unvoreingenommen auf die Signale des Kindes reagiert oder noch viel mehr mit dem Sein des Kindes mitfließt, führt zu dem, was wir als gute Bindung bezeichnen. Aus psychologischer Sicht ist eine liebevolle Bindung zu den Bezugspersonen die Grundlage für die gesamte ideale Entwicklung des Kindes.

Wir Erwachsenen haben gelernt, dass es im Leben und im Speziellen in Konflikten darum geht, zu gewinnen, sich durchzusetzen und notfalls mit Druck und Macht unsere eigenen Bedürfnisse einzufordern.

Wir sind größtenteils so erzogen worden, dass wir den Zugang zur Einheitsrealität, zur ursprünglichen Verbundenheit verloren haben. Wir sind erzogen worden, um die bestehenden Machtstrukturen und das Bedürfnis nach Kontrolle und Macht der Erwachsenen zu erfüllen. Erziehung heißt bei uns, im Prinzip zu lernen, wofür wir alles nicht liebenswert sind (weil die Erziehung bewertend ist). Erziehung heißt, gelernt zu haben, was unser scheinbares Ich nicht tun darf oder unbedingt tun muss, um liebenswert zu sein.

Wie schon erwähnt, wird in unserer Kultur Erziehung üblicherweise so verstanden, dass wir unseren Kindern die Realität beibringen müssen. Das heißt, wir sind grundsätzlich überzeugt, dass wir Erwachsenen wissen, was richtig und falsch ist, und dass das die Kinder von uns lernen müssen.

Wie auch schon gezeigt wurde, gibt es so etwas wie eine objektive Realität aber nicht, weil die Realität, die wir erfahren, immer das Ergebnis von Lernprozessen ist. Der hier vertretene Ansatz geht davon aus, dass die Identifikation mit unserer (Erwachsenen-)Sicht der Realität unsere wahre, grundlos glückliche und freie Natur überdeckt. Die übliche Form von Erziehung fügt dem Ursprünglichen etwas hinzu, was uns Menschen verwirrt und es uns unmöglich macht, uns selber und andere mit den Augen der Liebe zu sehen.

Indem wir als Kind für den Ausdruck von gewissen unangenehmen Gefühlen bestraft oder zurückgewiesen wurden, haben wir gelernt, uns selber für diese Gefühle zurückzuweisen oder zu bestrafen. Das Ich ist im Prinzip nichts anderes als eine Ansammlung von automatischen Programmen, die bestimmen, in welchen Situationen wir dem Ich die Liebe entziehen müssen und für welches Verhalten sich das Ich okay fühlen darf. Weil beim Kind gemeinsam mit einem gewissen Gefühl oder einer Emotion auch Ablehnung und Widerstand abgespeichert sind, wird das Kind sich selber auch später im Leben ablehnen und Widerstand leisten, wenn diese Gefühle und Emotionen auftauchen. Hier beginnt also nebst der inneren Trennung auch die Selbstablehnung. Durch diese Form der Erziehung lernen Kinder, Widerstand zu leisten gegen den Fluss des Lebens, statt einfach im Flow zu sein, was die Ursache allen Leidens darstellt.

Gleichzeitig produziert diese Erziehung durch das Erlernen des Schutzprogramms bei den Kindern selber auch immer mehr die Egobedürfnisse nach Kontrolle, Sicherheit und Bestätigung und sie lernen selber auch, diese Bedürfnisse über diverse mehr oder weniger subtile Formen von Macht und Gewalt durchzusetzen.

Die Bedürfnisse der Menschen im Zentrum

Man könnte in jeder Familie, in jedem Kindergarten und in jeder Schule die Frage stellen, was in ihrem System oder Alltag grundsätzlich im Zentrum steht.

Sind es vor allem die Bedürfnisse, Ängste, Erwartungen, Handys, Sachzwänge, Lehrpläne und Vorstellungen der Erwachsenen oder stehen die Bedürfnisse der Kinder und der anwesenden Menschen allgemein im Zentrum?

Indem wir uns für eigene Kinder oder für die Arbeit mit Kindern entscheiden, heißt das auch, dass wir die Verantwortung für ihre Bedürftigkeit wirklich tragen. Wir haben ab dem Moment der Zeugung die volle und unausweichliche Verantwortung gegenüber der Bedürftigkeit und absoluten Abhängigkeit des Kindes. Die Kinder werden uns anvertraut, in unsere Obhut gegeben und es ist unsere Aufgabe, ihnen all das zu geben, was sie für eine gesunde und glückliche Kindheit brauchen. Dabei nimmt die Selbstständigkeit der Kinder, wenn wir sie nicht mit Machtstrategien von uns abhängig machen, seit Geburt natürlicherweise von alleine stetig zu. Weil in der Trennungsrealität sehr viele Menschen innerlich mit großen Ängsten und Mangelgefühlen zu kämpfen haben, dreht sich die eigentliche Verantwortlichkeit aber oft auf sehr eigenartige Weise um, sodass oft die Kinder in irgendeiner Form Verantwortung für ihre Eltern zu übernehmen beginnen. Aber das ist in keiner Weise ihre Aufgabe. Voll in die Verantwortung als Mutter oder Vater zu gehen, heißt auch, alles in unserer Macht Stehende zu tun, um unsere eigenen Beschränkungen und Machtstrategien zu überwinden, damit wir wirklich auf die existenziellen Bedürfnisse der Kinder eingehen können, aber auch damit wir selber immer tiefer Zugang zu unseren eigenen wahren Bedürfnissen und damit zu unserer inneren Klarheit finden. Das ist unsere wirkliche Verantwortung. In unserem Streben, aus den Kindern etwas „Rechtes" machen zu wollen, ihnen die Realität beizubringen, scheinen wir zwar auf den ersten Blick auch die Verantwortung zu übernehmen, allerdings geht es dabei nicht wirklich um die Bedürfnisse des Kindes und um unsere eigenen echten Bedürfnisse, sondern nur um unsere erlernten Erwartungen, Vorstellungen und Ängste. Aber Kinder sind nie unser Besitz, sondern vielmehr unsere Gäste. Sie geben sich uns voller Vertrauen hin, in der Hoffnung, dass wir liebevoll und feinfühlig auf ihre Bedürfnisse eingehen werden. Und wir haben die Verantwortung, den Kindern all das, was wir uns von ihnen wünschen, auch wirklich vorzuleben. Wenn wir uns für Kinder entscheiden, dann indem wir den Alltag zu Hause sowie die Strukturen in Schule, Kindergarten und in der Kita wirklich auf ihre Bedürfnisse abstimmen. Indem wir diesen wundervollen Gästen liebevolle und umsorgende Gastgeber sind, ohne darüber bestimmen zu wollen, wohin ihre weitere Reise gehen soll und was für sie richtig und falsch ist. Basis dafür ist aber, dass wir zuerst die Verantwortung für unser eigenes Wohl- und Unwohlbefinden wirklich übernehmen. Je mehr wir uns noch als Opfer und andere als Täter sehen, desto weniger können wir wirklich auf unsere Kinder eingehen. Wahre Verantwortung für unsere Kinder übernehmen wir dann, wenn wir nicht mehr auf die erlernten Opfer-, Flucht- und Machtstrategien des Schutzprogramms einsteigen. Denn es ist das Schutzprogramm, das Kontrolle mit Liebe verwechselt, was dazu führt, dass wir nicht voller liebender Offenheit und Neugierde dem Wunder Kind begegnen können. Wir müssen unsere Kinder nicht irgendwo hinziehen (er-ziehen), aber wir dürfen sie lieben und ihr wahres unbegrenztes Wesen entdecken. Einheitsbeziehungen mit Kindern zu führen bedeutet nicht nur selber keine Macht-, Opfer und Manipulationsstrategien anzuwenden, es bedeutet auch, ihnen wirklich aufmerksam zuzuhören und ihnen Raum zu bieten für alles, was sie im Herzen bewegt. Es bedeutet aber auch, nicht den Macht-, Opfer und Manipulationsstrategien der Kinder die Führung zu überlassen, um damit allfälligen Konflikten ausweichen zu können, sondern immer klar für das einzustehen, was wir als tiefste Wahrheit in unserem Herzen finden.

Ansprüche an die Kinder

Dadurch, dass wir selber als Kinder gelernt haben, nur bedingt liebenswert zu sein und eine Trennungsrealität zu erfahren, haben wir viele Ängste und streben einerseits nach Macht und andererseits nach Bestätigung im Außen. Weil uns als Kindern nicht wirklich mit bedingungsloser Liebe begegnet wurde, haben wir gelernt, die Verantwortung für unser Wohlbefinden an andere Menschen abzugeben. Deshalb können wir mit anderen Menschen kaum intensiver in Beziehung treten, ohne dass wir etwas von diesen Menschen erwarten oder gar einfordern. Dies gilt oft auch in den Beziehungen zu unseren Kindern. Viele Kinder lernen schon früh, dass sie Verantwortung oder eine Aufgabe für die Eltern beziehungsweise Bezugspersonen übernehmen müssen. So kann es beispielsweise sein, dass das Kind der Mutter oder dem Vater einen Sinn im Leben, eine Lebensaufgabe oder Bestätigung geben sollte, was natürlich für ein Kind eine große Last darstellt, denn diese Aufgabe kann es unmöglich bewältigen. Es ist einfach ein bedürftiges Wesen, das dringend die Liebe und Zuwendung der Eltern braucht, und nicht umgekehrt. Oder es kann sein, dass ein Kind Verantwortung oder gar die Schuld für irgendein Problem in der Familie oder bei den Eltern übernimmt. So gibt es beispielsweise bei gewissen Paaren die Überzeugung, dass ihr Kind in irgendeiner Form verantwortlich sei für die schwierige Beziehungssituation oder gar für eine allfällige Trennung. Kinder rutschen so in die furchtbare Rolle des Sündenbocks. Dabei sind Beziehungsprobleme und auch die Probleme mit Kindern immer nur ein Spiegel der gestörten Selbstbeziehung der Eltern. Kinder müssen zudem in gewissen Familien auch Gefühle übernehmen, die von den Erwachsenen verdrängt werden, oder sie lernen, möglichst nicht zu stören und ihre Lebendigkeit zu begrenzen, damit die Eltern in ihren Beschäftigungen, Telefonaten, Gedanken oder im Internet nicht unterbrochen werden. Kinder können aber auch Aufgaben übertragen bekommen, wie Geschwister zu betreuen, Partnerersatz für einen Elternteil oder ein

Vorzeigeobjekt für die Eltern zu sein, die Träume der Eltern auszuleben, Gefühle zu übernehmen usw.

Wenn Kinder vor aller Erziehung und Bildung noch deutlich glücklicher sind als wir Erwachsenen danach, dann wird häufig so argumentiert, dass dies nur deshalb der Fall sei, weil Kinder noch keine Verantwortung für ihren Lebensunterhalt übernehmen müssten. Aus meiner Sicht ist es eher umgekehrt. Weil Kinder vor der Erziehung und Bildung noch völlig in ihrer Verantwortung für ihr Glücklichsein stehen und deshalb wirklich den Impulsen ihres Herzens folgen, sind sie glücklicher. Wir Erwachsenen haben dafür die Verantwortung oft an Sachzwänge, andere Menschen und Umstände abgegeben.

Selbsttreue als Mutter oder Vater

Viele Mütter und Väter wollen möglichst vor anderen Leuten auch als Eltern gut dastehen, weil sie Angst vor Zurückweisung oder Ablehnung haben und weil viele Eltern auch sehr unsicher sind im Umgang mit den Kindern. Sie wünschen sich deshalb Kinder, die sie in ihrem Selbstbild als guter Vater, gute Mutter bestätigen, und sie möchten anderen Menschen und sich selber zeigen, dass sie ihr Kind im Griff haben. Dies versuchen sie gegen außen zu beweisen, indem sie ihrem Kind Grenzen setzen und im Zweifelsfall auch hart durchgreifen. Bei all diesen Verhaltensweisen der Eltern geht es aber nicht um das Wohl des Kindes, sondern um die erhoffte Bestätigung von außen für sie als Eltern und um das Vermeiden ihrer Ängste. Gerade bei nahen Verwandten oder den Großeltern ist es für uns Eltern oft gar nicht einfach, weiterhin ganz in der Liebe zum Kind zu bleiben, wenn diese Personen uns vielleicht zu verstehen geben, dass wir das Kind verziehen, dass wir nicht hart genug durchgreifen und dass wir das Kind gar nicht im Griff hätten. Natürlich sind auch in diesem Fall Verwandte oder Großeltern nur der Spiegel unserer eigenen Befürchtungen oder unserer erst schwach entwickelten Fähigkeit zur Selbsttreue.

Eltern haben oft viel zu hohe oder nicht entwicklungsgerechte Erwartungen an ein Kind. Wir erwarten, dass sie ewig lange ruhig sitzen, konzentriert an etwas arbeiten oder auch warten sollen. Aber Kinder leben, wie schon erwähnt, noch sehr im Jetzt. Sie vergessen oft unsere Ansprüche und Forderungen rasch wieder und auch ältere Kinder vergessen deshalb manchmal, ruhig zu sein, wenn das Baby schläft, oder die Jacke aufzuhängen, obwohl wir ihnen das vielleicht schon oft gesagt haben. Viele Erwachsene haben dann automatisch den Impuls, den Kindern Absicht oder gar Böswilligkeit zu unterstellen, wenn sie sich nicht an unsere Regeln und Vorstellungen halten. Dabei folgen Kinder ganz einfach ihren aktuellen Bedürfnissen wie alle anderen gesunden Lebewesen auch.

Fehlendes Vertrauen beziehungsweise unterdrückte Ängste der Eltern zeigen sich oft auch in Förder- oder rigorosen Erziehungsmaßnahmen, was die Beziehung zum Kind nachhaltig erschüttern kann. Wenn wir unsere Erwartungen an die Kinder und den Frust bei Enttäuschungen erforschen, stellen wir meistens fest, dass das ganze Thema mit den Kindern nichts zu tun hat. Hinter den Kämpfen, die wir mit unseren Kindern austragen, liegen innere Kämpfe, unterdrückte Wut, eigene Selbstwertprobleme, einschränkende Überzeugungen, Ängste oder andere nicht gefühlte Emotionen.

Wie du die Beziehung zu deinem Kind führst, wie du mit ihm umgehst, wie viel Liebe, Geborgenheit und Wärme du ihm auch in schwierigen Situationen gibst, das ist einzig und allein deine Entscheidung. Ob du die Bedürfnisse deines Kindes ins Zentrum stellst und auch dann konsequent liebevoll bleibst, wenn dein Kind sich nicht so verhält, wie du es erwartet hast, ob du dir und deinem Herzen wirklich treu bleibst, auch das musst du für dich selber entscheiden. Weil nur du die Verantwortung für dein Verhalten trägst! Weder Autoritäten noch deine Eltern, dein Partner, deine Partnerin, Freunde oder Verwandte – mögen sie dich noch so belehren oder unter Druck setzen – können dir diese Verantwortung abnehmen. Du bist einzig und allein dir selber und deiner inneren Weisheit und Liebe gegenüber verpflichtet!

Selbstreflexion:

Gibst du manchmal noch die Verantwortung für dein Verhalten an andere Menschen ab?

Lässt du dich im Umgang mit deinen Kindern manchmal von anderen Menschen beeinflussen und verrätst dich dabei selbst?

Nimm jetzt ganz bewusst alle Verantwortung für dein gesamtes Verhalten im Umgang mit deinen Kindern zu dir zurück!

Und gib alle Verantwortung für die Ängste, Prinzipien und Überzeugungen von anderen Menschen an diese zurück!

Wenn es stimmig ist für dich, dann entschließe dich jetzt ganz bewusst und klar, ab sofort nur noch deiner inneren Weisheit und Liebe und damit auch deinem Kind treu zu sein!

Beziehungsorientierter Umgang mit Kindern

„Es gibt im Grunde genommen nur zwei Ansätze, über die man ein Kind lenken kann: Der eine ist der autoritäre Ansatz mit disziplinarischen Mitteln. Der Lehrer sagt: Weil ich der Lehrer bin, musst du mir gehorchen. Diese autoritäre Vorstellung ist mindestens 2.000 Jahre alt. Die zweite Art, Kinder zu lenken, ist jene über eine vertrauensvolle Beziehung. Was nicht heißt, dass man keine Grenzen setzen muss. Diese Art von Erziehung ist anspruchsvoller, man muss Zeit investieren. Je besser die Beziehung ist, desto weniger Druck muss man auf das Kind ausüben."

Remo Largo

Der hier vertretene Ansatz im Umgang mit Kindern ist in keiner Weise ein antiautoritärer oder Laisser-faire-Ansatz. Auch steht hier nicht ausschließlich das Kind im Zentrum, sondern wirklich die Beziehung und der gemeinsame Bewusstseinsprozess im Zusammenleben mit den Kindern. Beim antiautoritären Ansatz fehlt oft das tiefe teilnehmende

Interesse am Kind, der einfühlende Dialog mit ihm und damit auch die wirkliche Verbindung und Beziehung. Es fehlt aber auch der klare Orientierungsrahmen, den Kinder brauchen, um sich zu wirklich sozialen und mitfühlenden Menschen entwickeln zu können, einen Rahmen, der das Wohlergehen aller und nicht nur die Bedürfnisse der einzelnen Egos im Auge behält. Auch Kinder lernen früh, sich mich trennenden Egopositionen und Programmen zu identifizieren, die sie in ihrer Umgebung beobachten, nachahmen oder als Überlebensstrategien anwenden. Als Eltern haben wir die Aufgabe, nicht nur unsere eigenen Begrenzungen zu überwinden, sondern auch ein klarer und liebevoller Spiegel für unsere Kinder und ihre Ego- oder Schutzprogramme zu sein. Wenn in Kindern Programme ablaufen, die für sie selbst oder für ihre Umgebung leidvoll oder trennend sind, dann kann es sehr befreiend sein, ohne Vorwurf und aus der Beobachterperspektive über diese Programme zu sprechen und deren Ablauf, gemeinsam mit dem Kind, zu durchleuchten. Wenn wir die Dinge so ansprechen, dass nicht das Kind das Problem ist, sondern nur gewisse Programme, die manchmal bei ihm (genauso wie bei uns auch) ablaufen, dann ist die Offenheit, sich ein Feedback anzuhören, viel größer. Als Erwachsene haben wir den Vorteil, dass wir oft schon viele eigene Erfahrungen mit gewissen Programmen oder Egostrategien gemacht haben. Diese Erfahrungen können unseren Kindern vielleicht helfen, ihr eigenes Verhalten zu durchleuchten und zu erkennen, was ihre echten Bedürfnisse, Ziele und Wünsche sind im Leben. Dafür brauchen wir aber eine sichere, liebevolle und achtsame Beziehung auf Augenhöhe. Sobald ich als Erwachsener mich in irgendeiner Form über das Kind erhebe oder sobald das Kind sich durch mein Feedback als Ganzes abgelehnt fühlt, besteht die Gefahr, dass das Kind sich verschließt und nicht bereit ist, die Reflexionen zuzulassen. Als Eltern haben wir aus meiner Sicht zudem die Aufgabe, unsere Kinder beim Verwirklichen ihrer Ziele, ihres Potentials zu unterstützen. Auch Kinder können zu sehr ihren Ängsten folgen, auch Kinder können versuchen, gewissen Themen oder Aufgaben auszuweichen und die Verantwortung ans Außen abzugeben, dann sollten wir sie darin bestärken, sich diesen Herausforderungen zu stellen und gegebenenfalls auf dem Weg in ihre wahre Kraft zu unterstützen. Ich finde es sehr kraftvoll, wenn Kinder die Verantwortung für ihr Lernen, ihren Umgang mit dem Thema Schule, mit Freundschaften, der Familie und ihrem Leben allgemein übernehmen, statt ihre wahre Kraft mit Opferhaltungen oder Ausweichstrategien zu blockieren. In diesem Prozess unsere Kinder zu begleiten kann manchmal sehr intensiv sein, aber auch sehr hilfreich für ihren Start ins Leben! Eltern haben aus meiner Sicht durchaus auch eine schützende Funktion, vor allem in Bezug auf kleinere Kinder. Dabei sollen aber nicht die Ängste der Eltern im Zentrum stehen, sondern wirklich stets das Wohlergehen des Kindes. Es geht auch nicht darum, dass es keine Autoritäten geben sollte, sondern die Aufgabe der Erwachsenen ist es, sich durch stetige Selbstreflexion zu wirklichen, natürliche Autoritäten zu entwickeln, die nicht über die Kinder bestimmen, aber sehr klar sein können in dem, was sie wollen und spüren. Natürliche Autoritäten erkennen meist auch, über welche Themen es wichtig ist, mit den Kindern zu sprechen, und bei welchen Themen sie auch einfach die Verantwortung übernehmen können, um die Kinder zu entlasten. Dabei steht immer die Beziehung im Zentrum, weil all dies nur über eine stabile Verbindung zu sich selbst und zu den Kindern möglich ist. Der hier vertretene Ansatz könnte also allenfalls als beziehungsorientierter Ansatz bezeichnet werden, aber grundsätzlich soll gar kein theoretisches Konzept zwischen den Erwachsenen und Kindern stehen, sodass die direkte, unmittelbare Verbindung von Herz zu Herz auch wirklich erfolgt und die Weisheit des Herzens unser Verhalten als Eltern in jedem Moment steuern kann.

Im Alltag mit den Kindern stehen wir immer wieder vor der Aufgabe, all unsere erlernten Ängste, Muster, Vorstellungen, Erwartungen, Unterstellungen und Überzeugungen zu erforschen, damit wir sie nicht unreflektiert weitergeben. Im beziehungsorientierten Ansatz stehen stets der Mensch, sein Potential, seine Gefühle, Wünsche und Bedürfnisse im Zentrum. Als Eltern ist es wichtig, die eigenen Bedürfnisse nicht engstirnig und stur einfach auf Kosten der Kinder durchzuziehen – aber für unser eigenes Wohlbefinden ist es auch wichtig, die eigenen Bedürfnisse nicht zu lange aufzuschieben und sich immer wieder auch Raum zu gönnen, um sich innerlich wieder zu verbinden und energetisch aufzuladen. In der ersten Zeit mit Babys ist allerdings sehr viel Hingabe und Selbstlosigkeit nötig, weil diese kleinen Wesen oft wirklich unsere gesamte Aufmerksamkeit und Liebe brauchen. Wenn bei älteren Kindern etwas für uns wirklich wichtig ist, kann ein entspanntes Gespräch mit dem Kind hilfreich sein. Oder jeder Tag kann so strukturiert werden, dass es darin möglichst viel Platz gibt für alle Bedürfnisse.

Werte in der Erziehung

Bei den Werten ist es wie bei allen anderen zentralen Themen im Umgang mit Kindern. Es zählt nicht, was wir den Kindern beibringen oder ihnen anerziehen wollen, sondern einzig das, was wir vorleben!

Welche Werte also leben wir dem Kind vor, wenn wir beispielsweise darauf beharren, dass es heute Abend die Hausaufgaben machen muss, ob es dazu Lust hat oder nicht? Sind es nicht Werte wie beispielsweise Macht, Zwang, Gehorsam oder Sturheit?

Im Zentrum der üblichen erwachsenenzentrierten Erziehung der Trennungsrealität stehen Werte wie Gehorsam, Anpassung, Egoismus, Macht oder Zwang. Beim beziehungsorientierten Ansatz stehen dagegen eher Werte wie Mitgefühl, Respekt, Achtsamkeit, Verbundenheit und Klarheit im Zentrum.

Wenn wir ein Kind unter Androhung einer Strafe dazu zwingen, sich bei einem anderen Kind zu entschuldigen, dann lernt es nicht soziales und liebevolles Verhalten, sondern es lernt Machtanwendung und Zwang. Soziales und liebevolles Verhalten lernt das Kind nur dadurch, dass wir selber dieses Verhalten vorleben. Wenn ein Kind sich nur aus Angst vor einer Strafe sozial verhält oder sich beispielsweise entschuldigt, dann lernt es nur, anderen auch Angst einzujagen, um sie zum gewünschten Verhalten zu zwingen, und es wird seine unterdrückte Wut dann an anderen Kindern auslassen, wenn es niemand von den Erwachsenen bemerkt.

Beziehung als Basis

Die gewaltfreie Erziehung wirft alle Waffen der Macht, allen Druck, alle Manipulationsstrategien und alle Drohgebärden weg. Es geht darum, komplett waffenlos auf unsere Kinder zuzugehen. Jede Machtstrategie ist wie eine Art Waffe, die ich gegen mein Kind einsetze, wenn bei mir selber unangenehme Emotionen auftauchen, die ich nicht fühlen möchte. Aber nichts gefährdet und zerstört die Beziehung zu einem Kind so sehr wie Machtanwendung. Ebenso löst sich die gewaltfreie Erziehung von allen Erwartungen, Bewertungen und Prinzipien. Eltern, die ihren Kindern gewaltfrei begegnen wollen, bleibt nichts anderes als die Beziehung.

Die Beziehung (Verbundenheit) ist die Grundlage für die Bereitschaft der Kinder und der Eltern, bei Konflikten nach stimmigen und flexiblen Lösungen zu suchen. Der Dialog mit dem Kind funktioniert nur, wenn die Verbindung da ist. Ohne Verbindung ist ein echter Dialog mit gegenseitigem Verständnis nicht nur am Telefon unmöglich. Deshalb gilt es bei der gewaltfreien Erziehung, vor allem die Verbindung zum Kind zu schützen. Der echte, achtsame Dialog ist einerseits die Basis für eine funktionierende Beziehung und andererseits gleichzeitig auch die Folge einer funktionierenden Beziehung.

Natürlich zeigt sich in der Beziehung zum Kind meine eigene Beziehung zu mir selber (vor allem zu unangenehmen Gefühlen und Emotionen) und allgemein zum jetzigen Moment. Je mehr innere Einheit erfahren wird, desto leichter fällt es auch, in Verbindung mit Kindern zu gehen.

Weil Kinder oft noch klarere Spiegel sind als Erwachsene, sind wir immer wieder gefordert zu erforschen, was sie uns in einer jeweiligen Situation konkret spiegeln.

Kinder wollen nicht unsere Grenzen austesten, wie wir Erwachsenen das oft interpretieren, sondern sie drücken einfach ihre Bedürfnisse sehr klar und ungeschminkt aus und sie dienen uns als Spiegel beziehungsweise als Heiler.

Die Kinder als unsere Lehrer

„Kinder sind Mittelspersonen; immer, wenn wir es ihnen ‚erlauben', helfen sie uns, wirklich Mensch zu sein, unser wirkliches Menschsein zu entdecken. Die Beziehung zu unseren Kindern ist wie ein klarer Spiegel, ein klares, helles Licht, in dem wir uns selbst sehen."

Ashley Montagu

Wenn es darum geht, wieder in Verbindung mit unserem wahren Selbst und unserer ursprünglichen Lebensfreude zu kommen, sind die Kinder unsere Lehrer. Dies einerseits, weil sie das ursprüngliche, wahre Selbst noch viel reiner verkörpern als wir. Aber auch, weil sie mit ihrem Verhalten ein liebevoller und sehr klarer Spiegel unserer eigenen (hinzugefügten) Beschränkungen, Überzeugungen und Blockaden sind.

Sie spiegeln die Emotionen und Anteile in uns, die wir abgelehnt, abgespalten oder verdrängt haben. Wir können darauf so reagieren, dass wir die Kinder erziehen, bis sie das vielleicht nicht mehr tun, oder wir können das Heilangebot annehmen und uns wirklich mit diesen Anteilen auseinandersetzen. Die Beziehung zu den Kindern spiegelt die Beziehung zu unserem inneren Kind. Was wir im Kind ablehnen, verurteilen oder bestrafen, das haben wir auch gelernt, in uns selber abzulehnen, zu verurteilen oder zu bestrafen. Was in mir nicht in Liebe da sein darf, hat auch im Außen keinen Platz. So wie wir mit unseren unangenehmen Emotionen und Gefühlen umgehen, genauso gehen wir mit unseren Kindern um.

Es geht also bei der Erziehung von Herzen nicht darum, neues Wissen zu lernen, wie wir mit Kindern umgehen sollen, sondern vielmehr selber wieder den Weg zurück zu unserem inneren Kindsein zu finden, um so die Welt nicht mehr mit analytischen, scheinbar wissenden, sondern wieder mit liebenden und staunenden Augen sehen zu können. Es gilt also, alles Hinzugefügte und Anerzogene bei uns selber zu durchschauen und zum Ursprünglichen dahinter zurückzufinden. Eine Erziehung von Herzen kommt aus diesem ursprünglichen, intuitiven Wissen des Herzens, das nicht anerzogen und gelernt ist, sondern unmittelbar aus der Quelle unseres wahren, unbegrenzten Wesens herausfließt.

Erziehung von Herzen entsteht voll und ganz aus der tiefen Akzeptanz des jetzigen Moments, aus Achtsamkeit und bedingungsloser Liebe.

Kinder haben einen sehr guten Zugang zu Humor. Und weil Kinder noch nicht süchtig nach Drama und Leiden sind, ist ihre Bereitschaft groß, auch schwierige Situationen mit Humor zu entschärfen. Wenn die Gedanken den Raum verengen und sich an einer Position oder einem Problem festbeißen, dann ist Humor das absolute Zaubermittel. Humor darf aber sicher nicht das Erleben des Kindes abwerten oder lächerlich machen.

Je mehr wir lernen, allen Aspekten unseres Erlebens einfach Raum zu geben, desto mehr Raum gibt es auch für die bedingungslose Liebe zu unserem Kind.

Was auch immer für Themen sich bei dir im Umgang mit Kindern zeigen mögen, sie spiegeln auf jeden Fall immer auch perfekt, was in dir noch geheilt werden möchte.

Wir Erwachsenen sind also gefordert, die ursprünglichen kindlichen Eigenschaften in uns wieder erblühen zu lassen. Wir sind gefordert, unser Herz für jedes Gefühl und jede Emotion zu öffnen.

Ob wir Erwachsenen bereit sind, uns vom Machtprinzip zu verabschieden, hängt einzig und allein davon ab, ob wir bereit sind, unseren Ängsten wirklich in die Augen zu schauen, und ob wir bereit sind, unseren Standpunkt des „Ich habe recht“ und „Ich weiß aber, was richtig und falsch ist“, aufzugeben.

Selbstreflexion bei herausfordernden Situationen mit Kindern:

Welche Emotionen und Gefühle löst die Situation in dir aus?

Welche Ängste liegen hinter deiner Reaktion auf die Situation?

Machst du deine Liebe zum Kind noch von irgendetwas abhängig, wenn ja, wovon?

Wie gehst du mit dir und deinen Gefühlen um, die diese Situation in dir auslösen?

Traumata des Lebens

Auch dann, wenn wir grundsätzlich liebevoll und feinfühlig auf unsere Kinder eingehen, können für sie Situationen entstehen, die sich traumatisch und belastend auf ihr Erleben auswirken, beispielsweise Unfälle, plötzliche Todesfälle, anspruchsvolle Lebenssituationen der Eltern, leidvolle Kita-, Kindergarten- oder Schulerfahrungen oder auch schwierige Erfahrungen mit anderen Kindern. Diese und viele weitere Situationen können das Urvertrauen eines Kindes tief erschüttern oder gar zu einer inneren Trennung führen. Hier kann es wie bei allen anderen Traumata wichtig sein, diese Ereignisse in irgendeiner Form therapeutisch aufzuarbeiten.

Es ist auch gut möglich, dass Kinder schon mit Resonanzen aus früheren Leben in diese neue Form geboren werden. Aber egal, ob es so etwas wie Wiedergeburt gibt oder nicht, das ändert gar nichts daran, dass Kinder stets unsere bedingungslose Liebe brauchen. Was einzig zählt, ist der jetzige Moment und unsere Verbundenheit mit unseren Kindern jetzt.

„Das Einzige, was wiedergeboren wird, sind die Missverständnisse."

Mario Mantese

Werkzeug: Aktiv zuhören

Dieses Werkzeug, das ursprünglich vom Psychotherapeuten Carl Rogers entwickelt wurde, ist deshalb so genial, weil es uns einerseits hilft, für das gesamte Erleben eines Kindes einen wertfreien Raum zu bieten. Andererseits ermöglicht es uns, die Beziehung zum Kind durch Empathie zu stärken und das Kind in seiner Selbstständigkeit und Selbstwirksamkeit zu unterstützen. Es kann angewendet werden, wenn bei einem Kind schwierige Gefühle auftauchen oder wenn es Verhaltensauffälligkeiten zeigt, wenn ein Kind andere Bedürfnisse hat als ein anderes Kind oder als wir Erwachsenen, bei Konflikten zwischen Kindern (bei allen Beteiligten nacheinander anzuwenden) und auch bei Konflikten mit Kindern, um einen Machtkampf zu verhindern oder auch, um allfällige Ängste eines Kindes zu erforschen.

Wichtige Vorbemerkungen zur Anwendung:

Der Erwachsene spürt empathisch nach, was das Kind empfindet, was sein innerer Zustand, seine Beweggründe und seine Gefühle sind oder sein könnten. Er sendet dabei keine eigenen Botschaften wie Urteile, Ratschläge, Ermahnungen, Bewertungen, Trost, Lösungsvorschläge usw.

Es geht darum, dass das Kind seine Probleme selbstbestimmt und dennoch liebevoll begleitet angehen darf. Wenn ein Kind explizit um Hilfe bittet, dann soll ihm diese Hilfe natürlich gewährt werden. Aber grundsätzlich vermittelt aktives Zuhören dem Kind, dass wir ihm zutrauen, selber Lösungen zu finden.

Aktives Zuhören bietet den Heilraum, in dem alle Gefühle, das gesamte Erleben des Kindes einfach sein darf, wie es ist, und in dem sich das Kind verstanden, ernst genommen und gehört fühlt. Aktives Zuhören steht im totalen Gegensatz zum Verneinen.

Ablauf/Die wichtigsten Techniken des aktiven Zuhörens:

Mit voller Aufmerksamkeit und einfühlsam zuhören. Dies zeigt sich unter anderem in einer zugewendeten Körperhaltung, im Nicken und im Blickkontakt. Dabei bewusst tief (weiter)atmen. Dieses reine, einfühlende Zuhören ist die absolut wichtigste Technik beim aktiven Zuhören. Die meiste Zeit im Gespräch mit dem Kind reicht es aus, einfach nur ganz präsent zuzuhören, ohne selber etwas zu sagen.

Die Aussage wird mit eigenen Worten wiederholt, meistens in Frageform, beispielsweise mit Sätzen wie:
„Habe ich richtig verstanden, dass …?"
„Meinst du, dass …?"
„Du denkst also, dass …?"
Beispiel:
Kind: „Ich werde Mathe einfach nie begreifen."
Erwachsener: „Du denkst also, dass du Mathe nie begreifen wirst?"

Die Gefühle, die Emotionen des Gegenübers werden gespiegelt. Diese Technik kann eingesetzt werden, um die aktuellen Gefühle des Kindes zu erforschen, sie kann allenfalls auch dem Kind helfen, sich diese bewusstzumachen.

Auch hier fragend formulieren, beispielsweise mit Sätzen wie:
„Du hast also das Gefühl, dass …?"
„Du bist also …?"

Beispiel:
Kind: „Immer dürfen die anderen vor mir!"
Erwachsener verbalisiert das Gefühl: „Du bist wütend, weil die anderen vor dir durften?"

Nachfragen:
Kind: „Ich habe gerufen, aber plötzlich war sie weg."
Erwachsener: „Nachdem du sie gerufen hast, hat sie nicht reagiert?"

Neue Handlungsmöglichkeiten

Beim aktiven Zuhören kann es sein, dass die Kinder beginnen, über ihre wirklichen Ängste und Sorgen zu sprechen, weil sie spüren, dass sie dafür jetzt nicht bewertet, verurteilt oder verglichen werden, auch weil sie keine Ratschläge und Schuldzuweisungen zu erwarten haben. Erst wenn ein Kind spürt, dass der Raum wirklich da ist, dass alle Gefühle und die gesamte Situation einfach so sein dürfen, wie es diese wahrnimmt, beginnt es wirklich zu sprechen. Dieser Fluss sollte zunächst einmal einfach fließen dürfen. Es ist ein großes Geschenk, wenn ein anderer Mensch, in diesem Fall ein Kind, dir einen Einblick in seinen verletzlichsten Raum gewährt.

Wirklich erst dann, wenn alle Gefühle, aller Schmerz, jede Angst und Sorge ganz einfach da sein durften und Raum bekommen haben, wenn das Kind also fertig ist mit Erzählen, kann es auch sein, dass Ideen von uns Erwachsenen dem Kind manchmal noch neue Verhaltensmöglichkeiten aufzeigen können.

Aber um es noch einmal klar zu sagen: Wir Erwachsenen haben nicht die Aufgabe, Lösungen für die Probleme unserer Kinder zu suchen. Wir haben nur die Aufgabe, ihnen einen liebevollen Raum anzubieten für all ihre Sorgen, Probleme und Gefühle!

Rat-Schläge und Vor-Schläge sind eben dann wirklich Schläge, wenn wir sie dazu nutzen, um gewissen unangenehmen Gefühlen, welche die Probleme unserer Kinder IN UNS SELBER auslösen, ausweichen zu können. Erst wenn das Kind ausdrücklich will, dass wir mit ihm nach neuen Lösungen suchen, macht dieser Schritt Sinn.

Oftmals haben gerade verhaltensauffällige Kinder nur wenige Strategien, um ihre Bedürfnisse zu erfüllen. Deshalb kann es nach dem ausgiebigen aktiven Zuhören auf Wunsch des Kindes Sinn machen, gemeinsam mit dem Kind nach neuen Verhaltensmöglichkeiten und Strategien zu suchen. Auch dieser Prozess soll aber natürlich völlig ohne Druck, Kritik oder Zwang geschehen.

Übrigens kann man auch auf einen Satz wie: „Was soll ich bloß tun?" mit dem aktiven Zuhören antworten – beispielsweise durch die Rückfrage: „Du weißt gar nicht, was du tun sollst?"

Das aktive Zuhören kann übrigens genauso im Gespräch mit Jugendlichen oder auch bei erwachsenen Menschen angewendet werden. Es ist ein enorm kraftvolles Werkzeug, das von uns alles abverlangt, was im Umgang mit anderen Menschen und im Speziellen mit Kindern wirklich wesentlich ist. Als aktiv Zuhörende brauchen wir Geduld, Vertrauen, Demut und eine wertfreie Offenheit allen Themen und Gefühlen gegenüber. Die konsequente Anwendung des aktiven Zuhörens mit der entsprechenden Haltung der Offenheit und Wertfreiheit hat die Kraft, alle unsere Beziehungen komplett zu verändern. Eine Beziehung kann dadurch mit der Zeit von der Ebene der Macht auf die Ebene der Einheit und Verbundenheit wechseln.

5. ANSATZ:

Glücksschule

Die Glücksschule dient einerseits als Werkzeug, das Prinzip Macht in dir selbst zu ergründen, zu beleuchten und zu überwinden, damit du wieder in Verbindung kommen kannst mit deinem wahren Selbst, deiner Lebensfreude und deinem großen inneren Potential. Aufbauend auf diesem inneren Wandel ist die Glücksschule eine immer stärker wachsende Bewegung, welche die Strukturen an den öffentlichen Schulen grundlegend verändern will und auch wirklich verändert. Unzählige Lehrpersonen, Schulleiter, Pädagogen, Psychologen und andere Menschen sind jetzt und schon seit einiger Zeit aktiv daran, ihren Umgang mit sich selbst, mit Kindern und mit Menschen allgemein grundlegend zu verändern, mit dem Ziel, dass die Schule wirklich den Kindern und der Entwicklung ihrer einzigartigen Talente dient und nicht mehr umgekehrt. Die Glücksschulbewegung sieht die Schule als ein Dienstleistungsunternehmen, das im Auftrag seiner Kunden, den Kindern, das anbietet, was den Kindern dient und ihren wahren Bedürfnissen entspricht. Es freut mich sehr, zu beobachten, dass die Glücksschule in den Herzen sehr vieler Menschen weit offene Türen einrennt. Die Zeit ist offensichtlich mehr als reif für einen grundlegenden Wandel, so dass es am Schluss allen noch viel besser geht in der Schule, den Lernenden, den Lehrpersonen, den Eltern und allen anderen Menschen, die dort noch mitwirken!

Grundhaltung und Menschenbild

Wie schon erwähnt, steht hinter jedem pädagogischen Ansatz ein Menschenbild, egal ob dieses bewusst und explizit dargelegt wird oder nicht. Dieses Bild vom Menschen und vom Kind im Speziellen steuert den gesamten pädagogischen und sozialen Umgang mit Kindern. Ich finde es enorm wichtig, dass eine Schule das Menschenbild, das sie den Schülern vorleben möchte, wirklich bewusst ausformuliert und danach Strukturen schafft, die sich auch komplett mit diesem Menschenbild decken. Im Sinne einer selbsterfüllenden Prophezeiung passen sich Schüler nämlich im Verlaufe der Schulzeit immer mehr an das vorgelebte und implizit vermittelte Menschenbild an. Das heißt, wenn wir, wie im aktuellen Schulsystem noch immer oft, Strukturen haben, die davon ausgehen, dass Schüler nicht wirklich lernen wollen, dann bewahrheitet sich das im Verlaufe der Schulzeit immer mehr. Schüler werden tendenziell so, wie wir glauben, dass sie sind. Deshalb sind ein positives Menschenbild und entsprechend offene und liebevolle Strukturen so entscheidend, denn die Realität, welche wir bewusst oder unbewusst erwarten, wird sich uns auch zeigen.

Im Folgenden soll das Menschenbild der Glücksschule kurz dargestellt werden.

Menschenbild Glücksschule

Kinder sind von Natur aus neugierige, entdeckungsfreudige und offene Wesen. Sie lernen ganz von selber Krabbeln, Laufen, Sprechen und vieles mehr. All das, weil sie lernen wollen! Sie sind unermüdlich, geduldig und sehr ausdauernd im Einüben von neuen Fertigkeiten. Kinder wollen möglichst selbstständig und selbstbestimmt sein, deshalb will auch jedes Kind die Kulturtechniken wie Lesen, Schreiben und Rechnen unbedingt von sich aus erwerben. Allerdings möchte es selber bestimmen, wann und wie es diese und andere spannenden Fähigkeiten erwirbt (wenn es eine sensible Phase dafür hat). Weiter sind Kinder Beziehungswesen. Sie können ihr riesiges Potenzial umso besser entfalten, je mehr sie sich geliebt, angenommen, unterstützt, gehört, ernst genommen und verbunden fühlen. Ebenso sind Kinder gleichwertige und vollständige Menschen, die eigene Ziele, Wünsche und Interessen habe, welche respektiert und möglichst unterstützt werden sollen.

Basierend auf diesem Menschenbild brauchen Kinder eine Schule, die ihnen ermöglicht, die angeborene Neugier, Begeisterungsfähigkeit und Entdeckungsfreude voll und ganz auszuleben und weiterzuentwickeln. Kinder brauchen eine Schule, die für ihren selbstorganisierten Lernprozess möglichst ideale Voraussetzungen anbietet. Eine Schule aber auch, in der Lehrpersonen liebevolle, herzliche und ermutigende Beziehungen zu Kindern herstellen, damit sie sich sicher genug fühlen, um wirklich all das erforschen und entdecken zu können, was sie interessiert und bewegt. In jedem Kind steckt eine große und auch einzigartige Anzahl an Entwicklungsmöglichkeiten und Talenten genauso, wie in einem Samen oder Kern das ganze Potential für die Entwicklung zu einem mächtigen, wundervollen Baum enthalten ist. Die Schule und Erziehung sollen möglichst ein Umfeld schaffen, damit sich das Potential in jedem Kind ideal und einzigartig entfalten kann, ohne Druck, Manipulation oder Bewertung von außen, sondern im Vertrauen in die Weisheit des Lebens!

Lebendige Strukturen

„Wo kämen wir hin, wenn alle sagten, wo kämen wir hin?
Und keiner ginge, um zu sehen, wohin wir kämen, wenn wir gingen?"

Laotse

Wie schon erwähnt, macht es Sinn, dass die Schule, wie alle anderen gesellschaftlichen Institutionen, den davon betroffenen Menschen dienen. Keinesfalls macht es Sinn, Strukturen so zu schaffen, dass die Lehrer oder Kinder ihnen dienen müssen. Und zwar sollen die Strukturen allen beteiligten Menschen dienen, nicht nur einer Mehr- oder Minderheit. Strukturen formen unsere Wahrnehmung vielleicht stärker, als uns das bewusst ist. Wir vergessen oft allzu leicht, dass Strukturen auch nur von Menschen erschaffen wurden und jederzeit vollständig abgeändert werden können. Die aktuellen Strukturen der Macht haben aber in sich eine eingebaute aufrechterhaltende „Sicherung", nämlich die Angst. Wie wir schon gesehen haben, lösen Machtanwendung und Machtstrukturen bei den „Opfern" der Machtanwendung Angst aus. Diese Angst führt dazu, dass auch in diesen „Opfern" der Machtanwendung das Ersatzbedürfnis nach Macht und Kontrolle entsteht und so das Prinzip Macht mit allen Ängsten immer wieder an die nächste Generation weitergegeben wird. So werden wir selber zu Opfern der von uns erschaffenen Strukturen und lassen auch unsere Kinder zu Opfern des Systems und seiner Strukturen werden. Wollen wir das wirklich?

Solange es Zwang und Druck gibt, solange Erwachsene im Umgang mit den Kindern das Prinzip Macht anwenden, so lange dienen unsere Kinder den Strukturen statt umgekehrt, und sie lernen ein Ich zu sein, das auf einem inneren Mangel aufbaut.

Solange eine Schule oder eine Lehrperson noch nicht wirklich vom großen Wandel ergriffen wurde, sind sie ein Abbild des Trennungsbewusstseins und vermittelt den Kindern weitgehend das Erleben einer Trennungsrealität.

Die Glücksschulbewegung will uns noch tiefer bewusstmachen, dass Bildung ein fundamentales Menschen- und Kinderrecht ist und keine Pflicht. Sie bewirkt in den Menschen einen solch tiefgreifenden Wandel, dass sie nicht mehr anders können, als ihr eigenes Verhalten und damit auch alle Strukturen so lange zu verändern, bis wirklich alle Kinder mit Freude in die Schule kommen! Wir selber haben uns die bisherigen Strukturen erschaffen und nur wir selber können diese auch wieder verändern. Am besten jetzt, denn kaum jemand ist wirklich glücklich in und mit einschränkenden und machtbasierten Strukturen!

„Die größte Schwierigkeit, die das aktive System für uns Erwachsenen mit sich bringt, ist die Forderung, die Kinder heute so leben zu lassen, wie sie wirklich sind. Nur in dem Maß, in dem wir gewillt sind, auf unseren Füßen zu stehen, Entscheidungen zu treffen und Verantwortung zu übernehmen, können wir diesen Prozess bei den Kindern nicht nur ohne Angst erlauben, sondern ihn durch unsere eigene Erfahrung unterstützen."

Rebeca Wild

Glückliche Kinder erschaffen andere Realitäten

„Ein Kind, das sich wohlfühlt, benimmt sich nicht daneben."

Rebeca Wild

Wenn uns wirklich etwas an Gewaltprävention, Depressionsprävention und allgemein an einer achtsameren und sozialeren Gesellschaft gelegen ist, dann wird unsere wesentlichste Aufgabe sein, dafür zu sorgen, dass möglichst viele Menschen glücklich sind und dass die Kinder das Glücklichsein nicht verlernen. Denn glückliche Menschen sind sozial und liebevoll, offen und friedlich.

Wenn Erziehung und Bildung nicht dazu beitragen, dass die Menschen glücklich sind, dann müssen sie auf jeden Fall grundlegend überdacht werden. Alle Lebewesen wollen glücklich sein und unsere Kinder haben ein Recht auf eine durchwegs glückliche Kindheit!

Was nützen uns und unseren Kindern gute Noten, Erfolg und Leistungsfähigkeit, wenn sie dabei nicht glücklich sind? Stellen deshalb viele Eltern so hohe Erwartungen an ihre Kinder, weil sie selber nicht wirklich glücklich sind im Leben und deshalb die Kinder auf Erfolg trimmen wollen, in der Hoffnung, dass sie das dann vielleicht glücklicher macht? Oder geht es dabei gar darum, über die Leistungen des Kindes einfach das eigene Ego aufzuwerten?

Mir scheint es vor allem für die Eltern sehr wichtig zu sein, dass sie diesen Punkt genau reflektieren und bei sich hinterfragen.

Generell müssen wir uns vor allem die Frage stellen, ob wir glückliche, freie, mit ihrem inneren Feuer und ihrer Lebensfreude verbundene Kinder wollen oder erfolgreiche, angepasste, genormte und gut funktionierende Kinder?

Wenn wir wirklich glückliche Kinder wollen, dann gibt es eine ganz einfache Möglichkeit, das zu erreichen. Wir müssen es ermöglichen, dass Kinder sich mit dem auseinandersetzen können, was sie wirklich interessiert. Und sie sollen vor allem spielen können, möglichst oft und möglichst unbeschränkt. Und dafür brauchen sie nebst einem positiven emotionalen Umfeld und liebevollen Bindungen zu den Bezugspersonen eine inspirierende Umgebung, die zum Entdecken und Erforschen einlädt. Für optimale Lernprozesse und glückliche Kinder braucht es eine Schule, welche solch optimale, zeitgemäße Rahmenbedingungen schafft. Das Projekt Glücksschule hat genau das zum Ziel. Der Frage, wie so eine Glücksschule in der Praxis aussehen könnte, soll jetzt nachgegangen werden.

„Es gibt keine großen Entdeckungen und Fortschritte,
solange es noch ein unglückliches Kind auf Erden gibt."

Albert Einstein

Was lernen unsere Kinder fürs Leben?

„Der Mensch, wenn er werden soll, was er sein muss, muss als Kind sein und als Kind tun, was ihn glücklich macht."

Johann Heinrich Pestalozzi

In der Schule lernen die Kinder fürs Leben, heißt es. Und das stimmt natürlich auf jeden Fall. Denn alles Gelernte, wie wir schon gesehen haben, beeinflusst ja massiv unsere Wahrnehmung und unser Erleben der Realität. Die Frage ist aber, was genau die Schule in Bezug auf das Leben tatsächlich vermittelt. Wenn die Schule wirklich eine Glücksschule sein soll, dann müsste sie zunächst einmal zwei Bedingungen erfüllen:

Alle Schüler und Lehrer gehen mit Freude und Begeisterung in die Schule (sind also in der Schule glücklich). So lernen sie, mit dem Glücklichsein vertraut zu bleiben, anstatt sich an irgendein Leiden zu gewöhnen.

Das, was die Schüler während ihrer Zeit in der Schule lernen, hilft ihnen, den Zugang zum ursprünglichen Glücklichsein zur Freude am Lernen und zum Vertrauen in die eigenen Fähigkeiten zu bewahren und zu vertiefen. Das heißt, die Schüler sind auch nach dem Ende der Schulzeit glücklich – idealerweise noch glücklicher als davor.

Erfüllt deine Schule oder die Schule deiner Kinder diese Bedingungen jetzt schon?

Glücksschule

„Die harmonische Entfaltung von Kindern ist ein natürlicher und darum langsamer Prozess. Unsere Aufgabe ist es, die rechten Bedingungen dafür zu schaffen, aber nicht, den Prozess zu beschleunigen. Bringen wir es als Erwachsene fertig, diese inneren Prozesse nicht durch unsere Ungeduld zu stören, sondern ihnen den nötigen Nährstoff zu liefern, so lernt das Kind, auf eigenen Füßen zu stehen und nicht sein Leben lang von äußerer Führung abhängig zu sein."

Rebeca Wild

Eine Glücksschule ist ein Ort an dem die ursprüngliche Freude am Lernen, die Begeisterungsfähigkeit, Offenheit, Kreativität, Neugierde und das Vertrauen in die eigenen Fähigkeiten erhalten und unterstützt wird. Denn diese ursprünglichen Qualitäten sind die wichtigsten Ressourcen der Menschen und der gesamten Gesellschaft. Diese natürlichen kindlichen Eigenschaften und die Fähigkeit zum Glücklichsein zu erhalten, ist das oberstes Ziel einer Schule, die zur Glücksschule wird! In ein Glücksschule kommen die Lernenden mit Begeisterung und Freude zur Schule.

Die Glücksschule hilft den Kindern außerdem, ihre ursprüngliche Einheitsrealität beizubehalten. Sie ist eine Schule, die auf bedingungsloser Liebe (Verbundenheit) aufbaut, die gewaltfrei und liebevoll mit allen Menschen umgeht und in der Lernprozesse vollkommen selbstbestimmt ablaufen.

Das Projekt Glücksschule vereint alle Menschen miteinander, die sich entscheiden, die Neugierde, Kreativität, Lebendigkeit, Offenheit, Herzlichkeit der Kinder und ihre Freude am Lernen zu schützen und zu unterstützen.

Konkrete Elemente der Glücksschule

„Doch es geht um mehr als eine Reform hier und ein Projekt da. Wir brauchen einen grundlegenden Wandel der Lern- und Beziehungskultur. In jeder Familie, in jeder einzelnen Schule. Alle um die Zukunft unserer nachwachsenden Generation besorgten Bürger müssen sich gemeinsam auf den Weg machen."

Gerald Hüther

Die folgenden wichtigsten Elemente werden an einer Schule, die sich zur Glücksschule wandelt, schrittweise oder gleich als Ganzes realisiert:

1. Selbstorganisiertes Lernen

Die Glücksschule ist ein offener Lernort, eine Bildothek, welche die Strukturen schafft, die den selbst organisierten Lernprozess jedes einzelnen Kindes möglichst ideal unterstützt. Der Begriff „Bildothek" versucht dabei auszudrücken, dass ein sehr umfassendes Angebot an Bildungsmöglichkeiten (diverse Materialien, Bücher, Experimentierfelder, Spielmöglichkeiten usw.) geboten wird, welches jeder einzelne Schüler komplett nach seinen eigenen Interessen nutzen kann. Indem die Schule als das gesehen wird, was sie auch ist, nämlich ein Dienstleistungsunternehmen für Lernende, ist ihr Angebot stets eine direkte Folge der Nachfrage statt wie bisher umgekehrt. Weil dieses System wirklich selbst organisiert ist, schaffen sich die Kinder ihre Strukturen selbständig und sie bestimmen auch selber, was sie lernen wollen, wie sie es lernen wollen und wann. Heute werden in Schulen oft gewisse Prozesse als selbstorganisiert bezeichnet, die diesen Namen aus meiner Sicht nicht wirklich verdienen. Wenn Lernende drei Aufträge bekommen, die sie nicht selber auswählen können, die sie dann alle selbständig in frei gewählter Reihenfolge bis zu einem bestimmten Datum lösen müssen, dann ist das nicht selbstorganisiert, sondern überwiegend fremdbestimmt. Ebenso wenn es ein von außen festgeschriebenes Programm gibt, nach welchem die Lernenden im eigenen Tempo arbeiten können. Auch diese Lernform ist oft nicht von innen motiviert und deshalb nicht wirklich selbstorganisiert.

Beim selbstorganisierten Lernen verfolgt jede und jeder Lernende ihre/seine inneren Ziele und Projekte (allerdings ohne diese schriftlich festlegen zu müssen). Alles, also auch das, soll freiwillig erfolgen, weil sonst wieder über die Kinder und ihren Lernprozess bestimmt wird. Das Spiel ist mindestens gleichwertig mit allen anderen Lernformen.

2. Sicherer Ort

Die Glücksschule ist ein Ort, den die Kinder ohne Angst besuchen. Das heißt, es gibt keinen Druck von außen, keine Bestrafungen und keine Bewertungen, damit die Freude am Lernen und die intrinsische Motivation erhalten bleiben. Konflikte werden durch gewaltfreie Kommunikation und das gemeinsame Finden von stimmigen Lösungen geklärt. Wenn in Kindern dennoch Ängste auftauchen in Bezug auf Themen, die sie angehen möchten, oder auch wegen sozialer Herausforderungen, dann werden sie von den Bezugspersonen liebevoll durch diese Ängste begleitet und darin bestärkt, für sich einzustehen und auf ihre innere Kraft zu vertrauen. Gleichzeitig sprechen die Erwachsenen an der Glücksschule offen über ihre eigenen Ängste, ohne diese auf die Kinder zu übertragen. Wenn wir Erwachsenen den Kindern vorleben, dass sie trotzdem weiter mutig den Weg des Herzens gehen, auch wenn sie Angst haben, dann ist das vielleicht die wichtigste Lektion, die wir Kindern vorleben und somit mitgeben können. Dass die Schule ein sicherer und freudvoller Ort für die Kinder ist, zeigt sich bei einer Glücksschule daran, dass jedes Kind mit Freude in die Schule kommt, und zwar nicht nur wegen der tollen Freundschaften, sondern wirklich auch wegen des Schulbetriebs. Und es zeigt sich daran, dass alle Kinder sich so sicher und wohl fühlen, dass sie jederzeit mühelos in ein freies Spiel und in den Flow eintauchen können.

3. Forschergeist

Die Glücksschule ist auf jeden Fall auch eine Schule, an der es kein Müssen und keinen Zwang und auch keine Manipulation von außen gibt. Einerseits, damit die Lernenden mit ihren echten Interessen, ihrer Neugierde und Offenheit in Kontakt bleiben, aber auch weil Kinder dadurch lernen, die Verantwortung für ihr eigenes Lernen und ihr Leben allgemein immer noch mehr zu übernehmen. Wenn eine Schule zur Glücksschule wird, dann ist die Frage zentral, was jeder einzelne Schüler lernen will und wofür er oder sie eine sensible Phase hat. Es geht dabei darum, dem inneren Forschergeist jedes Kindes die Führung über das Lernen zu überlassen.

Das heißt aber nicht, dass es keine Regeln oder Strukturen geben darf. Das heißt nur, dass die Kinder in alle Prozesse, die ihr eigenes Leben betreffen, mit einbezogen werden, auch in das Festlegen von allfälligen Regeln oder das Erschaffen von Strukturen. Und es bedeutet, dass alle Schulstrukturen stets den Menschen dienen und nie umgekehrt. Das heißt aber auch, dass die Qualität der Kommunikation und der Beziehung zu den Kindern zu den wichtigsten Ressourcen der Lernbegleiter (vormals Lehrpersonen) wird.

4. Freude am Lernen erhalten

Die Freude am Lernen, die Begeisterung und der Forscherdrang sind die wichtigsten Ressourcen des Menschen. Wenn diese bis ins Erwachsenenleben erhalten bleiben, dann ist damit viel, viel mehr gewonnen als mit all dem auswendig gelernten Wissen der Schule. Kinder wollen lernen und sind von Natur aus neugierig. Für die Glücksschule ist es zentral, die Freude am Lernen, die Begeisterung und die Offenheit zu schützen und zu erhalten, indem sie die Kinder in ihrem eigenen, intrinsisch motivierten Lernprozess begleitet und unterstützt, aber diesen nicht bewertet oder vergleicht. Weil das freie Spiel die wichtigste Lernform für Kinder darstellt, sind die Kinder an der Glücksschule oft den ganzen Tag am Spielen. Kinder erwerben über das Spiel alle in unserer Gesellschaft wichtigen Kompetenzen. Angefangen bei vielfältigen sozialen Kompetenzen über emotionale Kompetenzen, aber auch wichtige Sachkompetenzen. Sogar die zentralen Kulturtechniken wie Lesen, Schreiben oder Rechnen werden irgendwann im freien Spiel der Kinder wichtig und werden dann ganz mühelos gelernt. Weil alles Lernen auf Freiwilligkeit basiert, gibt es an der Glücksschule keine vorgegebenen Hausaufgaben oder Aufträge, außer die Kinder wünschen wirklich von sich aus, dass sie sich zuhause freiwillig noch weiter mit einem Thema beschäftigen können.

5. Jetzt

In einer Schule, die zur Glücksschule wird, geht es darum, dass die Kinder jetzt glücklich sind und nicht irgendwann später in einer vorgestellten Zukunft.

Kinder lernen, weil sie jetzt lernen wollen, und die beste Voraussetzung für Glück in der Zukunft sind möglichst viele Glücksmomente jetzt. An der Glücksschule wird den Kindern das Vertrauen ins Leben und in ihr ureigenes Entwicklungstempo vermittelt, was ihnen hilft, sich ganz dem Glücks- und Lebensfluss hinzugeben. Wenn ein Mensch wirklich verbunden ist mit dem jetzigen Moment, dann bewohnt er seinen Körper auch wirklich und spürt dadurch viel besser, was ihm guttut und was nicht.

Selbstreflexion:

Wie viel Zeit deines Lebens verbringst du selber damit, auf etwas Tolles in der Zukunft zu hoffen oder dich vor einer vorgestellten Zukunft zu fürchten?

Was hilft dir wirklich, voll und ganz präsent zu bleiben im jetzigen Moment?

6. Ort des Miteinanders

Aus der Beobachtung von spielenden Kindern im Alltag und aus den Erfahrungen an freien Schulen weiß man, dass Kinder für sich gegenseitig die besten Lehrer sind. Wenn man Kindern einen wirklich selbstbestimmten Lernprozess ermöglicht, dann lernen sie das meiste von anderen Kindern ganz nebenbei und mühelos. So ist die Glücksschule ein Ort des Miteinanders, an dem die Werte, die vermittelt werden wollen (Respekt, soziales Miteinander, Mitgefühl), auch wirklich vorgelebt werden. Weil es kein Vergleichen und Bewerten gibt und die Kinder in den Pausen keine unterdrückte Wut aus der Schule ausagieren müssen, ist das System schon deshalb deutlich sozialer. Die Glücksschule lebt eine Kultur der Ermutigung, der gegenseitigen Unterstützung und des respektvollen Rückhalts für alle Lernenden.

7. Neue Realitäten

Die Glücksschule ist ein Ort, an dem die Kinder offene, humorvolle, ehrliche, verbundene, begeisterungsfähige und glückliche Wesen bleiben können. Wenn eine Schule zur Glücksschule wird, lässt sie sich von der Weite, Kreativität, Offenheit und Neugierde der Kinder anstecken, so dass die Schule so zu einem Ort wird, von dem aus ein grundlegender Wandel der gesamten kollektiven Realität geschieht. Bisher waren wir Erwachsenen überzeugt, dass wir wissen, wie die Welt ist und was richtig und falsch ist, deshalb mussten sich die Kinder an unsere Sicht der Welt anpassen. Aber inzwischen hat sich diese Annahme als komplett falsch erwiesen und es gibt absolut keinen Grund mehr, darauf zu bestehen, dass Kinder ihre Weltsicht der unseren anpassen sollten. Und wenn die Wahrnehmung der Kinder nicht mehr mit einengenden Überzeugungen, Selbst- und Fremdzuschreibungen, Bewertungen und Mustern programmiert wird, dann werden sie ganz bestimmt eine komplett andere Realität erleben, als wir sie aktuell erschaffen.

Das ist für uns Erwachsenen und für die gesamte Kultur die wohl größte Herausforderung, weil wir gelernt haben, unsere Identität auf Sicherheit, Kontrolle, Gewohnheiten und Macht aufzubauen. Deshalb war es für uns immer so wichtig, dass sich die Kinder an unsere Sicht der Realität anpassen, weil das sonst unsere Identität ins Wanken gebracht hätte. Das heißt, wir Erwachsenen sind beim Umsetzen der Glücksschule gefordert, uns all unseren Ängsten zu stellen und uns nicht mehr von ihnen lenken zu lassen.

Selbstreflexion:

Welche Zweifel und Einwände tauchen allenfalls in Bezug auf die Glücksschule in deinem System auf?

Welche Ängste liegen hinter diesen Zweifeln und Einwänden?

Bist du bereit, diese Ängste voll und ganz anzunehmen, aber ihnen nicht mehr zu gehorchen?

8. Selbstwirksamkeit

Eine Glücksschule ermöglicht, dass alle Kinder Erfahrungen von Kompetenz, Erfolg und Selbstwirksamkeit machen können. Der Schulbetrieb an einer Glücksschule ist so organisiert, dass alle Kinder sich als selbstwirksam erleben können, das heißt, dass sie an dieser Schule jeden Tag etwas bewirken, erreichen und umsetzen können. Dies bewirkt, dass sie erfüllt, glücklich und voller Vertrauen in die eigene Wirksamkeit aus der Schule zurückkommen. Unsere Gesellschaft kann sich Kinder, die in der Schule lernen, sich mit einer Versageridentität zu identifizieren, in keiner Weise leisten. Menschen, die von sich glauben, Versager zu sein, tragen einen großen Schmerz und viel Frustration in sich und stellen eine große Belastung für den sozialen Frieden und die gesamte gesellschaftliche Struktur dar. Wie der Neurowissenschaftler Gerald Hüther zeigt, ist jedes Kind hoch begabt und hat Talente, die nur darauf warten, sich entfalten zu können. Weil Kinder an der Glücksschule ihren gesamten Tagesablauf und ihre Lernprozesse selber bestimmen können, wenden sie sich denjenigen Themen zu, für die es bei ihnen ein Talent gibt und die somit Selbstwirksamkeitserfahrungen möglich machen. Wer wirklich Vertrauen in die eigenen Fähigkeiten und zudem noch Freude am Lernen hat, kann im Leben alles erreichen!

9. Neue Rolle der Lehrpersonen

Lehrerinnen und Lehrer sind an der Glücksschule nicht mehr wissende Dozenten, sondern vielmehr achtsame und liebevolle Lern- und Lebensbegleiter für den Lebens- und Lernprozess jedes einzelnen Kindes. Weil die Lehrer zusammen mit den Kindern in einen Erforschungsprozess gehen, sind Lehrer wie Schüler genauso Lernende und Forschende. Die wichtigste Fähigkeit der Lehrer an der Glücksschule ist die Selbstreflexion, weil auch Lehrer bei sich selber ganz bewusst einschränkende Überzeugungen und Ängste erforschen sollen, um diese nicht unbewusst an die Kinder weiterzugeben. Außerdem ist die Lehrperson für das Schaffen eines positiven emotionalen Umfelds verantwortlich. Und auch dafür, dass sich jedes Kind respektiert, gestützt, geborgen und geliebt fühlt.

Die Lehrpersonen sind für die Stimmung an der Schule und für das Aufbauen von sicheren, tragfähigen Beziehungen genauso zuständig wie für das Erfüllen der Grundbedürfnisse der Kinder.

Lehrpersonen sind natürlich ganz wesentliche Vorbilder in allen Lebensbereichen. Es ist also vor allem in Bezug auf gewaltfreie Kommunikation und alle sozialen Interaktionen sehr wesentlich, was sie vorleben.

Lehrpersonen an einer Glücksschule haben sicher keinen Bewertungsauftrag mehr, das heißt, es gibt keine Noten. Stattdessen würde es allenfalls Sinn machen, einfach nur zu beschreiben und zu dokumentieren (ohne Bewertung), an welchen Kompetenzen ein Kind arbeitet oder welche Kompetenzen es erworben hat (Portfolio). Die Lehrperson sorgt dafür, dass an der Schule ein beziehungsorientierter Ansatz gelebt wird, basierend auf verbindender Kommunikation, Vertrauen und Klarheit.

10. Anregendes Umfeld

Die Glücksschule ist also nicht mehr ein Ort, an dem Erwachsene Kinder belehren, sondern vielmehr ein Ort, an dem es eine riesige Auswahl an Materialien, Büchern, Unterlagen und Spielmöglichkeiten zur freien Benutzung und Erforschung für die Kinder gibt. Eine Umgebung, die anregend wirkt auf jedes Kind. Eine Umgebung, welche möglichst vielfältige Erfahrungen und Entdeckungsmöglichkeiten bietet, die sich die Kinder vollkommen selbstbestimmt zu eigen machen können. Auch ein großer wilder Garten zum Entdecken und für intensive Natur- und Bewegungserfahrungen ist ein wesentlicher Teil eines anregenden Umfelds für ein Kind.

Die Schulräume selber können vielleicht am besten in verschiedene Themenräume unterteilt werden. Schüler mit gleichen Interessen würden sich dann in den entsprechenden Räumen treffen. Ein wesentliches Merkmal einer Glücksschule ist aber auch, dass die Kinder ihre Schule selber mitgestalten und mitentwickeln können. Die Glücksschule ist wirklich eine Schule, die den Kindern dient. Darauf aufbauend können unterschiedliche Glücksschulen, je nach den aktuellen Bedürfnissen der jeweiligen Kindergruppe, vielleicht auch sehr verschieden aussehen und eingerichtet sein. Vielleicht gibt es gewisse Glücksschulen an denen es eine Wunschtafel für mögliche Lerninhalte gibt. Vielleicht gibt es Glücksschulen, die aufgrund der Wünsche der Kinder eher wie eine Universität organisiert sind mit Vorlesungen und Inputs zu gerade für die Lernenden wichtigen Themen, die freiwillig besucht werden können. Oder Kinder erarbeiten zu selbstgewählten Themen Informationen, die sie dann anderen interessierten Kindern als Vortrag vorstellen können. Wichtig ist bei all diesen Punkten einfach, dass diese Ideen wirklich auf den Wünschen und Bedürfnissen der Kinder aufbauen. Es kann nämlich auch sein, dass sich die Kinder auf etwas einlassen, was die Erwachsenen sich ausgedacht haben, um für ihre Ängste oder für die Ängste der Eltern noch ein wenig „richtige" Schule oder „richtiges", messbares Lernen vorzeigen zu können. Wenn Kinder aufgrund der Ängste von

Erwachsenen oder aufgrund vieler Erfahrungen von Fremdbestimmung den Zugang zu ihren wahren Bedürfnissen verloren haben, dann wissen sie manchmal nicht mehr, was sie wirklich tun wollen, und möchten eher beschäftigt werden. Diese Kinder brauchen oft Unterstützung, Zeit und Aufmerksamkeit von Erwachsenen, die mit ihnen liebevoll und geduldig erforschen, wo ihre echten Interessen und Fähigkeiten liegen. Oftmals brauchen solche Kinder ausgeprägte Naturerfahrungen – beispielsweise mehrere Tage im Wald, damit sie wieder in Kontakt kommen können mit ihren wahren Bedürfnissen.

Folgende Fragen können außerdem hilfreich sein:

Welche Themen oder Dinge interessieren dich?
Womit spielst du am liebsten?
Wenn du frei wählen könntest und überhaupt nicht für später lernen müsstest, was würdest du hier möglichst häufig tun?

11. Vertrauen

Kinder brauchen, um sich ideal entwickeln zu können, vor allem uneingeschränktes Vertrauen der Erwachsenen. Denn dieses Vertrauen von außen führt zum Selbstvertrauen bei den Kindern. Kinder sind nicht auf der Welt, um die Hoffnungen, Erwartungen und Vorstellung der Erwachsenen zu erfüllen, sondern nur, um glücklich zu sein und um diese Welt mit allen Sinnen selbstbestimmt erforschen und genießen zu können.

Viele Eltern haben extrem hohe Leistungsansprüche an ihre Kinder und setzen diese und oft auch die Lehrpersonen massiv unter Druck. Dabei projizieren sie oft ihre eigenen Wünsche, Hoffnungen und Ängste auf die Kinder, anstatt die Wünsche im eigenen Leben zu realisieren und die oft unbewussten Ängste wirklich anzuschauen. Kinder sind immer nur Selbstzweck und haben genauso wie wir Erwachsenen das Recht, ihr Leben und Lernen selber zu gestalten. Um sich wirklich ideal entwickeln zu können, brauchen sie dazu aber das uneingeschränkte Vertrauen der Eltern und Lehrpersonen. Aber wir Erwachsenen können nur in dem Ausmaß wirklich vertrauen, in dem wir uns unseren Ängsten gestellt haben. Glücksschule verlangt von den Pädagoginnen und Pädagogen deshalb wirklich sehr viel Bewusstsein über die eigenen Ängste, Konzepte, Vorstellungen und Erwartungen, damit sie ganz bewusst nicht mehr darauf einsteigen und diesen Aspekten den Raum überlassen. Erst dann wird es möglich, wirklich dem Entwicklungsprozess jedes einzelnen Kindes zu vertrauen. Sobald sich doch wieder bewusste oder unbewusste Ängste der Erwachsenen in die Strukturen einer Schule einschleichen, dann werden sofort die alte Enge, der Druck und die Manipulationsstrategien aktiv.

Weitere wesentliche Schritte

Wandel in der Erziehung

Eltern sind gefordert, selber auch ihre Machtpositionen aufzugeben und in eine wirkliche Kommunikation mit den Kindern zu treten. Das heißt, wie schon erwähnt, überhaupt nicht, dass es keine Strukturen oder Regeln mehr geben soll, aber die Bedürfnisse der Erwachsenen stehen dabei nicht mehr über denen der Kinder, sondern sind genauso wie die Bedürfnisse der Kinder die Grundlage für stimmige Lösungen für alle Beteiligten. Dabei ist die Liebe das Einzige, an dem konsequent festgehalten werden soll. Der Grundsatz: „Beziehung kommt vor Erziehung", fasst diesen Umgang mit Kindern perfekt zusammen. Im Kapitel „Erziehung von Herzen" wurde dazu schon einiges gesagt.

Wandel in der Städteplanung

Es braucht viel mehr Spiel-Raum für Kinder. In den Städten und Dörfern sollen die Fußgänger und Kinder im Zentrum stehen und nicht die Autos.

Es braucht ganz neue Formen von Wohnsiedlungen, damit Kinder überall wieder Natur erfahren, draußen spielen und sich bewegen können und so auch innerlich beweglich bleiben. Kinder sollen möglichst viel Erfahrungen aus erster Hand machen können und nicht ihr inneres Feuer und ihre Begeisterung vor dem Handy, Fernseher oder Computer verlieren.

Bildungsfreiheit

Vor allem für die Übergangszeit, bis sich überall die Glücksschule durchgesetzt hat, kann die freie Schulwahl ein wichtiges Element für Bildungsfreiheit werden, damit sich auch Eltern mit geringerem Budget alternative Schulformen leisten können. Auch Homeschooling soll erleichtert werden. Allerdings nicht um Kinder in einengenden Isolationswelten oder religiösen Konzepten aufwachsen zu lassen, sondern um Kindern in schwierigen Schulsituationen auch eine Auszeit zu ermöglichen. Mit der Umsetzung der Glücksschule werden mit Bestimmtheit auch neue Lehrformen auftauchen wie beispielsweise Fernlehrgänge. Grundsätzlich ist aus meiner Sicht und Erfahrung aber Homeschooling immer höchstens die zweitbeste Lösung für ein Kind, vor allem weil dort ja auch die gleichen Lerninhalte vorgeschrieben werden wie an den herkömmlichen öffentlichen Schulen. Die beste Möglichkeit scheint mir darum eindeutig die Umsetzung der Glücksschule an der öffentlichen Schule zu sein, damit Kinder mit anderen Kindern gemeinsam aus freiem Herzen spielen und lernen können!

Übergangszeit

Neue Strukturen wie diejenige der Glücksschule lösen natürlich auch nicht alle Probleme auf einen Schlag, mit welchen das aktuelle Schulsystem eher erfolglos kämpft. Es wird weiterhin Kinder in schwierigen familiären Bedingungen geben, Kinder mit unverarbeiteten traumatischen Erfahrungen, Kinder, die Mühe haben, mit anderen Kindern in Kontakt zu kommen, Kinder, die emotional kaum zu erreichen sind oder auch Schulhäuser mit einem sehr hohen Anteil an Kindern aus unterschiedlichsten Kulturen. Aber viele dieser Herausforderungen werden allein schon dadurch massiv entschärft, dass an der Glücksschule die Lernprozesse selbstbestimmt und ohne Druck oder Bewertung von außen ablaufen. An der Glücksschule wird allen Kindern geholfen, die selbst an irgendetwas leiden und sich deshalb eine Unterstützung wünschen. Dabei soll aber nicht im Vordergrund stehen, irgendwelche Diagnosen zu stellen, sondern Ängste zu erforschen und frühere Traumata aufzulösen. Gewalttätige Verhaltensweisen sind Hilfeschreie eines leidenden Menschen, dessen Grundbedürfnisse aus irgendeinem Grund nicht wirklich erfüllt sind. Diese Hilfeschreie zu decodieren wird eine wichtige Aufgabe im schulischen Umfeld werden. Dabei sollen sicher in erster Linie alternativmedizinische Therapieformen eingesetzt werden und nicht medikamentöse Behandlungsformen, welche meist nur die Symptome behandeln. Lehrpersonen sollen Weiterbildungen in gewaltfreier Kommunikation machen sowie in diversen kurzzeit-therapeutischen Ansätzen, um die Kinder professionell durch die typischen Probleme von heute begleiten zu können. Idealerweise gibt es an jeder Schule liebevolle und versierte Therapeutinnen und Therapeuten, welche die Lehrpersonen bei größeren systemischen Schwierigkeiten heilend unterstützen können. Bei denjenigen Schülern, die das Prinzip des Müssens bereits total internalisiert haben, ist ein innerer Prozess zurück zur intrinsischen Motivation nötig, um im neuen, selbstorganisierten System zurechtzukommen. Das heißt, die Lehrer und Schüler können den Weg aus dem alten fremdbestimmten und extrinsisch motivierten System in das neue selbstbestimmte und intrinsisch motivierte Lernen gemeinsam gehen. Dabei wird der in diesem Buch beschriebene neue Umgang mit Angst und anderen schwierigen Emotionen eine zentrale Rolle spielen (siehe hierfür auch das Kapitel „Der Weg des Herzens“).

Gefühle wie Trauer, Schmerz, Wut oder Verzweiflung wird es im Leben auch dann weiterhin geben, wenn die Glücksschule realisiert ist, und das ist auch überhaupt kein Problem. Denn wenn bei Lehrpersonen und Eltern alle Gefühle und Emotionen willkommen sind, dann fühlen sich auch ihre Kinder mit allen Gefühlen willkommen. Das heißt, sie lernen keinen Widerstand mehr. Wenn noch dazu jede Form von Machtanwendung und Druck wegfällt, dann müssen die Kinder auch keine irrationalen Ängste und allgemeinen Widerstände gegen den Fluss des Lebens lernen, denn erst der Widerstand macht das Unangenehme im Leben auch leidvoll.

Innerer Wandel

Wie schon mehrfach erwähnt, ist die wichtigste Grundlage für die Umsetzung der Glücksschule bei allen beteiligten Erwachsenen, Lehrpersonen, Eltern, Schulleitern und Erziehenden ein tiefgreifender innerer Wandel. Denn Erwachsene, die innerlich nicht wirklich verbunden sind mit ihren echten Gefühlen und Bedürfnissen, werden den Schul- und Erziehungsalltag dennoch auf erlernten Konzepten und auf ihrem Ego aufbauen und nicht auf der wahren inneren Verbindung zum jetzigen Moment. Alle Menschen unserer Kultur sind mehr oder weniger durch das Prinzip Macht erzogen und gebildet worden. Wir haben gelernt, uns anzupassen, zu gehorchen und pflichtbewusst im Leben zu funktionieren. Wir haben gelernt, in schwierigen Situationen Druck und Macht auszuüben, um möglichst viel Kontrolle über das Leben zu haben. Wir haben weiter gelernt, zu schweigen, auch wenn sich eine Situation nicht stimmig anfühlt, unsere unangenehmen Emotionen und Gefühle zu unterdrücken und zu verdrängen.

Wenn das Ego nicht bereit ist, sich dem Lebensfluss wirklich hinzugeben, dann wird es weiterhin versuchen, den Selbstwert über Handlungen oder Bestätigung im Außen zu stärken. Lehrpersonen, welche die Glücksschule umsetzen, brauchen viel Feingefühl, innere Klarheit und auch die Bereitschaft, voll für den Schulwandel einzustehen, aber dies ohne Kampf oder Gegenbewegung gegen das bisherige System. Das bisherige System ist nicht falsch oder schlecht, es ist einfach nicht mehr zeitgemäß, bildet aber eine ideale Plattform für die tiefgreifenden Weiterentwicklungsschritte der Glücksschule. Die Glücksschule berührt Menschen dann automatisch im Herzen, wenn sie offen sind dafür. Es geht in keiner Weise darum, jemanden überzeugen zu wollen oder zu müssen. Wenn dein Herz sich auf den Prozess der Glücksschule einlässt, dann ist das sicher kein Zeichen, dass du irgendwie bewusster, wacher oder spirituell weiterentwickelt bist als andere Menschen. Jede Form von Überheblichkeit oder scheinbarer Unterlegenheit stärkt immer nur das Ego, führt zu einer Trennung und bewirkt dadurch eine Wahrnehmung, die nicht wirklich offen auf die Impulse des Lebens eingehen kann. Wenn das Herz sich wieder öffnet und sich ein Mensch dadurch wirklich auf die Verbindung mit allen Menschen einlässt, dann ist immer auch sehr viel Mitgefühl da für jedes einzelne Lebewesen. Echtes Mitgefühl und die innere Verbindung mit der eigenen Verletzlichkeit, bewirken, dass es für einen Elternteil, eine Pädagogin oder einen Pädagogen absolut unmöglich wird, den Kindern und auch anderen Erwachsenen weiterhin von oben herab zu begegnen. Wenn der innere Wandel geschieht, dann werden wir auch zu komplett anderen Lehrpersonen, Eltern und Freunden. Wenn wir die Welt wieder mit liebenden, statt mit bewertenden Augen sehen können, dann passiert Glücksschule überall, wo wir hinkommen.

Um Glücksschule im Schul- und Erziehungsalltag leben zu können, braucht es vor allem die Bereitschaft, auf die Besonderheit des Egos zu verzichten und sein Herz wieder immer mehr zu öffnen allen Menschen und allem Leben gegenüber. Der wichtigste Aspekt wird dabei sein, dass wir bereit sind, uns wirklich all unseren Ängsten zu stellen, statt weiterhin gehorsam vor ihnen zu flüchten. Der innere Wandel zur Glücksschule verlangt auch einen klaren Blick auf die eigenen inneren Baustellen, Muster und Schutzprogramme. Wenn wir aus bestehenden einschränkenden Mustern, Ängsten und Sachzwängen ausbrechen wollen, kann es sehr hilfreich sein, regelmäßig Feedbacks zu holen von Lernenden, anderen Lehrpersonen, die auch im Wandel sind, oder auch von Freunden, der Partnerin oder dem Partner sowie von den eigenen Kindern. Feedbacks können uns sehr dabei helfen, blinde Flecken zu klären und die eigenen Egomuster immer mehr ins Licht des Bewusstseins zu holen, um sich ganz der Verbundenheit und dem Nichtwissen hinzugeben. In meiner jahrelangen Tätigkeit als Berufsschullehrer habe ich mir sehr regelmäßig (ca. alle 4 Monate) Feedbacks von meinen Lernenden eingeholt. Danach habe ich diese Feedbacks umfassend ausgewertet und der Klasse die konkreten Zahlen präsentiert. Daraufhin suchten wir für diejenigen Punkte, die aus der Sicht der Lernenden, oder auch aus meiner Sicht, noch nicht ideal liefen, Lösungen und neue Möglichkeiten. Danach habe ich auch wirklich Dinge verändert, um die Feedbacks ernst zu nehmen, und mit dem Ziel, dass es eben allen Lernenden noch besser ging in der Schule. Dieser Prozess, der vor allem bei nicht so positiven Feedbacks manchmal auch sehr unangenehme Gefühle in mir auslöste, diente enorm dazu, die Beziehung zu den Lernenden zu stärken und ein Vertrauensverhältnis aufzubauen. In meiner letzten Klasse gelang es mir dann endlich, den Unterricht so sehr in den Dienst der Lernenden zu stellen, dass wir dieses Ziel erreichen konnten. Interessanterweise war diese Klasse bei den Abschlussprüfungen die weitaus erfolgreichste aller Klassen. Solange an einer Schule die obigen Ziele noch nicht bei allen Lernenden erreicht sind, macht es Sinn, dass jede Lehrperson und Schule ihre Strukturen noch weiter den Bedürfnissen aller betroffenen Menschen anpasst und großzügig verändert. Wenn du an einer Schule arbeitest, könnte es spannend sein, einige Punkte regelmäßig zu erfragen, um zu erkennen, welche Entwicklungen in einer Schule oder Schulklasse stattfinden. Deshalb habe ich einige Fragebögen entwickelt, die du für dich und die Lernenden nutzen kannst. Diese Fragebogen sind als Download kostenlos auf unserer Webseite www.gluecksschule.ch erhältlich.

Ist das überhaupt möglich?

„Doch es geht um mehr als eine Reform hier und ein Projekt da. Wir brauchen einen grundlegenden Wandel der Lern- und Beziehungskultur. In jeder Familie, in jeder einzelnen Schule. Alle um die Zukunft unserer nachwachsenden Generation besorgten Bürger müssen sich gemeinsam auf den Weg machen."

Gerald Hüther

Vor über 15 Jahren, ich war damals noch ziemlich am Anfang meines Psychologiestudiums, begann mich das Thema „Lernen" immer mehr zu interessieren. Nebst den Vorlesungen zu diesem Thema begann ich, mir viele Fragen zu meinem eigenen Lernen, aber auch zum Lernen von Kindern zu stellen. Beim Forschen nach neuen Lernformen hatte ich das Glück, die Villa Monte, die wohl erste Glücksschule der Schweiz, an der alle Lernprozesse komplett selbst organisiert stattfinden, besuchen zu können. Ich war vor dem Besuch sehr gespannt darauf, wie diese Schule und das Lernen der Kinder aussehen würden. Auch gab es in mir viele Zweifel, ob so etwas überhaupt möglich wäre, ob die Kinder so wirklich etwas lernten, und vor allem, ob sich die Schüler nach Abschluss der obligatorischen Schulzeit im Berufsleben durchsetzen könnten.

Der Besuch an der Villa Monte war für mich dann aber ein absolut überwältigendes Erlebnis. Ich war total fasziniert vom Geist, der unter den Kindern und allgemein an dieser Schule herrschte. Die Kinder wirkten glücklich, lebensfroh, begeisterungsfähig und sehr lernfreudig. Eine für mich sehr schöne, aber utopische Idee jetzt wirklich in Praxis umgesetzt zu erleben, bewegte mich zutiefst. Es funktionierte wirklich ohne Zwang, Druck und Belohnung von außen! Zudem erfuhr ich, dass Schulabgänger von der Villa Monte alle den Einstieg ins Berufsleben sehr gut geschafft haben (über die Schulabgänger von der Villa Monte gibt es übrigens ein Buch mit statistischen Daten). Heute existiert die Villa Monte schon seit über 30 Jahren und es sind viele weitere selbstbestimmte Privatschulen dazugekommen. Inzwischen hatte ich Gelegenheit, mir noch unzählige andere Schulen anzusehen, die auf einem ähnlichen Ansatz wie die Glücksschule aufbauen. Sie alle belegen, dass dieser Ansatz absolut umsetzbar ist und sozial sowie emotional sehr kompetente junge Erwachsene hervorbringt, welche meist sehr genau wissen, was sie im Leben wirklich wollen. Deshalb und auch weil sie total offen und aufnahmefähig sind, werden sie beispielsweise von Lehrbetrieben oft sehr gerne eingestellt. Selbstbestimmte Schulen bereiten Kinder und Jugendliche sehr viel besser auf die aktuelle globalisierte Welt vor als Schulen, die auf dem Prinzip Macht aufbauen.

Gesellschaftliche Veränderungen ziehen sich durch die gesamte Geschichte der Menschheit. Immer wieder gab es dabei auch scheinbar unmögliche Schritte und Umwälzungen. Wenn die Zeit für solche Veränderungen reif ist, dann lassen sie sich nicht mehr aufhalten. In den letzten Jahren durfte ich erleben, dass immer mehr Menschen sich dem Prozess der Glücksschule öffnen und beginnen, in ihrem Umfeld wirklich wesentliche Dinge zu verändern. Aus meiner Sicht ist die Zeit für einen grundlegenden Wandel im Sinne der Glücksschule mehr als reif. Der Verein „Glücksschule" vereint Eltern, Lehrpersonen und Lernende, um gemeinsam all das zu verändern, was uns alle nicht wirklich glücklich und freudvoll lernen und leben lässt. Wenn du in deinem Herzen auch berührt bist von der Glücksschule, dann freuen wir uns, nebst deinen eigenen Schritten im Alltag, auch sehr über deine Mitgliedschaft oder Gönnerschaft im Verein, damit dieser immer mehr an Kraft und Bedeutung gewinnt.

Befreite Schule – Umsetzung der Glücksschule

„Nichts ist mächtiger als eine Idee,
deren Zeit gekommen ist."

Victor Hugo

Egal ob du als Lehrperson, Schulleiter, Elternteil, als Kritiker oder in irgendeiner anderen Form in der Schule wirkst, Glücksschule ist nicht eine abstrakte Vision für später oder für irgendwo, sondern sie ist immer ein ganz konkretes Bewusstsein, das sich an deiner Schule, an deinem Wohnort und für das Wohl der ganzen Gemeinschaft verwirklichen will. Wenn in einer Schule der Wandel hin zu einer Glücksschule geschieht, wenn sich die Grundhaltung, die Strukturen und die Beziehungen verändern, dann führt diese automatisch zu anderen Resultaten. Die Vision geht dorthin, dass möglichst alle Lernenden diese Ergebnisse erreichen können. Mögliche wesentliche Ergebnisse sind beispielsweise:

- Ausschließlich intrinsisch motiviertes und nachhaltiges Lernen
- Vertrauen in die eigenen Lernfähigkeiten
- Freude am Lernen und Leben
- Innere Verbindung zu echten Gefühlen und Bedürfnissen
- Selbstwirksamkeit und Selbstvertrauen

Ganz egal, welchen Teil der Verantwortung du in deiner Schule trägst, du kannst immer etwas bewirken, wenn du bereit bist, deiner inneren Wahrheit zu vertrauen und in deinem Lebensumfeld wirklich dafür einzustehen. Vielleicht können dir die folgenden Fragen helfen, dir bewusstzumachen, inwiefern deine Schule bereits eine Glücksschule ist:

Ist deine Schule jetzt ein Ort, den alle Kinder mit Freude und Begeisterung besuchen (nicht nur wegen den Pausen)?

Fühlt sich an deiner Schule jedes Kind sicher, geborgen und beschützt (auch in den Pausen)?

Ist deine Schule ein Ort, an dem die Kinder sehr viel Zeit und Raum für freies Spiel haben? Ist die zentrale Bedeutung des freien Spiels für das Lernen allen Beteiligten bewusst? Ist das Spiel mindestens gleichwertig mit allen anderen Lernformen? Ist das Lernen an deiner Schule nachhaltig sowie vernetzend und unterstützt es die Schüler im kritischen, kreativen und entwickelnden Denken und Handeln?

Wird an deiner Schule täglich das Bedürfnis nach Bewegung und Naturerfahrungen bei den Lernenden erfüllt? Kann jedes Kind sein unterschiedlich starkes Bedürfnis nach Bewegung ausleben und sich deshalb stets frei bewegen auch zwischen Drinnen und Draußen?

Ist deine Schule jetzt ein Ort, an dem alle Kinder unterstützt werden, ihre eigenen Träume, Visionen und Ziele zu erkennen und zu verwirklichen, ein Ort, der jeden Tag neu ist wie das Leben selber, mit offenen, spontanen und herzlichen Menschen voller Staunen und Forschergeist?

Ist sie ein Ort des Miteinanders statt des Gegeneinanders, ein Ort der unbegrenzten Möglichkeiten, ein Ort der Wertfreiheit statt der Bewertung und ein Ort der Ermutigung und des Vertrauens, statt des Drucks und der Kontrolle?

Ist deine Schule außerdem ein Ort, an dem das Glücklichsein, die Verbundenheit aller Menschen und die Freude am Lernen wirklich im Zentrum stehen?

Ist deine Schule jetzt auch ein Ort, an dem niemand etwas muss, an dem ganz neue, mühelose Formen des Lernens erforscht, entdeckt und realisiert werden?

Ist sie ein Ort der Gewaltfreiheit, der absoluten Gleichwertigkeit aller Wesen, egal ob Kinder oder Erwachsene, egal ob Schüler oder Lehrer?

Ein Ort, an dem einzig und allein der jetzige Moment zählt und nicht eine scheinbar wichtigere Zukunft? Ein Ort der Freiheit und der Liebe, ein Ort der Klarheit, der Bewegung und der Inspiration – ein Ort ganz für Kinder und für all ihre wunderbar lebendigen Bedürfnisse und Lebensausdrücke?

Können deine Lernenden ihre Lerninhalte, ihr Lerntempo und ihre Ziele wirklich selbstorganisiert festlegen, oder machst du noch Vorgaben, ein Lernprogramm oder Aufträge von außen, welche dann die Lernenden mehr oder weniger lustlos abarbeiten?

Welche Lernerfahrungen machen die Kinder an deiner Schule? Was lernen sie dort über das Lernen selbst?

Lernen sie, dass sie in deiner Schule wirklich etwas bewirken können und stets die Möglichkeit haben, an etwas zu arbeiten oder mit etwas zu spielen, was sie erfüllt?

Werden am Ende der Schulzeit erfüllte, verbundene, staunende, neugierige, begeisterungsfähige und glückliche Kinder aus deiner Schule entlassen?

Vertraust du und vertraut auch deine Schule darauf, dass jedes Kind lernen will, zu seiner Zeit alles wirklich Wichtige lernen wird und dass jedes Kind in sich ein einzigartiges Potential trägt?

Ermutigt und unterstützt deine Schule jedes Kind, dieses ihm innewohnende Potential und seine Talente voll zur Entfaltung zu bringen?

Bleiben die Lernenden deiner Schule frei von mentalen Begrenzungen und emotionalen Blockaden, frei von Selbstwertproblemen, Versagensängsten und Minderwertigkeitskomplexen voll im Vertrauen in die eigenen Fähigkeiten verankert?

Bist du bereit, an deiner Schule all das wegzulassen, was nicht der Freude am Lernen, am Leben und dem Vertrauen in die eigenen Fähigkeiten dient? Bist du bereit, die Glücksschule in dir und an deiner Schule jetzt zu leben?

Bist du bereit, alles zu verändern, damit möglichst alle Kinder das Lachen in ihren Augen und die Weite in ihren Herzen behalten können?

Falls es an deiner Schule noch weniger erfolgreiche Kinder gibt und du dich wirklich in sie einfühlst, wie geht es ihnen?

Mit welchen Gefühlen kommen sie jeden Tag zur Schule?

Was lernen sie dort über sich selbst zu glauben?

Reflexion zu diesen Fragen:

Was löst es in dir aus, all diese Fragen zu lesen und wirklich die Verantwortung für deine Schule zu übernehmen?

Welche Gefühle löst es in dir aus, wenn du spürst, dass deine Schule vielleicht noch nicht in allen Punkten wirklich eine Glücksschule für die Kinder und Erwachsenen ist?

Löst das vielleicht auch Schuldgefühle, Ängste, Widerstand, Wut oder auch Traurigkeit aus?

Erlaubst du dir, diese Gefühle zu erfahren oder versuchst du ihnen auszuweichen?

Bist du bereit, dich deinen eigenen Ängsten zu stellen, dir selber treu zu bleiben, statt die Kinder weiter einzugrenzen und zu beschäftigen?

Welche inneren Begrenzungen, erlernte Zweifel, Ängste oder Überzeugungen kannst du bei dir vielleicht noch beobachten?

Konkrete Schritte

Welche konkreten Schritte kannst du unternehmen, um in deiner Schule oder deinem Schulzimmer die Glücksschule jetzt umzusetzen? Hier ein paar Vorschläge:

- In Absprache mit den Kindern veränderst du die Strukturen in deiner Schule so lange und umfassend, bis wirklich alle Kinder gerne in die Schule kommen und in der Zeit dort sich mit Dingen beschäftigen können, die sie wirklich interessieren.
- Du lebst im Umgang mit den Kindern Respekt, liebevolle Beziehungen, Achtsamkeit und gewaltfreie Kommunikation vor.
- Du baust dein Schulhaus oder Schulzimmer um in einen offenen Lern- und Lebensraum mit vorbereiteter Umgebung.
- Du schaffst die Hausaufgaben ab (die lernpsychologisch sowieso absolut sinnlos sind).
- Du verzichtest ganz auf Noten und andere Bewertungs- und Selektionssysteme, suchst für den Übergang nach Möglichkeiten der Selbstbewertung oder erstellst beschreibende Kompetenzportfolios für die einzelnen Kinder.

- Du nutzt den Lehrplan als einen Möglichkeitsrahmen, den du den Schülern in kindgerechter Form offenlegst, um sich bei Interesse damit beschäftigen zu können.
- Du nutzt Weiterbildungsangebote für deinen inneren Bewusstseinsprozess (z. B. Angebote der Glücksschule, Umgang mit Angst, Vertrauen, Erziehung von Herzen, Familienstellen, Resonanzgesetz usw.).
- Du richtest deine Angebote in der Schule nach den Bedürfnissen der Kinder (Nachfrage), und es kann sich stetig ändern, wenn neue Bedürfnisse auftauchen.
- Du ermöglichst gleichberechtigtes Mitbestimmen von allen Beteiligten (egal ob Kinder oder Erwachsene).
- Du beziehst auch die Eltern in den Prozess mit ein, indem du an Elternabenden über deinen Wandel und deine Ideen informierst und die Eltern dazu einlädst, den Wandel mitzugehen.
- Wenn einzelne Kinder oder Eltern unbedingt weiter Noten oder Vorgaben von dir haben möchten, dann erforsche mit ihnen genau ihre Motive dafür und öffne den Raum für alle Ängste oder Bedenken, entscheide im Einzelfall, wie du vorgehen willst, damit das Kind möglichst glücklich sein kann.
- Du setzt dich, eventuell auch mit anderen interessierten Lehrpersonen und Eltern, dafür ein, an deiner Schule beispielsweise eine Projektklasse im Sinne der Glücksschule einführen zu können, für interessierte Lernende, die offen sind dafür und die sich im bisherigen System nicht wohlfühlen.
- Basierend auf deinem eigenen inneren Wandel unterstützt du die Kinder darin, im Kontakt zu bleiben mit ihren wahren Gefühlen und Bedürfnissen oder diesen Zugang wieder zu finden.
- Du unterstützt die Lernenden, ihre bereits erlernten Opferhaltungen bewusstzumachen sowie abzulegen und wieder die volle Verantwortung für ihr Leben und Lernen zu übernehmen.

Wie der Wandel passiert

„Wären Schüler gewerkschaftlich organisiert,
die Schulen würden dauerbestreikt."

Prof. Dr. Gerald Hüther

Eltern, Lehrer und Schüler, die sich im inneren Wandel befinden, schließen sich in Dörfern, Quartieren und Gemeinden zusammen und leiten gemeinsam den dringend nötigen Umbruch hin zu einer Schule des Glücks ein. Der Verein Glücksschule unterstützt und begleitet solche konkreten Projekte nach Möglichkeit. Es gibt jetzt in der Schweiz und bald auch im benachbarten Ausland diverse Regional- und Projektgruppen, die sich für die Verbreitung und Umsetzung der Glücksschule einsetzen. Aber auch als einzelne Lehrperson hast du natürlich die Möglichkeit, schon heute deinen Schulalltag so weit zu verändern, dass immer mehr Elemente der Glücksschule darin gelebt werden können. Dies ist der wohl wichtigste Punkt, dass du voll und ganz für deine Berufung als Lehrperson und voller Kraft für das einstehst, was die Kinder brauchen und was ihnen wirklich hilft, glücklicher zu leben und zu lernen.

Aus meiner Sicht ist es außerdem wünschenswert, dass Schüler rasch eine Schüler- oder Bildungsgewerkschaft bilden, idealerweise mit gleichgesinnten Lehrern und Eltern zusammen, um so die Kräfte für den Umbruch zur Glücksschule zu vereinen. Der wesentliche Schritt beim Umbruch ist sicher, dass Schüler und Lehrpersonen sich ab sofort dem Prinzip Macht in keiner Weise mehr unterwerfen oder dieses selber aktiv vertreten. Der dazugehörige innere Prozess zeigt sich unter anderem im neuen Umgang mit Angst, dem sich alle Menschen, die das Prinzip Macht in sich selber entkräften wollen, stellen.

Geeignete Methoden, um dem System Macht die Grundlagen zu entziehen, wären sicher auch möglichst großflächige Streiks. Diese Streiks könnten von ganzen Klassen, Schulen oder auch gebietsübergreifend stattfinden und eben idealerweise über die Gewerkschaft organisiert werden.

Gewaltfrei – ohne Ausnahme!

„Was man mit Gewalt gewinnt,
kann man nur mit Gewalt behalten."

Mahatma Gandhi

Ein ganz zentraler Aspekt beim Wandel zur Glücksschule ist die Gewaltfreiheit, denn man kann ein gewalttätiges System nie mit neuer Gewalt überwinden. Wichtig und wirklich zentral ist, dass alle Kräfte, die sich für einen tiefgreifenden Wandel im Schulwesen einsetzen, dies zusammen tun und am gleichen Strick ziehen.

Die Bewegung organisiert sich beispielsweise über den Verein Glücksschule und über die neuen Kommunikationsformen im Internet (wie Facebook, Twitter usw.).

Weil viele Schulabgänger nicht wirklich ideal auf die globalisierte und sehr schnelllebige Wirtschaftswelt vorbereitet sind, zeigen sich interessanterweise auch innerhalb der Wirtschaft starke Tendenzen, die in eine ähnliche Richtung gehen wie die Glücksschule, es kann gut sein, dass von dieser Seite auch ein wichtiger Beitrag für den Wandel kommt.

Es ist auch möglich, dass auf politischer Ebene eine Glücksschulbewegung entsteht, welche den Umbruch mit den Mitteln der Politik voranbringt, aber weil politische Prozesse oft sehr viel Zeit benötigen und am Schluss von einer kraftvollen Idee oft nur noch sehr abgeschwächte Kompromisslösungen übrig bleiben, scheint mir das nicht der geeignetste Weg für diesen Umbruch zu sein.

Neue Strukturen auf allen Ebenen!

„Meine Zukunftsvision besteht darin, dass die Leute nicht mehr Prüfungen ablegen und aufgrund deren Ergebnissen von der Sekundarschule zur Universität wechseln; sondern dass sie als Einzelne von einer Stufe der Unabhängigkeit zu einer höheren gelangen, durch ihre eigene Aktivität, ihre eigene Willensanstrengung, worin die innere Entwicklung des Einzelnen besteht."

Maria Montessori

Aber nicht nur die Grundschule ist vom großen Wandel erfasst. Auch alle anderen Bildungsinstitutionen beginnen komplett neue Strukturen zu erschaffen, weil die Schüler und Lehrer nicht mehr bereit sind, sich dem Prinzip Macht zu unterwerfen. So sind beispielsweise Vorlesungen an der Universität bisher nur für ein gewisses Publikum möglich gewesen, egal ob in Medizin, Kunst, Musik, den Naturwissenschaften, in der Psychologie oder auch in den Sprachen. Durch den enormen Wandel unseres Bewusstseins zum Einheitsbewusstsein dürfen sich jetzt aber nebst der Schule auch die Universitäten und alle Bildungseinrichtungen komplett öffnen. Sollte es aktuell noch gesetzliche Einschränkungen für einen derartigen Bildungswandel geben, dann dürfen auch diese Gesetze sich jetzt verändern, um ganz und gar den Kindern, dem Leben und dem Lernen zu dienen!

Schulen sollen zu offenen Lern- und Begegnungsorten für Menschen jeden Alters werden, vielleicht auch zu Informations- und Kurszentren, an denen versucht wird, für jede Nachfrage, jedes Bedürfnis und jedes Interesse selbstbestimmtes Lernen zu ermöglichen.

Auch auf der gymnasialen Stufe zeigt sich immer mehr, dass die Anhäufung riesiger Wissensberge noch längst nicht den Erwerb neuer Kompetenzen bewirkt. Sehr viel Wissen bleibt nur für die Zeit der Prüfung präsent und geht danach wieder verloren. Wäre es nicht auch auf dieser Stufe sinnvoller, die Abiturienten viel mehr an selbstgewählten

Projekten oder Themen arbeiten zu lassen, um diese Themen wirklich umfassend zu analysieren, kritisch zu reflektieren und mit anderen Themenbereichen zu vernetzen. Es sollten möglichst auch sinnvolle oder visionäre Projekte sein, die es den Lernenden ermöglichen, ihre Fähigkeiten und ihr Potential ideal zu entwickeln. Vor allem macht es sicher keinen Sinn, wenn im Verlauf des Abiturs Berge von Wissen auswendig gelernt werden, die danach doch zum größten Teil wieder vergessen werden. Auch auf der Abiturstufe macht es wirklich Sinn, nachhaltiges, sinnerfülltes und freudvolles Lernen ins Zentrum zu stellen. Den Gymnasiasten wird dann vermittelt, wie sie sich rasch und umfassend in neue Themenbereiche einarbeiten können und wie diese Themen in der Praxis (also im Firmen- und Forschungsalltag gelebt werden).

Die Gymnasien können sich also nach außen hin öffnen für die unterschiedlichsten Bereiche der Wirtschaft und Forschung und auch vermehrt Austauschprogramm mit Schulen in anderssprachigen Ländern organisieren, statt diese Sprachen hauptsächlich theoretisch zu vermitteln. Auch an einem Gymnasium sollte jeder einzelne Mensch seine Stärken und Interessen leben können. Unsere Gesellschaft kann es sich nicht leisten, in irgendeiner Schule Menschen zu entlassen, welche die Freude am Lernen verloren haben oder die von sich glauben, Versager zu sein.

Universitäten sollten ihre Türen öffnen für alle interessierten Besucher jeden Alters. Egal ob Kinder, Erwachsene, Senioren, Menschen mit oder ohne höheren Schulabschluss – alle sollen Zugang bekommen zu den Informationen und Themen, die sie wirklich interessieren. Menschen bekommen nicht mehr Noten und Bewertungen, sondern stellen höchstens noch ein Erfahrungsportfolio zusammen.

Auch auf der Ebene der Berufsausbildungen stehen große strukturelle Veränderungen an. Ein spannendes Projekt in diese Richtung ist sicher die selbstbestimmte, individualisierte Berufslehre. Ein Projekt, das genau diese Absicht verfolgt, ist bereits erfolgreich angelaufen (siehe www.time4.ch).

Auch alle anderen Bereiche der Gesellschaft sind vom aktuellen Wandel ergriffen. Neue Modelle im Sinne der Glücksschule entstehen in Firmen, im Spitzensport, in der Kultur, in Religionen, im Gesundheitswesen, in Institutionen, Heimen, Zentren und vielen anderen Bereichen. Die gesamte Gesellschaft ist vom aktuellen Bewusstseinswandel berührt und die alten Machtstrukturen lösen sich immer mehr auf, so dass daraus eine nachhaltige, achtsame, beziehungsorientierte und erfüllende Kultur entstehen kann.

„Eigensinn, Kreativität, Querdenkertum und soziale Kompetenz sind die Fähigkeiten, die heute von weitaus größerer Bedeutung sind als im vorigen Jahrhundert. Doch all das kann man nicht auswendig lernen oder durch Leistungskontrollen messen."

Gerald Hüther

6. ANSATZ:
Neue Realitäten ermöglichen

Das Streben nach Freiheit

„Tatsächlich sind Freiheit und Fähigkeit zum Ungehorsam nicht voneinander zu trennen. Daher kann auch kein gesellschaftliches, politisches oder religiöses System, das Freiheit proklamiert und Ungehorsam verteufelt, die Wahrheit sprechen."

Erich Fromm

Historisch gesehen war Freiheit wohl die wesentliche Motivation hinter der gesamten Aufklärungsbewegung. In der darauf folgenden Französischen Revolution lauteten die Ziele: Freiheit, Gleichheit und Brüderlichkeit. Und auch spätere große gesellschaftliche Bewegungen, wie beispielsweise die Hippiebewegung, hatten immer wieder das Ziel, dem Menschen mehr Freiheit zu ermöglichen.

Als gesamte Gesellschaft stehen wir aus meiner Sicht jetzt an einem ganz entscheidenden Scheidepunkt in Bezug auf Freiheit. Während die meisten bisherigen großen gesellschaftlichen Bewegungen Freiheit einzig im Verändern der äußeren Strukturen gesucht haben, geht es bei der Glücksschulbewegung im ersten Schritt um innere Freiheit. Befreite Realitäten im Außen sind nur dann wirklich möglich, wenn wir, wie schon gezeigt wurde, einen komplett neuen Umgang mit unseren Ängsten finden und so das Prinzip Macht in uns entmachten. Unsere inneren Begrenzungen basieren auf bewussten und unbewussten Ängsten, denen wir bisher nicht wirklich begegnet sind und in die Augen geschaut haben.

Aber ein neues Bewusstsein breitet sich unter den Menschen unserer Zeit aus und ein grundlegender Umbruch passiert immer größeren Teilen unserer Gesellschaft. In den Menschen geschieht eine Revolution des Herzens. Immer mehr Menschen werden sich bewusst, dass sie bisher oft eher funktioniert statt gelebt haben, dass sie zu oft ihr Glück im Außen gesucht haben, gewartet, gehofft und Erwartungen erfüllt haben. Dieser Umbruch kommt von innen, er basiert auf Selbstliebe, innerer Freiheit, Mut und Selbsttreue. Diese Menschen wollen endlich aus ihrer wahren inneren Kraft heraus leben, sie streben danach, ihre Berufung zu erkennen und zu verwirklichen, sie wollen sich innerlich befreien sowie die kindliche Unbeschwertheit und Lebensfreue wieder in sich entdecken. Bisherige Revolutionen haben im Grundsatz nur eine Verschiebung der bestehenden Machtstrukturen bewirkt, aber das Prinzip der Macht selber nie wirklich überwinden können. Es war stets nur der alte Wein in neuen Schläuchen. Aktuell aber breitet sich ein innerer Wandel aus, welcher dem Prinzip Macht die Grundlagen vollkommen entzieht.

Die Menschen unserer Zeit sind vielleicht erstmals in der Geschichte der Menschheit offen und bewusst genug, um den Blick so radikal nach innen zu richten, dass wirkliche, innere Freiheit möglich wird. Der Befreiungsprozess verläuft in Stufen und es geht jetzt um die letzten entscheidenden Schritte. Dies zeigt sich auch darin, dass die heutigen Kinder sich immer weniger vom Prinzip Macht einschüchtern lassen. Sie lassen sich kaum mehr in das Korsett der Kontrolle, Bewertung, Manipulation und Angst zwängen und sind viel kritischer sowie weniger gehorsam, als es in der letzten Generation noch der Fall war.

Es ist auch keineswegs ein Zufall, dass dieser innere Befreiungsprozess Hand in Hand mit der Befreiung der Kinder geht. Indem wir unsere inneren Kinder liebevoll umarmen und befreien, können wir auch den Kindern im Außen wirklich mit Respekt und auf Augenhöhe begegnen. Im Laufe der Menschheitsgeschichte hat das Prinzip Macht in den letzten Jahrhunderten stetig an Bedeutung verloren. Immer mehr Bevölkerungsgruppen und Schichten haben sich ihr Recht zurückerobert. Beispielsweise die Untertanen der Könige, die Sklaven, die Afroamerikaner, die Indianer, die Juden, die Arbeiter (Proletarier) und im letzten Jahrhundert endlich auch die Frauen. Die Kinder sind in unserer Kultur wohl die letzte Gruppe, die noch immer fremdbestimmt und weitgehend rechtlos den mächtigen Erwachsenen ausgeliefert ist. Wenn jetzt auch die Kinder wirklich respektiert werden und ihr Recht auf ein selbstbestimmtes Leben ohne Unterdrückung, Zwang, Druck und Gewalt endlich überall umgesetzt wird, dann ist das eine logische Folge dieses gesellschaftlichen Prozesses, hin zur Freiheit. Vielen Menschen erschien es zur damaligen Zeit absurd, dass Afroamerikaner oder Frauen genau die gleichen Rechte haben sollten wie die anderen Menschen. Genauso erscheint es heute noch vielen Menschen unvorstellbar, wenn es darum geht, dass auch Kinder ein Recht auf ein wirklich selbstbestimmtes Leben, im Sinne der Glücksschule, haben sollen. Mit der Befreiung der Kinder kann sich eine Tür für neue befreite Realitäten, jenseits von Macht und Ohnmacht, in uns und auch im Außen öffnen.

Der aktuelle Wandel in unserem Bewusstsein kommt wohl auch daher, dass wir Menschen der westlichen Welt am eigenen Leib erfahren haben, dass wir noch so viele Dinge haben, besitzen und wissen können, deshalb aber überhaupt keine Glücksgarantie besteht. Insofern sind wir desillusioniert genug, um (ins) JETZT aufzuwachen.

Immer mehr Wahlmöglichkeiten

Der aktuelle Bewusstwerdungsprozess führt zu innerer Freiheit, der einzig wahren Freiheit, die es gibt! Aber wenn die Illusion des getrennten Ich wegfällt, dann gibt es zwar nur noch Freiheit, aber niemanden mehr, der sie erfährt. Solange wir nach Kontrolle, Sicherheit und Bestätigung suchen, sind wir in den Sachzwängen dieses einen Möglichkeitsfeldes, was wir als Realität bezeichnen, gefangen. Sind wir hingegen bereit, unsere ganze Identität komplett dem Fluss des Lebens hinzugeben, dann kehren das ursprüngliche Vertrauen, die Intuition und Klarheit ganz von selbst in unser Sein zurück – und es öffnen sich unzählige neue Wunderwelten!

Sei bereit, auf jedes Lob, jede Bestätigung, jede Belohnung von außen, aber auch auf jeden Schutz und jede Trennung in dir zu verzichten. Sei bereit, für die Freiheit zu sterben – JETZT.

Dann öffnet sich das Feld der Wunder, das hinter allen Begrenzungen des identifizierten Denkens stets geduldig auf deine Rückkehr gewartet hat.

Dir kann gar nichts geschehen, außer dass unangenehme oder auch ungewohnte Emotionen und Gefühle auftauchen. Aber nie kann etwas Wirkliches bedroht sein.

Denn natürlich bist du auch dann ein untrennbarer Teil der Einheit, wenn du dir dessen nicht bewusst bist!

Jede Form von Trennung ist nur ein Abbild der Gedanken. Ursprünglich ist immer alles möglich. Dieses ursprüngliche Feld der unendlichen Möglichkeiten wird nur durch unsere Vorstellung, etwas zu wissen, beschränkt.

Wenn die Bereitschaft da ist, in die Unsicherheit des Nichtwissens hineinzusterben, dann öffnet sich für unser Dasein wieder die Türe zum ursprünglichen grenzenlosen Spielplatz der Möglichkeiten und die ursprüngliche Leichtigkeit des Seins beschwingt unsere kampfesmüden Herzen.

Freiheit

Freiheit heißt, bereit zu sein, alles zu fühlen. Wenn jedes Gefühl, auch das unangenehmste, da sein darf, erst dann sind wir nicht mehr manipulierbar und das Prinzip Macht ist in uns entmachtet.

Freiheit heißt, keine Ahnung mehr zu haben, wer recht hat.

Freiheit heißt, nicht im Geringsten zu wissen, wer oder was wir sind.

Freiheit heißt, jederzeit bereit zu sein, alles Erarbeitete zurückzulassen, um dem Ruf des Herzens in unbekannte, unsichere und unkontrollierbare Welten zu folgen.

Freiheit heißt, dass wir uns trotz all unserer Ängste nicht mehr gehorsam dem Prinzip Macht unterwerfen.

Freiheit heißt zu erkennen, dass wir viel mehr sind als nur ein gelerntes Gedankenkonzept.

Freiheit heißt, sich dem Leben vollkommen zu öffnen und sich vollkommen verletzlich dem jetzigen Moment anzuvertrauen.

Freiheit heißt aber auch, voll für seine innerste Wahrheit einzustehen.

Freiheit heißt zu erkennen, dass es nur Einheit gibt und dass wir das wirklich, wirklich sind!

Unaussprechlich, grenzenlos und jenseits allen Wissens.

Visionenwerkstatt

Die Welt verändert sich, wenn du sie mit neuen, liebevollen und bedingungslosen Augen anschaust. Jetzt!

Wie viel deiner Zeit und Energie nutzt du, um über deine üblichen Dramen und Probleme nachzudenken und darüber zu reden?

Wie wäre es, wenn du darauf vertrauen würdest, dass sich alle deine anspruchsvollen Themen genau richtig entwickeln, wenn du dich einfach voller Akzeptanz dem öffnest, was jetzt in dir lebendig ist?

Wann hast du dir das letzte Mal wirklich erlaubt, an Wunder zu glauben?

Wie viele Wunder geschehen in jedem Moment, ohne dass du sie bemerkst, weil sie vom Wahrnehmungsfilter weggefiltert werden?

Wie zeigt sich eine Welt, in der sich Menschen mit wirklichem gegenseitigem Respekt und voller Achtsamkeit begegnen?

Wie sieht eine Welt der Einheit aus?

Welche Realitäten entstehen, wenn Kinder ihr Lernen und ihre Schulzeit in einem liebevollen, anregenden Umfeld und vollkommen selbstbestimmt gestalten können?

Wie kannst du all deine Tätigkeiten so gestalten, dass sie dir möglichst viel Spaß machen?

Wie viel Zeit ist wirklich nötig für deine Arbeit und was dient nur der Flucht vor unangenehmen Emotionen?

Erlaubst du dir ein Umfeld, in dem sich alle gegenseitig unterstützen, ihre Herzensprojekte zu verwirklichen?

Wie würde ein Wirtschaftssystem aussehen, bei dem das Glück der Einzelnen im Zentrum steht?

Wie kannst du dein Leben so gestalten, dass die Gefühle, Emotionen und Bedürfnisse aller Menschen genügend Raum einnehmen können und dass wir uns alle als mitfühlende Menschen gegenseitig unterstützen können?

Wie sieht Heilung aus, wenn du dir wirklich dessen bewusst bist, dass unser gesamter Körper nur aus Energie und Information besteht?

Was geschieht, wenn du bereit bist, allen Ängsten in die Augen zu schauen und dich mit ihnen voll und ganz dem Fluss des Lebens und den Impulsen des Herzens hinzugeben?

Wie geschieht Lernen, wenn das gesamte Universum nur aus Informationsfeldern besteht, mit denen wir alle untrennbar verbunden sind?

Vom Wissen zum Bewusstsein

„Das ist wahre Meditation. Ganz von vorne anfangen, ohne etwas zu wissen. Wenn Sie mit Ihrem Wissen beginnen, enden Sie beim Zweifel."

Krishnamurti

Der aktuelle innere Wandel ist aus meiner Sicht auch eine Verschiebung von einer Wissens- hin zu einer Bewusstseinsgesellschaft. Oft, wenn eine gesellschaftliche Erscheinung ihrem Ende entgegenstrebt, nimmt diese Erscheinung groteske Formen an. Sie überzeichnet sich selber, sie wird maßlos und steigert sich immer mehr, bis sie wie ein großer Luftballon zerplatzt, um etwas Neuem Platz zu machen. Die Wissensgesellschaft steht meiner Ansicht nach kurz vor dem Platzen. Noch nie zuvor hatten so viele Menschen Zugriff auf so viel Wissen.

„Wissen ist Macht!" Diese Aussage hören wir oft und fühlen uns dann darin bestärkt, uns noch mehr identifiziertes Wissen anzueignen. Wir leben in einer Schulungs- und Weiterbildungskultur, in der das Streben nach neuem Wissen und möglichst anerkannten Abschlüssen und Diplomen im Zentrum steht. Wie wir im Kapitel über das sichere Wissen schon gesehen haben, suchen wir nach Erfolg und Macht und letztlich auch Glück durch immer mehr Wissen.

Auch an den öffentlichen Schulen wird der Lehrplan immer gedrängter und voller, um unsere Kinder möglichst gut ausgerüstet in den Konkurrenzkampf der Wissenden und Mächtigen zu entlassen.

Aber obwohl sich bei der Wichtigkeit des Wissens scheinbar alle Menschen einig sind, sei doch die Frage erlaubt, ob Wissen wirklich hält, was es verspricht, oder ob wir gar etwas anderes viel dringender benötigen würden als immer mehr Wissen? Hat uns das Wissen wirklich weitergeholfen?

Neue Theorien, neues Wissen sind wie Möbelstücke, die wir in eine überfüllte, schlecht geputzte und aufgeräumte Wohnung stellen, um es wieder wohnlicher und behaglicher zu haben. Wir suchen nach Sicherheit in den Dingen und im Wissen. Wir klammern uns an Konzepte, Theorien, Meinungen und Vorstellungen und erschaffen so eine Welt, in der wir uns immer abgetrennter und einsamer fühlen auf der Suche nach Macht und Kontrolle.

Denn die Wissensgesellschaft ist auch eine Machtgesellschaft. Und mit dem Wandel hin zur Bewusstseinsgesellschaft wird auch das Prinzip Macht sich in Luft auflösen.

Uns fehlt es sicher nicht an Wissen – wenn schon, dann basiert unser Leiden auf einem Mangel an Bewusstsein. Wir haben den Zugang zum Bewusstsein von der Einheit und der Verbundenheit weitgehend verloren und suchen in der Welt der Trennung, die unser Wissen erschafft, fieberhaft nach Liebe, Sicherheit und Erfüllung.

Ohne Wissen ist alles eins

„Alle Dinge sind miteinander verbunden."

Rede des Indianerhäuptlings Seattle

Am Anfang war das ungehinderte Fließenlassen des Lebensstroms. Es geschehen Fühlen, Sehen, Berühren, Saugen, Hören, Riechen, Schmecken, Gehen usw. Alles ist einfach da, was da ist. Ohne Widerstand, ohne Anklammern, ohne eine Bewegung weg davon oder eine Bewegung hin.

Alles Benennen, alle Bewertungen, Kategorisierungen und Interpretationen, welche die Basis für unsere Bewegungen bilden, sind hinzugefügt und erschaffen in ihrer Gesamtheit die für unsere Kultur so typische Dimension des indirekten (hinzugefügten) Erlebens.

Wissen soll dem Fließenlassen dienen und nicht umgekehrt der Fluss dem Wissen geopfert werden. Sobald dies geschieht, sind wir Gefangene im goldenen Käfig des Wissens. Wenn wir versuchen, damit das Leben zu kontrollieren, sind wir gefangen, mögen die Gitterstäbe des Wissens noch so golden sein. Fließen und Verbundenheit (Liebe) ist unser Urzustand. Das Ich ist nur eine Ansammlung von scheinbar trennenden Geschichten, hinzugefügt zur ursprünglichen Erfahrung der Einheit.

Dinge geschehen ganz von alleine. Ohne Wissen gibt es niemanden, der etwas tut, und niemanden, der etwas erlebt. Es gibt Handlungen und Erlebnisse ohne ein Ich, das daran beteiligt ist. Das Ich wurde dazugelernt, anerzogen und als Idee übernommen. Ohne Wissen gibt es kein Ich. Das Ich ist, wie wir schon gesehen haben, die Summe aller Widerstände gegen den Fluss des Lebens.

Die Geschichte im Kopf, der Fluss der Gedanken kommentiert alles Geschehen so, dass es von diesem Ich erlebt wird und dass dieses Ich Dinge tut.

Die Geschichte im Kopf macht aus dem einfachen Sosein des Augenblicks mein Leben und die Dinge, die geschehen, passieren dann mir!

Erst durch das Wissen entstanden die ersten Widerstände und das Ich ist die Summe all dieser Widerstände.

Bewusstsein

„Wenn du still einen Baum oder Menschen anschaust, wer schaut da? Etwas Tieferes als du in Person. Das Bewusstsein selbst betrachtet seine Schöpfung."

Eckhart Tolle

Das Licht des Bewusstseins lässt uns erkennen, dass genau diese Suche nach Sicherheit, dieses Anklammern an Formen, der Grund für unser Gefangensein ist.

Bewusstsein bewirkt eine Veränderung der Wahrnehmung und Resonanz. Indem wir uns für einen neuen Glauben öffnen oder indem ein alter einschränkender Glaube wegfällt, verändert sich die Wahrnehmungsbrille und damit die Welt.

Das Gelernte bildet also eine Art Möglichkeitsrahmen unseres Lebens.

Das heißt, die Veränderung unserer „Welt“ passiert, wie schon erwähnt, erst als zweiter Schritt über Aktivitäten im Außen. An erster und zentraler Stelle steht die Veränderung unseres Bewusstseins und damit unserer Wahrnehmung. Wir alle tragen mehr oder weniger belastende Wahrnehmungsbrillen, die uns oft enorm einschränken. Der Baustoff dieser Brillen ist Wissen.

Bewusstsein heißt, fähig zu sein, an unserer erlernten Wahrnehmungsbrille vorbei- oder darüber hinausschauen zu können. Zu erkennen, dass all diese Dramen und Ängste um das Ego nur erlernt sind und deshalb nur eine virtuelle Realität besitzen.

Wir versuchen diese Realität durch Anstrengungen und Handlungen zu verändern, dabei ist unsere Realität stets nur ein Spiegel unseres Bewusstseins. Jeder Kampf gegen die bestehende Realität verstärkt dieselbe nur, weil wir immer nur gegen uns selber kämpfen können und uns so selbst die Energie nehmen.

Realität verändert sich, wenn das Bewusstsein sich verändert – aber dafür gibt es niemanden, der etwas tun kann! Wenn den Dingen freier Lauf gelassen wird, dann verändern sie sich ganz von selbst. Im Bewusstsein der Einheit gibt es keine Notwendigkeit mehr, nach sicherem Wissen zu streben, im Bewusstsein der Einheit ist jedes Wissen immer nur Spielwissen, weil auch das ganze scheinbar persönliche Leben nur als Teil eines virtuellen Spiels erkannt wird. In einem späteren Kapitel wird noch einmal genauer auf das Spielwissen eingegangen werden.

Die Brille des Wissens

„Die meisten Menschen verbringen ihr ganzes Leben als Gefangene innerhalb der Grenzen ihres eigenen Denkens. Sie gehen nie über das enge, erdachte, personalisierte Ichgefühl hinaus, das durch die Vergangenheit konditioniert ist. In dir ist jedoch, wie in jedem Menschen, eine Bewusstseinsdimension, die viel tiefer reicht als das Denken. Das ist die eigentliche Essenz dessen, der du bist."

Eckhart Tolle

Die Brille bewirkt, dass wir die Welt immer wieder gleich eingeschränkt erfahren. Aber wie sollten wir uns von der Brille lösen, wenn diese unbewusst auch unsere scheinbare Identität darstellt (die nach Sicherheit strebt)?

Wenn eine Kultur gelernt hat, eine Realität wahrzunehmen, die abgetrennt, gefangen und angstgetrieben ist, dann ist jede Weitergabe ihres Wissens ein Akt der Gewalt, Ignoranz und Einschränkung.

Der Blinde erkennt erst, dass er blind ist, wenn er weiß, dass es das Sehen gibt.

Der Träumer erkennt erst dann, wenn er aus dem Traum erwacht, dass er geträumt hat.

Der Gefangene erkennt erst dann, dass er gefangen war, wenn er von der Möglichkeit der Freiheit erfährt.

Wer Tag und Nacht eine dunkle Brille trägt, vergisst, wie hell das Licht sein kann.

Solange derjenige mit der dunkeln Brille noch vom Licht träumen kann, wird er kaum genug Leidensdruck haben, um die Brille abzulegen.

Wenn jemand eine graue Brille trägt, dann ist die ganze Wahrnehmung grau. Aber erst nach dem Ausziehen dieser Brille wird das auch erkannt.

Immer mehr Menschen in unserer Kultur lösen sich von der Illusion eines abgetrennten Ichs. Sie können die Brille des Ichs nicht mehr weiter tragen, ohne darüber hinauszublicken. Die Illusion einer scheinbar besseren Zukunft wird durchschaut.

Sie erkennen, dass sie einen wesentlichen Teil ihres Lebens in einem Warteraum in der Hoffnung auf eine bessere Zukunft für das Ich verbracht haben.

Sie erkennen, dass das Ich, das sich selber verwirklichen möchte, der einzige Grund ist, wieso ein Selbstverwirklichungswunsch auftaucht. Ein Kleinkind will sich nicht selber verwirklichen, sondern es ist einfach!

Je mehr Identifikation, desto gefangener und unbewusster ist ein Mensch. Mehr Wissen hilft da überhaupt nicht weiter. Nur durch mehr Bewusstsein – darüber, was hinzugefügt ist zu dem, was ich wirklich bin – löst sich Identifikation und das Zurückfließen in den ursprünglichen grundlosen Zustand des Spielens geschieht.

Je stärker die Identifikation mit der Ich-Geschichte, das heißt, je größer die Angst vor unangenehmen Emotionen und Gefühlen, desto weniger wird das Leben als Spiel gesehen und desto mehr als Ernst.

Kontrolle ist stets eine Folge von Angst davor, etwas zu verlieren, zu dem eine Identifikation besteht. Jeder Standpunkt und jeder Besitz, die das Ich-Gefühl stärken sollen, sind eine Begrenzung.

Hinter jeder Identifikation ist unendlicher, grenzenloser (ursprünglicher) Raum. Begrenzung kommt erst über Identifikation. Alles Verlangen und alle Widerstände sind eine Folge von Identifikation. Wir versuchen, über Wissen Kontrolle über die Lebendigkeit des Lebens zu bekommen und so glücklich zu werden. Das ist, als würden wir eine Rolle in einem Theaterstück spielen und versuchen, dieser Rolle mehr Glücksgefühle zu geben, indem wir die Rolle noch besser spielen. Jede Identifikation mit etwas bewirkt in der Dualität automatisch auch gerade seine Gegenkraft (Spuren hinterlassen).

Erwachen ist der Wegfall des Personifizierens in der Wahrnehmung, also eine grundlegende Veränderung der Wahrnehmung.

Wahrnehmung basiert auf Wissen

„Das Unbegrenzte muss das Begrenzte einschließen.
Wir müssen sagen, dass das Begrenzte im Rahmen eines
schöpferischen Prozesses aus dem Unbegrenzten hervorgeht."

David Bohm

Wie wir schon gesehen haben, basiert Wahrnehmung stets auf Wissen. Weil Wissen immer begrenzt ist, ist auch unsere Wahrnehmung begrenzt. Deshalb ist das ursprüngliche Erfahren des Lebens vor allem Wissen nicht wahrnehmungsbasiert. Zuerst ist alles einfach. Erst durch das aus Lernerfahrungen erworbene Wissen beginnen wir Dinge wahrzunehmen und erschaffen so eine Realität.

Liebe ist reines Staunen und braucht keine Wahrnehmung, denn Wahrnehmung ist nur Erinnerung. Reines Begegnen, Einssein braucht kein erlerntes Kopfwissen, keine Bewertungen. Es ist vielmehr ein Erkennen – in jedem Moment komplett neu, ein Erforschen dessen, was sich in diesem Moment zeigt. Es gibt das reine Sehen sowie das erlernte Wahrnehmen. Wenn der Verstand ganz still wird, weil er sich dem einen Sein hingibt, dann tritt automatisch wieder das reine Sehen an die Stelle von Wahrnehmen. Je mehr Zugang zum reinen Sehen ein Mensch hat, desto klarer und offener wird sein Sehen und Erleben. Erst das Erkennen, das nicht mehr durch Vorwissen getrübt wird, ist wahres Erkennen. Wenn es einen Ausdruck für Hingabe und Demut gibt, dann ist das die Haltung des Nichtwissens.

Das Geschenk

*„Wie erringen wir wahres Gewahrsein?
Indem wir dem Wissen entsagen."*

Rumi

Wir Erwachsenen können unseren Kindern vielleicht kein größeres Geschenk machen, als wenn wir uns wieder ganz dem unbegrenzten Raum des absoluten Nichtwissens hingeben, indem wir vom hohen und trennenden Ross des (identifizierten) Wissens heruntersteigen und unser Herz und unsere Arme wieder öffnen für das Staunen und die wirkliche Begegnung im totalen Gegenwärtigsein (die Energie aus der Vergangenheit und Zukunft abziehen).

Das Mysterium

*„Man kann annehmen, dass die letzte Quelle unermesslich ist
und sich nicht von unserem Wissen her fassen lässt."*

David Bohm

Aber auch das Wissen in diesem Buch ist natürlich begrenzt und auch im besten Fall nicht mehr als nur ein Hinweis auf das große Mysterium des Seins.

Es gibt unzählige Fragen, welche die Möglichkeiten unseres Verstands übersteigen. Die letzten Dinge, die Wirklichkeit hinter all unseren subjektiven Wahrheiten, lassen sich nicht mit Theorien oder Konzepten ausdrücken. Sie ist einfach.

So gibt es weiterhin unzählige ungeklärte Fragen zum Weiterforschen. Und das ist gut so, damit das Spiel weitergehen kann. Einige davon sollen hier ausgesprochen werden:

Was macht unseren Körper lebendig?

Was ist Lebendigkeit?

Wenn so viele Menschen glauben, dass Erfolg zu Glück führt, wieso ist das dann nicht so?

Gibt es so etwas wie Naturgesetze, die hinter allem Resonanzgeschehen wirken?

Wenn ja, woher kommen sie, und können sie sich verändern, wenn wir die Natur mit neuen Augen (in neuem Glauben) anschauen?

Wenn so viele Menschen glaubten, die Welt sei flach, wieso ist sie dann doch rund? Oder war sie vorher flach und ist erst durch die neuen Gedanken rund geworden?

Bist du in der Welt oder ist die Welt in dir?

Wenn wir die Welt stets durch unsere Wahrnehmungsbrille sehen, wieso sehen wir dann doch zwischendurch Neues und wieso werden Wissenschaftler, obwohl sie eine bestimmte Erwartung an das Ergebnis einer Studie haben, doch zwischendurch auch von einem völlig unerwarteten Resultat überrascht (Bsp. Doppelspaltexperiment)?

Wieso gibt es kein sicheres Wissen und keine Kontrolle im Leben, obwohl wir so sehr darauf gehofft und daran geglaubt haben?

Sind die ursprünglichen kindlichen Fähigkeiten nicht der Dualität unterworfen, weil sie eine Folge der Einheitserfahrung und des Einheitsbewusstseins sind?

Gibt es so etwas wie duale und nonduale Gesetze, denen die Menschen und die Welt unterworfen sind, und wenn ja, wer hat diese erschaffen?

Wissen in der Einheitsrealität: Intuition und Gewissheit

„Spiel lädt uns ein, zu verlernen,
was wir wissen, und Anfänger zu sein."

O. Fred Donaldson

Es gibt ein Wissen, das unabhängig von allem Lernen ist, ein Wissen, das nicht auf Erfahrungen, erlernten Konzepten, Rollen und Gewohnheiten aufbaut; manchmal nennt man es auch Intuition oder Eingebung. Neuroinformatiker gehen davon aus, dass unser Verstand ca. 40 Informationen pro Sekunde verarbeiten kann, unser Unterbewusstsein dagegen ungefähr 400 Milliarden. So gesehen ist der Verarbeitungsprozess der Intuition in unserem Gehirn 10 Milliarden Mal schneller, als wir bewusst wahrnehmen können. Noch bevor wir anfangen, über einen Sachverhalt nachzudenken, hat unser Unterbewusstsein, die Gewissheit in uns, längst eine Antwort. Oft aber haben wir den Zugang zu diesen intuitiven Informationen weitgehend verloren. Kleine Kinder hingegen haben noch einen ganz natürlichen, ursprünglichen Zugang zu ihrer Intuition. Leider ist es meistens so, dass die Schule und Erziehung ihnen diesen Zugang im Laufe der Zeit „abtrainieren", anstatt ihn zu fördern und weiterzuentwickeln. Er wird vom Lärm der unzähligen Gedanken übertönt. Bezüglich der Qualität von intuitiven Entscheidungen hat die neueste Forschung nachgewiesen, dass intuitive Entscheidungsfindung in komplexen Situationen einem rein rationalen Vorgehen hinsichtlich Tempo und Treffsicherheit deutlich überlegen ist.

„Der Verstand spielt auf dem Weg der Entdeckung nur eine
untergeordnete Rolle. Es findet ein Sprung im Bewusstsein statt,
nennen Sie es Intuition oder was Sie wollen, und die Lösung kommt
zu Ihnen und Sie wissen nicht, wie und warum."

Albert Einstein

Intuition ist ein Wissen des Herzens, es ist das, was ich hier den Impuls des Herzens nennen möchte. Dieses Wissen des Herzens kommt aus dem jetzigen Moment und gilt stets nur für das Jetzt. Weil Leben Veränderung ist, gibt es nichts, was wir überdauernd wissen könnten. Es ist ein Wissen, mit dem gespielt werden kann, ein Wissen, welches das Leben zu einem Spiel werden lässt, weil es nichts bewertet, einschränkt oder überdauernd festlegt. Das Wissen des Herzens zeigt sich in einem Gefühl von Stimmigkeit oder Unstimmigkeit, darin, dass gewisse Bilder „funktionieren" oder nicht funktionieren. Aber auch darin, dass Lösungen oder Erkenntnisse einfach so aus dem Nichts auftauchen, ohne Überlegen und Nachdenken. Es ist eine Gewissheit. Wenn dem Wissen des Herzens gefolgt wird, dann kann das zwar sehr viele Ängste auslösen (alle Ängste sind erlernt und gehören zum identifizierten Wissen), aber auch eine tiefe Freude, Erfüllung und Verbundenheit, weil dem Ruf des Herzens und nicht mehr der erlernten Stimme der Angst im Kopf gefolgt wird.

Es gibt aus meiner Sicht drei verschiedene Zustände der Gewissheit, die wir jetzt anhand eines Beispiels betrachten wollen. Beim Beispiel geht es darum, eine neue Wohnung zu finden.

Es kann sein, dass es im Herzen einen klaren Handlungsimpuls gibt, der besagt, eine Wohnung zu nehmen oder nicht zu nehmen. Das zeigt sich auch darin, ob es mühelos möglich ist, sich vorzustellen, wie man in dieser Wohnung lebt und glücklich ist. Wenn das mühelos möglich ist, dann würde ein Kind diesem Impuls sicher folgen, was ein Zeichen dafür sein könnte, dass dies die ursprünglichste Variante im Umgang mit Entscheidungen ist.

Kann es sein, dass es für den Moment gar keinen Impuls gibt, irgendetwas zu tun (weder ein Ja noch ein Nein)? Dann kann einfach diesem Impuls gefolgt werden, nichts zu tun.

Ist es auch möglich, dass es zwar viele Impulse und Bilder gibt in Bezug auf die Wohnung, aber keine Klarheit. Vielleicht widersprechen sich die Bilder und Impulse sogar. Auch in diesem Fall macht es Sinn, nichts in Bezug auf die Wohnung zu tun, sondern einfach ganz still in sich selber die verschiedenen Aspekte zu erforschen. Bei diesem Zustand

„stört" oft der Kopf mit seinen erlernten Ängsten, Zielen, Vorstellungen und Erwartungen. All diese Ängste und Konzepte wollen gesehen, gefühlt und liebevoll angenommen werden, dann öffnet sich dahinter meist die Türe zu dem wirklichen Herzensimpuls.

Selbstreflexion:

Wähle ein Thema aus deinem Leben, bei dem es dir schwerfällt, eine Entscheidung zu finden. Schreibe zunächst für dich alle verschiedenen Möglichkeiten, die du bei diesem Thema hast, auf.

Setze dich dann ruhig hin, komme ganz an in deinem Körper und in diesem jetzigen Moment. Nimm dir wirklich Zeit, anzukommen und dich zu entspannen. Dann stell dir die verschiedenen Alternativen oder Möglichkeiten bildhaft vor, die du vorher aufgeschrieben hattest, und spüre gleichzeitig in dich hinein. Beobachte jetzt, ob eine der drei oben beschriebenen Zustände auftaucht. Wenn es einen klaren Impuls gibt, dann folge diesem jetzt, wenn nötig, auch gemeinsam mit deiner Angst.

Wissen in der Einheitsrealität: Spielwissen

„Bildung ist das, was übrig bleibt,
wenn man alles vergessen hat, was man gelernt hat."

Werner Heisenberg

Befreites Wissen ist wie ein bunter Kasten an Möglichkeiten, der freiwillig und von innen heraus motiviert eingesetzt werden kann, wenn es passt, um die Spielmöglichkeiten zu erweitern. Aber nie ist Wissen persönlich und sicher. Nie ist Wissen bewiesen oder richtig beziehungsweise falsch. Wissen ist einfach. Die Frage ist, wie Wissen eingesetzt wird. Es gibt Wissen, das sich in den Dienst der Herzensimpulse und des Vertrauens stellt und somit Mittel zu einem höheren Zweck darstellt.

Sobald aber Wissen Selbstzweck wird und nur noch sich selber (dem Ich-Konstrukt, das auch nur aus Wissen besteht) zu dienen beginnt, dann entstehen auch die Enge und das Gefängnis. Das aber ist auch nicht richtig oder falsch – es ist einfach, wie es ist.

Vor allem identifizierten Wissen aber ist die totale Offenheit, der Zustand des Nichtwissens.

Wissen kann nützlich sein, aber es ist nie sicher. Wissen kann spannend sein, aber es ist nie tiefer als die Weisheit der Lebendigkeit.

Wissen sollte nie der Identität dienen, nie als ein Besitztum erstarren, sondern stets wandelbar und in Bewegung bleiben. Wissen sollte immer im Dienste des jetzigen Moments stehen, leicht wie eine Feder, vollkommen offen, weit und staunend. Wissen sollte den Fluss des Lebens nicht behindern, sondern stets selber ein Teil dieses sich ständig verändernden Flusses sein. Nie sollte ein grenzenloser, wundervoller Mensch Sklave eines begrenzten Wissens, einer Überzeugung oder einer Meinung werden, sondern das Wissen sollte jederzeit dem Leben, den Menschen und dem Fließen dienen. Wissen ist immer begrenzt, weil es aus dem Feld der unendlichen Möglichkeiten eine Variante festlegt. Wissen ist auch begrenzt, weil die Sprache, durch die es vermittelt wird, begrenzt ist und weil es etwas Unbegreifbares in Begriffe fassen will. Je mehr Wissen identifiziert ist, desto begrenzter und einengender ist seine Wirkung. Wissen ist nur ein Werkzeug, aber sicher nie das, was du wirklich bist! Deshalb vergiss all das, was du scheinbar über dich selber weißt, und sei wissenslos glücklich!

Du brauchst nicht zu wissen, wer oder was du bist, um zu sein.

Du brauchst kein Wissen, um mitzufließen mit dem Fluss des Lebens.

Erst nachdem du gelernt hast, zu wissen, wer du bist, wird Wissen zu einem Besitz für dieses erlernte Ich, um scheinbare Kontrolle über den Fluss des Lebens auszuüben.

Identifiziertes Wissen wirkt wie eine schwere Last aus der erlernten Geschichte der Vergangenheit, die uns einschränkt und begrenzt.

Wenn wir bereit sind, voll und ganz anzuerkennen, dass wir nichts wissen, kann sich der unendliche Raum der Intuition und der inneren

Gewissheit wieder öffnen. Die Weisheit unseres Herzens übernimmt wieder die Führung in unserem Leben.

Wissen ohne Bewusstsein über die ursprüngliche Verbundenheit richtet sich oft gegen uns, wird so zu einer Belastung und wirkt wegen der Identifikation als leidvolle Beschränkung. Wissen im Bewusstsein der Einheit ist leicht, spielerisch, flexibel und offen. Das ist nicht richtig oder falsch, aber es kann erfahren und realisiert werden – JETZT!

Neues Lernen

Wie Lernen wirklich geschieht, wissen wir auch heute, trotz aller Forschungen in diesem Gebiet, eigentlich überhaupt nicht.

Geschieht Lernen vielleicht doch eher über Nacht? Ist Lernen wirklich an das vorherige Vermitteln und Üben gebunden? Oder kann Lernen auch einfach „hineinfließen“, genauso wie intuitive Einfälle scheinbar aus dem Nichts einfach auftauchen? Lernen ist auf jeden Fall kein gradliniger Prozess vom Vermitteln und Üben zum Wissen.

Viele Fähigkeiten werden auf diversen scheinbaren „Umwegen“ und deshalb auch wie über Nacht erworben. Beispielsweise haben motorische Fähigkeiten einen starken Zusammenhang zum Rechnen.

Oder Schönschreiben ist nicht wirklich eine Folge von vielem Üben, sondern kann auch über andere sensomotorische sowie feinmotorische Aktivitäten wie nebenbei erworben werden. Wenn man ganz auf die den Kindern innewohnende Weisheit vertraut, dann kann es durchaus sein, dass Kinder schon sehr rasch unsere herkömmliche Vorstellung von Lernprozessen komplett ins Wanken bringen könnten. Das Homeschooling meiner Kinder lässt mich immer wieder staunen über den geheimnisvollen und vielschichtigen Ablauf von Lernprozessen. So begann beispielsweise mein jüngerer Sohn mit fünf Jahren plötzlich selbst gestellte Rechenaufgaben zu lösen – bis hin zur Multiplikation, ohne dass er das je von irgendjemandem gelernt hatte. Oder mein älterer Sohn, der irgendwie plötzlich lesen konnte, ebenfalls vollkommen ohne Belehrung von außen.

Lernen passiert ganz von alleine, wenn wir unseren echten inneren Impulsen und Interessen folgen, mühelos, freudvoll und nachhaltig.

Wenn alles im Leben nur Information und Energie ist und wenn diese Information in Feldern angeordnet ist, dann geht es vielleicht beim Lernen der Zukunft nur noch darum, auf diese Informationsfelder zuzugreifen und die nötigen spannenden und hilfreichen Informationen aus den entsprechenden Feldern zu „downloaden". Wenn unser bisheriges sehr einschränkendes Bild vom Lernen sich auflösen kann, dann ist auf jeden Fall die Türe für lustvolle und mühelose Lernprozesse offen.

Das neue Lernen trennt nicht mehr. Es trennt nicht mehr zwischen wichtig und unwichtig, zwischen gut und schlecht und bestimmt auch nicht zwischen Arbeit und Spiel oder gar zwischen Lernen und Spiel. Das neue Lernen macht Spaß, ist freudvoll und mühelos und das neue Lernen ist mit Freude und Begeisterung verknüpft. Denn unser Leben ist nie getrennt vom Lernen! Wir können gar nicht anders, als ständig zu lernen.

Der Weg des Herzens

„Wird die Existenz mich wirklich beschützen, wenn ich mir einfach erlaube, loszulassen? Probiere es aus und schau, was passiert! Ich kann dir nur eines sagen ... Und wohlgemerkt, ich rede nicht zu deiner Angst! Nur eines kann ich euch allen sagen: Die Menschen, die es ausprobiert haben, haben herausgefunden, dass die Existenz sie beschützt. Aber ich rede nicht zu eurer Angst. Ich will euch nur Mut zum Abenteuer machen, das ist alles."

Osho

Selbstreflexion:

Welches sind deine drei wichtigsten „Dinge" im Leben?

Was würdest du an deinem Leben jetzt ändern, wenn du wüsstest, dass du nur noch ein einziges Jahr oder gar nur einen Monat zu leben hast?

Was möchtest du unbedingt noch erleben, tun oder beenden, bevor du den Körper verlässt?

Was möchtest du wirklich in deinem Leben?

Oftmals, wenn wir uns vorstellen, wirklich dem Weg des Herzens zu folgen, löst das in uns einerseits eine kribblige Vorfreude, andererseits aber auch große Ängste aus. Das ist gerade bei Dingen, die uns sehr am Herzen liegen, ganz normal. Wir haben dann eine Tendenz, mit der Realisierung unserer Träume zu warten, bis wir keine Angst mehr haben. Leider funktioniert diese Strategie nicht. Die Angst geht nicht weg, wenn wir ihr ausweichen, nur wenn wir uns ihr stellen. An diesem Punkt stellt sich also die Frage, ob wir mutig genug sind, dem Herzen zu folgen, oder ob uns letztlich doch der Mut dazu fehlt (das Wort Armut besagt, wohin dieser Mangel an Mut letztlich führt).

Aber es gibt auch viele Menschen, die gar nicht wirklich wissen, wohin ihr Weg des Herzens führt. Sie haben den Zugang zu dem, was sie im Leben wirklich wollen, verloren und wissen oft auch nicht, wie sie das herausfinden könnten.

Viele Menschen haben so sehr gelernt, (einzig) auf die erlernte Stimme des Kopfes zu hören, dass sie die sanften Impulse des Herzens schlichtweg überhören oder nicht richtig interpretieren können.

Erst durch die Erziehung und Schule lernen wir, uns im Leben immer mehr an äußeren Ansprüchen zu orientieren. Die irrationalen Ängste werden immer mehr handlungsleitend. Wir sind zu Pflichterfüllern geworden, wie der Gehirnforscher Gerald Hüther schreibt. Wir haben gelernt, unser Glücklichsein, unser inneres Feuer und unsere Begeisterung dem schulischen oder beruflichen Erfolg, der Belohnung von außen unterzuordnen. Wir haben gelernt, die Verantwortung für unser Glücklichsein an andere Menschen und an äußere Umstände abzugeben. Wir haben gelernt, dass wir uns durch Anpassung und Gehorsam die Liebe von außen verdienen müssen. Das Prinzip Macht und das Müssen haben die Freude und den Ruf unseres Herzens überdeckt. Wir haben gelernt, zu funktionieren, und dabei mehr und mehr vergessen, was uns wirklich berührt, begeistert, fasziniert und bewegt.

Ich selber hatte als Kind gelernt, sehr ängstlich und angepasst zu sein, ebenso war ich gut im Erfüllen von Erwartungen und Pflichten. Deshalb hatte ich auch wenige Probleme in der Schule und meine Noten waren recht gut. Dennoch mochte ich die Schule nie wirklich und ich weiß noch genau, wie ich mich jeweils darauf gefreut habe, nach der Schule und den Hausaufgaben endlich wieder die Dinge zu tun, für die ich von innen heraus motiviert war. Das Gefühl, nach einem Tag des Stillsitzens mit ausgebreiteten Armen durch die Natur zu rennen, den Wind in meinen Haaren und die Sonne auf meiner Haut zu spüren, dieses grundlos glückliche, verbundene und freie Gefühl kann ich noch heute tief in meinem Herzen spüren, wenn dieses Bild aus meiner Kindheit in mir auftaucht. Nach dem Ende der obligatorischen Schulzeit war bei mir der Zugang zu dem, was ich wirklich wollte und was mich begeisterte im Leben, vollkommen zugeschüttet. Ich hatte keine Ahnung, was ich nach der Schule machen sollte, ich hatte auch keine Ahnung, was meine

Talente und meine echten, intrinsischen Interessen sein könnten. Ich hatte perfekt gelernt, möglichst überall durchschnittlich zu sein, nicht auf- oder abzufallen und die Ansprüche von außen zu erfüllen. Ohne echte Überzeugung begann ich danach mit einer Berufslehre, die für mich, weil ich sie größtenteils freudlos absolvierte, eine sehr lange und wenig beglückende Zeit war.

Erst nach einer längeren, oft auch schmerzlichen Auseinandersetzung mit mir selber, und nachdem ich immer genauer herausbekam, was ich nicht wollte, kam der Zugang zu meinem inneren Feuer, meiner echten Begeisterung und Begabung glücklicherweise langsam wieder zurück.

Vor ein paar Jahren habe ich gemeinsam mit meiner Schwester eine Schule für Erwachsene gegründet, die unter anderem genau diese Rückkehr zu den ursprünglichen Herzensimpulsen, zur Begeisterung und Lebensfreude anstrebt. Denn es geht sehr vielen Menschen so, dass sie den Zugang zum inneren Feuer verloren haben und einfach in einer Art Funktionsmodus den Alltag abspulen. Oft ist der Weg zurück zur inneren Verbindung, dorthin, wo wir als Kind ganz natürlicherweise waren, recht mühselig, weil uns dabei auch bewusst wird, wie viel Schmerz im Verlust dieser ursprünglichen Fähigkeiten liegt und wie leidvoll ein Leben ist, in dem es vor allem darum geht, Ansprüche von außen zu erfüllen.

Wäre es nicht sinnvoller, unsere Kinder gar nie von diesen so unglaublich wertvollen ursprünglichen Fähigkeiten abzuspalten? Müsste nicht die Schule dafür zu einem Ort werden, an dem diese Fähigkeiten geschützt, unterstützt und auch vorgelebt werden? Denn die Freude am Tun, am Lernen, am Leben ist die wohl wichtigste Ressource, die wir Menschen haben können.

Aber wenn die Schule wirklich zu einem Ort des Glücks, der Freude, der Begeisterung und der Verbundenheit (für alle Kinder) werden soll, wenn die Schule dieses innere Feuer wirklich erhalten will, dann kommen wir nicht darum herum, die gesamten Strukturen des aktuellen Schulsystems, das gesamte Spiel eingehend zu reflektieren.

Kinder brauchen dazu Erwachsene, die bereit sind, sich ihren Ängsten ganz zu stellen, indem sie auf die sanften Impulse ihres Herzens horchen und diesen konsequent folgen. Wenn wir das als Erwachsene auch (wieder) tun, dann werden wir auf diesem Weg des Herzens ganz viele Kinder treffen, denn ursprünglich folgen Kinder ganz natürlicherweise den Impulsen ihrer Herzen!

Herzenswünsche und Angstwünsche

Je mehr unser Verhalten aus den gelernten Egoimpulsen heraus entsteht, umso mehr geht es dabei nur darum, möglichst viele Ängste zu vermeiden. Angstwünsche sind Wünsche, die den Bedürfnissen des Ichs nach Sicherheit, Kontrolle oder Bestätigung dienen. Diese Wünsche kommen aus dem Mangel (Angst) und führen letztlich immer wieder in den Mangel, weil sie versuchen, das Ich zu stärken, was selber die Ursache für alle Mängel ist. Hinter den Angstwünschen liegt eben, wie der Name das sagt, noch eine ungefühlte Angst und andere Gefühle, denen wir auszuweichen versuchen und die wir nicht wirklich fühlen möchten. Unser Wunsch „muss“ sich erfüllen, weil wir diese Gefühle auf gar keinen Fall fühlen wollen. So ein Wunsch sendet widersprüchliche Schwingungen aus und ist nicht im Einklang mit dem „göttlichen Plan“ der Fülle.

Wenn sich Angstwünsche (Egobedürfnisse) erfüllen, dann führt das höchstens zu kurzfristiger Befriedigung. Nur wenn sich Herzenswünsche realisieren, geschieht wirkliche Erfüllung.

Wenn hingegen die Ängste und Emotionen hinter Mangelthemen wirklich angenommen werden, dann zeigen sich dahinter ganz natürlich die wirklichen Herzenswünsche und Impulse. Herzenswünsche entsprechen gleichzeitig unserer Berufung und damit dem „göttlichen Plan“. Wenn wir den Mut haben, den Impulsen des Herzens zu folgen, dann fließen wir mit im Fluss des einen Seins.

Selbstreflexion:

Welche Dinge tust du oder wünschst du dir aus einem inneren Mangelzustand heraus?

Welche deiner Projekte und Wünsche basieren wirklich auf einer inneren Fülle sowie auf Freude und Begeisterung?

Intrinsische oder extrinsische Motivation

„Die ganze Welt ist Heimat,
wenn du in deinem Herzen wohnst."

Andreas Tenzer

Wir können uns bei jedem Ziel, jeder Handlung oder Nichthandlung fragen, welche Motivation dahinter liegt. Grundsätzlich könnte man sagen, dass die eigentliche Motivation für ein Ziel oder eine Handlung immer entweder aus unseren Ängsten oder aber aus der Fülle unseres Herzens (der Liebe) kommt. Ziele und Handlungen, die aus der Fülle des Herzens kommen und die dem Verwirklichen der Herzimpulse dienen, sind intrinsisch motiviert. Alle Ziele und Handlungen hingegen, die dem Ich mehr Identität, Besonderheit oder auch Kontrolle ermöglichen möchten beziehungsweise dazu dienen, äußere Belohnung zu erreichen oder Bestrafung zu vermeiden, sind extrinsisch motiviert. Jede Motivation, die nicht wirklich aus der Fülle des Herzens kommt, ist extrinsisch motiviert. Man könnte zwischen zwei Arten von extrinsischen Zielen unterscheiden:

Ziele, die erreicht werden wollen, um dem Ich mehr Identität, Kontrolle oder Belohnung zu ermöglichen (die Ersatzbedürfnisse des Egos erfüllen). Diese Ziele dienen dazu, Ängste zu vermeiden. Bei diesen Zielen sprechen wir zwar häufig davon, dass wir sie erreichen wollen (also nicht müssen), aber unser Wollen basiert auf Angstwünschen und nicht wie bei den wirklich intrinsischen Zielen auf Herzenswünschen. Eigentlich sind das Ziele, von denen wir sagen könnten: „Ich muss das so machen, weil ich sonst zu viel Angst hätte."

Ziele, die komplett von außen gesetzt werden – beispielsweise Lernziele der Schule von Erwachsenen an die Kinder. Bei diesen Zielen sprechen wir ganz bewusst davon, dass wir sie erreichen MÜSSEN. Die Kinder werden idealerweise dazu gebracht, diese Ziele zu verfolgen, als wären es ihre eigenen. Je nachdem, wie sehr die äußeren Ziele zufälligerweise mit einem Herzensimpuls oder mit aktuellen Interessen zu diesem Thema übereinstimmen oder nicht, muss dazu mehr oder weniger Druck von außen eingesetzt werden. Sie sind also zum Teil sogar intrinsisch motiviert. Allerdings ist das nur bei einer Minderheit aller fremdbestimmten Ziele so.

Intrinsisch motivierte Handlungen hingegen erkennst du daran, dass sie dir Spaß und Freude bereiten und dass du sie mit deiner ganzen Aufmerksamkeit ausübst.

Zurück zu den Herzenswünschen

„Wir haben heute keine inneren Stimmen mehr;
wir wissen heute zu viel, der Verstand tyrannisiert unser Leben."

Robert Musil

In ihrem Buch „Auf der Suche nach dem verlorenen Glück" erforscht Jean Liedloff die Lebensweise einer ursprünglichen Indianerkultur in den Urwäldern von Venezuela. In der folgenden Geschichte aus dem Buch beschreibt sie, dass der Weg vom Müssen zum Wollen manchmal auch etwas dauern kann …

„Zwei Indianerfamilien wohnten in einer Hütte mit Aussicht auf einen herrlichen weißen Strand, eine Lagune in einem weiten Halbkreis von Fel-

sen mit den Caroni- und den Arepuchifällen dahinter. Der eine Familienälteste hieß Pepe, der andere Cesar. Pepe erzählte mir die Geschichte.

Offenbar war Cesar in sehr jungem Alter von Venezolanern ‚adoptiert' worden und war mit ihnen in eine Kleinstadt gezogen. Man schickte ihn zur Schule, er lernte Lesen und Schreiben und wurde als Venezolaner aufgezogen. Als er erwachsen war, kam er, wie viele Männer aus jenen Städten in Guyana, zum Oberen Caroni, um sein Glück bei der Diamantensuche zu versuchen. Er arbeitete gerade mit einer Gruppe von Venezolanern, als er von Mundo, dem Häuptling der Tauripans von Guayparu, erkannt wurde.

‚Bist du nicht von José Grande in sein Haus mitgenommen worden?', fragte ihn Mundo.

‚Ich wurde von José Grande aufgezogen', sagte Cesar der Geschichte nach.

‚Dann bist du zu deinem eigenen Volk zurückgekehrt. Du bist ein Tauripan', sagte Mundo.

Worauf Cesar nach reiflicher Überlegung zu dem Schluss kam, es würde ihm als Indianer besser gehen, als wenn er als Venezolaner lebte; er kam also nach Arepuchi, wo Pepe wohnte.

Fünf Jahre lang lebte Cesar nun mit Pepes Familie, heiratete eine hübsche Tauripan-Frau und wurde Vater eines kleinen Mädchens. Da Cesar nicht gern arbeitete, aßen er, seine Frau und seine Tochter von dem, was in Pepes Pflanzung wuchs. Cesar war hocherfreut, dass Pepe von ihm nicht erwartete, er müsse sich einen eigenen Garten anlegen oder auch nur bei der Arbeit in dem seinen helfen. Pepe arbeitete gern und da Cesar das nicht tat, passte diese Regelung beiden Seiten.

Cesars Frau beteiligte sich gern mit den anderen Frauen und Mädchen zusammen am Schneiden und Zubereiten der Cassaba, aber Cesar tat nichts gern, außer den Tapir und gelegentlich anderes Wild zu jagen. Nach einigen Jahren entwickelte er eine Neigung zum Fischen und fügte seine Fänge denen von Pepe und seiner zwei Söhne hinzu, die immer gern fischten und seine Familie damit stets ebenso großzügig versorgt hatten wie ihre eigene.

Kurz vor unserem Eintreffen dort beschloss Cesar, sich einen eigenen Garten anzulegen, und Pepe half ihm bei jeder Kleinigkeit, von der Wahl der Lage bis zum Fällen und Verbrennen der Bäume. Pepe genoss das umso mehr, als er und sein Freund die ganze Zeit schwatzten und Späße machten.

Nach fünfjähriger Rückenstärkung hatte Cesar das Gefühl, dass ihn keiner zu diesem Projekt trieb, und war ebenso frei, Freude an der Arbeit zu empfinden wie Pepe oder irgendein anderer Indianer.

Pepe erzählte uns, dass alle in Arepuchi darüber froh waren, da Cesar zunehmend unzufrieden und reizbar geworden war. ‚Er wollte sich gern einen eigenen Garten anlegen' – lachte Pepe –, aber er wusste es selber nicht!' Pepe fand es sehr komisch, dass es jemanden gab, der nicht wusste, dass er arbeiten wollte."

Viele Menschen haben den Kontakt zu dem, was sie wirklich wollen im Leben, ganz oder teilweise verloren. In einem ersten Schritt geht es dann zunächst einmal darum, herauszufinden, was wir im Leben nicht wollen. Weil wir so viele Dinge tun, die wir eigentlich gar nicht tun möchten, löst das in uns oft großen Frust, Aggression und Widerstand aus.

Wenn wir beginnen, diese Dinge nicht mehr zu tun, dann kommen meist die Ängste und andere schwierige Emotionen hervor, die wir mit diesen Pflichterfüllungsprogrammen überdeckt haben. Erst hinter all diesen schwierigen Emotionen erscheint automatisch wieder das, was wir wirklich im Leben wollen. Ohne Verbindung zu all unseren Emotionen sind wir auch nicht in Verbindung zu unseren Herzenswünschen. Je mehr wir unser Herz allen Erfahrungen wieder öffnen, desto mehr öffnet sich auch das innere Ohr für die Stimme des Herzens.

Den einen Schritt tun

„Der Weise lebt still inmitten der Welt,
sein Herz ist ein offener Raum."

Laotse

Das Herz lebt ganz verbunden mit dem jetzigen Moment. Der Kopf plant und fürchtet die Zukunft oder denkt über Vergangenes nach.

Das Herz kennt darum immer nur die richtige Antwort für den jetzigen Moment, während der Kopf meist schon viel weiter denkt und sich irgendwelche Szenarien in der Zukunft ausmalt.

Die meisten Dinge im Leben tun wir deshalb nicht, weil wir den Kontakt zum Herzen und damit zum jetzigen Moment verloren haben. Wenn es darum geht, ein Herzensprojekt zu verwirklichen oder einem Herzensimpuls zu folgen, dann löst das in uns nebst einem freudigen Kribbeln oft auch Ängste aus, weil wir bei den Dingen, für die unser Herz schlägt, auch am verletzlichsten sind. Mache immer nur gerade den einen Schritt, der jetzt wirklich ansteht und zu tun ist, und steuere so, getragen vom Fluss des Lebens, Schritt für Schritt auf deinen Herzenswunsch zu.

Was genau wäre der nächste Schritt, den du tun musst, um dein Herzensprojekt zu verwirklichen? Vielleicht ist es nur eine Abklärung, ein Telefonat oder ein Gespräch, vielleicht ein Besuch, das Bestellen von Unterlagen usw. Tue diesen einen Schritt, wenn sich das stimmig anfühlt, und spüre danach in deinem Herzen, was der nächste eine Schritt ist sowie ob du ihn tun sollst. Lasse dich nicht mehr vor den Bildern und Ängsten aufhalten, die meist sowieso schon viele Schritte zu weit gehen. Sei bereit für die Wahrheit deines Herzens, auch in die Ängste hinein zu sterben! Wenn du weiter denkst als jetzt, dann gehst du weg von dir selber. Wenn du den aktuellen einen Schritt tust, dann wirst du geführt von der universellen Lebenskraft. Es gibt keine Sicherheit, aber die Hingabe an diesen Moment, das Vertrauen, dass dieser Schritt genau das bringt und bewirkt, was geschehen muss.

Es gibt nur den einen Schritt, aber niemanden, der ihn tut.

Was auch immer du tust im Leben, sieh dich stets als ein Werkzeug der einen Kraft, aus der alles entsteht. Je mehr du erkennst, dass du nur ein Werkzeug bist, desto klarer wird dir auch, dass du nie etwas richtig oder falsch machen kannst. Wie auch immer das Leben dich einsetzen will, gib dich einfach dieser Aufgabe hin und öffne dich allen Erfahrungen sowie Emotionen, die es für dich bereithält. Dein Herz weiß stets, wie du als Nächstes eingesetzt wirst. Wenn du seinen Impulsen folgst, dann bist du vollkommen unterstützt vom Fluss des Lebens selbst!

Humor

„Humor ist keine Gabe des Geistes, er ist eine Gabe des Herzens."

Ludwig Börne

Humor ist vielleicht die wundervollste und heilsamste aller ursprünglichen Eigenschaften. Kinder reagieren auf Humor ausgesprochen positiv, weil sich darin ein wesentliches Element ihres ursprünglichen Wesens spiegelt. Kaum etwas kann zerfahrene Situationen oder Fronten im Umgang mit Kindern so mühelos in Luft auflösen wie Humor.

Wir sind wie Schauspieler, die in diesem Leben eine Rolle mit einem gewissen Namen und einer zu dieser Rolle zugehörigen Lebensgeschichte spielen. Unsere Ich-Identität ist nichts weiter als eine Rolle, die wir gelernt haben zu spielen. Dies wird auch deutlich im Wort „Persönlichkeit"; dieses kommt aus dem Griechischen und bedeutet übersetzt „Rolle" oder „Maske". Oft sind wir aber mit dieser Rolle so sehr identifiziert, dass wir glauben, dieses Ich wirklich zu sein, und mit der Identifikation beginnt auch der Widerstand gegen gewisse Erfahrungen dieses Ichs und damit auch das Leiden.

Humor ist das wohl kraftvollste und effizienteste Mittel, um diese leidvolle Identifikation aufzuweichen und uns wieder für die Erkenntnis zu öffnen, dass alles völlig in Ordnung ist, egal, was dieses Ich gerade erlebt, denkt oder fühlt.

Es gibt keine bessere und kürzere Anleitung für eine sinnvolle Erziehung und ein erfülltes Leben als Humor.

Damit ist aber nicht ein Auslachen oder Abwerten gemeint und auch nicht Zynismus oder Sarkasmus. Echter Humor zeigt sich vor allem in der Fähigkeit, über sich selber zu lachen und auch in scheinbar ernsten Situationen Zugriff auf den humoristischen Teil der aktuellen Situation zu finden. Eine Fähigkeit, die natürliche Autoritäten, Kinder und weise Menschen gleichermaßen auszeichnet.

Auch erwachsene Menschen werden oft, ohne es bewusst zu bemerken, sanft und liebevoll von der heilenden Kraft des Humors erfasst, auch wenn es bei Erwachsenen oft etwas länger dauert, bis sie sich erlauben, wieder aufzutauen.

Mit Humor wird aus dem Drama eine Komödie.

Humor ist, wenn man trotzdem lacht.

Wenn unangenehme Gefühle und Emotionen sich als eine Verengung des inneren Raumes zeigen, dann weitet der Humor diesen inneren Raum wieder und lässt den Druck und die beklemmende Enge aus einer Situation verdunsten.

Liebevoller Humor ist der absolut sinnvollste Umgang mit Situationen, in denen wir uns ungeschickt anstellen, ohnmächtig fühlen oder unsicher sind.

Humor entspannt das gesamte System und lässt die Energie im Körper wieder frei zirkulieren. Menschen, die den Zugang zum Humor verloren haben, sind oft angespannt und verspannt. Je mehr ein Mensch bereit ist, den eigenen erlernten Ängsten in die Augen zu schauen und unangenehme Gefühle zuzulassen, desto mehr öffnet sich die Türe zum Humor wieder. In den Bereichen, in denen es noch starke Identifikationen mit Gedankenkonzepten und großen Widerstand gegen unangenehme Emotionen gibt, fällt der Zugang zum Humor am schwersten. Der Ernst des Lebens vertritt das Machtprinzip und die Angst, der Humor die befreite Leichtigkeit des Seins.

Selbstreflexion zum Humor:

Was ist für dich Lebensfreude?

Welche Aspekte deiner Lebensfreude haben deine Eltern bei dir vielleicht gestoppt?

In welchen Situationen, bei welchen Gefühlen verlierst du den Zugang zum Humor?

Über welchen Aspekt, welche Eigenschaft von dir kannst du gar nicht lachen?

Wie würde dein Leben aussehen, wenn dieser Aspekt, diese Eigenschaft noch viel stärker werden würde (oder gar ausschließlich da wäre)?

Wie würde das Leben aussehen, wenn bei allen Menschen dieser Aspekt, diese Eigenschaft sehr stark ausgeprägt wäre?

Das Ende der Suche

„Ohne es zu wissen, bist du auf der Suche nach dir selbst. Du sehnst dich nach Liebe, nach dem, was der Liebe würdig ist, nach dem absolut Liebenswerten. Aufgrund deiner Unwissenheit suchst du in der Welt der Gegensätze und Widersprüche. Wenn du es in dir selbst findest, dann wird deine Suche vorüber sein."

Nisargadatta Maharaj

In diesem Kapitel geht es darum, die bisher gesammelten Erkenntnisse zu Ende zu denken und miteinander verschmelzen zu lassen, sodass nur noch das bleibt, was sowieso immer einzig da war – Einheit!

Alle Bewegungen, Bilder, Vorstellungen, Erfahrungen, Systeme und Begrenzungen der scheinbaren Trennungsrealität werden liebevoll umarmt und getragen von dieser Einheit.

Verbundenheit und Glück

„Dieser Baum ist nicht von dem kleinen Geschöpf getrennt, das in ihm lebt, von den Nährstoffen und Mikroorganismen, von denen es sich ernährt, vom Moos, das an seinen Seiten hochkriecht, von den Regentropfen, ohne die er sterben würde, vom Eichhörnchen, das eben in die höchsten Zweige geklettert ist, von mir, während ich meine Hand auf seinen Stamm lege, während ich die Luft atme, von der er auch abhängt. Alles hängt von allem ab. Dieser ‚Baum' ist nicht von allem anderen getrennt. ‚Baum' ist nicht vom Rest der Realität getrennt, von allem, das wir ‚nicht Baum' nennen. Wo sollte ich die Grenze zwischen „Baum" und ‚nicht Baum' ziehen? Wo würde ich die Realität durchschneiden? Wie sollte ich jemals wissen, wo zu schneiden ist?"

Jeff Foster

Überdauerndes Glück liegt nur in der Erkenntnis dessen, was wir wirklich nicht sind, und im Zurückfließen in unseren ursprünglichen Zustand der Verbundenheit (Liebe). Aber Liebe, Verbundenheit und grundloses Glück sind nicht das Ziel oder der Sinn unseres Daseins. Liebe, Verbundenheit und grundloses Glück sind das, was wir wirklich sind hinter der Geschichte der Gedanken. Es ist vollkommen absurd, danach zu streben, etwas zu werden, was wir bereits sind, immer waren und auch immer sein werden!

Wenn Identifikation mit der Ich-Geschichte da ist, dann stellt sich diese Geschichte wie Wolken vor den strahlend blauen Himmel und der blaue Himmel scheint verschwunden zu sein. Aber der blaue Himmel hinter den Wolken ist immer da, mögen die Wolken noch so dunkel und dicht sein. Wir aber verhalten uns so, als würden wir in den Wolken selber nach dem blauen Himmel suchen, und wir haben bei jeder Wolke wieder von Neuem die Hoffnung, dass in dieser der blaue Himmel versteckt ist.

Wenn grundloses Glück in der Verbundenheit unseres Herzens immer und unerschöpflich da ist, dann ist es absurd, in der äußeren Welt nach Glück zu suchen. Es ist vielmehr so, dass das stete äußere Suchen nach Glück für das Ich der Grund ist, weshalb nicht einfach Einheit in unseren Herzen und damit grundloses Glück erfahren wird. Wir suchen im Außen etwas, was wir bereits sind und immer waren! Weil wir so sehr darauf konditioniert sind, im Außen nach Glück zu suchen, wissen wir oft schon gar nicht mehr, wie es ist, einfach daheim zu sein. Solange eine Identifikation mit der Ich-Geschichte da ist, wird es auch Trennung und Mangel geben und damit die Suche nach Glück in der äußeren Welt. Auch das ist völlig in Ordnung, weil ja niemand davon betroffen ist.

Wenn das Außen nur ein Spiegel deiner inneren Welt ist, wie könntest du im Spiegel je etwas sehen und finden, was du nicht schon bist?

Das ist, als würde der Mond sich selber und sein Glück in seinem Spiegelbild auf der Wasseroberfläche eines Sees suchen. Nie kannst du im Außen etwas finden, was du nicht schon bist!

Ausbrechen aus dieser Realität ist nie für ein Ich möglich, weil die Idee des getrennten Ichs ein wesentlicher Teil dieser Realität ist! Das, was wir als Realität bezeichnen, ist komplett von „unseren" Gedanken erschaffen. Die Gedanken haben sich diese Realität selber ausgedacht und präsentieren sie uns jetzt unaufhörlich.

Dadurch, dass sich das grenzenlose Sein mit der begrenzten Ich-Geschichte identifiziert, verengt sich das Bewusstsein zusehends. Je stärker die Identifikation, desto enger das Bewusstsein, bis sich das ganze Dasein nur noch um den Ich-Gedanken und „seine" Probleme, Ängste, Sorgen, Kämpfe, Hoffnungen sowie seine Suche dreht.

Das verengte Bewusstsein ist sodann gefangen in dieser Ich-Realität und es kann nicht mehr erkannt werden, dass es sich bei alledem nur um eine Art Gehirnfilm dreht. Das ist vergleichbar mit einem Kinofilm, der uns sehr fesselt, dabei verengt sich das Bewusstsein so weit, dass die totale Identifikation mit dem Filminhalt passieren kann. Es wird vergessen, dass es nur ein Film ist, und die Dramaturgie des Films vermag dazu noch die entsprechenden Gefühle auszulösen. Wenn der Film endet, beginnt die Identifikation sich wieder aufzulösen, das Bewusstsein weitet sich und es ist, als würden wir aus einem Traum erwachen. Wir erkennen wieder, dass wir während des gesamten Films im Kino waren, egal wie viele Tränen oder Blut im Film scheinbar geflossen sein mögen, dein wahres Wesen wurde nie berührt von dieser Filmrealität. Genauso ist dein wahres Wesen auch nie berührt vom Gedankenfilm, der sich um das Ich dreht.

Die Ich-Realität ist nicht mehr als eine meist unhinterfragte Grundannahme, das wohl am wenigsten hinterfragte und am meisten geschützte Tabuthema unserer Zeit. Weil die Identifikation mit dieser Ich-Geschichte so massiv ist, löst auch der kleinste Blick von außen auf dieses Ich-Spiel massivste Ängste für das scheinbare Ich im Spiel aus. Aber wer oder was könnte schon bedroht sein? Du bist viel mehr als eine erdachte Spielfigur. Lass diese Spielfigur in alle Todes- und Existenzängste hinein sterben und sei identitätslos und realitätslos glücklich!

Einheit

„Es gibt niemanden, dem Identifikation oder Befreiung widerfährt, und niemanden, der das eine oder das andere herbeiführen kann. Identifikation und Befreiung sind beide unpersönlich."

Nathan Gill

Erst wenn die Erkenntnis realisiert wird, dass die gesamte Trennungsrealität nur ein Überbau ist und dass alle Gedanken und Erfahrungen vollkommen unpersönlich einfach über diesen Körper gesendet werden, können das stete Suchen und Kämpfen um Liebe und Kontrolle enden.

Aber die Suche und das Kämpfen enden für niemanden.

Wenn erkannt wird, dass das suchende Ich nur ein Gedanke ist, dann endet das Suchen mit dieser Erkenntnis.

Nie gab es ein Ich, das gesucht oder gekämpft hat. Die Suche, der Kampf und das Ich, sie sind alle nur Gedankenkonstrukte.

Auch wenn das Suchen und Kämpfen nicht enden, gibt es kein Ich, das weitersucht oder kämpft. Auch Suchen und Kämpfen sind vollkommen unpersönlich. Auch die Probleme und Sorgen in Bezug auf das scheinbare Ich sind genauso unpersönlich.

Es gibt nur Einheit – es gibt nur das EINE.

In dieser Einheit taucht die Geschichte von einem Ich auf, das scheinbar abgetrennte Dinge tut, das kämpft, sucht, Widerstand leistet, hofft, handelt, lernt, bewertet, denkt oder fühlt.

Auch diese Geschichte ist einfach nur Einheit – nichts weiter.

Das Spiel der Einheit

Egal, ob die Glücksschule in unsere Herzen und unser Schulsystem einkehrt oder nicht, das sind nur neue Spielzeuge in der Welt der scheinbaren Trennung.

Wir alle sind untrennbare Aspekte der Einheit, egal, ob wir das glauben oder nicht glauben, erkennen oder nicht erkennen.

Weshalb dann also dieses Buch?

Ganz einfach, weil es einen deutlichen Herzensimpuls dafür gab,

weil es in der Einheit allen Seins sehr viel Mitgefühl für unsere menschlichen Leidgeschichten gibt.

Es ist wunderschön, dass wir immer daheim sind, aber irgendwie erscheint es doch absurd, eine Welt zu erschaffen, in der das kaum mehr erfahren werden kann.

Das Kind in mir, in dir und in uns allen, will neue Spielzeuge und Welten entdecken.

Die Einheit spielt so gerne.

Mit dir auch!

JETZT!

Meine Angebote

Mehr Informationen zur Glücksschulbewegung sowie zur Ausbildung zum Beziehungscoach und zu meinen Kursen, Vorträgen oder Seminaren findest du unter folgenden Links:

www.gluecksschule.ch
www.beziehungscoach.ch
www.a-pg.ch
www.danielhess.ch

Videos zu unseren Vorträgen, Kongressen und Bildungsveranstaltungen der Glücksschule findest du auf dem Youtube-Kanal der Glücksschule.

Danksagungen

Mein tiefer Dank gilt meiner wunderbaren Frau Linn. Du hast mich auf dem Weg zu diesem Buch immer wieder tatkräftig unterstützt und hast mir mit deiner bedingungslosen Liebe geholfen, das Vertrauen ins Leben immer noch mehr zu vertiefen. Danke! Ebenso bin ich dir sehr dankbar für die Gestaltung des wunderbaren Glücksschullogos, all meiner Webseiten, der Flyer, Karten sowie auch des Covers dieses Buches. Dein jahrelanges gestalterisches Wirken für die Glücksschule ist für mich ein großes Geschenk!

Ebenso gilt ein großer Dank meinem lieben Freund Toni, der mich ebenfalls schon seit Jahren unterstützend auf dem Weg zur Bewusstheit begleitet. Du hast mir viele wertvolle Impulse zum Manuskript gegeben. Danke! Aus tiefem Herzen bedanke ich mich auch bei meiner so lebensfrohen und inspirierenden Schwester Ruth für die wundervolle Zusammenarbeit in unseren Kursen und allgemein für den tiefen Austausch und die Prozesse, die wir in den letzten Jahren zusammen erfahren durften!

Herzlich bedanken möchte ich mich auch bei Armin, der in den letzten Jahren sehr viel dazu beigetragen hat, dass die Glücksschule jetzt noch praxisnaher geworden ist und sehr viele Eltern und Lehrpersonen inspiriert hat. Danke auch für den unglaublich spannenden Austausch mit dir!

Dann gilt mein Dank all den wunderbaren Menschen, mit denen ich als Lehrer und Kursleiter in Kontakt kommen durfte.

Aber auch meinen wunderbaren Kindern Lia, Aljoscha, Wanja und Isaia – ihr helft mir so sehr, wieder zurück in die ursprüngliche Leichtigkeit des Seins zu finden. Danke!

Weitere Bücher aus dem Verlag Via Nova:

Gelassen leben mit Hochsensibilität

Selbstbewusst abgrenzen im Alltag, Zeit für mehr innere Ruhe

Sylvia Harke

Klappenbroschur, 144 Seiten, ISBN 978-3-86616-468-0

Durch mangelnde Selbstannahme, hohe berufliche und familiäre Anforderungen verlieren viele Hochsensible leicht die eigenen Bedürfnisse aus den Augen. Mit diesem Praxisbuch erhalten hochsensible, hochsensitive und empathische Menschen eine Fülle von praktischen Übungen und heilsamen Ritualen, die ihnen helfen, ihren eigenen Standpunkt im Leben zu finden. Die Bestsellerautorin und Psychologin Sylvia Harke vermittelt praxiserprobte Methoden, um das Selbstvertrauen und die Ich-Kraft zu stärken. Die Leser lernen, mit Stress besser umzugehen, sich abzugrenzen und die eigene Feinfühligkeit als wertvolles Talent zu entdecken. Ein großartiges, mit Liebe gestaltetes, Selbsthilfebuch, das als kreativer Alltagsbegleiter allen feinfühligen Wesen den Weg in ein selbstbestimmtes und befreites Leben bereiten kann.

Spirituelle Impulse zum Glücklichsein

Warum es anders werden muss, damit es besser werden kann

Daniela Jost

Paperback, 288 Seiten, ISBN 978-3-86616-466-6

Abseits von spirituellen Klischees erzählt die Autorin aus ganz persönlicher Erfahrung und Perspektive ihr bewegtes Leben und ihre wunderbaren Entdeckungen auf dem Weg zu sich selbst. Karriere, Kinder, Ehe, Erfolg, tiefe Krisen und Wandlungen, hautnah ist der Leser dabei, im Bann einer schonungslos ehrlichen, authentischen und zugleich herzerfrischend erzählten Geschichte. Weder abgehoben noch oberflächlich zeigt die Autorin, wie das Leben selbst, „der ganz normale Wahnsinn" des Alltags, zum besten Lehrmeister werden kann, wenn man offen bleibt für seine Botschaften. Absolut empfehlenswert für alle, die immer glaubten, mit Spiritualität nichts am Hut zu haben, und entdecken, dass das Leben jeden Moment kleine und große Wunder für jeden von uns bereithält.

Prinzipien des Seins für ein erfolgreiches Leben

Auf allen Ebenen Fülle erfahren

Chuck Spezzano

Hardcover, 240 Seiten, ISBN 978-3-86616-423-9

Das Geschenk des Lebens in seiner ganzen Fülle, Magie und Schönheit zu erleben, Glück, Gesundheit und Erfolg zu erfahren, ist das göttliche Geburtsrecht eines jeden Menschen, so der international bekannte Weisheitslehrer Chuck Spezzano. Dieses Buch könnte für Sie der Schlüssel dorthin sein. 40 Jahre Erfahrung des spirituellen Lehrens, Forschens und Arbeitens sind die Grundlage für die hier herausgearbeiteten Prinzipien der Wahrheit. Sie bieten kostbare Anregungen, Inspirationen, Reflektionen und vor allem ganz und gar praktische Übungen und Lektionen an, um den Weg ins goldene Zentrum eines erfüllten Seins zu finden. Erfahren Sie das Wunder des inneren Wandels auf dem Weg zu Erfolg und vollkommener Erfüllung.